五华年鉴

WUHUA YEARBOOK

2018

《五华年鉴》编纂委员会 编

方志出版社
Publishing House of Local Records

图书在版编目（CIP）数据

五华年鉴．2018/《五华年鉴》编纂委员会编．——北京：方志出版社，2019.1
ISBN 978-7-5144-3493-4

Ⅰ．①五… Ⅱ．①五… Ⅲ．①五华县—2018—年鉴 Ⅳ．①Z526.54

中国版本图书馆CIP数据核字（2019）第011031号

五华年鉴（2018）

编　　者：《五华年鉴》编纂委员会
责任编辑：罗　滔

出 版 人：冀祥德
出 版 者：方志出版社
地址　北京市朝阳区潘家园东里9号（国家方志馆4层）
邮编　100021
网址　http://www.fzph.org

发　　行：方志出版社图书经销中心
电话（010）67110500
经　　销：各地新华书店
印　　刷：梅州程江彩色印刷厂有限公司

开　　本：787×1092　1/16
印　　张：22.5
字　　数：494千字
版　　次：2019年1月第1版　2019年1月第1次印刷
印　　数：0001～2000册

ISBN 978-7-5144-3493-4　　定价：200.00元

编辑说明

一、《五华年鉴》采用分类编辑法，在编目下设分目，分目下设条目，以条目为表现内容的基本形式。编目与分目标题使用不同字体、字号，条目标题一律以黑体字加【】号。

二、《五华年鉴（2018）》坚持以马克思列宁主义、毛泽东思想、邓小平理论、“三个代表”重要思想、科学发展观以及习近平新时代中国特色社会主义思想为指导，着重全面、系统、准确地反映五华县2017年度自然、政治、经济、文化和社会等方面的基本情况。全书设特辑、大事记、概览、政治、法治、经济、科教文体、社会生活、乡镇概况、统计资料、名录等11个编目，约50万字。

三、该年鉴采用的文稿，均由五华县各有关单位专人撰写或提供资料，并经单位主要领导审定。统计数据采用法定计量单位，主要统计数据经供稿单位与统计部门核对。有些对应指标数据在上年卷刊出后做了调整的，本卷里不再说明，且由于统计口径不一，个别数据可能不一致，使用时应以五华县统计局《五华县统计年鉴（2017）》为准。

五华县地图

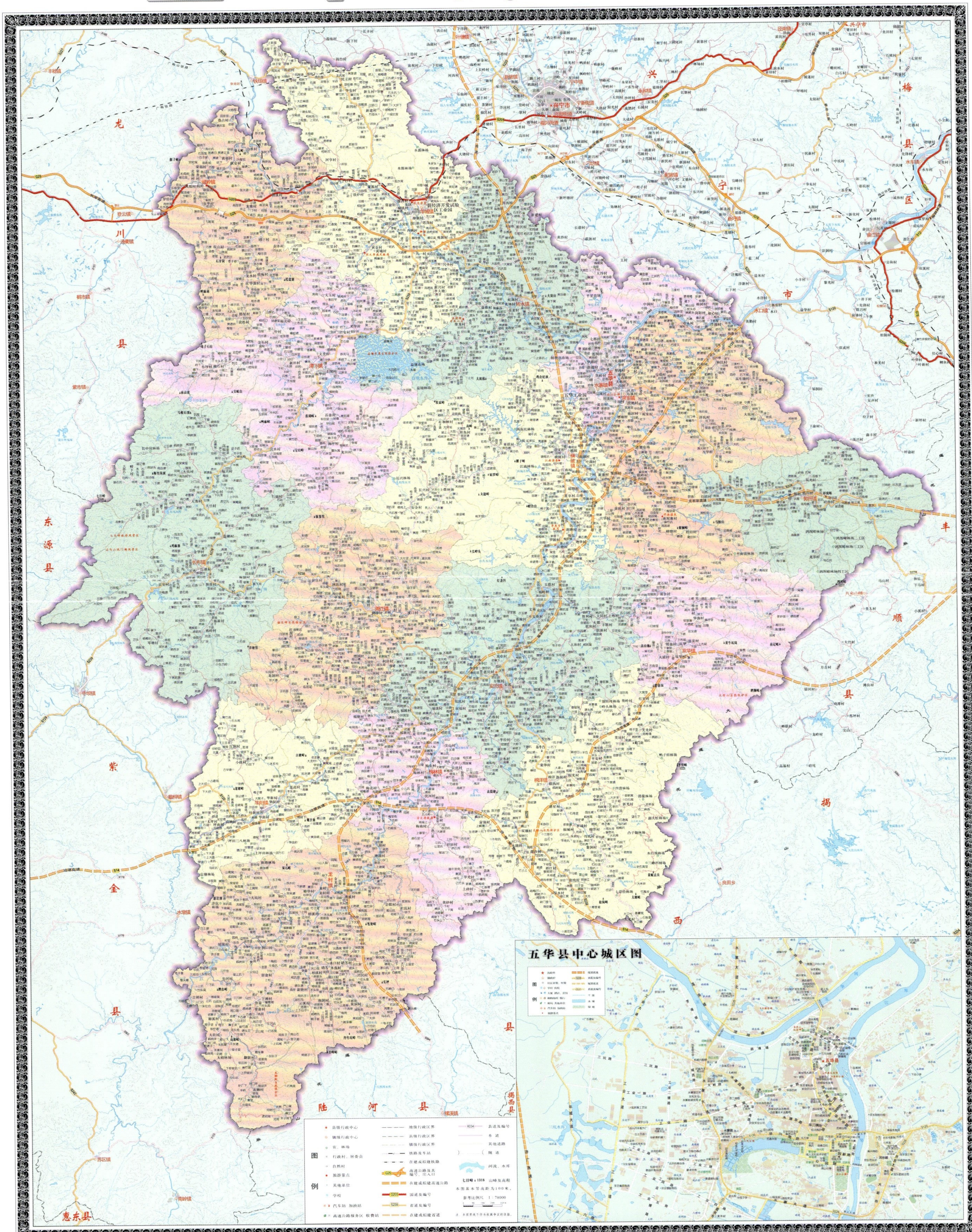

2017 数字五华

SHUZIWUHUA

土地面积3237.8平方公里

总户数334624户

总人口1523719人

常住人口1090766人

耕地面积4.14万公顷

地区生产总值151.63亿元

第一产业增加值32.41亿元

第二产业增加值39.52亿元

第三产业增加值79.7亿元

第一、二、三产业构成比重为（21.4:26.1:52.5）

人均地区生产总值13927元

全社会固定资产投资131.89亿元

社会消费品零售总额98.05亿元

外贸出口总额9691万美元

实际利用外资902万美元

财政一般预算收入8.16亿元

财政支出67.38亿元

国税收入9.28亿元

地税收入6.25亿元

城乡居民储蓄存款195.64亿元

职工年人均货币工资55208元

农民年人均纯收入12076元

卫生医技人员3648人

医院病床位3338张

2017年5月31日，县长吴晖（左二）到华城镇检查指导农村人居环境综合整治工作

2017年8月24日，全县县直机关干部回乡联村工作现场会在岐岭镇召开

2017年10月18日，广东省老促会会长陈开枝率队到五华县调研，并为双华镇苏区村苏区广场奠基培土

2017年11月14日，团省委书记池志雄（右二）率队到转水镇调研新农村建设

2017年11月10日，县长吴晖（左二）率队突击检查创卫工作

2017年11月3日，五华召开全县传达贯彻党的十九大精神大会

2017年11月7日，县长吴晖率队到安流镇宣讲党的十九大精神

2017年10月28日，五华县收看广东省传达贯彻党的十九大精神大会

2017年5月3日，梅州市农村工作暨扶贫开发工作现场会在五华县召开

2017年7月31日，五华县召开创建国家卫生县城和创建广东省县级文明城市工作推进会

2017年11月2日，五华县召开2017年法治建设“四级同创”推进会

2017年4月21日，中共梅州市委党史研究室与五华县委县政府联合举办纪念古大存120周年诞辰大会，深切缅怀古大存同志为人民解放事业和社会主义建设事业所做的丰功伟绩，以弘扬苏区精神，加快五华振兴发展（图为参会人员向古大存雕像敬献鲜花）

2017年12月26日，国家统计局广东调查总队党组书记、总队长赵云城一行到华城镇新建村开展精准扶贫工作

2017年5月15日，粤台（梅州）自行车产业园项目在五华县河东工业区启动建设

2017年6月，五华县华城国税地税联合办税服务大厅“一窗式”受理窗口，经过近3个月的调试运行和现场演练，率先在全市实现133项基本业务“一窗通办”

2017年11月12日至13日，以“骑跑球王故里，领略客家精彩”为主题的美景里程·广东五华2017骑跑挑战赛暨首届半程马拉松赛在五华县举行（图为开赛起跑）

2017年5月14日，五华县举办“体彩大乐透杯”“我要上全运”环城健身骑行暨第二届环五华超越百公里骑行活动

2017年11月13日，第五届世界客商大会五华系列活动成功促成12个项目集中签约

2017年，五华实施乡村振兴战略，按照生态治理、连片示范模式全面推进美丽乡村建设。图为转水镇益塘流域十里水乡美景

转水镇黄龙村文化广场

经过污水净化处理、升级改造后的华城镇城镇村石柱塘公园

岐岭镇荷梅村

河东镇高榕村经过农村人居环境综合整治“三清三拆”后的新貌

转水镇龛维村拆除泥砖房后建成的小公园

2017年12月28日，梅台合作的现代农业新项目——广东汉光超顺现代农旅园（五华黄龙基地）在五华县转水镇黄龙村开园。该项目集蔬菜种植、旅游观光、体验农事、了解客家民俗为一体，打造“企业总部+农产品电子商务冷链物流交易中心+果蔬深加工基地”农产品全产业链供应模式

2017年，五华全面吹响精准扶贫号角，坚持产业扶贫全力推进脱贫攻坚（图为横陂镇光伏发电基地）

2017年，五华整合产业扶贫资金，集约丢荒土地连片开发果蔬产业（图为转水镇矮车村无公害农业产业化扶贫示范基地）

2017年9月28日，兴华高速正式通车。兴华高速通车后，五华到广州、深圳等地缩短了30至40分钟路程，进一步扩大了五华作为梅州对接珠三角桥头堡的区位优势（图为转水立交枢纽）

2017年9月，琴江公路建成通车

2017年7月，琴江河县城河东段增塘堤一期工程如期竣工

五华县不断加快扩容提质步伐，城区面貌日新月异。图为正在建设中的体育馆

广州番禺（五华）产业转移园

自行车整车生产线

2017年11月，中国供销粤东农批项目如期竣工，初步建成集农副产品批发零售展销、冷链物流、信息发布、电子商务、特色餐饮等功能为一体的现代化大型综合服务平台

秀丽如画的人民公园

县城新貌

益塘水库

2017年8月，五华县技工学校建成投入使用

经过升级改造的红色旅游景区部分项目免费向群众开放

精准扶贫脱贫户在和驻村干部交流养兔的收获

种植大户向众人展示收获

目　录

特　辑

大事记

概　览

政　治

法　治

经　　济

教 科 文 体

社会生活

各镇概况

统计资料

名 录

特辑

五華年鑒

2018

升级改造后的水寨大道

政府工作报告

——在五华县第十五届人民代表大会第二次会议上

五华县人民政府县长　吴　晖

（2017 年 3 月 8 日）

2016 年工作回顾

一年来，县政府认真学习贯彻习近平总书记系列重要讲话精神和中央、省、市各项决策部署，在市委、市政府和县委的正确领导下，在县人大、县政协的监督支持下，团结带领全县广大干部群众，积极适应经济发展新常态，抢抓“两大振兴政策”机遇，扭紧“三大抓手”，全力打好产业发展、交通等基础设施建设、城区扩容提质、精准扶贫和基层治理“五场硬仗”，扎实推进“一核两区三组团”建设，全县经济和社会各项事业取得了全面进步，实现了“十三五”的良好开局。

一、坚持抓产业、兴实业，经济总量不断壮大

综合实力不断增强。全县实现地方生产总值 140.2 亿元、比增 9.0%，增速居全市第二，其中第一产业增加值 31.4 亿元、第二产业增加值 38.7 亿元、第三产业增加值 70.0 亿元，分别比增 4.2%、11.7%、9.6%。一般公共预算收入 6.9 亿元、比增 24.3%，增速居全市第一。国税组织收入 5.9 亿元、地税组织收入 7.4 亿元，分别比增 78.9%、9.6%。固定资产投资 97.2 亿元、比增 39.0%，增速居全市第二。

工业经济加快发展。深入开展“暖企”行动，实行县领导挂点联系服务企业制度，帮助企业解决融资、用地、用工等问题，加快推进企业建设投产工作。嘉晖盛、天东通信、航威斯电子等 7 家企业和辉骏集团高端电子板项目实现投产，红木文化产业园、中农批一期开业，富胜实业实现“新三板”挂牌，诺德实业、博思特厨电等 10 个项目动工建设。充分发挥“助保贷”平台作用，为中小微企业放贷 1.23 亿元。全力实施新一轮工业企业技术改造，完成技改投资 21.0 亿元、比增 50.4%。富胜实业、宝汇环保获“国家高新技术企业”认定，新增 11 家规上工业企业，全县规上工业增加值 11.9 亿元、比增 13.9%。全力支持企业开展进出口业务，全县外贸进出口总额 2.07 亿美元、比增 5.6%，实际利用外资 790 万美元、比增 48.2%。大力实施“乡贤回乡投资兴业”工程，精心挑选符合产业布局的项目，落实专业招商队和领导干部“一对一”对接联系责任，共引进项目 34 个、计划投资 97.8 亿元。

特色农业稳步发展。完成 3.5 万亩高标准基本农田建设任务，全县粮食播种面积

83.4万亩、总产32.5万吨。大力推进耕山致富，新增水果种植面积5200亩。出台茶叶产业发展扶持奖励办法，成立县茶叶协会，新增茶叶种植面积5300亩，“七畲径”绿茶、“登云嶂”黄金芽绿茶被评为省名牌农产品，松岗嶂被评为省“富硒企业生产基地”。双华镇被评为“广东省旅游休闲农业示范镇”。新增省级农业龙头企业3家、农民专业合作社87家。农村土地承包经营权确权登记颁证和第三次全国农业普查工作有序推进。横陂农业科研示范基地和松岗嶂、新丰寨、鼎德信等农业基地加快建设。种植烟叶面积1.24万亩，收购干烟叶3.4万担。生猪饲养量103.5万头，家禽饲养量840万只。全县实现农业总产值55.1亿元、比增4.4%。

第三产业活力增强。启动狮雄山建筑遗址保护省市共建项目，完成李威光故居修缮，热矿泥休闲山庄升级改造和双龙山景区等旅游项目建设扎实推进，全县旅游接待532.4万人次、旅游总收入37.7亿元，分别比增15.8%、16.9%。落实“营改增”和各项减税降费政策，为纳税人减负1.5亿元。农民住房财产权抵押贷款试点工作扎实推进。全县金融机构存款余额245.7亿元、贷款余额83.0亿元，分别比年初增长11.1%、18.3%。餐饮、物流、电子商务等现代服务业蓬勃发展，全县实现社会消费品零售总额90.5亿元、比增10.7%。

二、坚持抓项目、扩投资，基础设施日臻完善

园区规模持续壮大。投入7.2亿元，加快推进园区征地拆迁、土地平整和道路、供水、供电、排污等基础设施建设。完成广州番禺（五华）产业转移工业园征地2519亩、平整1010亩，完成了兴业大道、兴业一路、工业五路硬底化建设，打通了工业一路、工业四横路等“断头路”。完成河东工业区征地1922亩，园区主干道路和供水供电等基础设施加快建设，粤台（梅州）自行车产业园规划建设有序推进。完成安流工业园征地600多亩、华城工业园征地500多亩，项目引进、土地平整和园区规划建设扎实推进。广州番禺（五华）产业转移工业园获评省级产业园起步园优秀等次，2016年园区实现工业总产值59.2亿元、规上工业增加值11.5亿元、税收1.4亿元，分别比增11.3%、30.7%、27.3%。

交通路网不断优化。统筹推进“四横两纵”骨干路网建设，兴华高速五华段实现无障碍施工，大丰华高速丰顺至五华段、兴汕高速五华至陆河段动工建设，区位优势不断显现。投入13.8亿元，加快县内路网优化提升，X031横周线、X033棉双线、郭田至双华公路、环城大道东延线、X003线金坑至龙村公路、周江冰坎至华阳新田公路等13条共180公里的县乡公路建设改造扎实推进，全力抓好G355线华阳至安流段改造和长乐大道、狮雄山旅游公路等项目建设，动工迁建县汽车客运站场。

水利建设成效明显。梅州（五华）抽水蓄能电站“三洞两路”前期工程和两个移民安置区建设有序推进，启动库区大面积征地工作。龙狮殿风电场项目设计、水保报告评审等前期工作有序推进。投入4.9亿元加快水利设施建设，完成7宗病险小型水库除险加固任务和年度“五沿”崩岗水土流失治理工程，基本完成年度16宗山区中小河流治理主体工程建设，周江、华阳、长布等5宗镇级集中式水厂全面动工建设。

电力通信加快发展。投入电网建设资金1.4亿元，大力实施新一轮农村电网改造升级工程，完成了119个中心村农村电网改造，建成了208个基建配网工程。110千伏周江狮潭输变电工程加快建设。原中央苏区农村超高速无线局域网应用试点工作扎实推进，县城和各圩镇光纤宽带、4G网络信号实现全覆盖，城市管理逐步实现数字化。

三、坚持抓建管、优环境，城乡面貌明显改观

城区承载力不断增强。完成县城水寨、河东、员瑾、大坝片区控制性详细规划和琴江新城15.7平方公里控制性详细规划编制。投入8.7亿元，加快中心城区和琴江新城市政配套设施建设，完成了老河道公园、长乐大桥、公园路、华一南路、富通路等项目建设改造，奥园广场购物中心建成开业，增塘堤一期、河东北堤、琴江广场二期、华兴东路和琴江新城地下管廊、布新南路等项目加快建设，五华客天下文化旅游产业园、足球文化公园动工建设，“国家卫生县城”和“广东省文明县城”创建工作扎实推进，县城人居环境不断改善。

镇村建设有序推进。农村人居环境综合整治和美丽乡村建设全面实施，重点打造了转水镇“益塘流域·十里水乡”、潭下镇“五村联动桃花源”和郭田镇“红色文化·金色风铃”等美丽乡村示范点，完善了镇村生活垃圾处理设施，建成了一批群众休闲健身广场，实施了华城环城街、安流新兴街升级改造和横陂圩镇扩宽改造等一批街道提升改造工程。全面规范农村建房秩序，完成削坡建房边坡整治2141户。

生态环境持续优化。县级自然保护区和县镇森林公园加快建设，启动实施“县城周边3万群山森林围城”工程，完成碳汇造林15.9万亩、森林抚育43.2万亩，建成乡村绿化美化工程54个。严格落实森林防火责任制，创新开展森林防火“严防严管严打”行动和“每月一主题”活动，有效遏制森林火灾的发生。坚持重点环境问题县政府挂牌督办制度，完成重点环境问题整治38宗。加大高污染、高耗能企业监管及淘汰力度，淘汰改造高污染燃料锅炉11台，全面完成节能减排任务，空气质量优良率、饮用水源地水质达标率分别达98.6%、100%。

四、坚持惠民生、补短板，社会事业协调发展

精准扶贫工作扎实推进。全面启动精准扶贫精准脱贫三年攻坚工作，精准识别贫困对象，全县共核定贫困户21618户、70931人。创新“互联网+扶贫”模式，抓好扶贫服务事项进驻网上办事大厅工作，扶贫管理与服务系统建设试点工作有序推进。严格落实挂村帮扶责任机制，各级帮扶单位投入扶贫资金2.2亿元，推进产业发展、培训就业、教育文化、医疗保障、住房改造和兜底扶贫，2.7万相对贫困人口顺利脱贫。

社会保障体系不断完善。超额完成社保扩面征缴任务。建成县社保经办大厅、县劳资纠纷应急处置中心，城乡居民医保中心荣获全国人力资源社会保障系统优质服务窗口。保障房建设和棚户区改造有序推进。完成县残疾人康复中心主体工程建设，将镇残疾人专职委员纳入公益性岗位，为1.2万名残疾人缴纳城乡居民医疗保险和城乡居民养老保险。县革命烈士陵园、殡仪馆升级改造和水寨大岭、河东禾尚田、华城观源等一批镇级公益性生态公墓园建设有序推进。

科教文卫体全面进步。顺利通过“全国义务教育发展基本均衡县”国家复查验收。启动“广东省推进教育现代化先进县”创建

工作，高级中学如期建成开学，县第六小学和特殊教育学校基本建成，县技工学校建设扎实推进。设立县教育发展基金，募集认捐资金1.35亿元。完成大型采茶戏《月照城乡》创作。实现“喇叭村村响”广播系统全覆盖。启动“广东省卫生强县”创建工作，投入2.9亿元加快医疗基础设施建设和医疗设备购置，县人民医院、县妇保院升级改造和县中医院外科综合楼、县慢病站住院大楼、县疾控中心业务用房建设有序推进，乡镇卫生院标准化改造和村卫生站公建民营建设有效实施。完善和落实人口与计划生育目标管理责任制，全面二孩政策顺利衔接，计划生育服务能力不断提升。积极发展足球事业，设立县青少年足球发展基金，启动新球王人才培养工程，荣获6个市级以上足球赛事冠军。认真组织中甲主场赛事，积极打造文明赛场。

社会管理水平不断提升。集中开展禁止露天焚烧秸秆、违法占用耕地建房和非法买卖（转让）土地等“十大专项整治”行动，城乡建设管理秩序不断规范。创新开展以“打黑除恶”为重点的“百日行动”，共破现案、积案117宗。在全市公安机关“飓风2016”专项打击行动中，我县量化评价总分排名居全市第一。积极化解社会矛盾纠纷，全县信访维稳形势持续稳定，到省到市上访人数分别下降10.9%、21.6%。“阳光厨房”建设步伐加快，食品药品安全监管水平不断提高。严格落实安全生产“一岗双责”责任，扎实推进安全生产重点行业领域治理攻坚工作，完成郭田镇火灾隐患重点地区整治，安全生产形势保持总体平稳。

十件民生实事有效实施。城乡居民基础养老金标准、城乡低保标准、五保对象供养标准、孤儿供养标准、城乡居民基本医疗保险补助标准、县属中等职业学校免学费补助标准、农村寄宿制学校生均公用经费补助标准、学前教育困难家庭幼儿生活费补助标准等不断提高。培训各类劳动力1.28万人次、转移就业1.29万人次、新增城镇就业5113人。落实了事实无人抚养儿童生活津贴制度，确保50%以上的福利彩票公益金用于支持发展养老服务体系建设。为1.5万名35~64岁城乡贫困妇女免费筛查乳腺癌、宫颈癌。完成农村公路硬底化120公里。琴江公路水寨至锡坑段实现单边通车，兴华高速五华互通至县城连接线、汕湛高速华阳互通至龙村连接线等项目建设改造基本完成。实现普惠金融“村村通”。完成3.5万亩高标准基本农田建设任务，全面启动镇村污水处理设施和生活垃圾中转站建设。完成农村危房改造2640户。建成村文化广场138个和农村文化俱乐部16个。完成华城、横陂镇7人制和安流镇11人制标准足球场改造。

社会各项事业协调发展。县镇换届选举工作圆满完成。设立不动产登记中心，不动产统一登记发证工作稳妥推进。长乐烧酒通过国家地理标志产品评审。完成清道光《长乐县志》点校整理。建成县镇电视电话会议系统和三防视频会商系统。民族宗教、外事侨务、对台事务、妇女儿童、征兵、统计、气象、档案、物价、供销、人防、打私、住房公积金等社会各项事业取得全面进步。

五、坚持抓改革、转作风，政府效能持续增强

行政效能不断提升。建成县镇村三级公共服务平台，全面实行村级服务群众代办业务，县公共服务中心受理各类事项50多万件，办结率99.9%。深入推进行政审批制度改革，加大简政放权力度，全面完成政府部门权责清单编制工作。全面实施商事制度改革，新登记各类市场主体 5023 户，同比增长 24.2%。深化投融资体制改革，新成立 9 个融资平台公司。

依法行政持续深化。定期向县人大报告工作，向县政协通报情况，自觉接受人大依法监督、政协民主监督，办理县人大议案建议 75 件，县政协提案 45 件。不断完善议事规则和决策程序，“三重一大”事项坚持集体研究决定。组建政府法律顾问队伍，认真做好行政复议、应诉工作。扎实开展“一村（居）一法律顾问”工作，全面完成“六五”普法任务，启动“七五”普法工作，我县被评为“全国法治宣传教育先进县”，华城司法所被评为“全国模范司法所”。

廉政建设得到加强。深入开展“两学一做”学习教育，落实从严治党责任，严格规范党内政治生活。扎实开展机关作风整顿工作，干部作风明显好转。深入开展“两违”线索排查，共摸排线索 634 条，立案 154 件、结案 132 件。强化重点领域审计监督，完成审计项目 49 个。严格落实中央“八项规定”精神，“三公”经费支出同比下降 9%。

各位代表！一年来所取得的成绩，是全县上下共同努力的结果，离不开县委坚强领导和县人大、县政协的监督支持，得益于省市有关单位和广州市、番禺区的大力帮扶。在此，我代表县人民政府向全县人民，向中央、省、市属驻五华单位、驻五华部队，向所有关心支持五华发展的港澳台同胞、海外侨胞、外出乡贤和社会各界人士，表示衷心的感谢并致以崇高的敬意！

各位代表！在总结成绩的同时，我们应更加清醒地看到在发展过程中存在的困难和不足。一是经济基础薄弱。全县生产总值仅占全市的 13.4%，人均生产总值排在全市末位，经济实力与人口大县的地位不相称；农村贫困人口多，脱贫攻坚工作任务艰巨。二是工业发展短板突出。我县工业发展还处于起步阶段，规上工业企业少，园区产业聚集程度不高，创新创业的氛围还不够浓厚。三是城乡建设管理水平不高。全县城镇化率排在全市末位，中心城区辐射带动能力不强，城市功能和承载力亟待提升；农村规划滞后，“脏乱差”现象突出，人居环境综合整治工作任务艰巨。四是公共服务配套不够完善。农村交通道路、供水供电、排污净化等建设滞后，土地、环保等要素约束不断趋紧，就医就学和社会保障等方面与群众需求还有较大差距。五是政风行风建设仍需加强。一些政府工作人员作风不实、担当不够、服务意识和执行力不强，公务员依法行政意识需进一步提高。面对这些问题，我们将高度重视，在今后的工作中切实加以解决。

2017 年主要目标任务

2017 年，是党的十九大召开之年，也是我县加快振兴发展的关键之年，做好今年工作，意义重大，影响深远。今年政府工作的总体要求是：以习近平总书记系列重要讲话精神为指导，深入贯彻落实党的十八届六中全会以及中央、省、市经济工作会议和“两会”精神，积极践行“五大发展理念”，坚持稳中求进工作总基调，围绕市“一区两带六组团”发展战略和县第十三次党代会的部署要求，铆足干劲加快发展，下大力气加强治理，加快构建“一核两区三组团”县域发展新格局，重实体兴实业，推进项目建设，统筹城乡发展，守住青山绿水，改善重点民生，全力建设“工业新城、宜居五华”。

今年经济社会发展主要目标是：全县生产总值增长 9%以上，一般公共预算收入增长 15%，固定资产投资增长 30%，规上工业增加值增长 16.5%，社会消费品零售总额增长 12%，城乡居民人均可支配收入增长与经济增长基本同步，节能减排降耗等约束性指标达到上级下达的目标要求。

为实现上述目标，我们重点抓好如下六个方面的工作：

一、以更高标准筑好产业平台，做大工业经济总量

加快园区建设。围绕建设“百家投产企业、百亿产业园区”目标，全力办好广州番禺（五华）产业转移工业园，主动加强与广州市番禺区等珠三角地区的产业共建共享，完善园区路网、供水供电、绿化亮化、排污净化等基础设施，加快咸水坜安置区、罗湖安置区、馒头岭安置区市政工程建设，完成征地 1500 亩、平整 1000 亩以上。建立园区企业长效动态管理服务机制，加大产业转移园闲置厂房的清理清查和整治力度，解决 2360 亩租转征历史遗留问题，提高土地利用率和产出效益。加快开发河东工业区，抓好用地报批和调规工作，完成征地 3000 亩、平整 2000 亩以上，推进高压变电站、供排水、水质净化中心、首期范围路网、综合服务中心和标准化厂房建设。统筹抓好南北部产业发展，加快华城工业园规划建设，完成征地 1200 亩以上；推进安流工业园规划建设，完成征地 1350 亩以上，着力打造工业发展新引擎。

促进产业集聚。结合产业基础和资源优势，坚持特色发展、错位发展，加快培育一批标杆企业、龙头企业，力促产业集聚发展。广州番禺（五华）产业转移工业园重点发展五金机电、制酒制药、家具制造和现代农副产品物流等产业，抓好红木家具、中农批、香雪药业等重点项目的促建促产工作，园区产值、规上工业增加值和税收分别比增 25%以上。河东工业区重点发展先进装备制造业和自行车产业，力促已签约的富鑫通、如翼实业等 9 个先进装备制造业项目尽快动工建设，加快建设粤台（梅州）自行车产业园，引进 1 家以上自行车整车生产企业和 5 家以上零部件配套企业落地建设，通过项目建设形成辐射带动效应。华城工业园重点发展电线电缆产业、安流工业园重点发展新能源、新材料产业，分别引进投资额 1 亿元以上工业投资项目 3 个以上。

强力招商引资。继续完善招商引资优惠政策，大力营造崇商重企的浓厚氛围。深入实施“乡贤回乡投资兴业”工程，不断完善乡贤企业信息库，继续落实领导干部“一对一”对接联系责任，争取更多乡贤回乡投资兴业。充分发挥专业招商队、商会组织和中介招商作用，不断拓宽招商渠道，积极承接珠三角、潮汕揭等地区产业转移，围绕主导产业及其上下游配套产品，开展产业链招商、以商引商，全年新签合同项目计划投资额 70 亿元以上，其中引进投资超 10 亿元优质大项目 1 个以上。加快建设总部经济基地，力促瑞华集团、广东五华商会、深圳琴江文化研究会等 7 个总部经济项目动工建设。制订完善总部企业落户激励措施，引导有资质等级以上的建筑企业、房地产企业总部回迁并做大做强。

支持企业发展。牢固树立“服务企业就是服务发展”理念，全力打造园区五星级、101 分服务品牌，落实县领导挂钩联系服务企业责任和企业降本增效政策措施，及时帮助企业解决项目建设、生产经营等方面碰到的困难问题。设立县工业发展基金，撬动社会资本支持园区基础设施建设。加强政银企担合作，继续发挥“助保贷”平台作用，保障优势产业融资需求。用好股权资金和技改政策，鼓励企业增资扩产、技术改造、设备更新、机器人及智能设备应用，工业投资及工业技改投资项目入库 20 家以上，培育发展国家高新技术企业 2 家以上，新增 10 家以上规上工业企业，新增 1 家以上企业在“新三板”挂牌。出台外经贸企业扶持奖励措施，扶持进出口大户发展壮大，加大外资引进力度，力促外经贸工作回稳向好。

推进创新创业。加快建设广东五华科技孵化产业园，实现在孵企业 20 家以上，力争今年内申报为省级科技企业孵化器。建成县众创空间和创新创业服务中心。扶持辉骏科技、富胜实业、康奇力等骨干企业的研发中心建设，辐射带动规上企业加快设立研发机构。推进电子商务产业发展和“农村淘宝”村级服务站建设，加快中国米香型白酒、客家娘酒产业集群电子商务基地建设，大力培育发展启辰大数据产业园。引导企业和公众积极申报专利，促进科技成果转化。推进质量强县建设，加快培育一批著名商标、名牌产品和国家地理标志保护产品。大力发展民营经济，培育壮大变压器、老窖酱油、陈醋等传统优势产业，完善创业投资引导机制，掀起全民创业热潮。

二、以更大投入推进项目建设，夯实振兴发展基础

加快交通基础设施建设。围绕打造“山区交通先进县”的目标，扎实推进“四横两纵”骨干路网建设，保障兴华高速（含畲华支线）五华段无障碍施工并实现提前通车；做好大丰华高速五华至丰顺段、兴汕高速五华至陆河段的“防三抢”和征地拆迁工作，确保年内全线动工建设；积极跟进龙川至梅州至龙岩高铁线路走向，谋划申报大丰华高速西延至河惠莞高速五华至东源段和兴华高速樟树塘互通连接线工程。加快推进兴华高速横陂出口至环城大道东延线段等高速公路出口与主干道路之间的连接线建设，打造高速公路经济带。加快推进长乐大道、华兴东路、G355 线华阳至安流段、郭田至双华公路、观源至狮雄山旅游公路、X033 线棉洋至双华公路（二期）等项目建设改造，启动华阳华南村 X960 线至龙村宫前接梧溪村 X003 线公路、X003 线龙村大桥至坳巷段扩宽改造工程和安流镇琴江西岸沿江大道、华城镇环城大道等项目建设，加快完善农村客运体系，提升内联外畅水平。

加快水利能源项目建设。全力做好梅州（五华）抽水蓄能电站项目建设，完成 5760 亩库区征地拆迁、“三洞两路”前期工程和两个移民安置区建设，确保 9 月份主体工程如期开工。加快推进龙狮殿风电场项目征地工作，力促项目尽快动工建设。完成 2016 年度续建的 16 宗以及今年 1 宗山区中小河流治理任务，实施岩前水库和 13 宗小型水库除险加固工程，争取动工建设益塘水库引水工程。扎实推进村村通自来水工程和县自来水厂扩建工程建设，解决群众饮水难问题。

加快电力通信设施建设。完成 220 千伏琴江站第二台主变扩建工程和 110 千伏狮潭输变电工程建设，加快推进 110 千伏枫林输变电和 35 千伏新桥输变电工程建设。大力实施新一轮农村电网改造升级工程，完成 104 个中心村电网改造，加快各圩镇和中心村台区建设，提升供电保障能力。抓好原中央苏区农村超高速无线局域网建设和应用，加快推进光纤网络建设，实施村村通光纤工程。加快移动通信基站建设，全县农村地区实现4G网络基本覆盖。深入实施“互联网+”行动计划，规划建设五华电子政务云数据中心，推广物联网、云计算等示范应用，推动互联网与产业发展、商贸流通、惠民服务、政务服务等领域的深度融合。

三、以更快步伐抓好城乡发展，营造良好人居环境

推进琴江新城开发建设。按照“规划一步到位、建设分步实施、实现滚动发展”的原则，坚持规划引领，加快布新南路、琴江五横路、工业二横路（汽车商贸城段)、环城大道东延线、增塘堤等堤路建设，动工建设联增大桥，拉开新城骨干路网架构。完善地下综合管廊、雨污排放系统等市政设施，完成西山弃土场建设。扎实推进增塘板块首期开发建设和足球文化公园周边、增塘堤部分“三旧”改造，动工建设汽车商贸城、琴江新城安置区、伯公岭休闲公园，规划建设综合管廊控制服务中心，增强城市公共服务功能。

加快中心城区扩容提质。抓好“两江四岸八桥”关键节点建设，完成大湖堤、河东北堤、下坝堤、华兴中（南）路、蓝岭路、公园前路、水安路横街等堤路建设改造，进一步完善市政路网。谋划启动犁滩坝片区（含琴江广场二期、大坝大桥、犁滩大桥、犁滩堤）、罗湖大桥、三坑板块生态工业小镇建设，加快城西综合体、寨下坝片区文化综合体和布新中路建设，不断优化空间布局。加快奥园二期、碧桂园三期等商住小区建设，引进富力、恒大、益华等大型房地产企业参与城市开发。启动河东镇黄基山休闲公园升级改造，加快推进新华市场、西河市场升级改造，完成老河道公园人居环境综合整治（二期）和县垃圾减量厂、滨江公园建设，推进城区生态修复和城市修补，全力创建“国家卫生县城”和“广东省文明县城”，提高县城综合承载能力和精细化管理水平。

加快中心镇基础设施建设。按照县级公共服务配套设施和产业发展要求，出台相关扶持政策，重点推进华城、安流、龙村镇等中心镇“六个一”建设，适度超前做好中心镇的规划，建成一批市政工程和学校、医院、文化、环保、公园等设施以及住宅小区、商业街、综合服务平台，促进农村人口向中心镇集聚，增强中心镇对周边镇的辐射带动能力。

抓好农村人居环境综合整治。加快村庄规划编制工作，优化村庄布局，提高自然村村庄规划覆盖率。突出“治脏、治污、治乱”三个重点，严格落实城乡环境综合整治测评办法，大力开展爱国卫生运动，着力整治农村垃圾污染、生活污水、畜禽污染和“六乱”现象，加快推进村庄小公园、小菜市场、小运动场、小医疗室、小文化站“五小场所”建设，完成35%自然村庄人居环境综合整治任务。完成3个重点烟区新农村示范建设和华城镇幸福村居示范片建设，加快推进27个县级美丽乡村示范点建设，结合山区中小河流治理，着力打造“一河一景”、“一村一韵”的水景观。大力开展送百场电影戏剧下乡、讲百场道德讲堂、评百名感动五华先模、评百个文明好家庭、评百名好媳妇、评百名好少年“六个一百”活动，培育良好的乡风民风。

四、以更大力度加强生态保护，做好青山绿水文章

大力发展特色农业。推进耕山致富，打造“一镇一品”“多村一品”，扩大潭下鹰嘴桃、双华板栗、大田柿花等特色农产品种植规模，新增水果种植面积 3000 亩以上。加快农业龙头企业和农业品牌培育，新增各级农业龙头企业 20 家以上、农民专业合作社 40 个以上，创建省级名牌产品 2 个以上。加快培育茶叶主导产业，扶持松岗嶂、登云嶂等茶叶企业做大做强，提升茶叶标准化生产和精深加工水平，新增茶叶种植面积 5000 亩以上，力争在珠三角地区设立五华茶叶品牌专卖店 1 家以上。扎实推进农业供给侧改革，坚持以工业化理念经营农业，依托中农批和农村电商等平台，大力发展农产品仓储、冷链物流等产业，拓宽农产品销售渠道，促进农民增收。完成第三次全国农业普查各项任务。全面完成农村土地承包经营权确权登记颁证工作，引导农村土地经营权有序流转。坚持最严格的耕地保护制度，稳定粮食生产。

筑牢生态安全屏障。深入开展“绿满五华”大行动，完成中央财政森林抚育补贴任务 26 万亩、省级碳汇林抚育任务 18.8 万亩，实施碳汇造林 5.6 万亩、景观林带建设 1500 亩，建成乡村绿化美化省级示范村 4 个。做好“县城周边 3 万群山森林围城”工程新造林的抚育管理工作，启动实施“公路沿线 30 万群山林分改造提升工程”及高速公路景观绿化廊道建设大行动。启动建设星湖岭森林公园，加快推进天云岭县级森林公园建设。严格落实森林资源保护和发展目标责任制，深入推进森林防火“严防严管严打”专项行动和“每月一主题”活动，加强林地保护管理，严厉打击各类破坏森林资源行为。

加大环境保护力度。启动实施“琴江河水变清”三年行动计划，加强饮用水源水质保护，完善县城污水管网工程琴江河堤段二期工程以及大岭至狮山公园污水管网设施，完成水寨片区内涝整治和老河道公园湖水净化工程。严把项目环境准入关，倡导绿色低碳的生活方式，增强全民环保意识。继续实行重点环境问题县政府挂牌督办制度，着力解决一批环保突出问题。狠抓江河水质和大气污染防治等工作，加强污染物排放监管，完成黄标车、高污染燃料锅炉淘汰任务，确保全县环境质量持续改善。

发展文化旅游产业。创新旅游经营模式，加大旅游营销推广力度，充分挖掘整合县内山水田园风光、红色革命旧址、名人宗祠文化等资源，大力发展乡村游、民俗游，提升旅游产业层次和水平。动工建设县游客服务中心。加快狮雄山建筑遗址公园开发，启动长乐学宫修缮工作。加快推进客天下文化旅游产业园、双龙山景区等旅游项目建设和热矿泥温泉山庄升级改造，启动建设梅林南沣山养生养老生态园，抓好寨顶巷历史商街保护开发，加快新丰寨等现代农旅项目建设，旅游接待量和旅游总收入均增长 15%以上。

五、以更实举措改善民生福祉，提升共建共享水平

强力推进脱贫攻坚工作。认真谋划好产业帮扶项目，打造扶贫亮点。坚持示范带动，推进连片扶贫开发和示范点建设。整合公安、人社、民政、残联、教育等部门数据，加快建立覆盖低收入群体的大数据库。建立资源共享机制，整合行业项目和资金，推进贫困村基础设施建设，改善贫困村生产生活条件。严格落实县、镇、村脱贫攻坚工作责任，主动加强与帮扶单位的沟通对接。注重因户因人精准施策，在开发式扶贫、教育扶贫、创业就业帮扶和社会扶贫长效机制上下功夫，提高贫困人口自我发展能力，确保到今年底全县 70%以上贫困人口实现稳定脱贫。

大力发展教育文体事业。完成县教师进修学校改造，启动教师全员培训计划。发挥教育发展基金作用，加大奖教奖学和助学济困力度。积极争创“广东省推进教育现代化先进县”，启动华城职业技术学校扩建工作，兴建广播电视大学新教学楼，规划建设琴江新城初级中学、五华中学运动场、新长乐幼儿园。实现有线电视网络全覆盖。完成“中华诗词之乡”创建工作。理顺采茶戏演艺公司体制，抓好采茶戏、提线木偶等传统非遗文化项目传承保护，实现《月照城乡》采茶戏公演。加快推进足球文化公园、足球训练基地建设，抓好长布• 元坑中国内地现代足球发源地保护开发和球王文化广场规划建设。用好青少年足球发展基金，深入抓好新球王人才培养工程。大力支持梅州客家足球俱乐部发展，积极组织好中甲联赛主场赛事等各类体育赛事。

提升卫生计生服务水平。深入开展卫生强县、健康五华建设，完成县人民医院油田院区主体工程建设，加快推进县人民医院门急诊医技住院大楼、县妇保院妇幼保健和计划生育服务中心大楼、县慢病站住院大楼、县疾控中心业务用房建设，启动民营三甲医院建设；开展“卫生两基示范镇”创建活动，推进华城镇中心卫生院迁建和安流镇中心卫生院改造，加快实施乡镇卫生院标准化改造和村卫生站公建民营建设。继续深化医药卫生体制改革，加强卫生技术队伍建设，促进公共卫生服务均等化。启动创建“全国基层中医药工作先进县”。严格执行计划生育“一票否决”制度，加强妇幼健康和计划生育服务能力建设，扎实开展计生家庭养老照护试点工作，建立计划生育家庭发展体系，促进计划生育工作转型。

全力维护社会平安稳定。扎实开展非煤矿山、黏土类砖厂、商品混凝土、人居泥砖危房、木材加工企业等为重点的“十大专项整治”，巩固提升城乡建设管理水平。狠抓地质灾害防治，严控削坡建房增量。深入推进“阳光厨房”工程建设，加快“智慧食药监”系统建设及运用，不断提高食品药品监管和服务水平。严格落实安全生产“一岗双责”责任，全力抓好安全生产隐患排查整治工作，坚决遏制重特大安全事故发生。加强对各类风险源的排查防控工作，健全完善突发事件的预警预防和应急处置机制，提高应对突发事件和风险的能力。深入推进“平安五华”建设，完善城乡视频监控系统，开展“双禁双打”专项整治行动，净化社会治安环境。全力争创“广东省法治先进县”，健全完善人民调解组织网络。大力实施信访积案化解年活动，促进社会平安稳定。

认真办好十件民生实事。一是提升底线民生保障水平。城乡居民基本养老保险基础养老金标准从每人每月 110 元提高到 120 元。城镇、农村低保人均补差水平分别从每月 419 元、191 元提高到 457 元、206 元。农村特困人员（五保对象）救助供养平均标准提高到每年 8088 元以上。孤儿集中供养标准从每月 1340 元提高到 1450 元、分散供养标准从每月 820 元提高到 880 元。城乡医疗救助人均补助标准从每年 2178 元提高到 2828 元，城乡低保对象基本医疗救助比例达到 80%以上。二是加大扶贫济困力度。建档立卡贫困户子女每人每学年生活费补助标准提高到小学和初中 3000 元，高中和中职（含技工）5000 元（含国家助学金）。免学费补助标准提高到高中 2500 元、中职（含技工）3500 元。三是关爱特殊群体。困难残疾人生活补贴从每年 1200 元提高到 1800 元，重残护理补贴从每年 1800 元提高到 2400

元。为107名6周岁以下残疾儿童提供康复救助。新建8个、规范运行8个社区残疾人康园中心。支持社区矫正中心规范化建设，为全县社区服刑人员实行教育矫正。四是提高医疗卫生保障水平。城乡居民基本医疗保险补助标准从年人均420元提高至不低于450元。职工医疗保险基金年度累计最高支付限额从8万元提高至9万元，城乡居民基本医疗保险基金年度累计最高支付限额从45万元提高至50万元。职工医疗保险门诊特定病种报销比例统一调整为75%，城乡居民医疗保险门诊特定病种报销比例从60%提高到70%，门诊特定病种年度支付限额按病种在原限额基础上提高1000元至6.5万元不等。城乡居民医疗保险普通门诊每人每日每次最高支付限额从30元提高至100元，年度累计最高支付限额从150元提高至500元，报销比例从50%提高至60%。城乡居民大病保险起付标准从1.2万元降为1万元、报销比例统一调整为70%，年度最高支付限额从15万元提高至16万元；城乡五保供养对象、建档立卡贫困人员起付标准下调至2000元，报销比例提高到80%，不设年度最高支付限额。城镇独生子女父母计划生育奖励标准从每人每月80元提高到120元。完成锡坑、华阳等9间卫生院标准化改造建设；实施桥江、双华等5间卫生院标准化改造建设。建成公建民营村级卫生站210间。五是提高教育保障和发展水平。义务教育寄宿制公办学校公用经费补助从农村扩大到城市，补助标准从每生每年200元提高到250元。对城乡义务教育家庭经济困难寄宿生，按小学每生每年1000元、初中每生每年1250元标准给予生活费补助。农村边远学校教师生活补助标准提高到每人每月不低于900元。完成县生态技工教育创业园一期项目建设，并实现今年秋季招生。六是改善公共服务设施。在安流大都、华城新桥等13个原撤并镇建成片区公共管理服务中心。新建转水、潭下、郭田镇11人制标准足球场，改造水寨、河东、华城、长布镇7人制和龙村镇11人制标准足球场。完成10个文化驿站（台）建设。完成水寨至华城、水寨至安流城乡公交一体化建设。动工建设县中心枢纽汽车站（一期）工程，启动安流汽车站迁建工作。七是加大培训就业力度。培训各类劳动力1万人以上，转移就业1.25万人以上。新增城镇就业人员4900人以上，城镇失业人员再就业3500人以上。八是改善群众生产生活条件。完成华阳镇、双华镇、转水镇、周江镇周江片和中兴片、长布镇大田片和蒲江片7宗村村通自来水工程，启动实施华城、棉洋、安流、郭田、潭下、龙村、横陂7个镇村村通自来水工程。完成17宗共220公里的山区中小河流治理工程。完成842户棚户区改造和100套保障性住房建设。完成年度农村危房改造任务。完成水寨片区内涝整治。完成4.08万亩高标准基本农田建设任务。建成琴江生态景观大道、周江冰坎至华阳新田公路。完成农村公路硬底化150公里。在全县农贸市场开展食用农产品快速检测。九是加强环境治理。建成转水、岐岭等11个镇级污水处理厂，实现镇级污水处理厂全覆盖。建成52座镇村生活垃圾中转站，农村生活垃圾有效处理率达到90%，县城生活垃圾无害化处理率达到100%。十是提高防灾减灾能力。完成4756户削坡建房边坡整治任务。实施177公里县乡公路安全生命防护工程。在山洪地质灾害易发区新建4个、升级改造6个自动气象站。

统筹推进社会各项事业。扩大“五险”参保缴费覆盖面，推进城乡医保一体化和机关事业单位养老保险参保工作，实现社会保障“一卡通”全覆盖。做好村（社区）换届选举工作。完成农民住房财产权抵押贷款试点工作。完成五华农信社改制农商行工作。加快推进人武部应急应战指挥中心、国防教育培训基地和公安战训基地建设。启动县委党校迁建和县青少年宫、工人文化宫建设。动工建设华城仓容 2.5 万吨粮食储备仓库。建设县流浪乞讨儿童救助保护中心。升级改造婚姻登记处。启动华城、长布等镇敬老院建设。加快推进各镇生态公墓园建设。建立县残疾人职业培训基地，动工建设县残疾人托养中心。进一步做好民族宗教、外事侨务、对台事务、民兵兵役、双拥共建、畜牧兽医、档案、统计、方志、人防、打私、住房公积金等各项工作。

六、以更优作风加强自身建设，锻造政府良好形象

坚持依法行政。严格依照法定权限和程序行使权力、履行职责，全面落实县委决策部署，自觉接受人大法律监督、工作监督和政协民主监督，广泛接受社会公众和新闻舆论监督。完善公众参与、专家论证、风险评估、合法性审查、集体讨论程序，规范政府重大事项决策行为。深化政务信息公开，促进权力阳光运行。全面推行法律顾问制度，加强行政复议和行政应诉工作。认真开展“七五”普法工作，形成办事依法、遇事找法、化解矛盾靠法的良好法治环境。

坚持高效施政。坚持深入基层、深入群众，大力推行“一线工作法”和“现场办公制”。全面落实岗位责任制、首问负责制、服务承诺制、限时办结制，实行更加严格的目标管理、绩效考核、督查督办和跟踪问效，坚决治理为官不为和懒政怠政行为，确保县委县政府重大决策、重点工作不折不扣落到实处。深入推进供给侧结构性改革，落实“去降补”措施，扩大有效供给和优质供给。深化投融资体制改革，充分发挥各个投融资平台公司作用，推进 PPP 和政府购买服务等融资模式，激发民间投资活力。推行“一门式、一网式”政府服务模式，完善网上办事大厅功能，深入开展村级代办业务服务活动。继续推进商事制度改革，实施“五证合一、一照一码”和个体户“两证整合”登记制度，削减工商登记前置审批事项，同步取消后置审批事项。深化放管服改革，推广“双随机一公开”监管工作，规范市场秩序。

坚持廉洁从政。牢固树立“四个意识”，严格遵守党内政治生活准则和监督条例，坚持把纪律规矩挺在前面，推进作风建设常态化、长效化。严格执行中央八项规定精神，严控“三公”经费和一般性支出。强化行政监察和审计监督，进一步规范财政资金、国有资产管理使用，加强工程招投标、公共资源交易等领域的监管。落实党风廉政建设责任制，加强涉农惠农资金监管，不断完善惩治和预防腐败体系。深入实践监督执纪“四种形态”，加强“八小时以外”活动监督管理，开展谈话提醒，构建抓早抓小工作机制。严格落实“三个区分”，实行容错减责机制，着力营造风清气正的干事创业氛围。

附：名词解释

1. 一核两区三组团："一核"指加快县城中心区扩容提质步伐；"两区"指办好广州番禺（五华）产业转移工业园（广东五华经济开发区）、加快开发河东工业区；"三组团"指打造县域北部、南部以及绿色能源和生态文化旅游组团。

2. 营改增：指营业税改征增值税，减少重复纳税环节，减轻企业赋税。

3. 四横两纵："四横"指县域境内现有的梅河、汕湛高速和已动工建设的大丰华五华至丰顺段、规划建设的龙川至梅州至龙岩高铁；"两纵"指在建的兴华高速（含畲华支线）和已动工建设的兴汕高速五华至陆河段。

4. 三洞两路：指梅州（五华）抽水蓄能电站项目中的交通洞、通风洞、自流排水洞和下库右岸公路、上下库连接公路。

5. 阳光厨房：指采用透明设计或者监控系统，对厨房操作间进行公开化监控的一种经营方式。

6. 两学一做：指学党章党规、学系列讲话，做合格党员。

7. 五大发展理念：指"创新、协调、绿色、开放、共享"的发展理念。

8. 一区两带六组团："一区"指梅州中心城区；"两带"指广东梅兴华丰产业聚集带和梅江韩江绿色健康文化旅游产业带；"六组团"指依托兴宁、平远、蕉岭、大埔、丰顺、五华六个县域的资源禀赋和产业基础，以市区或县城为核心，以中心镇、专业镇为节点，以产业园区为载体，以交通、水利、信息、环保等基础设施为支撑，打造特色主导产业，以工哺农、以城带乡，促进县域经济特色化、组团式发展，城乡统筹发展。

9. 中心镇"六个一"：指完善一个规划、建设完善一批公共设施、解决一片200—300亩的建设用地和产业发展用地、建成一个住宅小区、建设一条商业街、建设一个便民利商政务中心。

10. 双禁双打：指县公安机关为提升人民群众安全感和满意度，结合本县社会治安现状和形势，在全县范围内开展的以禁毒、禁赌和打击盗窃、打击诈骗为重点的专项行动。

11. 去降补：指去产能、去库存、去杠杆、降成本、补短板。

12. 五证合一：指在全面实施工商营业执照、组织机构代码证、税务登记证"三证合一"登记制度改革的基础上，再整合社会保险登记证和统计登记证，是继续深化商事制度改革、优化营商环境、推动大众创业万众创新的重要举措。

13. 双随机一公开：指随机抽取检查对象，随机选派执法检查人员，抽查情况及查处结果及时向社会公开，是深化简政放权、放管结合、优化服务改革的重要举措，是完善事中事后监管的关键环节。

14. 四个意识：指政治意识、大局意识、核心意识、看齐意识。

15. 四种形态：指党内关系要正常化，批评和自我批评要经常开展，让咬耳朵、扯袖子、红红脸、出出汗成为常态；党纪轻处分、组织处理要成为大多数；对严重违纪的重处分、作出重大职务调整的应当是少数；而严重违纪涉嫌违法立案审查的只能是极极少数。

16. 三个区分：指正确区分党员干部所犯错误是明令禁止还是尚无规定，是明知故犯还是无意过失，是以权谋私还是为公为民，定性量纪做到宽严相济。

大事记

五華年鑑

2018

鹰嘴桃基地扩大种植的场景

2017年五华县大事记

1 月

6日 县委经济工作会议在县党政大楼大会堂召开。

7日 五华采茶戏《试妻》参加“2017粤戏越精彩”会演。

10日 梅州市禁毒委第八督导组到五华县检查督导禁毒工作。

12日 五华红木家具协会成立，五华红木家具产业园开园营业。

13日 五华县图书馆荣获“广东省基层文化工作先进单位”称号。

14日 县城扩容提质重点项目——五华奥园广场开业，总建筑面积14万平方米，集购物、休闲、餐饮、娱乐、文化、居住、商务等多功能为一体，填补五华城区大型集中式商业综合体空白。

19日 番禺区党政代表团到五华开展对口帮扶和精准扶贫考察。

是日 梅州市首家县级新媒体协会在五华县成立。

24日 五华县水寨镇水寨大道一汽车城内发生一起爆炸，一男一女两人当场死亡。

2 月

2日 五华县2017年第十六届客属酒业“球王杯”足球赛落幕。水寨镇代表队、河东镇代表队、安流镇代表队分别获得冠、亚、季军。

9日 五华县召开交通基础设施建设专题会议，围绕打造山区交通建设先进县、示范县目标，全力推进交通基础设施建设，改善群众出行条件。

11日 河东镇下坝村举行元宵迎灯会活动。县公安局出动120名警力确保活动顺利平安进行。

14日 五华县召开县城扩容提质专题会议，强势推进各重点项目建设，全力提升建管水平。

15日 五华与深圳市普宁商会签订战略合作协议，华南产业园项目落户安流工业区。

25日 五华县与广东瑞华集团在广州举行招商引资洽谈会，双方签订投资框架协议。广东瑞华集团将在五华投资19亿元。

3 月

2日 广东富胜实业股份有限公司在全国中小企业股份转让系统举行敲钟挂牌仪式，是五华县首家在“新三板”挂牌企业。五华县内上市企业实现零的突破。

是日 五华县召开纪念第107个“三八”国际劳动妇女节暨县妇联十三届三次执委（扩大）会议。

7—8 日 政协五华县十届委员会第二次会议在县城党政大楼大会堂召开。大会增选部分政协委员。

是日 省森林防火指挥部专职副总指挥彭尚德一行到五华督导检查春季造林森林防火和林政管理工作。

8—9 日 五华县第十五届人民代表大会第二次会议在县城党政大楼大会堂召开。大会增选部分县人大常委会委员。

9 日 水利部水保司原司长刘震率领水利部、中科院专家组一行 15 人到五华县调研水土流失防治工作。

10 日 县五套班子领导及县有关单位干群 300 多人到华城镇兴中村旅游公路沿线山坡开展义务植树活动。

14 日 县委书记范宜军率队到黄井村开展回乡联村活动。

15 日 五华县消费者委员在县政府广场会开展“3·15 国际消费者权益日”暨“网络诚信，消费无忧”主题宣传咨询活动。

23 日 市委书记谭君铁到五华县调研，强调五华要始终坚持发展第一要务，落实维稳第一责任。

26 日 五华县首届柚花节在河东镇增塘村茶亭岗举行，吸引 800 多名游客和摄影爱好者前去赏花游玩,时间持续至 4 月 2 日。

是月 中山大学孙逸仙纪念医院与五华县妇幼保健院签订对口特岗技术支援协议。

4 月

6—7 日 广州美术学院视觉艺术设计学院党总支书记罗培庆、院长曹雪、副院长刘平云率领师生 40 多人到五华扶贫调研，到梅林镇金坑村走访慰问贫困户，并捐赠扶贫基金 2 万元。

7 日 全县村（社区）“两委”换届选举工作会议在县党政大楼大会堂召开。县委书记范宜军出席会议并讲话，强调要切实增强工作的紧迫感和责任感，牢牢把握工作的重点难点，精心组织，依法依规按时完成村级换届选举工作。

19 日 五华县委召开县委常委扩大会议学习贯彻习近平总书记对广东的重要批示精神，要求全县上下以习近平总书记重要批示精神指导实践推动工作。

21 日 中共梅州市委党史研究室与五华县委县政府举行纪念古大存 120 周年诞辰大会，深切缅怀古大存同志为人民解放事业和社会主义建设事业所做的丰功伟绩，以弘扬苏区精神，加快五华振兴发展。

27 日 县委举办全县副科级以上领导干部学习贯彻习近平总书记重要批示精神专题研讨班，学习、贯彻习近平总书记对广东工作的重要批示精神。

5 月

3 日 市委、市政府召开全市农村工作暨扶贫开发工作现场会。市委书记谭君铁、市长方利旭等参会人员参观五华县转水镇峯维村、新丰村新丰寨、黄龙村，参观考察农村人居环境综合整治、新农村建设连片示范点和农业龙头企业带动分散贫困户脱贫、政银企农扶贫、产业和就业帮扶等情况。

是日 深圳市铁汉生态环境股份有限公司在五华县高级中学举行捐赠教育发展基金仪式，向五华县教育发展基金会捐赠教育基金 200 万元。

9 日 五华县举行县委巡察机构和县纪委派驻机构挂牌仪式。

11 日 番禺区·五华县对口帮扶工作联席会议在番禺区举行，双方围绕产业共建过程中的一些具体设想和项目进行沟通商洽。

14 日 县举行“体彩大乐透杯”“我要上全运”环城健身骑行暨第二届环五华超越百公里骑行活动。

15 日 粤台（梅州）自行车产业园暨五华共享经济产业园项目，在五华县河东工业区启动建设。

20 日 省委常委、常务副省长林少春率队到五华县就社会主义新农村建设和农村人居环境综合整治工作进行实地调研。市委书记谭君铁，市长方利旭等陪同参加相关活动。

6 月

3 日 深圳市金晋集团城市综合体项目签约仪式在五华县举行。五华县招商局和金晋集体下属企业深圳市金晋实业有限公司，分别代表双方签订框架协议。

23 日 五华县纪委监察局在县公共服务中心举行首期“长乐清风讲坛——客家人文精神与时代价值”报告会。

25 日 五华县光伏发电扶贫项目一期工程在横陂镇叶湖村半山坡上正式并网发电。该项目是五华县和南方电网公司合作共建，推进精准扶贫的产业扶贫重点项目，项目收益惠及全县贫困人口。

27 日 五华县举行 2017 年“广东扶贫济困日”活动启动仪式。

27—28 日 番禺区委常委、统战部部长林伟长，番禺区政协副主席张力仁率番禺区总商会企业家代表到五华开展对口帮扶考察。番禺区总商会光彩事业基金向五华捐款 50 万元支持民生工程建设。

是月 华城国地税联合办税服务大厅开通 9 个窗口，其中“一窗通办”业务窗口可以受理国税和地税的两项业务 133 项。

7 月

3 日 五华县召开第五届世界客商大会五华分会系列活动筹备会议，研究一批“签约、动工、竣工”项目筹备情况。

5 日 国家林业局驻广州专员办专员贾培峰一行到五华县督导检查梅州抽水蓄能电站建设使用林地情况。

6—7 日 国家卫生县城考核鉴定组对五华县创建国家卫生县城工作进行市级考核。五华县创建国家卫生县城工作顺利通过市级考核验收。

13 日 五华县与中国航天建设集团举行琴江新城棚户区改造安置区建设合同签约仪式。该项目总投资 17.91 亿元。

18 日 五华县委召开县委常委会，传达贯彻省委书记胡春华到梅州调研指示精神，强调各级各单位要深刻领会胡春华书记调研指示的精神实质和对梅州工作的充分肯定，进一步坚定加快发展的信心和决心，按照既定的工作思路和方法扎实推进当前各项重点工作；全力加快美丽乡村建设和脱贫攻坚，抓好班子带好队伍，求真务实，做更多打基础利长远的工作，确保如期同步建成小康社会。

19 日 梅州市首家县级志愿服务总站——五华县志愿服务总站在县城揭牌。

20 日 五华县田家炳中学代表广东省

参战 2017 年全国田家炳中学高中男子足球邀请赛，在决赛中以 5∶1 大胜重庆江津田家炳中学队，夺得全国冠军。

26 日 五华县人民政府和广东省汉光超顺农业股份有限公司，在市政府举行签约仪式。合作项目“农产品加工冷链仓储物流园区”落户广州番禺（五华）产业转移园。

27 日 五华县召开妇女儿童工作会议，部署“十三五”时期妇女儿童发展规划实施工作。

31 日 五华召开创建国家卫生县城和广东省县级文明城市工作推进会。全力以赴做好迎检各项工作，确保验收过关。

8 月

4 日 五华县委召开县委常委会，传达省贫困村创建社会主义新农村示范村工作会议精神，全面启动五华县贫困村创建新农村示范村工作。

17 日 市委常委、市纪委书记黄建固到五华县督导调研扶贫领域监督执纪问责工作，强调要强化监督执纪问责，严肃查处群众身边的不正之风和腐败问题，为打赢脱贫攻坚战提供坚强纪律保证。

23 日 五华县召开禁毒工作暨全民禁毒工程动员部署大会。

29 日 五华县举行 2017 年希望工程卓定华助学金暨梅州市五华商会奖励高考优秀考生奖学金发放仪式，158 名家庭困难准大学生和高考前 121 名学生，每人分别获得 5000 元和 6000 元的助（奖）学金。

9 月

1 日 五华特殊教育学校建成使用，首批 80 名特殊儿童入学。

4 日 省地税局党组书记、局长吴紫骊率队到扶贫点五华县转水镇里塘村调研精准扶贫和新农村建设工作。

6 日 五华召开庆祝教师节暨教育发展基金表彰大会。

是日 五华县召开集中组织开展涉农领域腐败问题专项治理、涉农涉建专项整治、惠农资金信息公开和基层服务效能提升工程现场会。

11 日 五华县召开全县领导干部纪律教育专题学习会。

17 日 五华首次举办主题为“口腔健康·全身健康”的 2017 年全国爱牙日五华口腔健康知识宣传公益活动。

18 日 县委书记范宜军、县长吴晖率队调研梅州（五华）抽水蓄能电站项目移民安置区建设情况，强调各级各单位要全力以赴，确保安置房如期交付。

19 日 梅州市“清风飞扬”廉政专题文艺节目巡回演出走进五华。

20 日 市委常委、组织部部长杜敏琪率队到五华调研省定贫困村基层组织工作。

28 日 兴华高速公路建成通车，五华到广州、深圳等地的路程缩短 30 至 40 分钟。

是月 县举行数字五华地理空间框架建设项目验收暨成果发布会，五华测绘地理信息产业取得“里程碑式”突破。

10 月

1 日 2017 粤东红木文化博览会在五华红木文化产业园启幕，百家知名红木厂企携手上演粤东红木盛宴。

10 日 五华县举办学习习近平总书记

“7·26”重要讲话精神暨推进五华振兴发展报告会，并邀请广州市委党校、广州行政学院党史党建教研部副主任梁宏作专题报告。

18日 全县广大干部群众通过电视、电脑、手机、广场大屏幕等不同形式收听收看中共十九大开幕式盛况，认真聆听习近平总书记所作的报告。

24日 省检察院党组成员、政治部主任叶少明带队到五华走访省人大代表。

26日 工信部财务司副司长盛继明一行到潭下镇大玉村验收电信普遍服务工作。

是日 中国共产党五华县工业园区非公有制企业党委成立，第一次党员大会在产业园区管委会举行，选举产生第一届党委领导班子。

是月 五华县电商创业孵化中心被省经信委公布入选为广东省工业和信息化领域“电子商务区域”试点类型单位。

是月 五华县新农村建设重点项目之一——双华镇苏区村成立60周年纪念广场日前举行奠基仪式。

11 月

6日 五华县召开全面推行河长制工作会议。

8日 在广东省精神文明建设工作表彰电视电话会议上，五华县被省文明委授予“广东省县级文明城市”荣誉称号。

11—13日 第五届世界客商大会五华县系列活动成功举办，广州军区后勤部原部长、少将陈添林，总参三部原副部长、少将古建中，中山大学原党委书记郑德涛等老领导、嘉宾、乡贤和企业家欢聚一堂，为五华发展把脉支招。该活动最终促成12个项目签约、11个项目动工建设、9个项目竣工或投产，项目总投资约275亿元。

12—13日 五华县举行以“骑跑球王故里，领略客家精彩”为主题的美景里程·广东五华2017骑跑挑战赛暨首届半程马拉松赛。该赛事作为第五届世界客商大会五华系列活动的主要内容之一，吸引来自世界各地的华侨华商、企业家及千余名体育爱好运动者的参加。

14日 团省委书记池志雄到五华县调研共青团改革和助力新农村建设等工作。

16—19日 县组织松岗嶂、福善楼、生长地、新桥腐竹、福悦、柱山糖梨等6家农业企业参加第八届广东现代农业博览会，集中展示展销茶叶、红薯、南薯粉、腐竹、柿花等五华特色优质农产品15种。

25日 县委常委班子集体到梅林镇琴口村，瞻仰中共五华县委诞生旧址，重温入党誓词，参观中央苏区（五华）文物史料展。

12 月

28日 梅台合作的现代农业新项目——广东汉光超顺现代农旅园（五华黄龙基地）在五华县转水镇黄龙村盛大开园。该项目总投资1.2亿元，分两期建设，首期投入6000多万元，打造集蔬菜种植、旅游观光、体验农事、了解客家民俗为一体的现代化农业产业园。

29日 广州市副市长黎明率队到河东镇林石村、黎塘村开展对口帮扶暨精准扶贫考察调研工作。

概览

五華年鑒

2018

国际大酒店

县情概览

【位置面积】 五华县地处广东省东部、韩江上游，位于北纬23° 23′ ~24° 12′ 、东经115° 18′ ~116° 02′ 之间。县域版图略呈三角形。东南界丰顺、揭西、陆河，西南接东源、紫金，西北邻龙川，东北连兴宁。县境东起郭田照月岭，西止长布鸡心石，南起龙村登畲香炉山，北止华城新桥洋塘尾。东西宽71.59公里，南北长87.99公里，总面积3237.8平方公里。

【地质、地形、地貌】 五华地质较复杂，主要有侵入岩、喷出岩、砂质岩、石灰岩、花岗岩等五大类岩石构成山地、丘陵、盆地等三大地貌类型。全县山地占49.1%，丘陵占41.3%，河谷冲积平原占5.4%，盆地占4.2%。

盆地　西南东三面群峰矗立，地势逐渐由西南向东北倾斜。地形分为西部山地盆地区（北起玳瑁山，南至南琴江，西自白云嶂、七目嶂，东止马凹，包括潭下、长布、周江、华阳、横陂西部和岐岭、华城、转水的南部，横陂、安流的西部，龙村、梅林的北部）；东南山地丘陵区（梅江河谷平原以南，琴江谷地以东，包括棉洋、双华、郭田和龙村、梅林、安流、河东的一部分）；北部丘陵区（梅江和五华河谷地北部，包括岐岭和华城、转水、水寨的一部分）和中部河谷平原区（包括琴江、五华河沿岸狭长的河谷地带，和梅江五华县境河谷平原。琴江河谷平原南起梅林北部，北至河东河口，包括梅林、安流、横陂、河东、水寨大坝的一部分；五华河谷地西起蓝关，东止水寨大坝，包括岐岭、华城、转水、水寨大坝的沿河两岸；在琴江和五华河汇合处，是面积较大的水寨平原）。

山脉　境内山脉多属东北至西南走向，主要有莲花山脉、西部山峰和北部低山组成。全县有海拔千米以上的山峰31座，其中最高山峰为县西部的七目嶂（1318米）。

河流　县内河流属韩江流域琴江水系，集雨面积在10平方公里以上大小河流98条。主要河流有琴江河（古名右别溪），集雨面积2871平方公里，五华河（古曰兴宁江、县前河），集雨面积1832平方公里。两河在水寨河口相汇，东流出境经兴宁、梅县，至大埔三河坝汇合，注入韩江。

【建置沿革】 五华史称长乐。北宋熙宁四年（1071）置县，称长乐县，县治长乐镇（今华城），归广南东路循州管辖。宋绍兴十九年（1149）迁县治于七都九龙冈（今水寨镇七都村）。元世祖至元二十九年（1292）复县治于长乐镇。明洪武年间属惠州，清雍正年间属嘉应州。民国3年（1914）易名五华，县治长乐镇改称华城，属潮循道。1949年新中国成立，属兴梅专区；1952年属粤东行政区，1954年始，县治从华城迁至水寨至今。1956年属汕头专区；1965年属梅县地区；1988年后属梅州市。

【行政区划】 五华县辖水寨、河东、转水、华城、岐岭、潭下、长布、周江、横陂、郭田、双华、安流、棉洋、梅林、华阳、龙村16个镇，412个村民委员会，7390个村民小组，34个居民委员会。

【气候、物候】 五华地处粤东丘陵地带，北回归线横跨县境南端，属亚热带季风性湿润气候，雨水丰富，夏秋温热多雨，冬季较短，开春较早，日照时间长，光能充足，农作物生长期长，一年三熟，四季宜耕。主要气象灾害有洪涝、干旱、低温霜冻、寒露风、倒春寒等。

2017年气候特点是：气温比历年平均偏高，降水偏少，日照正常略偏少。年平均气温22.2℃，比历年平均气温偏高0.7℃；年降水量1076.2毫米，较历年平均偏少30%；年日照时数1819.1小时，比历年平均偏少3%。

【水土资源】 五华县地下水全靠降雨下渗积存而成，地下水常年为5.29亿立方米。过境年径流量13.03亿立方米。每平方公里土地水资源量为80.5万立方米，每亩耕地占有水量5212.54立方米。全县可利用水量为8.67亿立方米，其中蓄水2.68亿立方米、引水5.39亿立方米、提水0.6亿立方米。需水量5.22亿立方米，其中农业需水4.56亿立方米，工业需水0.02亿立方米，人、畜、生活需水0.64亿立方米。水力资源丰富，理论蕴藏量13.81万千瓦，可开发量9.94万千瓦。

【矿产资源】 五华矿物资源品种多。境内有各类金属矿物34种，其中含有色金属12种（钨、锡、铋、钼、铜、铅、锌、铝、钴、钛、锰、铁），贵重金属2种（金、银），稀有金属20种（镧、铈、镨、钕、钐、铕、钇、钆、铽、镝、钬、铒、铥、镱、镥、钽、铌、铍、锆、铷）；还有非金属矿物19种（石灰石、重晶石、萤石、水晶石、独居石、电气石、钾长石、云母、石墨、耐火石、石英石、玻璃石、方解石、蛭石、石棉、瓷土、稀土、煤、大理石），矿点97处。其中钨矿、钼矿达国家标准一级一类；萤石矿属世界一级品；钾长石储量和质量均居全省首位；瓷土含铝多，含铁少，储量大，质量上乘，其中尤以郭田、河东油田为最；油田矿泉水单日井涌量1662.68吨，其游离二氧化碳、偏硅酸、锶和锂含量以及矿化度均达国家《饮用天然矿泉水》（GB8537—87）标准；全县温泉有4处，开发利用3处，其中转水维龙汤湖热矿泥，经专家鉴定含有人体所需的60多种微量元素，被誉为“天下第一奇”。

【动植物资源】 五华动植物种类繁多。境内有各种兽类20多种，禽类100多种，两栖爬行类50多种，各种植物1000多种。珍稀动物有国家一级保护动物云豹、蟒蛇、五爪金龙、黄腹角雉、白颈长尾雉、鹰和国家二级保护动物穿山甲、小灵猫、大灵猫、白鹇（省鸟）等。珍贵树种有泡桐、水松、穗花杉、油椤树、落羽杉、观光木、刺桫椤、吊皮椎、山桐子、将军树、三尖杉、南方红豆杉、粘木、红椿、伯乐树、野龙眼等，其中有国家一级保护植物——桫椤，分布在省级自然保护区七目嶂区内粗石坑，群落面积较大，数量可观，有大小近百棵，其中一株高9.1米，冠幅20多平方米，誉称“桫椤王”。优良树种主要有杉树（面积1.02万公顷，蓄积量 28.92 万立方米）、湿地松（面积 0.65 万亩，蓄积量 22.42 万立方米）。果树主要有妃子笑、黑叶、桂味、糯米糍品种荔枝，茶亭岗沙田柚，大田果合柿，双华板栗，棉洋桃驳果、全和杨桃、转水水晶柚、中兴冬蜜梨等。野生药材颇丰，有 255 个品种，经专家学者鉴定有 237 种，其中列为国家重点普查的 143 种，药用价值较高的 129 种。

【旅游资源】 五华历史悠久，人文积淀厚重，是世界球王李惠堂的故乡，也是原中央苏区县。境内文物古迹众多，有华城狮雄山秦汉遗址、长乐学宫、狮雄山塔、李威光故居，双华英烈庙，横陂李惠堂故居，转水荣槐楼等省级重点文物保护单位 7 处，县级重点文物保护单位 63 处。其中，狮雄山秦汉遗址被列为广东省“八大大遗址”之一。民间艺术斑斓，主要有木偶戏、采茶戏、竹马舞、春牛舞、花朝戏、民歌、狮舞、龙舞、八音乐班、杂要等近 20 个群众喜闻乐见的传统文艺品种。其中提线木偶被列入全国优秀非物质文化遗产，提线木偶、竹马舞、石雕、采茶戏、锣花舞、长乐烧制酒工艺和下坝迎灯被省政府列入全省非物质文化遗产保护项目。五华土特产丰富，极具市场优势。岐岭长乐烧酒，被评为国优产品，畅销省内外；华城细核荔枝、大田柿花、棉洋桃驳果、转水红粬，历为名品；绿茶、板栗、老红酒、巴戟酒、三黄鸡、酿豆腐、特级豉油、白芒坝花生、新桥腐竹、龙村腊蔗、双华巴戟、益塘荔枝、长布土茯、茶亭冈沙田柚，以其独特的风味和功用，为世人所称道。五华还被省列为水果、南药、紫胶、烤烟生产基地，产量、质量均居全省前列。素有“工匠之乡”的美誉，造型美观的金木雕、小巧精致的竹编工艺、雄浑古典的石雕，久负盛名。五华交通便利，国道 205 线、广梅汕铁路穿梭而过，建成的高速公路有梅河高速、汕湛高速五华段和兴华高速，规划建设的有大丰华高速以及兴汕高速五华段，全县“四横两纵”的“两高”交通建设架构，外联内畅的综合交通体系正在加快形成。“山、水、泥”旅游独具特色，景点有被誉为“粤东明珠、物种宝库”的省级自然保护区七目嶂；有四季花果飘香、湖光潋滟的国家AAA级旅游区、国家水利风景区——益塘水库旅游区；有集休闲娱乐、农业观赏和理疗保健于一体的国家AAA级旅游区——汤湖热矿泥山庄等。

【民族、人口】 县人多属汉族，还有蒙古族、壮族、回族、满族、瑶族、藏族、苗族、彝族、布依族、维吾尔族、侗族、土家族、白族、朝鲜族、佤族、高山族、塔吉克族等少数民族。旅居海外华侨 13 万多人，港澳台同胞 29 万多人。2017 年年末，全县总人口为 1523719 人，其中，非农人口为 480066 人，农业人口为 1043653 人，常住人口为 1090766 人。

2017年年末五华县行政区划一览表

表1

镇名称	村民委员会名称	村委会(个)	村民小组(个)	居委会(个)
水 寨	员瑾、河尾、罗湖、犁滩、协和、良美、黄井、大岭、大布、上坝、坝美、大沙、高车、善坑、平湖、中洞、榕树、岗阳、坝心、澄湖、大湖、七都、莲洞	23	449	4
河 东	走马、增塘、苑河、苑堂、澄塘、东溪、太和、沙溻、宝瑞、下村、下一、高榕、下二、黄湖、河口、牛石、赛洞、布头、礤坑、三田、桂田、蝉塘、桂岭、罗塘、林石、枫林、联岭、平东、黎塘、黄坑、平西、黄泥寨、油新、下陶、浮湖、礤新、洋坑、万华、油田、化裕、和民、大嵩、高车塘	43	555	3
转 水	畲维、维龙、益塘、新丰、畲荷 、黄梅、青西、下潭、五星、青塘、长源、流洞、蛇塘、新华、新民、三源、黄龙、矮车、里塘、旱塘、枫林塘	21	425	1
华 城	满堂、红星、高华、南方、兴一、城镇、董源、铁炉、葵富、兴中、新兴、高竹、万子、齐乐、维新、维西、湖田、西林、观源、塔岗、城东、黄埔、黄金、河子口、河亭、新二、新建、新四、民主、新一、新五、华安、新亭、洋田	34	1160	3
岐 岭	罗经、朝阳、皇华、北源、荣贵、合水、凤凰、荣福、黄福、龙寨、联安、清溪、孔目、王化、鲁占、黄塔、塔星、龙岭、华源、荷梅、龙水、大蒲、双山、礤下、赤水	25	504	2
潭 下	杞水、南华、文里、福灵、模石、竹梅、龙田、乐道、品畲、汶水、上围、光华、新田、柏洋、布坪、锡坪、大玉、百安、中村、金石	20	315	1
长 布	石础、蓝塘、长生、长安、琴塘、栋岭、横江、粘坑、金华、北洋、栋新、太平、源潭、梅塘、红旗、嶂下、大客、大径、大坑、福兴、高礤、五彩、樟村、青岗、中心	25	270	2
周 江	新良、甘茶、龙堵、狮潭、兰鱼、黄华、冰坎、早成、蓝坑、联太、黄布、溪口、良宁、崀头、红源、增洞、利洋、桂子、龙洞、三河、利河、中兴	22	399	2

续表 1

镇名称	村民委员会名称	村委会(个)	村民小组(个)	居委会(个)
横 陂	东山、新联、石下、章联、西湖、横陂、崇文、江南、超群、杨恩、红光、联长、华阁、夏阜、新寨、叶湖、近江、湖塘、长塘、增华、坑口、兴华、坝头、老楼、罗陂、东升、田布、长兴、安全、斑鱼、桐树、双联、贵人、增大、小都	35	569	3
郭 田	湖华、磜下、碪南、龙潭、横塘、三坑、石团、布美、双光、郭田、坪上、蕉州	12	249	1
双 华	黄径、禾沙、大陂、军营、冰塘、苏区、华拔、华南、竹山、虎石、福全、华东、公平、双华、矮畲、富美	16	254	1
安 流	学园、大九、双福、吉程、樟潭、龙楼、福龙、福陂、福华、完塘、三江、低坑、洑溪、东礼、福江、半径、半田、吉水、万塘、龙中、蓝田、福西、学少、青江、葵樟、五联、楼江、里江、长江、文葵、福岭、红山、联新、双径、大和、大同、联和、丰联、胜利、上布、河沿、石门	42	789	4
棉 洋	群星、荣华、洛阳、新光、中新、琴江、红星、美光、竹坑、罗城、福城、联西、美田、葵岭、黎洞、棉洋、阳光、平安、绿水、唐纯、桥江、溜砂、水湖、双璜、富强、大光	26	674	2
梅 林	新成、福新、福塘、新塘、黄沙、上磜、华光、招田、三乐、尖山、金坑、梅北、梅南、梅林、琴口、优河、梅东、宣优	18	417	1
华 阳	高塘、红洞、莲高、社径、太坪、叶新、小拔、坪南、华阳、华南、华新、大拔、陂坑	13	329	1
龙 村	梧溪、公联、杜坑、睦贤、龙村、金龙、樟华、塘湖、三湖、洞口、大坑、湖中、宫前、潭溪、石溪、柏溪、新艳、云溪、南洞、南中、水口、水南、兴民、黄洞、营田、老田、硝芳、南口、留畲、先河、吉祥、榕溪、翻新、黄狮、登畲、大梧、下滩	37	596	3
合 计	全县辖 16 个镇，412 个村民委员会、7390 个村民小组，34 个居民委员会			

说明：2014 年 1 月，原属七畲径林场管理的大光、径顶自然村增设为棉洋镇大光村

2017 年社会经济发展概况

【经济发展概况】 2017 年，全县实现生产总值 151.63 亿元，同比增长 6.4%，其中第一产业增加值 32.41 亿元、第二产业增加值 39.52 亿元、第三产业增加值 79.7 亿元，同比分别增长 3.4%、6.0%、7.8%。地方财政一般预算收入 8.16 亿元、全县一般公共预算总收入 70.20 亿元、一般公共预算支出 67.38 亿元，同比分别增长 18.3%、6.41%、15.7%。

【农业】 2017 年，农业经济稳步发展。全年实现农业总产值 56.45 亿元，比增 3.8%。粮食安全责任制有效落实，全县粮食播种面积 5.57 万公顷，总产 33.28 万吨。大力培育茶叶主导产业，新种茶叶 340.67 公顷，全县茶叶种植面积 2133.33 公顷。加快“一镇一品、多村一品”建设，新种水果 844.33 公顷。引进种植广州生长地高山红薯、梅州福悦南薯、广东新谷树夏威夷坚果等农业新品种。新增农民专业合作社 145 家。华阳镇被认定为“省级蔬菜技术创新专业镇”。“七畲径茶”“大田柿花”被评为国家地理标志产品。棉洋华顺富硒绿茶获评为粤茶杯特等金奖。“焕兴”金柚、“访业”三红柚、“福善楼”绿茶、“九霖”单枞茶被评为省名牌产品，“彩云”百香果、“云溪圣峰”茶叶等 14 个农产品被评为省名特优新农产品。种植烤烟面积 773.33 公顷，收购干烟叶 1625 吨。完成 2720 公顷高标准基本农田建设任务，农村土地承包经营权确权登记颁证工作基本完成。

种植业　2017 年，新增水果种植面积 844.33 公顷、茶叶种植面积 340.67 公顷；种植烟叶面积 773.33 公顷，收购干烟叶 1625 吨。全县粮食播种面积 5.57 万公顷，总产量 33.28 万吨，同比增长 0.5%。其中稻谷 28.54 万吨，同比增长 0.6%；甘蔗 8606 吨，同比增长 9.8%；烟叶 2603 吨，同比下降 4.2%；花生 8041 吨，同比增长 0.3%；大豆 3206 吨，同比下降 19%。

林业　全年林业完成人工新造林 5066.67 公顷，年末森林覆盖率 70.74%，与上年持平；林木蓄积量累计 822.06 万立方米。全县有自然保护区 11 个，县级森林公园 2 个。

畜牧业　全年肉类总产量 5.57 万吨，同比下降 1.7%，其中猪肉产量 4.13 万吨，同比下降 1.0%。生猪年末存栏 45.15 万头，同比增长 1.5%，牛年末存栏 45516 头，下降 35%。

【工业】 2017 年，全县工业总产值 62.84 亿元，完成工业增加值 6.38 亿元，同比增长 1.7%。其中规模以上工业实现总产值 25.2 亿元，同比下降 17.9%，实现增加值 5.35 亿元，同比下降 1.7%。实施创新驱动发展战略，完成科技研发支出 19 亿元，五华科技孵化产业园获批“国家级科技企业孵化器培育单位”，成功认定广东省院士专家企业工作站，建成县科创大厦，引进华南理工大学工研院等一批科研院所进驻。辉骏科技、万山土壤认定为省工程技术研究中心，宝汇环保、康奇力药业、井得电机、冠华传导认定为市工程技术研究中心，产值5亿元以上工业企业实现研发机构全覆盖。实施新一轮工业企业技术改造，实现工业投资及工业技改投资项目入库20家(次)，完成工业投资52亿元、技改投资23.1亿元，分别比增13.2%、10.2%。积极支持企业融资上市，富胜实业、客都天润实现“新三板”挂牌。金融扶持实体经济力度加大，金融机构存贷比增至38%。全力支持企业开展进出口业务，实现外贸进出口总额1.2亿美元。加快电子商务产业发展，入驻电商大厦服务机构和企业51家、建成“农村淘宝”村级服务站105个，实现电子商务线上交易额3亿多元，五华县被认定为“省级电子商务进农村综合示范县”。全面落实省“实体经济十条”，开展“暖企”行动，做好企业降成本工作，对辉骏科技等12家企业股权投资4.8亿元，为21家中小微企业发放助保贷风险基金1.3亿元；为香雪制药等8家企业降低用地成本5780万元；为明珠星等8家企业发放物流补贴1445万元；通过售电服务的方式降低15家企业约200万元用电成本；为仁隆电子、隆华塑胶等企业节约用工成本约300万元。加大企业促建促产力度，凯达共享单车、冠华杭萧钢构、启辰云数据等9个项目实现投产，香雪药业、润兴生物、南凌电器等14个项目动工建设，新增规上工业企业10家、高新技术企业2家。全县实现规模以上工业企业43家；全年规模以上工业企业实现销售收入24.3亿元，比上年下降17%。全年主要工业产品产量：发电量2.05亿千瓦时；涤纶纤维25286吨；饮料、酒3688吨；中成药6527吨。全年工业用电量27968万千瓦时，增长37.3%。全县资质等级以上建筑企业18个，实现建筑业总产值50.6亿元，增长34%，建筑质量进一步提高。

【园区建设及招商引资】 2017年，园区平台不断壮大。一是投入11.1亿元，加快推进园区征地拆迁、土地平整和基础配套设施建设。完成广州番禺（五华）产业转移工业园征地103.33公顷、平整66.67公顷，园区污水处理厂和污水管网一期建成运营，打通工业一路、三坑路、工业二横路南段等“断头路”，加快推进兴业一路、工业六路等道路的提升工程，初步形成“七纵五横”园区路网。完成河东工业区征地80公顷，平整53.33公顷，完成主供水管网铺设，首期起步区道路建设全面动工。完成安流工业园征地58公顷、华城工业园征地20公顷，项目引进、土地平整和园区规划建设扎实推进。二是规模以上工业增加值5.3亿元、税收1.5亿元，同比分别增长30%、68%。三是实施“乡贤回乡投资兴业”工程，精心挑选符合产业布局的项目，全年新签约落户项目21个，计划总投资224.2亿元。

【固定资产投资】 2017年，全县固定资产投资增长较快。完成固定资产投资131.89亿元，同比增长35.7%。其中，交通投资31.31亿元，同比下降4.1%；工业投资52.77亿元，同比增长14.7%，其中工业技改投资23.48亿元，同比增长12%；房地产投资14.4亿元，同比增长1.9倍；其他投资33.42亿元，同比增长1.4倍。

【基础设施建设】

交通建设　一是加快交通路网建设。兴

华高速公路提前3个月建成通车，丰华、华陆高速五华段实现全线动工。琴江生态景观大道基本实现全线通车，完成汕湛高速华阳互通至龙村连接线和兴华高速横陂出口至环城大道东延线段、S238线周江至安流段升级改造工程，加快推进G355线华阳至安流段、长乐大道、环城大道东延线、工业大道北延线、X003线金坑至龙村段、周江冰坎至华阳新田公路、郭田至双华公路等一批交通公路项目。完成农村公路硬化160公里。实现385个行政村通客运班车。二是全县各种交通运输方式完成货物周转量18.47亿吨千米，同比增长9%，完成旅客周转量4.89亿人千米，同比增长6.9%。年末，全县公路通车里程3424.47千米，同比增加90千米，增长2.7%。公路密度每百平方千米105.8千米，同比增加2.81千米，增长2.72%。

水利电网建设　全面推行“河长制”，全县27条河流共设县级河长6名、镇级河长45名、村级河长294名。梅州（五华）抽水蓄能电站和两个移民安置区建设稳步推进。投入水利基础设施建设资金6.5亿元，18宗山区中小河流治理工程基本完成，完成转水双华等6宗村村通自来水主体工程，92个省定贫困村集中供水工程全面启动。革命老区及原中央苏区水土流失治理期工程全面完工，治理崩岗39个。县水土保持科技示范园顺利通过国家中期评估考核。投入电网建设资金1.4亿元，实施新一轮农村电网改造升级工程，新建或改造配变96台、台区117个，新建10千伏中压线路280.2公里，基本建成110千伏周江狮潭输变电工程。

城乡建设　一是县城扩容提质步伐加快。完成中心城区和琴江新城控制性详细规划编制。投入9.7亿元，加快中心城区和琴江新城建设，完成下坝堤、增塘堤一期、华兴中(南)路、富通路、苍兴路等堤路建设改造。县城水寨片区内涝整治和河东北堤、琴江公园二期、滨江公园、黄基山休闲公园一期、生活垃圾无害化处理减量厂一期等公共配套设施基本建成或投入使用，华兴东路、布新南路、大湖堤、琴江新城地下综合管廊、足球文化公园一期等一批市政项目扎实推进。顺利通过“国家卫生县城”创建技术评估，成功创建“广东省县级文明城市”。二是中心镇辐射带动能力增强。推进华城、安流、龙村镇“六个一”项目建设，华城镇金山市场、前和市场、环城大道及状元大道升级改造，安流镇圩镇内涝整治、司前街、S120线和S238线圩镇段改造，龙村镇圩镇农贸市场等一批市政项目基本建成，宝盛花园二期、南国花园等一批高品质住宅小区加快建设。完成S120线锡坑、夏阜、横陂圩镇段改造，建立16支圩镇市政管理队伍，强力推进圩镇“六乱”整治，圩镇整体形象和管理水平不断提升。三是新农村建设有序推进。完成27个县级美丽乡村示范点规划编制，河东高榕、岐岭荷梅等一批美丽乡村建设成效凸显。全域推进农村人居环境综合整治，完成35%自然村整治任务，建成转水黄龙、华城环城街等镇村生活垃圾分类中转站和转水、岐岭等镇级污水处理设施，村级污水处理设施建设启动实施。深入推进“六个一百”工程，打造华城新一村城镇村等良好村风民风孕育工程示范点。强力推进92个省定贫困村社会主义新农村示范村创建，完成580个自然村村庄规划编制和459个村民理事会组建，基本完成“三清三拆三整治”任务，转水镇“5+2+3”省级新农村连片示范村建设初显成效。

邮电通信建设　原中央苏区农村超高速无线局域网应用试点扎实推进，基本完成412个村设备安装调试；新增4G无线基站422个，新建光网端口4.3万个，基本实现城区、乡镇、行政村光纤宽带、4G网络信号全覆盖。

【旅游业】　2017年，全县旅游产业加快发展。双龙山旅游景区一期、益塘水库美景驿站一期建成开业，新丰寨农旅园、五华客天下文化旅游产业园红色旅游区建成开园，南洋山养生养老生态园、热矿泥温泉山庄升级改造等旅游项目加快建设。全年接待游客612万人次、旅游总收入43.7亿元，分别比增15%和16%。

【商贸·财税】　2017年，国内消费品市场稳定发展，全县实现社会消费品零售总额98.05亿元，同比增长8.5%。外贸进出口总额1.26亿美元、同比下降29.8%，实际利用外资902万美元、同比增长12.9%。深化投融资体制改革，充分发挥各融资平台作用，融资到位资金15亿元。完成农房抵押贷款试点工作，累计投放农房抵押贷款13亿元。全县财政收入增长较快，地方一般公共预算收入8.16亿元，同比增长18.3%；地方一般公共预算支出67.38亿元，同比增长15.7%。国税组织收入9.28亿元、地税组织收入6.25亿元。

【金融】　2017年，金融业快速发展，存贷款余额实现同步较快增长。至年末，全县国家银行各项本外币存款余额274.98亿元，同比增长11.9%。城乡居民储蓄存款余额195.64亿元，同比增长11.9%。各项本外币贷款余额104.22亿元，同比增长25.6%。人保、人寿保险费收入1.59亿元，同比增长10.75%。其中人民保险保费收入5248万元，同比增长13.89%；人寿保险费收入1.07万元，同比下降9.7%。

【教育·科技】　2017年，五华县加快创建“广东省推进教育现代化先进县”，全面完成教育强镇复评，设立教师继续教育中心，县特殊教育学校、技工学校一期建成招生，县第三幼儿园、教师进修学校完成搬迁改造。全年教育财政拨款18.38亿元，同比增长19.9%。全县有各类中等专业学校2所，在校学生130人，同比减少71.1%；普通中学53所，在校学生69941人，同比减少4.1%，其中高中学生25723人，同比减少11.3%；职业中学3所，在校学生2151人，同比减少25.3%；小学160所，在校学生97203人，同比增长1.3%。适龄儿童入学率、小学毕业生升学率、初中毕业生升学率均100%，实现与上年持平；高中毕业升学率97.6%，同比增长7.7个百分点。在当年高考中，全县入省3A线以上人数8020人，入围率79.9%，入本科线以上人数2012人，入围率20%。国家专利申请总量达到414件，比上年增长25.1%；专利授权量284件，增长27.9%。

【文化·广电】　2017年，五华县文化事业欣欣向荣，各种文化设施不断完善，广场文化丰富多彩。新建180个村级文化广场，实施长乐学宫、狮雄山塔、李惠堂旧居、古大存故居等文物维修保护工程。成功举办首届全国采茶戏艺术展演暨学术研讨会，五华采茶戏代表广东省参加中国戏曲文化周展演，《月照城乡》获得省第十三届艺术节戏曲类剧目三等奖。完成清康熙二年《长乐县志》校点整理并重印出版发行。全年送戏下乡演出 215 场次，送影下乡 4944 多场。图书馆现有藏书 19.15 万册，进馆读者 13 万人次，图书流通量 15 万册次。有调频广播电台 1 座，有线电视台 1 个，有线电视站 9 个，卫星电视地面接收站 1 个，有线电视用户 9.83 万户，完成转水、岐岭、周江镇私网有线电视整合。广播、电视人口覆盖率 98.5%。

【卫计 · 体育】 2017 年，五华县加快创建"卫生强县"，深化医疗卫生体制改革，县中医医院外科住院大楼建成使用，县人民医院门急诊医技住院综合大楼、精神卫生中心住院大楼、疾控中心业务大楼及安流、华城镇中心卫生院升级改造项目动工建设；19 间乡镇卫生院标准化建设和 360 间村卫生站公建规范化建设基本完成。创建"全国基层中医药工作先进县"通过专家评审。计生服务管理机制逐步完善，全面两孩政策稳妥实施，人口计生各项指标实现年度目标。年末，全县拥有卫生机构 43 个，床位 3338 张。各类卫生技术人员 3648 人，其中执业医师 1011 人，同比减少 0.98%；执业助理医师 1021 人。2017 年，全县总人口 1523719 人，同比增加 7293 人，下降 86.11%。其中常住人口 1090766 人，常住人口城镇化率 35.22%，同比提高 0.81 个百分点。在总人口中，城镇人口 480066 人，占总人口 32%；乡村人口 1043653 人，占总人口 68%。男性人口 793615 人，女性 730104 人，性别比 108.7。出生率 17.02‰，同比提高 0.66 个千分点；死亡率 5.93‰，同比提高 0.17‰；自然增长率 11.09‰。

2017 年，全县积极发展足球事业，新建改建足球场 12 个，获得市级以上足球比赛冠军 13 个。横陂足球小镇入选全国首批运动休闲特色小镇试点项目。县体育局被评为"2013—2016 年度全国群众体育先进单位"，端本中学等 3 所学校被评为"全国校园足球特色学校"，河东中学等 9 所学校被评为"广东省校园足球推广学校"。成功举办美景里程骑跑挑战赛等 13 场大型群众体育赛事。年末，全县各类注册登记体育协会 23 个，社会体育指导员 3300 人，全年组织或协助举办举办大型县级群众体育赛事 13 场次，镇级群众体育赛事 10 场次，校园足球三级联赛 342 场次。

【生态环境建设】 一是开展"县城周边三万群山森林围城工程"，实施"公路沿线三十万群山绿化工程大行动"，完成碳汇造林 5066.67 公顷、森林抚育 2.85 万公顷，建设生态景观林带 25 公里，建成乡村绿化美化示范点 7 个。二是开展森林防火"严防严管严打"专项行动，切实加强林地管理和森林资源管护。三是抓好重点环境问题整治，综合防治大气、水土壤污染，空气质量优良率、饮用水源地水质达标率分别为 98.6%、100%。全县有环境监测站 1 个，环境监测人员 18 人。共有生活污水处理厂 5 座，主要江河水质达到功能水质要求，水质达标率 100%，工业废水排放量达标率 96%，工业烟尘排放量达标率 100%，全年城区空气质量优良以上 344 天。全面完成节能减排任务，空气质量优良率、饮用水源地水质达标率分别达 98.6%、100%。

【民生改善】

精准扶贫　完善扶贫工作例会制度和

"以奖代补"机制，着重抓好产业帮扶、资产收益脱贫、农村"三变"电商扶贫、金融扶贫、就业帮扶和"三保障"兜底帮扶，广东汉光超顺现代农旅园、广东贵澳农旅扶贫产业园、南方电网光伏发电扶贫等一批帮扶项目有效实施。全县累计下拨帮扶资金10.4亿元，完成70%相对贫困人口脱贫任务。

社会保障 城乡居民基本养老保险基础养老金、城乡居民基本医疗保险、低保人均补差、困难残疾人生活补贴等17项补助标准不断提高。培训各类劳动力13216人，转移就业13251人，新增城镇就业人员5963人，城镇失业人员再就业3882人。县城生活垃圾无害化处理率达100%，农村生活垃圾有效处理率达90%。新建8个社区残疾人康园中心。完成社区矫正中心规范化建设。完成10个文化驿站（台）建设。新建改造10个山洪地质灾害易发区自动气象站。基本完成2062户农村危房改造、4756户削坡建房边坡整治任务。100套保障性住房建设、842套棚户区改造全面实施。完成177公里县乡公路安全生命防护工程。

2017年，全县参加城乡居民医疗保险的人数116.86万人，比上年下降0.28%。参加农村养老保险的人数45.71万人，同比增长6.5%。全县34530人参加失业保险，同比增长10.8%；参加基本养老保险的职工人数68538人，同比增长7.3%；参加工伤保险人数47066人，同比增长30.7%；离退休人员享受社会养老保险68538名，同比增长7.3%。全县享受最低生活保障的困难群众41960人，其中城镇450人，农村41510人。现有五保户4367人，其中：在院集中供养283人，分散供养4084人；发放医疗救助资金4231.30万元，救助95648人次（其中参保89790人1616.22万元）。

社会管理 开展消除人居泥砖危房、商品混凝土等"十大专项整治"和县直机关干部回乡联村、基层服务效能提升等基层治理"十项重点工作"，城乡建管秩序不断规范。完成148个"平安村居"创建，加强精神障碍患者排查管控，认真做好矛盾纠纷化解，信访维稳形势持续好转。深入开展"双禁双打"专项整治，获得群众安全感调查全省第一的优异成绩。严格落实安全生产责任，加强城市风险点危险源排查管控，完成党的十九大等重大安保维稳任务。实现农贸市场食用农产品快速检测全覆盖，餐饮单位建成"阳光厨房"443家。完成华阳镇火灾隐患重点地区整治。积极争创省级"法治先进县"，实现公共法律服务县镇村三级全覆盖。

【人民生活】 2017年，五华城乡居民收入进一步增加，生活水平稳步提高。居民人均可支配收入14776元，同比增长9.6%，扣除价格因素，实际增长8%。其中：城镇居民年人均可支配收入20207元，同比增长7.6%，剔除价格上涨因素，实际增长6%；农村居民年人均可支配收入12076元，同比增长8.4%，剔除价格因素，实际增长6.8%。

政治

五華年鑒

2018

都督府

中国共产党五华县委员会

主要会议和活动

1月6日，县委经济工作会议在县党政大楼大会堂召开。县委书记范宜军主持会议并讲话，强调要坚持稳中求进工作总基调，深化供给侧结构性改革，围绕市“一区两带六组团”发展战略，全力构建“一核两区三组团”县域发展新格局，重实体兴实业，聚焦产业和项目，壮大县域经济，保障重点民生，促进经济平稳发展和社会平安稳定，以优异成绩迎接中共十九大和省第十二次党代会胜利召开。县委副书记、县长吴晖传达中央和省委、市委经济工作会议精神，总结上年全县经济工作并部署2017年经济工作。县发改局、产业转移园管委会、安流镇主要负责人在会上作大会发言。邓伯锦、叶天泉、傅国强、梁英浩、钟光振、张爱芳、宋学希、曾光华、王忠泽、杨兴会、詹庆东等县五套班子全体领导，县法院、县检察院主要负责人；各镇党政负责人，县直和中央、省属驻五华有关单位主要负责人参加会议。

2月7日，县委书记范宜军出席县纪委十三届二次全会并讲话，强调认真学习贯彻中央和省、市纪委全会精神，增强从严治党的政治责任感和使命感，持续保持高压态势，深入推进党风廉政建设和反腐败斗争，形成风清气正心齐的发展新局面，服务保障五华加快振兴发展。县委副书记、县长吴晖传达十八届中央纪委七次全会、省纪委十一届六次全会、市纪委七届二次全会精神。邓伯锦、叶天泉、傅国强、钟光振、张爱芳、宋学希、曾光华、王忠泽、詹庆东等县领导参加会议。县委常委、县纪委书记梁英浩主持会议。

2月16日，五华县实施创新驱动和加大有效投资工作会议在县党政大会堂召开，围绕创新驱动与加大有效投资这一主题，对2017年要实施的重点项目、重点工作进行再动员、再部署。县委书记范宜军主持会议并讲话，强调要坚持创新与投资双轮并驱，推进实施创新驱动发展战略，激活加快五华发展的动能，扩大产业和项目有效投资，夯实加快五华发展的基础，铆足干劲、奋发有为，迅速掀起新一轮重点项目建设热潮，以实实在在的工作成效取得干部群众的信任。

4月7日，全县村（社区）“两委”换届选举工作会议在县党政大楼大会堂召开。县委书记范宜军出席会议并讲话，强调要切实增强工作的紧迫感和责任感，牢牢把握工作的重点难点，精心组织，依法依规按时完成村级换届选举工作。县委副书记、县长吴晖主持会议。县委常委、县委组织部长钟光振部署换届工作。县委常委、县委办公室主任宋学希，县人大常委会副主任李清昌，副县长温燕玲，县纪委副书记钟湘衡，各镇党委书记、分管领导，回乡联村干部、驻村第一书记等参加会议。按照省、市统一安排，2017

年村级换届从3月下旬开始，到六月底结束。全县有446个村（社区）、2300多名村（社区）干部、2.8万名党员参与选举。

5月8日，县委书记范宜军和县委常委、县委办公室主任宋学希一起到水寨镇、河东镇检查挂点镇县领导下访、约访群众情况，调研镇村一级落实综治信访维稳工作情况，强调要主动落实信访矛盾排查和调处两大责任，加快升级版“中心+网格化+信息化”建设步伐，不断完善综治信访维稳中心工作机制和信访矛盾排查调处机制，把不稳定因素化解在萌芽状态，全力维护社会平安稳定。信访局、水寨镇、河东镇主要负责人陪同检查。

6月14日，县委书记范宜军主持召开县委常委会，学习廖俊波先进事迹，强调各级党员干部要深入贯彻中央和省、市的部署要求，结合“两学一做”学习教育常态化、制度化部署，以先进典型为榜样，对照自己的思想和工作差距，带头践行党的宗旨，凝聚更大动力，全力推进“一核两区三组团”县域发展新格局建设，加快推进县域振兴发展，以优异的成绩迎接党的十九大胜利召开。县领导吴晖、邓伯锦、叶天泉、傅国强、梁英浩、钟光振、张爱芳、宋学希、曾光华、王忠泽、黄春雷等参加会议。

6月27日，五华县在党政大楼大会堂举行2017年“广东扶贫济困日”活动启动仪式，全面贯彻落实全省2017年“广东扶贫济困日”活动工作会议精神，部署全县第八次“广东扶贫济困日”各项工作。县委书记范宜军、县长吴晖、县人大常委会主任邓伯锦、县政协主席叶天泉等县五套班子，县法院院长，县直部委办局和中央、省、市属驻五华各单位主要负责同志，各镇党委书记，县“五大办”全体干部职工参加启动仪式，并现场捐款。

7月18日，县委书记范宜军主持召开县委常委会，传达贯彻省委胡春华书记来梅调研指示精神，强调各级各单位要深刻领会胡春华书记调研指示的精神实质和对梅州工作的充分肯定，进一步坚定加快发展的信心和决心，按照既定的工作思路和方法扎实推进当前各项重点工作；全力加快美丽乡村建设和脱贫攻坚，抓好班子带好队伍，求真务实，做更多打基础利长远的工作，确保如期同步建成小康社会。吴晖、邓伯锦、叶天泉、傅国强、梁英浩、钟光振、张爱芳、宋学希、曾光华、王忠泽、黄春雷等县领导，各镇党委书记、各系统党工委书记、县直相关单位负责人参加会议。

8月4日，县委书记范宜军主持召开县委常委会，传达省贫困村创建社会主义新农村示范村工作会议精神，强调要积极抢抓省贫困村创建社会主义新农村示范村的历史机遇，紧密联系五华实际，把创建工作摆上议事日程，迅速行动，全面启动、扎实有序推进新农村建设，确保贫困村如期建成新农村示范村。吴晖、邓伯锦、叶天泉、傅国强、梁英浩、钟光振、张爱芳、王忠泽、詹庆东、黄春雷、周玉奎等县领导参加会议。

8月21日，五华组织领导干部到广东省反腐倡廉教育基地参观学习，增强领导干部的廉政意识。范宜军、邓伯锦、傅国强等县委、县人大常委会、县政府、县政协、县纪委五套班子成员，各镇党委书记等参加活动。

9月6日，五华县集中组织开展涉农领域腐败问题专项治理、涉农涉建专项整治、惠农资金信息公开和基层服务效能提升工程现场会，对2017年以来开展的基层涉农贪腐整治工作进行集中盘点。范宜军、傅国强、梁英浩、甘飞鸿、钟湘衡等县领导，县直相关单位负责人以及各镇党委书记、纪委书记参加会议。会议还邀请市纪委副处级纪检监察员叶丽君到会指导。

9月30日，五华县举行2017年烈士公祭活动。县委书记范宜军，县委副书记、县长吴晖，县人大常委会主任邓伯锦、县政协主席叶天泉等县领导来到蒲丽顶森林公园五华革命烈士纪念碑前，与各界代表一起，向五华革命烈士纪念碑敬献花篮，深切缅怀革命烈士的丰功伟绩，继承和发扬革命遗志，表达无限敬仰和深切哀思。公祭仪式由县委副书记傅国强主持。县委、县人大、县政府、县政协、县纪委领导，县人武部部长、政委，法检两长；县直部委办局和中央、省、市属驻华各单位主要负责同志；烈士遗属代表；县老战士联谊会、关工委和离退休人员代表；驻五华部队、民政部门干部职工和中小学代表共400多人参加活动。

10月10日，五华县举办学习习近平总书记“7·26”重要讲话精神暨推进五华振兴发展报告会，邀请广州市委党校、广州行政学院党史党建教研部副主任梁宏作专题报告。县委书记范宜军，县政协主席叶天泉等县委、县人大常委会、县政府、县政协、县纪委五套班子领导；法、检两长；县直部委办局和中央、省、市驻五华各单位副科职以上干部；各镇宣传委员；高（完）中校长、县委党校全体教师等参加报告会。

11月24日，县委举办全县科级领导干部学习贯彻中共十九大精神专题研讨班。县委书记范宜军作开班动员讲话，县五套班子全体成员、人武部政委、法检两长；全县副科职以上领导干部，共750人参加开班式。县委常委、县委办公室主任宋学希主持开班式。

11月25日，县委常委班子集体来到梅林镇琴口村，瞻仰中共五华县委诞生旧址，重温入党誓词，范宜军领誓，县委常委面对鲜红的党旗，举起右手、紧握拳头，重温入党誓词。县委书记范宜军在梅林镇主持召开县委常委会。县长吴晖，县人大常委会主任邓伯锦，县政协主席叶天泉参加活动。

11月30日，县委书记、县级总河长范宜军率队巡查县城境内河流，并主持召开全面推行河长制工作领导小组会议。副县长甘飞鸿，县府办主任陈群添，各镇党委书记，县全面推行河长制工作领导小组成员单位主要负责人，县直有关单位负责人参加活动。

12月11日，中国共产党五华县第十三届第四次全体会议召开。大会应到会县委委员55人，实际到会49人；应到会县委候补委员11人，实际到会11人，符合《中国共产党章程》规定。县委书记范宜军主持会议。

12月22日，中国共产党五华县第十三届第五次全体会议在五华县城召开。县委常委会主持会议。县委书记范宜军就全面深入学习宣传贯彻中共十九大精神作专题讲话；会议传达学习省委十二届二次全会精神、市委七届三次全会精神。会议审议通过《中共五华县委关于落实〈中共广东省委关于持续深入学习宣传贯彻党的十九大精神推动习近平新时代中国特色社会主义思想在南粤大地落地生根结出丰硕成果的决定〉的意见》和《中国共产党五华县第十三届委员会第五次全体会议决议》。

中共五华县委员会2017年度领导名录

县委书记：范宜军

县委副书记：吴　晖

傅国强

县委常委： 梁英浩

钟光振

张爱芳

宋学希

曾光华

王忠泽

杨兴会（任至7月）

詹庆东

黄春雷（3月任）

县委办公室工作

【理论学习】 2017年，县委办从适应新形势下办公室工作需要出发，突出抓好全体干部职工政治思想和业务知识的学习，结合“两学一做”学习教育常态化制度化，采取“三会一课”、中心组学习、集体学习、个人自学、交流讨论等形式，深入学习宣传贯彻中共十九大、习近平治国理政新理念新思想新战略、习近平对广东工作的重要批示精神，省委、市委、县委全会精神和文稿写作、办文办会、来人接待、后勤保障等相关业务知识，推动干部职工更新知识，拓宽范围，提升工作能力和服务水平。通过组织办公室的党员干部到叶剑英纪念馆开展党总支主题党日活动的方式，提高全体干部职工的党性修养和思想素质。

【政务服务】 2017年，县委办树立“县委的指示就是我们的工作方向、县委的需要就是我们的工作重心、县委的要求就是我们的工作任务、县委的满意就是我们的工作标准”意识，进一步强化“工作需要就是上班时间”工作理念，超前思维，科学谋划，勤勉工作，乐于奉献。充分发挥以文辅政作用，认真撰写审核重要会议、重要活动的讲话、汇报、总结、经验材料等200余篇，在《客都论坛》刊发4篇。围绕县委重点决策、事关全局和长远的重大问题及热点难点问题等，确定调研课题近20个，先后开展专题联合调研10次，配合市重点工作调研5次，撰写调研文章10余篇，收集调研文章20多篇，向上报送5篇。认真办好《五华政研》，为县委科学决策提供参考，使领导能够从不同角度掌握上情、了解外情、知晓内情。严把文件收发、审核、签批、印发等关口，做到件件分类登记、备案，确保收发及时、传达准确、落实到位，共登记传阅中央和省市各类文件380多份，印发县委文件11份、县委办文件24份、华办函108份。严谨周密、认真细致地组织好每一次会议和活动，确保世界客商大会五华系列活动、县委全会等280多场各类会议和活动规范有序，接待省、市领导和港澳台胞230批次9600多人次。机要、保密等工作稳妥有序开展。

【督查督办】 2017年，县委办继续完善督查督办工作机制，研究制定《关于进一步加强督查督办工作推动决策部署落实的实施意见》，围绕县委、县政府重点工作及会议决定事项开展督查。坚持把县委的重点工作、重大项目和县委领导的批示及交办事项作为督查重点，特别是对推进滞后的重点工作实行专项督查，建立督查清单，量化任务，强化责任，实行每月一督查一通报制度，有力推动各项重点工作按计划顺利推进。全年围绕阶段性工作下发《督办通知》55期，办理县委书记批示件238件、市交办50件，立项督办县委会议决定事项298小项、落实

218 小项，编印 15 期《督查通报》，有效推动工作开展。制定《督查专员工作制度》，从新提拔的副科级干部中每批次抽调 2 人作为督查专员到县委督查室工作半年，充分发挥督查专员一线作用，实行项目督查专员每周定期跟进重点项目制度，向项目责任单位发出《督查建议书》10 份，倒逼项目尽快落地建设。

【综合协调】 2017 年，县委办围绕全年工作目标，突出抓大事、抓关键，搞好综合协调。一是服务好县委领导。坚持原则性与灵活性相结合，及时向县委领导汇报情况，听取指示、领会意图，协调力量、统筹安排领导会议、调研、来人接待等工作，确保县委领导之间的工作联系保持顺畅。二是协调好部门、乡镇之间的工作。充分发挥上传下达作用，统筹协调好各镇、各单位，对日常事务性工作，进行周密安排、科学调度，做到环环相扣、上下衔接，防止出现纰漏；对全局性重点工作，发挥好参谋部、指挥部作用，做到统揽全局、协调各方，科学摆布、全面落实。三是广泛联系服务群众。坚持做到“眼观六路、耳听八方”，从群众的来信来访中，发现问题、分析问题、推动部门落实解决相关问题，为人民群众解难，替县委、县政府排忧。通过增强协调能力，改进协调方法，充分听取方方面面的意见，掌握各个层面的情况，使各项工作安排更加科学合理，各个部门更加默契协调，有力推进各级、各部门工作高效运转。

【后勤保障】 2017 年，县委办狠抓后勤保障工作，坚持从实际需要出发，本着节俭、实效原则，严格遵守中央八项规定精神，切实加强对车辆维修、加油、机关大院环境卫生、基础设施建设等重要环节的监控与管理，在保障服务质量的基础上，杜绝跑、冒、滴、漏现象。强化机关大院安全防范工作，把机关大院和车辆运行作为安全管理重点，抓好机关大院内的车辆和外来人员的管理，规范公务用车的日常管理，营造机关大院良好的办公环境。

【挂村帮扶】 2017 年，县委办从讲政治的高度，扎实做好水寨镇黄井村精准扶贫工作，落实县委办 46 名干部职工挂钩帮扶 80 户贫困户的工作责任，组织包户干部职工到村开展送温暖、走访慰问贫困户等活动。筹资支持黄井村建设文化广场、帮助贫困户改善生活居住条件、扶助贫困家庭解决孩子教育等问题。认真落实产业帮扶项目，增加贫困户收入。认真做好黄井村软弱涣散党组织整顿工作，结合村级换届选举工作，选优配强村“两委”班子，健全完善党支部“三会一课”等各项规章制度，有力提升村支部的凝聚力和战斗力；帮助完善村办公设施设备，筹资建设党员活动室，购置一批办公设备，设置党建宣传栏和党务公开栏。全面落实“创卫”“创文”网格化管理工作责任，按照创建标准认真做好挂扶的水寨镇大布村东方、红云、红日、永红、团结等村民小组的环境卫生、健康和文明教育宣传等工作。

【队伍管理】 2017 年，县委办坚持把干部队伍管理作为加强办公室自身建设的大事来抓，努力造就一支政治合格、业务精湛、品德高尚、能担重任的干部队伍。要求每位办公室同志严于律己，在各方面当好表率，工作上高标准，生活上严要求，做到以身服人、以德服人、以能服人，以良好的工作效能，带动机关效能建设，以良好的工作作风，带动机关的作风建设。积极创造公平、和谐、平等的竞争环境，使办公室同志都能够准确定位自己，各尽所能，各展所长，各得其所，让大家工作有干头，有劲头，有奔头。加强对党员干部“八小时以外”活动的监督管理，教育干部职工加强纪律约束，使大家自觉遵守党纪国法和各项规章制度，正正派派做人，踏踏实实做事，耐得住寂寞，经得起考验，树立良好的形象。通过坚持不懈地加强自身建设，办公室整体工作基本达到“常规工作滴水不漏，日常工作百密而无一疏，突发工作不留遗憾”要求，实现主动出击，尽心服务，高效运转。

【规范运作】 2017年，县委办认真执行《县委办制度汇编》，坚持创新机制、强化管理，推进办公室工作规范运作。充分利用信息化平台，大力推进信息化办公，对非涉密呈阅表，采用平板电脑或手机签阅的形式，实现各类公文高效准确快速传达到各位县领导手中。坚持推行无纸化会议，有效节约行政成本，大大提高会议行政效率。严格按照坚持整顿和改进文风会风，进一步精简会议、文件，规范文件签收印发和办会程序。

【党廉建设】 2017年，县委办坚持严守党的政治纪律和组织纪律，全面贯彻落实党风廉政建设责任制，提高党员干部依法行政和廉洁勤政水平。严格执行重大决策“必须由领导班子集体决定”规定。完善机关财务制度，严格财务审批程序、支出范围和权限严格遵守中央八项规定，保持清正廉洁爱岗敬业、勤俭节约的工作和生活作风，注重培养健康生活情趣，自觉抵制不良风气，提高防腐拒变能力。

（张林海）

县委办公室2017年度负责人名录

主　任：宋学希

常务副主任：彭云洪（12月任）

副主任：李文高（任至3月）

薛灼龄

吴明辉

党工委副书记：黄柳宗

县纪委派驻组长：温木新（5月任）

组 织 工 作

【基层党组织建设】 2017年，县委组织部以提升组织力为重点，狠抓薄弱环节，着力增强基层党支部组织群众、宣传群众、凝聚群众、服务群众的能力。深入开展驻点联系工作，进一步健全县领导驻点联系工作重点联系村制度，落实县镇村“三级联动”解决问题机制，确保驻点联系工作落到实处。采取随机下村抽查等方式，不定期开展电话抽查，以督查促工作落实到位。2017年，全县驻点团队在村定点接访群众22123人次，走访群众249109户、入户走访率107.5%，收集群众反映问题9692件、解决9610件。持续抓好软弱涣散党组织整顿工作。对2017年精准排查出25个软弱涣散村（社区）党组织，坚持问题导向，明确整顿重点，精准发力，集中力量进行整顿，实现100%整顿转化。牢固树立抓党建促脱贫攻坚理念，发挥组织引领和党员先锋模范作用，把党的组织功能、组织优势、组织力量转变成脱贫攻坚优势。扎实开展城乡共建，鼓励村党组织集约土地，引进企业发展产业，发展壮大村集体经济，增加贫困户收入。实施党员“1+N”帮扶计划和党员带富工程，每个有帮带能力的党员至少结对帮扶1户建档立卡贫困户，带领群众脱贫奔康。严格党内组织生活制度，制定出台《关于进一步健全和完善“三会一课”制度的实施方案》和《关于进一步落实党委（党组）“三重一大”事项集体决策的实施方案》，加强对基层党支部执行党内组织生活制度的指导与检查，创新党小组设置，推行党员民主评议，不断规范党内组织生活制度。指导各镇认真做好2017年离任村（社区）干部调查取证、数据统计、审核把关等工作，会同财政局、民政局、社保局，对新离任村（社区）干部任职情况进行集中审核。抓好远程教育站点建设，坚持每月通报开机学习情况，全县461个站点平均开机率100%；组织党员开展“学省党代会精神，迎党的十九大召开”和“学报告，学党章”两个考学工作，全县党员参考率100%，达到以考促学、以学促用效果。抓好党代表任期制工作和“两新”党建工作。进一步健全完善好党代表联络、走访调研等党建机制，推动党代表履职常态化；指导河东、华城、周江、双华、棉洋、梅林等6个年会制试点镇开好党代会，指导党代会年会省级示范点双华镇认真总结开展党代会年会制以来的工作情况，及时报送考核书面材料。定期对“两新”组织进行摸查，成立园区非公党委和党群服务中心，选举产生非公党委领导机构；在工业园区专门建设党群服务中心，服务园区非公有制企业党建工作。坚持把示范点建设作为提升基层党建整体工作水平的一个重要抓手，抓好机关党建示范点的培育。在全县12个系统党工委和县经济开发区党工委，各选取2个党建基础较好的党支部，打造机关党建示范点，示范带动机关党建工作。

【全县基层治理】 2017年，县委组织部聚焦基层，补齐短板，持续发力抓基层，久久为功打基础。组织制定《五华县2017年基层治理“十项重点工作”实施方案》，落实牵头单位和责任领导，细化工作方案。创新实施回乡联村机制，选派326名县直机关干部组成97个回乡联村工作队，回到原籍镇村指导工作、协助解决突出问题，把优质资源引向农村。大力推进“平安五华”创建，稳步推进“中心+网格化+信息化”工程和“1+16”信息化联勤指挥中心建设。在13个原撤并镇高标准建设片区管理服务中心，着力打造“服务型”政府。突出特色和亮点，因地制宜，指导打造一批特色鲜明的基层治理示范点，召开5场覆盖“十项重点工作”的现场会，辐射带动全县基层治理工作深入开展。

【县镇村级换届选举】 2017年，县委组织部把村级换届选举作为全年的一项重点组织工作来抓，围绕优化村（社区）“两委”干部结构、提高基层组织战斗力和60周岁以上“两委”干部退下来的工作目标，发挥县委总揽全局、协调各方的作用，实行县领导挂镇包村（社区）制度，牢牢把握换届工作的主导权。成立8个督查指导组，开展督查指导，严把换届选举各个环节；筛选出16个选情比较复杂的村作为重点难点村，选派专门的工作队，同时发挥回乡联村工作队作用，加强工作指导。发放“村级换届‘九严禁’纪律”宣传卡50万份，广泛宣传换届政策和纪律；成立3个巡察组，开展督导巡察，确保换届风清气正。2017年，全县村级换届选出新一届村（社区）“两委”干部2524名，838名年满60周岁的原“两委”干部全部退下来。

【干部监督管理和教育培训】 2017年，县委组织部按照全面从严治党的要求，从严从实抓好干部队伍建设。突出管好管住“关键少数”，加强对“一把手”的监督，把对主要领导干部的经济责任审计作为防止干部“带病提拔”的一项最重要措施来抓，全年委托审计部门对24位离任党政正职领导进行经济责任审计，发挥经济责任审计在干部监督中重要作用。开展党员干部大学习、大培训，以“干什么，培训什么”“缺什么，培训什么”为原则，科学制订班次计划，采取“两头在内，中间在外”形式，分类、分级、分批开展党员干部大学习、大培训。全年举办学习中共十九大精神、村“两委”干部、组工干部、新提拔副科职干部等各类专题培训班32期；先后组织500多名干部到井冈山干部学院、番禺区委党校进行培训；组织526名村干部报读梅州农业学校农村经济综合管理专业中专班，为乡村振兴发展培养人才。

【干部队伍建设】 2017年，县委组织部在干部选拔任用上，坚持党管干部原则不动摇，坚持新时期好干部标准不变形，坚持正确选人用人导向不走样，严格执行干部档案任前审核制度，严把政治关、品行关、作风关、廉洁关，注重选拔扎根基层、群众公认、锐意改革、敢于担当的干部，选优配强各级领导班子。全年提拔科级领导干部121人，均符合《条例》有关规定。严格按照程序，在进行领导干部述职述廉、民主测评、个别谈话等程序的基础上，对政府工作部门领导班子作出客观实事求是的评价。1月18日，县人大常委会对县政府工作部门主要负责人进行任命，顺利完成政府组成部门换届工作。创新干部培养锻炼模式，推行项目专员制度，从县直单位中选拔24名年轻干部到全县16个乡镇挂任项目专员（其中8名副科干部挂任党委副书记），协助推进重点项目，形成基层选人用人导向。大力推行干部能上能下机制和“县直单位正职满5年，副职满10年的交流轮岗”机制。全年有27个县直单位的43名领导干部进行了交流轮岗，实现干部交流轮岗与培养使用干部的有效结合，推进干部交流常态化制度化。

【“两学一做”学习教育活动】 2017年，县委组织部将“两学一做”学习教育作为严肃党内政治生活的基本制度，扎实推进“两学一做”学习教育常态化制度化。坚持在“学”上深化拓展，弘扬马克思主义学风，在全县党员干部中开展大学习活动，以中心组学习、讲党课等方式，坚持党员领导带头学习，形成以上率下、示范带学氛围；加强对基层支部落实“三会一课”等基本制度的规范指导，以“三会一课”为基本形式，以党支部为基本单位，全县各基层党支部认真组织党员开展每月“一学习专题”活动。坚持在“做”上深化拓展，大力推广支部主题党日活动，鼓励各党支部把党组织活动开到户外，开展扶贫帮困、志愿服务活动、革命传统教育等，提高组织生活质量。

【组织部门自身建设】 2017年，县委组织部大力弘扬组织部门政治坚定、党性坚强、公道正派、廉洁勤奋等优良传统，加强组工干部队伍自身建设，打造“讲政治、重公道、业务精、作风好”模范部门。结合推进“两学一做”学习教育常态化制度化，严格落实组织生活制度，深入学习中共十九大和省市县党代会精神，深刻领会习近平新时代中国特色社会主义思想，坚定干部的理想信念。落实党风廉政建设责任制，规范干部八小时以外生活圈；深入开展党建调研活动，撰写《基层领导干部提高政治能力研究》《调动干部积极性、不断提升工作精气神问题研究》《“两学一做”学习教育常态化制度化研究》《全县乡镇机构设置与人员管理专题调研报告》《构建自治法治德治相结合的乡村治理体系》等多篇调研文章。积极报送信息，全年向中组部、省、市委组织部报送信息 13 篇，宣传五华组织工作好经验好做法；完善大组工网和五华党建网，编印《五华组工通讯》。扎实推进牵头的“创文”项目，落实好“创卫”工作。落实综治信访维稳工作，签订责任书，落实首问责任机制。抓好法治建设“四级同创”、安全生产、人口与计划生育、精神文明建设、保密、档案、机关服务和后勤保障等工作，确保机关正常运转。积极开展双华镇富美村精准扶贫工作，县委常委、组织部长和分管副部长，坚持每月到镇村参加扶贫工作例会，研究、解决扶贫遇到的问题。部机关干部坚持每月联系走访贫困户，了解产业帮扶发展情况。

（严彩忠　古善贵）

县委组织部 2017 年度负责人名录

部　长：钟光振

常务副部长：严彩忠（1 月任）

副部长：温献军（任至 7 月）

钟祝莲（任至 1 月）

张祝平（任至 1 月）

严兰芳（任至 1 月）

黄永响

曾繁活（1 月任）

张伟雄（1 月任）

邹总根（12 月任）

2017 年全县党组织、党员基本情况统计表

表 2　　　　单位：个、人

项目			数量	项目			数量
党组织	基层党委	合计	23	党组织	党支部	合计	1149
		其中：县委	1			县直	358
		其中：局党委	3			乡镇	791
		其中：镇党委	16			其中：行政村	419
						其中：社区	34
						其中：镇机关、企事业单位	179

续表 2

项目				数量	项目				数量
			村党委	2				“两新”组织	147
			工业园区非公有制企业党委	1				其他	12
	党总支部	合计		34	党员	总数			45826
		其中	县直机关、企事业单位	21		其中	正式党员		45320
			行政村、社区	6			预备党员		506
			镇机关、企事业单位	4		新发展	总数		439
			“两新”组织	3			男		349
							女		90

机构编制管理

【行政审批制度改革】 2017 年，县编办根据《广东省行政许可监督管理条例》《广东省机构编制委员会办公室关于公布省政府部门行政审批中介服务事项清单的通知》（粤机编办发〔2017〕34 号）和《关于制订行政审批中介服务事项清单的通知》（梅市机编办〔2017〕524 号）精神，继续扎实推进县行政审批制度改革工作。于 10 月 16 日印发《关于开展行政许可事项目录（2017 年版）制订工作的通知》（华机编办〔2017〕15 号），对全县行政许可事项目录进行更新。

【“一门式、一网式”政府服务模式改革】 2017 年，县编办为推进“一门式、一网式”政府服务模式改革工作，在硬件、软件、人员和事项方面都提供保障。一是在硬件方面，完成 13 个撤并镇片区服务中心建设和验收，对各镇、片区服务中心添置安装排队取号机、针式打印机、扫描枪等设备。二是软件方面，将按标准化编制的审批、服务事项全部录入统一申办受理平台（共 687 项），配备窗口登记人员和单位审批人员（共 630 名），对纳入系统人员进行系统操作培训，办理CA数字证书。三是人员方面，完成 106 名综合服务窗口人员的招聘和岗前培训，组织进行系统操作培训和业务培训。四是事项方面，完成县级各职能部门 556 项（含子项）行政许可事项和 199 项公共服务事项的标准化梳理、编制和合规合法性审查。同时，按“应放尽放”原则大力推进印章和事项下放工作，梳理出下放到镇级办理事项 92 项，初定县社保基金局、卫计局、民政局、农业局、林业局、残联和相关镇的内设部门，作为印章下放试点单位。

【监察体制改革】　2017年，根据中央、省、市和县关于国家监察体制改革试点工作有关精神，设立五华县监察委员会。根据《中共梅州市委办公室印发〈关于加强县纪委派驻机构建设的意见〉的通知》（梅市办〔2015〕8号）《中共五华县委办公室印发〈关于加强县纪委派驻机构建设的意见〉的通知》（华委办〔2017〕35号）和华机编纪〔2017〕1号文件精神，撤销原有8个县纪委派驻纪检监察组，重新设置11个县纪委派驻纪检组（不定行政级别），由县纪委实行统一管理。根据《中共五华县委办公室关于成立中共五华县委巡察工作领导小组的通知》精神，为落实全面从严治党要求，加强党内监督，严明党的纪律，督促落实全面从严治党主体责任和监督责任，设立中共五华县委巡察工作领导小组办公室（以下简称县委巡察办），为中共五华县委巡察工作领导小组日常办事机构，县委巡察办设在县纪委。根据《中共中央办公厅印发〈关于市县党委建立巡察制度的意见〉的通知》（中办发〔2017〕43号）等文件精神，设立4个县委巡察组，承担巡察任务，向县委巡察工作领导小组负责并报告工作。

【城市执法体制改革】　2017年11月3日，五华县印发《关于深入推进城市执法体制改革改进城市管理工作的实施方案》（华委发〔2017〕9号），理顺五华县城市管理体制，综合设置机构和框定管理职责。一是设立五华县城市管理委员会（以下简称县城管委，不能实体化运作），为县政府城市管理和综合执法协调议事机构；二是五华县住房和城乡规划建设局加挂五华县城市管理和综合执法局牌子，为县人民政府负责住房和城乡规划建设、城市管理和综合执法的工作部门；三是五华县城市建设管理监察大队更名为五华县城市管理和综合执法大队，划归县住房和城乡规划建设局（县城市管理和综合执法局）管理；四是五华县公共事业服务中心（五华县城市综合管理局）更名为五华县市政公用事业服务中心（其下属事业单位隶属关系不变），整体划入县住房和城乡规划建设局（县城市管理和综合执法局）。

【房管局改革】　根据中央编办印发《关于整合不动产登记职责的通知》（中央编办〔2013〕134号）精神，由县政府办牵头，县编办根据自身职责，会同房管局多次商讨，以职能职责整合归并和人员分流为重点，对《五华县房地产管理局职能整合和人员分流实施方案（征求意见稿）》进行认真研究讨论，提出修改意见和建议，形成权界清晰、分工合理、权责一致、运转高效、法治保障、方便企业和群众的管理体制，推动房地产业管理工作更加高效有序运转。

【食盐监管体制改革】　为贯彻落实《国务院关于印发盐业体制改革方案的通知》（国发〔2016〕25号），根据《广东省人民政府关于印发广东省盐业体制改革实施方案的通知》（粤府〔2016〕141号）和《广东省机构编制委员会办公室关于印发广东省食盐监管体制改革方案的通知》（粤机编办发〔2017〕44号）要求，2017年7月，五华县制定印发《五华县食盐监管体制改革方案》，进一步强化和落实政府监管职责，建立健全监管体系，维护市场秩序，优化发展环境，促进全县食盐行业安全、健康、可持续发展。

【事业单位清理规范和事业单位分类改革】 2017年，县编办根据相关文件精神对全县461个事业单位进行分类，其中：行政类2个，公益性一类402个，公益性二类50个，公益性三类4个，经营服务类3个。经清理规范，全县共有事业单位461个，其中：财政核拨370个，财政核补51个，经费自理40个；事业编制19845名，其中：财政核拨14479名，财政核补4311名，经费自理1055名；实有人数19174人，其中：财政核拨14683名，财政核补3594人，经费自理897人。按照上级机构编制部门要求，结合工作实际，撤销县机电排灌管理总站、县房地产开发公司等单位。

【优化整合妇幼保健和计划生育技术服务资源】 2017年，县编办对县级的妇幼保健和计划生育技术服务资源进行优化整合，组建"五华县妇幼保健计划生育服务中心"，加挂"五华县妇幼保健院"、"五华县妇女儿童医院"牌子，为公益一类事业单位，副科级，隶属五华县卫生和计划生育局领导和管理；乡镇的优化整合在稳步有序地推进之中。

【建立中小学教职工编制年度报告制度和规范申请调整编制程序】 根据粤机编办〔2008〕73号文要求，中小学教职工编制总量应根据教育事业发展规划、生源变化和学校布局调整等情况做相应调整，实行动态管理。为规范全县中小学教职工编制管理，建立中小学教职工编制年度报告制度并规范申请调整编制程序。根据2017年度全县中小学学生数为基数，重新测算出中小学教职员编制数10275名。

【机构编制实名制管理】 按照省、市编办文件规定和要求，结合实际情况，县编办建立机构编制实名制管理流程和系统操作流程，保障机构编制实名制管理系统的正常运作和数据的即时更新。在机构编制实名制管理系统的正常运作下，机构编制信息数据和实有人员信息数据实行即时更新，维护好机构编制实名制管理系统日常工作。同时，建立机构编制实名制管理协调配合机制，确保机构编制部门与组织部门、人力资源和社会保障部门、财政部门在机构编制实名制管理工作中协调配合，使机构编制实名制管理真正成为一种行之有效的行政管理。

【控编减编工作】 2017年，县编办按省、市上级文件要求和五华县控编减编工作方案规定，认真落实工作责任，确保完成2014—2017年"党政机关要在核定的行政编制数额内配备人员，行政编制总额和各类专项编制员额不得突破；事业编制总额以2012年底统计数为基数，实行总量控制，并在总量内有所减少；通过控编减编，实现财政供养人员只减不增，将机构数量和人员编制控制在核定的范围内"这一控编减编的总体目标任务。自开展控编减编工作以来，2012年底全县机关事业单位在职22968人，2017年10月底全县机关事业单位在职22269人，对比减少699人。

【年度机关事业单位机构编制统计】 2017年，县编办组织熟悉机构编制统计的工作人员，及时做好机构编制统计台账，准确做好机构编制统计报表，规范做好统计资料管理和开发利用，准确掌握全县机关事业单位的机构、编制、人员等方面的基本情况，确保机构编制统计数据的真实性和准确性。

【制订相关单位“三定”规定】 2017年，县编办按照县委、县政府和上级机构编制部门要求，对县开放大学、县琴江新城办、县技工学校、县妇幼保健计划生育服务中心、县龙村镇中心卫生院等单位的运行现状（运作模式）、机构设置、人员编制、主要职责（任务）、内设机构和领导职数等情况进行调研，并根据调研情况和有关文件要求，重新制订其“三定”规定。

【事业单位的登记管理及机关群团赋码】 2017年，县编办为加强对所登记的事业单位管理工作，贯彻落实中央、省“双随机，一公开”抽查要求，根据《广东省机构编制委员会办公室关于开展2017年事业单位法人公示信息抽查工作的通知》（粤机编办发〔2017〕111号）文件精神，结合实际，从全县280多家登记的法人事业单位中，按3%的比例抽取教育（五华县实验幼儿园）、卫生（五华县河东卫生院）、农业（五华县鱼苗场）、水利（五华县附城堤防管理所）、旅游（五华县旅游局）和由五华县人力资源和社会保障局新设立的（梅州市技工学校五华县分校）等六个部门的6家下属事业单位进行实地核查。自2016年6月起启动“机关和群团”统一社会信用代码赋码发证工作以来，至2017年11月底，全县已申领“统一社会信用代码证书”的机关、群团100个，变更登记22个。

【中文域名注册常态化建设和行政效能监督】 根据中央编办和省、市、县通知精神，为推进全县党政机关、事业单位中文域名常态化管理建设，县编办按要求向县财政申请域名注册费用，完成常态化续费工作。至11月底，全县303个党政机关和事业单位完成挂标工作，对比2016年的286个，增加17个。2017年，县电子监察监控中心其中1名事业编制划归县政务和公益机构域名注册中心，承办涉及行政效能监督相关事务性工作。积极做好行政效能监督工作，充分掌握县电子监察监控中心从4月以来受理的27宗市效能投诉件，每月上报一份效能投诉受理情况。

【安全生产工作】 2017年，县编办作为安委会成员单位，党支部领导班子从讲政治、保稳定、促发展的高度，以对党、对国家、对人民高度负责的精神，始终把安全生产工作摆在全办工作的重要位置。成立安全生产工作领导小组，健全安全生产责任制，建立支持保障安全生产工作制度。组织开展安全生产大检查，及时消除事故隐患。根据工作职责，将本地区安全生产监管部门作为政府工作部门和行政执法机构，制订三定方案并印发；明确五华工业园区的安全生产监管机构，明确安全监管责任。从人、财、物各方面保证安全生产工作需要，从组织、措施、执行上全面加强对安全生产工作的领导和督促，增强及时应对突发事件的统筹协调能力。

【精准扶贫工作】 2017年，县编办高度重视精准扶贫工作，召开精准扶贫工作专题会议，部署相关工作，强调工作纪律，要求派驻的工作人员及帮扶责任人要切实履行包户责任制，做好精准扶贫数据统计、录入工作，单位主要领导和分管领导以及包户干部不定时到村开展扶贫慰问工作。县编办扶贫挂点村贫困户总户数 63 户共 236 人，2016 年脱贫 23 户、77 人，占脱贫总人数 32.7%，2017 年脱贫 26 户、108 人，占脱贫总人数 78.4%。

【机构编制日常管理】 2017 年，机构编制日常管理工作在县编委统一领导下，严格执行机构编制管理“三个一制度”和“五不准”原则，切实维护机构编制管理政策法规的严肃性和权威性。全年制发机构编制管理文件 80 个。

【机关作风建设】 2017 年，县编办在巩固群众路线教育实践活动成果上，认真开展“两学一做”专题教育活动，认真学习中共十八大历次全会、中共十九大会议精神，切实抓好机关纪律和干部队伍建设，结合做好机关统一津补贴和公车改革工作，努力营造一个风清气正、和谐团结、干事创业、讲奉献的良好集体。

【“双创”及“回乡联村”工作】 2017 年，县编办根据县“双创”工作部署，高度重视，落实目标责任，把创文创卫工作落到实处。一是注重宣传，号召全民参与；二是筹集资金，支持挂钩村；三是积极行动，认真做好责任区的保洁工作。县编办获得“五华县创建广东省县级文明城市工作先进单位”表彰，获得“五华县创建广东省县级文明城市工作先进个人”表彰 1 人。

根据县委、县政府《开展“县直机关干部回乡联村”活动的实施方案》，县编办领导班子三位成员作为“县直机关干部回乡联村”活动的组长，采取到原籍村（出生地）或原籍镇挂钩联系的方式，发挥本土化、人脉资源等优势，实行“三明四实六当好”举措，协助联系村抓好村级换届选举、美丽乡村建设、惠民政策、精准扶贫、“三资”管理和“平安村居”创建等工作落实，全面提升基层治理水平和成效。

（李俊尧、宋春燕）

县机构编制委员会办公室 2017 年度负责人名录

主　任：曾繁活（任至 1 月）
　　　　陈远云（1 月任）
副主任：古汉琴
　　　　曾维强（任至 3 月）
　　　　唐妙坤（3 月任）

老干部工作

【政治待遇落实】 2017 年，县委老干部局认真落实老干部政治待遇。一是坚持向老干部通报工作制度。1 月 17 日，县委、县政府组织召开通报会，县委主要领导向老干部通报五华县的政治、经济社会发展情况，并广泛征求老干部对县经济和社会发展的意见和建议。二是坚持走访慰问制度。坚持老干部生病住院慰问与平时走访慰问相结合。做到“病时必探”，对生病住院的老干部送去慰问金和慰问品。结合年初工作计划开展对企业离休干部进行普遍走访慰问活动，做到个个上门，不漏一人，对病痛较多、生活困难的企业离休干部给予医疗特困补助。坚持重大节日慰问制度。老人节前夕，抽调下属工作人员分成 4 个工作小组走访慰问县五套班子老领导、抗日入伍老干部、90 岁以上离休干部、部分离休干部及患重病的老干部 100 多人，给他们送上慰问品和慰问金。三是坚持征订报纸杂志制度。为老干部征订

《南方日报》《梅州日报》《老人报》《2017年广东省老干部政治理论读本》《秋光》等报纸杂志，为老同志送上精神食粮。

【生活待遇落实】　一是根据《关于提高我县离休干部护理费标准的通知》（华办函〔2017〕97号文）精神，从2017年7月1日起，将生活长期完全不能自理的离休干部护理费标准由原来每人每月 2000 元提高到每人每月 2600 元。二是根据《关于发放住房维修和物业管理补贴的通知》(华人社字〔2017〕34号文)精神，从2017年10月1日起，财政统发人员发放住房维修和物业管理补贴，离休干部发放标准与现职同职级人员标准一样，处级800元，正科700元。三是定期组织老干部体检制度。老人节前夕，定期组织县五套班子离退休干部、行政科发工资老干部和企业离休干部等100多人进行健康检查。四是由企业离休干部管理服务中心每月向县财政局报送离休费表，使老同志每月能按时足额领到离休费。五是为5位因病长期生活不能自理的老干部办理特殊护理费手续。六是协助去世的8位离休干部家属处理善后事宜，使老干部家属因有组织关怀感到宽慰。

【加强硬件建设】　县离退休干部活动中心成立于1989年，省财政厅在2015年至2019年每年安排 3000 万元重点扶持欠发达县的老干部活动中心基础设施建设，县委老干部局成功申请省专项维修资金310万元。在广泛征求老领导和建筑界专业人员意见后，认为县离退休干部活动中心无维修价值：一是使用了近 30 多年的砖混结构，露筋现象严重，存在较大的安全隐患，经县房管技术部门鉴定为D级危房，建议应停止使用；二是原设计不符合老年人使用要求。结合县离退休干部活动中心的实际情况，局主要领导及时向县委、县政府主要领导汇报建议原址改建，把县离退休干部活动中心场所改建项目工程列入县重点项目，拟在原址改建1栋7层电梯的综合性老年活动中心，占地面积约1500平方米，建筑面积约5100平方米，工程造价约1148万元，于2017年12月22日开工建设。

【老干部活动】　2017年，县委老干部局开展“熟记传播100句正能量微语”活动。根据市局统一设计编写100句“我最喜爱的习近平的一句话”和“畅谈十八大以来变化展望十九大胜利召开”正能量微句，印发老同志人手一份。在中共十九大胜利闭幕后，县委、县政府邀请县五套班子老领导传达贯彻党的十九大会议精神，自觉维护以习近平同志为核心的党中央权威和集中统一领导。3月 17 日，邀请梅州市人大常委会原主任周刚老领导为老干部讲授养生保健知识，并为参会的老同志赠送养生保健书籍，丰富老干部的养生保健知识。4月19日，县离退休干部活动中心组织召开“建言”“畅谈”中共十九大座谈会，邀请居住在县城的部分离退休干部近 20 人参加座谈会，老同志对中共十九大召开、从严管党治党、加快创新发展等提出新期望和建议。会后还发放“建言”“畅谈”征求意见表200多份。9月30日，组织部分老干部到蒲里顶参加县委、县政府举办的五华县公祭烈士活动，老联会负责人李振通代表全县离退休老干部向纪念碑敬献花圈。

（曾贵明）

县委老干部局 2017 年度负责人名录

局　长：曾繁活

副局长：张文平

关工委工作

【关工委自身建设】 2017 年，全县镇级关工委全部建立，村级关工委建立 365 个，占总数 88.8%，县直机关各系统关工委全部建立，有 3 家民营企业建立关工委组织。对已建立的关工委组织要结合实际逐步把关工委工作步入正常化，积极开展工作。对于换届班子变动的镇，及时调整和补充，使关工委班子保持连续性。县关工委经常到各镇及有关村、学校关工委进行调研，帮助基层关工委，围绕“五好”努力做好工作，同时注重抓好“点”来带动“面”。积极向省、市、县报刊投稿，认真编辑出版好每期《工作通讯》及《关爱园地》宣传墙报。全县各级关工委组织大部分保持稳定，工作开展也比较正常。

【青少年思想道德教育】 一是全县各级关工委深入开展社会主义核心价值体系教育，用社会主义核心价值体系引领青少年。向青少年广泛宣传中共十八大对社会主义核心价值观所作的详细阐述，引领青少年以此作为理想信念的追求和思想道德的规范，对青少年开展更加扎实有效的关注、关心、关爱活动，充分发挥“五老”队伍优势和作用，竭诚为青少年健康成长服务，积极为弱势的特殊青少年群体做好事、办实事、解难事。二是充分发挥校外教育和“三教”结合的作用，认真组织好人员，编写好以上几方面内容的教材，利用和整合各种德育资源，针对中小学生思想道德形成规律和特点，有针对性地组织人员深入到各中小学校、社区、农村青少年中上好各类思想道德辅导课；充分发挥教育讲师团和家长讲师团的积极性和作用，牢牢把握德育工作的时代性和方向性，努力提高德育工作的针对性和实效性，更加有效地开展青少年学生的思想道德教育。着力加强和创新校外教育，依靠各地“五老”和辅导员队伍，切实配合教育局、学校利用各种法定节日、传统节日，以及未成年人的入学、入队、入团、成人宣誓等有利时机，集中开展思想道德主题宣传教育活动或仪式，引导未成年人弘扬民族精神，增进爱国情感，提高道德修养。三是配合政法部门做好法制副校长的聘任工作，充分发挥他们自身优势，使青少年学生在校园里更多地受到法律、法纪的熏陶；配合公安局关工委做好帮教青少年的“四走进”（走进社区、家庭、校园、高墙）活动，帮教失足青少年；配合文化广播新闻出版局做好文化市场监管工作和网吧监督工作，切实净化好未成年人的成长环境等。四是为进一步提高各镇、村和机关企事业单位关工委领导成员对社会主义核心价值观的精神内涵的全面理解。使之在开展对青少年的宣讲教育活动中，发挥积极的作用，县关工委组织对他们进行分期、分批集中培训，邀请县委党校的讲师为他们授课。分别就社会主义核心价值观的形成过程、内涵及意义；关工委在帮助青少年构建社会主义核心价值观过程中的作用；关工委成员及“五老”帮助青少年树立社会主义核心价值观的途经等方面，作详细和生动讲述，对提高镇、村和企事业单位关工委领导成员和“五老”人员对社会主义核心价值观的认识和如何帮、教青少年起到很好的作用。五是全县各级关工委通过多种生动活泼的形式，引导中小学生和城乡创业青年，从不同群体的不同思想、不同精神的需求出发，从贴心、贴身、和贴近实际做起，积极开展　“做小梦、圆大梦”、“追梦田园”农村创业青年“中国梦”实践活动。树立正确的世界观、人生观、价值观，着力建设中华民族共有的精神家园，推动形成奋发向上、崇德向善的强大力量进一步增强为实现“中国梦”和“个人梦”的坚强意志和信念，用自己的实践成果共筑“中国梦”，使更多的青少年和青年创业者美梦成真。在突出主题教育同时，统筹兼顾做好“经常项目”工作，如“学雷锋、树新风”、“朝阳读书活动”、“三结合”校外教育、“家长学校”、“法制教育”、“安全进校园”等教育。六是县关工委与教育局关工委联合组织宣讲组，分别到五华中学、县第三小学、小都中学、双华中心小学、河东中学、华城镇、河东镇、岐岭镇双头中学、水寨镇实验学校、梅林镇、华阳镇、龙村镇、横陂下阜中学、棉洋镇罗城小学、龙村丁畲中学、洞口中学等中小学校进行《开展社会主义核心价值观教育活动》和“四个自信”,《中华人民共和国未成年人保护法》《6月25日国际禁毒宣传》宣讲活动。全年各级关工委开展各项宣讲教育活动和校外教育活动425场，受教育人数19万人。县关工委单独完成宣讲16场，受教育学生达1.4万多人次，完成年初县关工委宣讲组每月最少应有一场下校开展宣讲教育活动计划。同时，县关工委、教育局、五华县党校联合组织宣讲组，自编“四个自信”宣讲教材，邀请党校资深老师对青少年进行　“四个自信”为题的专项教育宣讲活动。

2017年，县关工委与教育局联合宣讲教育团到部分中小学校开展“向雷锋同志学习报告会”

【青少年帮扶】　2017年，广东省雁洋公益基金会对因家庭经济困难而影响上学的特困学生继续进行帮扶。全县有88名学生得到“叶剑英基金助学金”资助，每人2000元；四年来共有353名学生得到“叶剑英基金助学金”资助，共发放70.6万元。县关工委在2017年8月29日召开“叶剑英基金助学金”发放仪式，将资助款发放到学生手中。“六一”前夕，县关工委联合社会爱心士在河东镇第三小学“农村留守儿童爱心之家”慰问贫困学生，并送去慰问金。

2017年“六一”前夕，县关工委联合社会爱心士在河东镇第三小学“农村留守儿童爱心之家”慰问贫困学生

【农村创业青年培训】　2017年，在培训农

村创业青年工作上，各镇关工委主动配合，广泛宣传，认真动员，按培训条件积极协助选派好培训学员，为农村青年扎根农村创业发展提供精神和技术知识支撑，使他们掌握更多先进农业科技知识和先进的生产经营方式，为他们的发展提供更好的平台。积极配合有关部门对农村创业青年进行指导和帮助，进一步做好跟踪指导和服务工作，尽力协助解决其在创业过程中所碰到的问题。建立一批“关工委农村创业青年培训示范基地”，进一步整合、开拓关工委农村创业青年培训资源，创新培训模式和方法，增强培训的针对性、实效性，提升培训工作水平。同时，进一步树立优秀创业青年榜样，激励更多的创业青年积极发挥“双带”作用，通过农村青年培训，培养造就出更多立志扎根农村创业，致力于带动周边农户脱贫奔康的带头人，为五华经济发展做贡献。全年县、镇、村举办培训班19期，共培训1330人。其中关工委单独办培训班3期，共培训192人，分别是：全县茶叶种植专业培训班；板栗专业培训班；油茶专业培训班。农业局关工委积极参与对农村创业青年培训工作。全年举办培训班3期。全年新增1家“广东省关工委农村创业青年培训示范基地”（梅林镇琴口村琴江园发展有限公司），该公司副总经理宋凤萍被授予“广东省农村创业青年优秀带头人”称号。农产品及农村创业青年有新变化。一是农村创业青年的农产品品质意识有所提高，产品销售渠道更加畅通，农商结合渠道更完善。二是柚类普遍采用套袋技术，外观形态普遍提高，卖相较好。相比价格有所提高0.5元/斤。三是注重农产品的用肥、用水、用药安全、安全生产意识有提高、四是农产品品质意识有提高无公害绿色、有机产品在逐步增加。五是有组织的合作社形式在农村创业青年的组织，带动和影响下，农村种植户逐步向种植靠拢。

（张宏君）

县关工委2017年度负责人名录

主　任：陈　耿

副主任：曾繁活　张友忠

宣传工作

【简况】 县委宣传部是县委的重要工作部门，也是全县意识形态管控部门，内设股室有办公室、理论教育股、宣传文艺股、外宣办、新闻出版办，下辖股级事业单位1个，即全媒体中心。挂靠正科级机构1个，即文明办，正主任1人，副主任1人。划转股级机构1个，即县委新闻办，设主任1人。现有编制21个，在岗22人。其中，公务员编制13个，在岗13人；工勤编制2个，在岗1人；事业编制6个，在岗6人。部领导5人，其中，正部长1人，专职副部长3人（含常务副部长），党工委专职副书记1人。

【理论学习】 2017年，县委宣传部制订印发《2017年五华县党员干部理论学习计划》《五华县委常委会学习党的十九大精神的方案》，县委理论学习中心组率先组织学习辅导，把中共十九大报告按十三个部分划分，由县委常委轮流主讲1个专题；认真抓好各级党委（党组）中心组及党员干部的理论学习、指导和督查；接受省《两个条例》、市中心组专项督查。成立宣讲团，组织学习宣传贯彻习近平总书记对广东工作重要批示精神、省第十二次党代会精神和中共十九大精神宣讲共104场次，邀请省、市专家学者来五华作专题报告。落实县委与市委签订的《落实党委（党组）意识形态工作责任制责任书》，建立五华县党委（党组）意识形态工作联席会议制度，每半年召开一次联席会议，定期分析研判意识形态形势。

【新闻舆论引导】 2017年，县委宣传部与梅州日报社策划制作采访县委主要领导如何学习贯彻习近平总书记对广东工作重要批示精神的专题报道。在《五华政报》开辟理论专栏，抓好中共十九大精神辅导读物、《习近平谈治国理政》第二卷等重点读物的学习宣传；利用五华电视台、《五华政报》、五华政务微信和各镇各单位宣传栏、阅报栏、电子显示屏和内部刊网等，解读中共十九大精神。做好中共十九大、省第十二次党代会、古大存120周年诞辰、第五届世界客商大会、客家文博会、首次全国采茶戏研讨会等重大主题宣传。全年接待各级来县采访报道记者180多人次，累计发稿600多篇次。县广播电视台共推出中心工作各类专题56期，播放固定类专题355集，《五华新闻》每月播出170条左右；《五华政报》出版36期。制作宣传栏、广告牌、横幅等1万多个，利用机关单位政务网站、商户LED电子显示屏刊播公益广告30多万条，开展主题教育活动150多场次，组织文艺表演队进社区、学校、企业表演宣传50多场次。五华发布微信公众号全年推送图文信息678期，影响力在梅州市政务微信排行中排名前五。监控舆情35宗，被市级以上主流媒体采用正面舆情8宗，网络媒体发布舆情27宗，成功处理18宗舆情案件，率先成立广东省首家县级新媒体协会。

【开展群众性文化活动】 2017年7月27—29日，成功举办“绽放的山茶花——首届全国采茶戏艺术展演暨学术研讨会”。开展五华县民间戏剧、小品演艺大赛。在第十三届深圳文博会和第五届客家文博会上，杨育林石雕艺术作品《达摩》荣获“中国工艺美术文化创意奖”银奖，组织《狮雄山寻宝》和《球王李惠堂》两部微电影签约仪式。开展“中华诗词之乡”创建，举办文学艺术座谈会15场次、各类文艺大赛3次、大型文艺演出12场。完成文保单位保护标志牌挂牌和文物安检工作，组织实施省、市、县级文物保护单位等一批文物维修保护工程。申报狮雄山建筑遗址为国家重点文物保护单位和“国家考古遗址公园”。成功申报第六批市级非物质文化遗产项目传承人1人，成功申报县级非物质文化遗产保护项目3项。采茶大戏《月照城乡》于4月7日完成首演，获得省、市级奖项。组织采茶剧团、木偶剧团到国内外展演。出版《长乐文艺》（季刊）4期和文学精品著作一批。新建“一村一文化广场”180个，文体广场示范点2个，综合性文化服务中心示范点11个，建成村级综合性文化服务中心256个、文化驿站10个、农村文化俱乐部13个。县图书馆、文化馆、博物馆和镇综合文化站实现向公众免费开放，创作文艺作品获得省市级奖项，举办“古大存同志光辉事迹展”等展览共5场。组织成立五华县采茶戏传承保护中心，理顺五华县采茶戏演艺有限公司体制。做好文化市场日常监管，开展“扫黄打非”，开展全县网吧专项整治行动，全年检查网吧1020次，给予27个违规网吧警告、停业整顿、罚款；受理文化市场经营许可申办4件，变更1件。

【精神文明创建】 2017年，五华县开展广东省县级文明城市、文明镇、文明村和文明户创建，11月，省文明委授予五华县“广东省县级文明城市”称号，安流镇红山村获得“全国文明村镇”称号。开展“六个一百活动，”送百场电影戏剧进农村（社区），全县设立道德讲堂160多个，开展宣讲活动129场；评选五华县先进模范95位，五华县好媳妇88位，五华县好少年101名，五华县文明家庭97个。9月14日，在华城镇新一村、城镇村召开良好村风民风孕育工程现场会。华城镇曾宗圣祠等5个祠堂被授予梅州市第二批文化祠堂；在梅州市范围内率先开展公益广告设计大赛，共收集原创公益广告223幅，其中《环保少年》获省二等奖。高标准建设县志愿者服务总站，将沿江中路段总长约500米，共计88间门店打造成集书法观赏和教育一体的书法门招一条街。建设长乐公园·社会主义核心价值主题公园等7个文化主题公园。依托长乐公园，强化核心价值观的宣传，突出展示五华的客家文化、红色文化、足球文化、工匠文化、法治文化，打造成“社会主义核心价值观”主题公园，同时对书卷舞台进行升级改造，植入《五华赋》书法石刻，在长乐公园两个主入口设置公园标识。开展乡村文明旅游柚花节、万人环华骑行、文明五华中国新歌声五华赛区总决赛等社会主义核心价值观主题实践活动。积极开展各类评选活动，评选市、县级精神文明建设先进单位54个和先进工作者34名；评选表彰“文明餐桌示范店（食堂）”30家；向省市推送道德模范、南粤楷模、文明家庭，其中魏标辉等2人入选梅州市第七届道德模范，陈爱伟等5个家庭入选梅州市文明家庭，李云凤获评2017年第四季度广东好人。在全县开展“扣好人生第一粒扣子”、“经典诵读”、“舌尖上的粽子”评选大赛、“忆经典 端午吟”诗词大赛、“迎中秋 庆国庆”等道德实践活动。加强学校道德讲堂建设，打造高级中学等学校道德讲堂示范点3个。评定水寨中学等县级文明校园29家，高级中学等3家学校被评为第一届梅州市文明校园；推进乡村学校少年宫建设，全县乡村学校少年宫建成5所。

（谢琼杨）

县委宣传部2017年度负责人名录

部　长： 王忠泽

常务副部长： 谢　意

副部长： 甘　平　彭　强

党工委专职副书记： 黄锡坤

精神文明建设

【简况】 2017年，五华县精神文明建设工作始终坚持全面贯彻落实中共十九大精神，以邓小平理论、“三个代表”重要思想、科学发展观、习近平新时代中国特色社会主义思想为指导，深入贯彻习近平总书记系列重要讲话精神和治国理政新理念新思想新战略，积极培育和践行社会主义核心价值观，全面促进群众性精神文明创建活动上水平增实效，各项工作开局良好、进展顺利，获得“广东省县级文明城市”荣誉称号。

【成功创建广东省县级文明城市】 2017年，五华县认真按照国家和省、市关于文明创建工作部署，突出重点，破解难点，打造亮点，自我加压，合力攻坚，强力推进，文明创建工作任务。印发《五华县创建广东省县级文明城市2017年工作方案》《实地考察点标准》，对创建工作任务进行量化细化再分解，将创建任务细化明确到单位，责任到个人；举办文明创建台账资料收集整理业务培训会，进一步规范全县创建工作材料的收集、整理和报送工作；从实地考察、台账资料、民意测评三方面确保创建工作不出纰漏，顺利接受省对五华县“创文”工作的暗访考核。11月，五华县获得“广东省县级文明城市”荣誉称号。

【道德模范、身边好人评选礼遇】 2017年，五华县充分发挥先进典型的示范和引导作用，通过层层遴选、逐级把关，推荐曾秒龙、魏标辉为梅州市第七届道德模范。开展“百个文明家庭”评选活动。春节前夕走访慰问道德模范12人，发放慰问金1.2万元；在全县各镇机关、中学、中心小学和60%以上的县直机关开设道德讲堂，设立“道德讲堂”总堂，由各单位轮流承办，统一地点、统一名称、统一流程，打造精品道德讲堂。建成县道德讲堂总堂和各类道德讲堂、文化讲堂162个，开展宣讲活动116场。道德模范、身边好人、文明家庭评选礼遇活动不断壮大道德先进典型的群体效应，用道德榜样的力量带动更多的人崇德向善、见贤思齐。

【公益广告宣传】 公益广告宣传是弘扬中国传统文化和人文精神、宣传“中国梦”和社会主义核心价值观的重要举措，是“创文”暗访测评的重中之重。坚持“因地制宜、因势利导”原则，及时开展户外公益广告设置活动，按照设置地点不同分为工地围挡、道路道旗、大型公共绿地、社区绿地广场游园、道路绿化带、文化广场、居民楼口、集贸市场、城乡接合部、农村、学校、旅游景点、餐饮单位及网络14类，启动社会主义核心价值观主题公园示范点建设，把公益广告做到群众身边，形成街头正能量，充分运用公益广告这一生动形式，传播先进文化，引领文明风尚，弘扬社会正气，全县设置、更新、投放公益广告牌、“遵德守礼”提示牌、景观雕塑等2万余块（处），基本实现公益广告遍地开花、城乡全覆盖的良好效果。在梅州市范围内率先开展“中国梦 五华美”公益广告设计大赛，征集200多家平面作品和影视作品。围绕“弘扬中华传统美德”等主题，在华城镇城镇村、新一村等设置图文并茂的手绘道德“文化墙”，面积超过230平方米，利用文化阵地宣传诚信友善、勤俭持家等方面道德典型。

【志愿服务活动】 2017年，五华县在创建广东省县级文明城市过程中，全县志愿服务工作在继承中发展、在发展中创新、在创新中深入，志愿服务内容日益丰富，志愿服务领域不断拓展，志愿者队伍发展壮大，志愿服务理念深入人心。先后组织开展“激情中甲 文明赛场”“建设文明五华 深化志愿服务”“卫生整治 志愿先行”“学雷锋志愿服务月”等大型环境卫生、文明引导集中志愿服务活动10次，常态化开展重点路段、十字路口“逢六”上街文明劝导志愿服务活动，出动志愿者1.8万余人，进一步完善志愿者的招募注册、培训管理和志愿服务积分、嘉奖制度，不断提升志愿服务的组织能力和服务质量，制作发放志愿者红马甲、帽子等300余套，集中展示五华县志愿者风范，大力弘扬“奉献、友爱、互助、进步”志愿精神，在全县营造浓厚的志愿服务氛围。志愿服务成为五华县推进精神文明建设、推动社会治理创新、解决群众实际困难、维护社会和谐稳定的有效抓手和重要力量。

【未成年人思想道德建设】 2017年，五华县广泛开展"美德少年"评选、"网上祭英烈"、优秀童谣征集评选等活动，在广大未成年人中大力弘扬雷锋精神，引导他们认真学习美德少年事迹，积极参加道德实践活动，身体力行童心向党、爱劳动、有礼貌的价值追求。规范娱乐场所和文化市场秩序，净化声频荧屏及校园周边环境，加强留守流动儿童教育和管理，从教育、服务、管理等方面全面营造关爱留守流动儿童的舆论环境和社会环境，各项活动均成效显著。完成五华县安流镇第一小学乡村学校少年宫建设任务，全面落实配套建设计划。少年宫正常运转，深受学生喜爱。已建成的华城镇中心小学、转水镇中心小学、横陂镇横陂小学、河东镇黎塘小学4所乡村学校少年宫由中央财政每年安排活动经费，完成全县5所乡村学校少年宫信息录入工作。

【"我们的节日"主题活动】 2017年，县文明办依托春节、清明、端午等传统节日，以优秀传统文化为基石，开展多种形式文化活动，把传统经典送到人们心里，用丰富多彩、喜闻乐见的民俗活动，在人们心里刻上民族印记，广泛开展敬老、爱幼、助残、帮困等志愿服务，进一步发挥传统节日在加强公民思想道德建设中的重要作用。积极协调媒体报道节日活动，宣扬节日文化，营造浓郁氛围。"舌尖上的粽子"评选大赛、"忆经典 端午吟"诗词大赛、"迎中秋 庆国庆"等主题活动让干部群众感受到传统节日文化魅力，增进邻里感情，激发爱国热情，"我们的节日"主题活动已成为展示和传播优秀民族文化的重要阵地，成为培育和践行社会主义核心价值观的重要载体。

【农村精神文明建设】 2017年，县文明办以"美丽乡村"建设为目标，提高农民思想道德水平为重点，围绕环境改善和良好村风民风孕育两项重点，推进农村精神文明建设。继续开展新"十星级文明户"创评活动，深化农村"百千万"志愿服务活动，打造宜居宜游魅力乡镇，深化好儿媳、好公婆、好夫妻、好邻居、好妯娌等评选活动，推动社会主义核心价值观的基本理念、基本思想融入农民群众的日常生活，转化为自觉行动。围绕"传承弘扬优秀家风家训""社会主义核心价值观24字""弘扬中华传统美德"等主题，在城镇村、新一村、中牌村积极打造精神文明宣传阵地，大力宣传诚信友善、勤俭持家、孝老爱亲等方面的道德典型，用社会正能量影响大家。建成转水镇矮车河"益塘流域 十里水乡"、潭下镇"五村联动桃花源"和郭田镇"红色文化 金色风铃"等美丽乡村示范点。安流镇红山村获得"全国文明村"荣誉称号。

【网络文明传播】 2017年，县文明办强化网络文明传播志愿者队伍建设，组织网络文明传播志愿者积极参与网上正能量宣传，把社会主义核心价值观体现到网络宣传、网络文化、网络服务中，用正面声音和先进文化占领网络阵地。大力宣传推介精神文明建设工作的经验和成果，扩大精神文明建设工作网络影响力和感染力。建立"五华文明网"、"五华创文"微信公众平台，及时发布全县精神文明建设相关工作动态，全年发表新闻报道 180 多篇。

（钟华清）

县文明办 2017 年度负责人名录

主　任：周惠雄

副主任：钟华清

统一战线工作

【民主政治建设】 2017 年，按照《中国共产党统一战线工作条例(试行)》要求，县委统战部严格遵照提名推荐和协商决定委员名单程序，进一步规范县政协委员产生和增补办法，针对届中政协委员的人事变动和政协、统战工作需要，对政协委员进行及时调整，因工作调整、职务变动共退出政协委员 8 名，增加政协委员 14 名，增加政协常委 5 名，顺利完成政协委员的届中增补工作。至 2017 年年末，在党外代表人士中，担任县处级干部 5 人，科级干部 6 人；担任县级医院副职的 4 人；当选县人大代表的 112 人，担任人大常委会委员的 10 人，当选县人大常委会副主任的 1 人；担任县政协委员的 168 人，担任政协常委的 32 人，担任县政协副主席的 3 人。

【新的社会阶层人士统战工作】 2017 年，县委统战部按照上级统战部工作部署，扎实开展新的社会阶层人士统战工作，在全县开展新的社会阶层人士的调查摸底工作，精准发现新的社会阶层人士，并逐步造册登记，建立 1300 多名新的社会阶层人士的数据库。联合宣传部等相关部门策划筹备成立新媒体协会，制订协会章程，设立固定的办公室场，作为五华县第一个、也是全市首个新的社会阶层人士工作示范基地。新媒体协会成立以来，通过正确引导，培养他们的社会正能量，增加社会使命感和责任感，寓思想引导于服务帮助中，新媒体从业人员行为得到规范，使新的社会阶层人士更加拥护中国特色社会主义道路，发挥聪明才智，积极为全县经济社会发展做贡献。全年先后创建新媒体协会、县志愿者服务队等新的社会阶层工作示范点。

【党外代表人士队伍建设】 2017 年，县委统战部通过打造平台，开展形式多样的主题活动，扎实开展党外代表人士工作，努力建设一支高素质的党外代表人士队伍，为当好推动科学发展、促进社会和谐的排头兵提供更加坚实的人才支撑。一是全面加强与党外代表人士的沟通联系，进一步明确培养选拔党外代表人士队伍建设工作责任制，从而形成县委主要领导负总责，组织部门和统战部门各司其职，密切配合，相关部门大力支持和积极参与，共同做好培养选拔党外代表人士队伍建设的工作格局。按照县委《2017 年召开各界党外代表人士座谈会工作方案》（华办函〔2017〕15 号），创新每月召开一次各界别统战工作座谈会。通过召开座谈会，一方面准确掌握各界别统战对象的情况，另一方面，通过座谈交流，凝聚共识，广泛凝心聚力，为党委政府重点工作出谋献策。二是进一步规范推荐程序，提高党外代表人士发现工作的社会参与度。坚持采用德才兼备、以德为先的用人标准，将政治坚定、业绩突出、群众认同的优秀党外人士提拔到重要岗位上来。2017 年，党外干部朱旭红被组织提拔为副科级领导干部（司法局副局长）。

【非公有制经济领域工作】 一是积极引导开展主题活动。引导工商联积极组织开展非公有制经济人士理想信念教育实践活动，引导广大统战成员特别是非公有制经济人士把思想和行动统一到习近平总书记重要讲话精神上来，广泛宣传和推动落实鼓励支持引导非公有制经济发展的政策举措，注重搭建党委、政府与企业、商会沟通协商的制度化平台，切实服务民营企业转型升级，使他们真正从政策中增强获得感。二是积极引导参与“暖企”行动。全年在形成的五金机电、食品饮料、医药制造、先进装备制造、新能源等为主的工业产业体系中，积极引导参与“暖企”系列活动。通过举办政银企对接会，组织五华县内银行业机构、担保公司和 71 家中小微企业搭建银企互利合作金桥，促进银企合作。主动与深圳、佛山、东莞等地的客属商会、行业协会沟通联系，广泛宣传，多层面地联络参会客商，做好招商推介工作，精心谋划按季度分别到深圳、佛山、东莞等珠三角地区开展招商推介活动。全年协助政府招商引资项目 31 个，签约落户项目 19 个，拟签约项目 12 个，预计投资 130 亿元，已投资 25.7 亿元。通过引导，“五金制品行业协会”“电子商务协会”“个体劳动者协会”“私营企业协会”等都建立完善规章制度，打造广东富胜企业的法治文化示范品牌。全县登记备案的工商联会员 718 家，成立团体会员协会、联合会 16 个。三是动员社会能人办好光彩事业。通过引导非公有制经济人士自觉践行社会主义核心价值体系，确保非公有制经济人士能够自觉履行社会责任，积极参与光彩事业，支持县重点项目建设。全年抓住扶贫济困、兴办公益、足球事业、敬老助残、创文创卫、善待员工等方面开展活动，通过搭建活动平台，引导会员企业、外地商会积极投身光彩事业，勇于承担社会责任，多方筹集资金，新建、维修一大批乡村道路桥梁、水利工程、文化活动场地，资助一大批贫困学生和残疾人员，帮助一大批老人购买养老保险，在举办足球联赛、五华足球队冲甲等赛事中，充分展示非公有制经济人士的良好社会形象。

【港澳社团工作】 一是积极涵养侨力资源，建立侨务资源库。按照市委统战部要求，建立完善五华县籍旅港人员、旅港青少年情况数据库，为更好地加强交流合作，进一步培育涵养海外侨务可持续发展侨力资源服务，有针对性地开展引资、引智项目工作服务。认真开展五华香港青少年交流合作，依托香港五华同乡总会等旅港社团，整合全县各部门力量，全力配合，组织香港青少年回乡开展交流活动，从而不断提高香港青少年对祖国的认同感、归属感。全年多次组织人员赴香港参加香港同乡总会的会董会议、联谊会，其间，积极与香港社团成员、香港青年开展交流活动，进一步加强与香港乡亲的沟通联系。加强两地青少年体验式交流活动。9 月，组织 60 多名香港青少年到五华开展足球友谊赛及乡情商情交流。二是发动侨胞、港澳同胞热心家乡公益事业，支持家乡社会各项事业，全力推动五华加快振兴发展。如旅新西兰华侨、广东省瑞华集团有限公司董事长兼总经理卓定华捐资 300 万元五华县教育基金会，进行奖学助学。四是认真开展对台各项工作。扎实有效地开展对台经济、对台交往交流、对台宣传等各项工作，积极为台胞排忧、解难、办实事。在 3 月、5 月，分两批次组团对台湾新北市开展文化经贸交流活动，8 月，再次组团对台湾开展农业文化交流活动。全年接待台湾组团回五华交流有 4 批次 58 人；接待回乡观光、拜祖、寻根、商务等活动台胞 300 多人次。

【民族宗教事务】 一是积极开展抵御境外宗教渗透专项整治工作。调整成立境外宗教渗透专项整治工作领导小组，对全县宗教组织渗透情况进行全面摸排清理。专项工作组积极下乡调究，通过召开各类会议，针对存在问题，一一整改，取得阶段性成效。在全县范围内开展民间信仰活动调查摸底工作。据调查，全县有 100 平方米以上的民间信仰活动场所 191 间。经组织初步评定，五华县第三批和谐寺观教堂 16 间，报上级审定。二是继续巩固宗教教职人员认定备案、宗教活动场所财务监督管理两个专项工作成果，依法打击非法宗教活动，取缔非法宗教聚会点，阻止未经备案的宗教教职人员在五华县非法传道。以宗教政策法规学习月为契机，积极开展以“教风”为主题的和谐寺观教堂创建活动，整治违法违规设立功德箱等借教敛财问题等专项工作。全面完成在全县范围内佛道教宗教活动场所进行统一标识牌挂牌工作。

（曹　敏）

县委统战部 2017 年度负责人名录

部　　　长：张爱芳

常务副部长：李雄青

副　部　长：李剑文

台湾事务工作

【对台交流交往】 2017 年，台胞回五华交流有 3 批 43 人（次）：5 月 26 日，中国国民党中央评议委员、“中华黄埔四海同心会”顾问、“华侨协会总会”顾问张学海等人回乡参访；6 月 7 日，台湾汉光果菜生产合作社理事会主席廖丁川率团调研农业连片示范点；9 月 26 日，台北市五华同乡会理事长魏保章率团回乡参访。五华县组团赴台开展交流活动 2 批 26 人（次）：3 月，赴台开展经贸文化交流活动；8 月，赴台开展农业文化交流活动。另外，接待回乡进行观光、拜祖、寻根、商务等活动台胞 160 多人（次）。

【涉台调研】 2017 年，县委台办履行“组织、指导、管理、调查”职能，认真传达贯彻中央、省、市对台工作会议精神，部署落实对台工作任务。中共十九大召开以后，县委台办通过座谈、电话、报纸、网络等渠道向台胞台属宣传中共十九大精神，宣传台湾回归祖国重要性和必要性的认识，发挥广大爱国台胞台属在统一战线中的重要作用。同时，坚持每月到台资企业、重点台属 1 次以上，开展调研活动。掌握动向，主动靠前，坚持重大问题主动向县委、县政府汇报，加强与其他县台办和涉台相关部门的联系，注重对台重大活动的指导和参与，发挥对台工作应有的作用。

【做好对台胞台属服务工作】 2017 年，县委台办竭力为台胞台属服务，尽力为他们排忧解难。一是为涉台遗产继承、在台各种补偿（补助）的申领、涉台婚姻、因私赴台、涉台赡养收养、回大陆定居、到大陆投资、出境入台手续办理等方面服务 40 多人次。二是指导缪培基奖教奖学基金会开展工作，调整该基金会机构，提高基金会资金使用效率。三是为台北市五华同乡会主编的《会刊》提供有关五华经济、社会发展变化的文字资料和照片，强化联心联谊工作。

【对台经济工作】 2017 年 4 月 14 日，省委台办副主任方涛率队到五华调研台资企业和粤台（梅州）自行车产业园，县委台办坚定“服务企业就是服务五华发展”理念，认真做好招商项目的跟踪对接，为企业提供“一站式”“保姆式”服务。一是引进梅州市凯达共享单车有限公司进园投资，安装 2 条自行车整车生产线设备和零配件，实现批量生产。二是积极主动促成台湾汉光果菜生产合作社与梅州市超顺公司合作，在转水镇黄龙村共同投资建设面积 45.33 公顷，打造集观光、旅游、休闲、采摘体验、中小学生实践基地于一体的现代农旅结合示范基地，并于 12 月 28 日顺利举行“广东汉光超顺农旅园”开园仪式。至年底，已投入资金 6000 余万元。该农旅园的建成，为当地贫困户和富余劳动力提供就业岗位，树立起一个梅台农业企业精准帮护典范。三是引导隆华塑胶有限公司整体搬迁到五华，大力协助企业解决在搬迁过程中碰到的问题。隆华塑胶有限公司整体搬迁到五华工业园后，扩大生产线，产值 6700 多万元，比上年增长 238%，创税 490 多万元。

（谢伟贤　魏新华）

县委台办 2017 年度负责人名录

主　任：陈德荣

副主任：江运梅（2 月任）

谢伟贤（2 月任）

汤伟平（任至 2 月）

直属机关工委工作

【政治建设】 一是推动“两学一做”学习教育常态化、制度化。组织机关党员干部集体学习 3000 多人次。组织开展党性教育、革命传统教育、精准扶贫“主题党日”、入党积极分子培训、新党员宣誓仪式、“读一本好书酝一片清心”读书会等专题教育活动。二是夯实党员干部理论基础。结合县直机关工委实际，制定并组织实施 2017 年县直机关党员干部学习计划，由县直十二个系统党工委每月轮流组织一次学习座谈会。特别是学习中共十九大报告，县直机关专场学习活动多达到 20 场次。三是积极开展社会主义核心价值观教育。结合“创文创卫”工作要求，积极动员各方力量，调集资源，利用各单位网站、LED显示屏等，加强以社会主义核心价值观为内容的宣传教育。

【思想建设】 2017 年 3 月，组织县直十二个系统 220 多名党员干部到转水镇开展义务植树活动，栽种树苗 1000 多株。4 月，县直属机关工委组织 120 多名党务干部到潭下镇金石村体验美丽乡村建设成果。5 月，组织机关干部职工开展“万人骑行感受县城变化”活动。5 月，组织党务干部在中共海丰县委党校接受革命传统教育。7 月，在纪念中国共产党建党 96 周年活动期间，举办 1 期 200 多人的积极分子培训班，组织 70 多名新党员到郭田镇黄国梁故居进行入党宣誓。召开一场党建工作座谈会，为五十年党龄的老党员颁发纪念章，慰问一批困难党员。11 月，分批组织机关党员干部到转水矮车、益塘等村体验新农村建设成果；动员党员同志参与“锻炼体魄、快乐行走”为主题金秋徒步健身活动。号召机关党员同志自觉利用家庭网络电视或到欢乐国际影院观看爱国主义教育影片。11 月，结合学习中共十九大精神系列活动，组织 50 名机关党务工作者到梅林镇古大存故居进行体验式学习教育活动。

【组织建设】 一是按照县委的工作部署，从 2017 年年初开始，加强了机关各基层党组织落实民主集中制、“三重一大”决策、请示报告、领导干部述职述廉等制度落实的检查。定期开展基层党组织的组织生活会、民主生活会“三会一课”执行情况检查、督促各基层党组织从严从实规范过好组织生活，切实提高党内政治生活质量。全年共督查 24 次。提出健全和完善党内组织生活制度意见建议 100 多条。在督查、调研的基础上，提出了按照“十二有”标准建设党建示范点的方案，选定县工商质监局党支部、县高级中学党总支部等 12 个基层党组织作为首批打造的党建示范点。按照着力增强党内政治生活的政治性、时代性、原则性、战斗性的要求，加强党务干部、党支部书记等带头人队伍建设，举办党务工作者培训班 3 期。

【作风建设】 一是 7—9 月期间，开展“讲政治、强党性、严纪律、守规矩”为主题的纪律教育学习月活动。组织党员重点学习《中国共产党廉洁自律准则》《关于新形势下党内政治和生活的若干准则》等一批新颁发或修订的党内法规制度文件，有效地使党员干部知敬畏、存戒惧、守底线。二是继续开展机关作风评议活动，将全县 16 个镇、县直部委办局和中央、省、市驻五华单位共 92 个单位列入评议对象，采用领导评、群众评、企业评、政协委员评、党代表评、人大代表评和网上测评等多种方式评出优秀单位 30 个。在评议中，收集到群众意见建议 37 条。三是 5 月组织全县共 28 支代表队参加以学习党规党章知识为主要内容的“廉洁火炬杯”知识竞赛。四是开展“足球进机关”活动，活动要求机关干部职工观看一场以上的梅州客家队参赛的中甲比赛；机关的足球爱好者每周进行一场足球比赛；组织县直机关单位十四支队伍，开展机关足球联赛，使参与活动人数达到千人以上，丰富机关党员干部“八小时以外”生活。

【其他工作】 一是强化对群团组织的政治引领，加强与工会、共青团、妇联的沟通联系，大力开展“工人先锋号”“青年文明号”和“巾帼文明岗”等创建活动；二是积极投身创建“国家卫生县城”和“省级文明县城”活动。成立“双创”工作领导小组，制作宣传标语、标牌，与网格化管理地段商户签订责任书 38 份，发放创卫宣传纸扇 250 把，定期和不定期巡查网格化管理地段，形成人人参与“双创”工作的局面；三是认真落实县委县政府关于新时期精准脱贫工作部署。成立工委扶贫工作领导小组，派出联络员做好挂点村水寨镇罗湖村的扶贫工作，投入帮扶资金 2 万多元，确保完成挂点村 2017 年 19 户的脱贫工作任务；四是坚持“预防为主”的方针全力推进平安五华创建和社会治安综合治理工作。认真贯彻“安全第一、预防为主、综合治理”的安全生产方针，深入落实科学发展观，牢固树立安全发展理念，全年没有发生安全生产事故；五是按照上级有关人民武装工作建设的各项要求，注重发挥机关武装部的职能作用，认真落实年度的民兵整组，集中培训、兵役登记和征兵任务，圆满完成县征兵办交给的任务；六是认真落实县委机关干部回乡联村工作制度派出2名干部坚持每月至少2次到村开展回乡联村工作，帮助村解决问题36个。

县直属机关工委2017年度负责人名录

书　记：江少林

副书记：张政浪

保 密 工 作

【简况】 2017年，县保密工作紧紧围绕县委、县政府工作部署和上级保密部门相关工作要求，强化组织领导，突出工作重点，加强保密管理，努力提升全县保密工作水平。召开五华县保密工作暨保密形势报告会，贯彻落实中央和省、市保密工作会议精神，部署五华县保密工作。加强保密宣传教育工作，会同纪检监察部门联合在纪教月活动中开展保密法纪宣传教育，加强保密法纪宣传教育，增强党员领导干部保密防范意识，努力营造“人人讲保密、处处防泄密”良好氛围。配合省、市督查组对五华县保密工作责任制落实情况和保密自查自评情况进行督查，提升全县保密工作水平。

（曹贵彬）

县保密局2017年度负责人名录

局　长：陈　勇

副局长：廖建新

政策研究

【文稿服务】 2017年，县委政研室把服务县委重大决策作为政研工作的首要任务，坚持围绕中心、服务大局，勇于担当、主动作为，以“提升文稿撰写能力，提高决策服务水平”为目标，吃透上情、立足县情，准确把握方向，聚焦牵动全局、影响长远的工作，积极主动承担县委重要文稿起草工作，不断提高文稿的思想性和指导性，切实发挥好参谋助手作用。全年撰写各类汇报材料100多篇，会议讲话材料近190篇，向省、市报送材料100多篇。

【调查研究】 2017年，县委政研室按照“紧贴中心谋大事”工作原则，积极组织开展年度的重大课题调研和阶段性重点工作调研，加强对涉及全县经济社会发展重大问题的综合分析研究，特别是围绕精准扶贫、基层治理等方面的工作，深入基层一线调研，全面准确掌握第一手资料，为五华县今后加快振兴发展提供可靠依据和科学参考。全年先后围绕精准扶贫、新农村建设、基层治理、产业发展、环境保护、教育和医疗卫生事业发展等工作，撰写一批具有参考价值的调研文章；编印以贴近基层、交流心得、服务大局为主题的《五华政研》4期。

【督办检查】 2017年，县委政研室紧紧围绕县委、县政府确定的78项重点工作以及县委决策、会议决定事项、县委领导交办事项进行及时督查，对督办的具体问题，有针对性地提出解决措施和办法，有力地促进县委各项决策部署和领导批示、交办事项的落实。全年组织参与开展专项督查活动 43 次，办结省、市交办的督查事项 50 多件，办理县委书记批示件 290 多件，下发《督办通知》60 份，编印《督查通报》20 期。

（凌文娟）

县委政策研究室 2017 年度负责人名录

主　任：张志军

副主任：凌文娟

新闻工作

【简况】 2017 年，县委新闻办围绕中心、服务大局，坚持正确的宣传舆论导向，全力做好县委主要领导政务活动宣传报道，加强与上级媒体的业务沟通联系，认真挖掘五华县经济社会发展中涌现的好经验、好做法、好成效。全年在《南方日报》《羊城晚报》《梅州日报》、中新社、南方+、梅州电台、梅州电视台等媒体网络累计发稿 200 多篇次。

【政务活动宣传报道】 2017 年，县委新闻办根据县委主要领导日常工作安排，对县委主要领导参加或主持的调研、重要会议、外出招商引资等政务活动，全程跟踪报道，把县委主要领导的调研及会议精神，及时传递给各级各单位，为推动工作形成浓厚的氛围。如：前往杭州招商引资，引进杭萧钢构项目，当天从杭州发回图文消息，并在梅州日报头版刊登；策划做好《梅州日报》专题采访县委书记如何学习贯彻习近平总书记对广东工作的重要批示精神专题报道、学习贯彻中共十九大精神专题报道等，全媒体的形式呈现五华以重要批示精神为引领，推动加快振兴发展、全面同步建成小康社会的信心、决心和行动。

【突出中心宣传】 2017 年，县委新闻办根据五华县重点工作安排，对交通公路、城市建设、园区建设、美丽乡村建设、人居环境综合整治、精准扶贫、创文、创卫等工作中的成效，及时策划到现场采写，并形成图文稿件，向新华网、中国新闻网、南方网、《南方日报》《羊城晚报》《梅州日报》、梅州电台等中央、省、市媒体发稿。全年累计发稿 200 多篇次。如：在《梅州日报》和《南方日报》刊登奥园广场开业专题宣传和广告；富胜实业公司新三板挂牌当天，从北京发回最新消息，在《梅州日报》策划了整版专题宣传和广告，在梅州电视台滚动宣传报道；自行车产业园奠基建设当天，围绕县委县政府加快自行车产业园建设的部署和成效，在《梅州日报》整版报道；在省党代会召开前夕，和《南方日报》合作策划了专题宣传，反映五年来五华经济社会发展成效，为党代会的胜利召开营造浓厚氛围；策划了“非遗”传承人陈翠媚、全国公安先进代表五华县治安大队、90 后中医师古展枫等先进典型人物的报道；纪念古大存 120 周年诞辰活动，专题策划了古大存精神及苏区发展的专版报道，并对当天的活动盛况进行宣传；全面高效策划并完成第五届世界客商大会五华县系列活动、兴华高速通车、一门式式一站式政务服务改革等系列报道。上述的宣传报道到社会各界高度关注，比如，《抓项目要拿出“硬打硬”的精神头》《期盼回乡联村子弟激活“一池春水”》《电子黑板报是服务方式的创新》等评论员文章，对五华县抓重点项目、回乡联村部署、畅通联系群众“最后一公里”等工作进行鼓与呼，凝聚社会各界对五华发展的关心关注和加强舆论引导。

【业务交流】 2017年，县委新闻办加强与中央人民广播电台、梅州电视台、《南方日报》《羊城晚报》《梅州日报》等上级媒体的业务交流，协助做好他们到县采访工作，向上级媒体提供新闻线索200余条，广泛宣传报道五华经济社会发展正能量。全年接待到县采访报道记者250多人次。特别是加强与羊城晚报社的沟通联系，先后6次前往广州及梅州工作站，协调解决横陂镇西山弃土场征地、河道采砂、横陂镇东山村村民违建活动场所、龙村镇樟华村委干部上访等舆论监督报道。

（张炳锋）

县委新闻办2017年度负责人名录

主　任：张炳锋

党校工作

【干部培训】 2017年，县委党校围绕县委、县政府中心工作，按照党校工作职责要求，发挥阵地作用，努力办好各类培训班次，扎实推进干部培训、轮训工作的开展。全年举办各种形式主体培训班次18期，培训总人数3319人。2月28日—3月3日，举办2期全县镇级领导班子学习中共十八届六中全会精神专题培训班，全县各镇班子成员270人参加培训。3月16—21日，举办2期全县科级领导干部学习中共十八届六中全会精神专题培训班，县直副科级领导干部480人参加培训。6月26—30日，举办1期全县妇女干部（正、副科职）赴井冈山干部学院学习党性教育专题培训班，全县妇女干部（正、副科职）87人参加培训。6月26—30日，举办1期县直单位副科职干部赴番禺区委党校学习提升振兴发展能力专题培训班，县直有关单位副科职领导干部90人参加培训。7月13—14日，举办全县“村（社区）支部书记、主任提升基层治理水平（第一期）专题培训班”；7月18—19日，举办全县“村（社区）支部书记、主任提升基层治理水平（第二期）专题培训班”；7月24—25日，举办全县“村（社区）支部书记、主任提升基层治理水平（第三期）专题培训班”；全县共500名村（社区）支部书记、主任参加培训。7月3—7日，举办镇级领导班子成员赴番禺区委党校学习执政能力建设（第一期）专题培训班；10月30日—11月3日，举办镇级领导班子成员赴番禺区委党校学习执政能力建设（第二期）专题培训班；镇级领导班子成员共180人参加培训。7月27日—8月1日，举办全县组工干部赴井冈山干部学院学习提升业务能力（第一期）专题培训班；8月26—31日，举办组工干部赴井冈山干部学院学习提升业务能力（第二期）专题培训班，全县各镇党委组织委员、县直系统党工委专职副书记、县直单位分管政工人事工作的领导或政工人事股长、县委组织部干部120人参加培训。11月8—9日，举办村（社区）妇联主席（第一期）培训班；11月13—14日，举办村（社区）妇联主席（第二期）培训班；全县各镇妇联主席、各村（社区）妇联主席共462人参加培训。11月24—26日，举办1期全县科级领导干部学习中共十九大精神专题研讨班，全县科级领导干部750人参加培训。五华县“科级干部学习宣传贯彻党的十九大精神集中轮训班”全县380名科级干部参加培训，其中，副科职干部约130人、非领导职数科级干部约250人。12月7—9日，举办第一期副科职干部轮训班；12月14日至16日，举办第二期非领导职数科级干部轮训班。通过专题研讨和集中轮训，实现习近平新时代中国特色社会主义思想在全县科级干部中学习培训全覆盖。和其他部门配合，扎实推进各类人员培训工作。一是和各部门配合，举办各类培训班，全年举办各类培训35期，培训总人数为32098人。其中，举办23期全县公务员全员培训班，培训1800人；举办4期专业技术人员公需科目培训班，培训4000人；举办1期司法局业务培训班，培训100人；举办1期县直工委入党积极分子培训班，培训180人；举办1期县直工委“火炬杯”知识竞赛，共78人；举办1期安监局业务培训班，培训200人；举办1期信用社业务培训班，培训100人；举办1期技工学校业务培训班，培训60人；举办1期妇联业务培训班，培训400人；举办1期县志办业务培训班，培训80人。二是派出教师为各镇各单位上党课。参与全县双创宣传、“两学一做”学习教育制度化常态化活动、开展国学经典进社区活动等，派出教师外出讲课100多场次，培训约2.51万人次。

【教学科研】 2017年，县委党校发挥“三个阵地，一个熔炉”作用，加强教师培训工作，提高教师各方面素质，切实发挥老师能动作用。一是抓住党校教学改革契机。3月，副校长李启智、教师张志强参加市委党校组织的全市党校系统骨干教师赴开封市委党校业务培训班；教师黄敬德、张立平参加全国党校系统师资培训班；11月，教师黄敬德参加“2017年全省党校行政学院系统学习贯彻党的十九大精神师资培训班”。选派老师参加“2017年全市党校系统骨干教师集体备课会”。二是认真抓好备课、授课环节。要求教师在认真钻研教材、吃透教材内容和重点、难点，搜集、掌握有关资料的基础上，详细写好教案，授课时要突出重点，讲清难点，理论联系实际，参加各类培训班授课的老师均得到学员好评。三是积极开展科研活动。在科研上，遵循“科研兴校”原则，积极鼓励老师参加各类研讨会，全体教师积极开展科研调研工作，并积极撰写理论文章。全年专兼职教师备有各专业题课，备有并讲授专题课18个，全年撰写学术论文13篇，在市级以上刊物发表8篇。张志强老师和《党员干部要带头树立好家风》课程在市委党校集体备课会上获得第一名。

（黄丹华）

县委党校2017年度负责人名录

校　长：钟光振

常务副校长：张丽红

副校长：黄云新（2月任）

李启智

五华县人民代表大会

【县十五届人大二次会议】 2017年3月8—9日，五华县第十五届人民代表大会第二次会议在县城水寨召开。会议应出席代表338人，出席313人，占代表总数93%。非代表的县五套班子领导成员，出席、列席县政协十届二次会议人员，县直部委办局和中央、省、市属驻五华正科职单位主要负责人，政府办副主任，各镇党委书记、镇长、高（完、职）中校长列席会议。特邀请担任过县人大常委会主任、常务副主任的老领导出席大会开幕式。大会议程：（1）听取和审议五华县人民政府工作报告；（2）审议五华县2016年国民经济和社会发展计划执行情况与2017年计划草案的报告；（3）审议五华县2016年预算执行情况和2017年预算草案的报告，批准五华县县本级2017年预算；（4）听取和审议五华县人大常委会工作报告；（5）听取和审议五华县人民法院工作报告；（6）听取和审议五华县人民检察院工作报告；（7）选举；（8）其他。

【监督工作】 2017年，县人大党委会严格贯彻实施监督法，认真制订监督计划，加强和改进人大监督工作，确保监督取得实效。

依法行使监督职权，不断增强监督实效。常委会紧紧围绕全县工作大局和人民群众普遍关注的热点难点问题，改进监督方式，加大监督力度，推动“一府两院”依法行政、公正司法。人大常委会全年组织召开11次常委会会议，24次主任会议，审议批准五华县2016年年末地方政府债务限额和2016年县本级预算第二次调整报告等6项报告，对县城和中心镇基础设施建设、美丽乡村建设工程融资项目等重大事项，作出决议、决定13项，使五华县重大事项的决策更加科学化、民主化和规范化，更加符合法定程序，有效推动五华加快振兴发展。

坚持依法履职，提升监督实效。一是加强对政府职能部门工作评议力度，提升工作效能。人大常委会注重对政府组成部门工作情况的依法监督，新一届人大常委会重新修订完善《五华县人大常委会专项和年度工作评议暂行办法》，听取和评议环保局、民政局、林业局、水务局、教育局、食品药品监督管理局、教育局等6个政府职能局专项工作报告，集中评议17个县政府组成部门年度工作情况，对评议存在的问题及时提出整改意见。根据评议结果，确认各评议对象的评议等次并进行通报，实现对23个政府组成部门监督的全覆盖，促进政府组成部门进一步主动贯彻落实县委决策部署和有效履行法定职责，提升工作效能和群众满意度。二是积极开展视察和执法检查活动。人大常委会按照监督工作计划，开展《中华人民共和国安全生产法》和《广东省安全生产条例》《中华人民共和国环境保护法》和《广东省环境保护条例》以及《中华人民共和国道路交通安全法》和《广东省道路交通安全实施条例》实施情况执法检查3次，视察国土资源管理工作和检察院工作、法院工作、卫生创强、琴江公路建设工作5次，形成视察和执法检查情况综合报告8篇。同时，根据县委重点工作进展情况，对全县人居环境综合整治、镇村生活垃圾中转站建设、村村通自来水工程和镇级污水处理厂建设情况进行专项视察10次，形成专项报告，推动全县中心工作得以进一步落实，发展步伐进一步加快。三是加强财政经济工作监督，推进依法理财。加强对计划、审计和预算执行情况的监督，分别听取和审议县政府财政、计划、审计工作报告，作出相应的决议。人大常委会还对县政府提出的13项融资项目议案作出决议、决定。建立县级人大预算联网监督系统，选派2名人大干部参加省市业务培训，提高业务水平，更好发挥人大预算联网监督作用。四是积极协助上级人大开展立法调研。全年收到上级人大立法征求意见函5份，召开立法征求意见座谈会5场次，收集代表意见15条，并及时汇总上报。

加强信访案件受理督办，保障群众合法权益。人大常委会严格依照国务院《信访条例》《广东省信访条例》和《五华县人大常委会机关贯彻实施〈广东省信访条例〉暂行办法》规定，规范信访事项的提出、受理和转办等程序，综合分析，认真督办，取得较好效果。全年受理群众来信169件，接待群众来访37批107人次，为保障人民群众的合法权益，促进社会和谐稳定作出努力。

【人事任免工作】 2017年，常委会根据地方组织法和《广东省各级人民代表大会常务委员会人事任免办法》规定，认真贯彻落实《党政领导干部选拔任用工作条例》，严格遵循党管干部原则，做到既充分相信党委向人大常委会推荐的干部，保证党委意图的实现，又充分尊重人大常委会组成人员意志，严格程序，坚持任前法律学习考试制度和现场颁发任命书仪式，增强被任命人员的光荣感、责任感和使命感，提高他们依法行政和接受人大监督的自觉性。2017年，常委会先后决定任免1名副县长，任免政府组成部门主要负责人24人次，任免人大机关干部7人次，任免法院干部和人民陪审员5人次，任命1名检察院副检察长。

【代表工作】 2017年，县人大常委会不断总结代表工作中的成功经验，积极探索发挥代表作用的新途径、新形式，强化人大常委会机关的服务保障能力，拓宽代表履职渠道，开展形式多样的代表活动，为代表依法履行职务创造更好的条件，提供更周到服务。

坚持创新探索，努力拓宽代表履职渠道。一是注重提高代表素质。采取集中培训、分小组培训、以会代训等方式抓好代表的培训工作。提高代表对人民代表大会制度的认识，增强代表对人民代表大会制度自信，明确代表的权利和义务，增强代表履职的自觉性。坚持为代表订阅《人民之声》等刊物，为代表们学习相关法律和人大业务知识创造条件。二是着力拓宽代表履职渠道。组织代表在不同层面，以不同形式参加常委会专题调研、视察法院庭审、检察开放日等活动；推荐8名代表担任行风政风监督员、文明监督员；组织代表参加县委经济社会发展情况通报会，代表知情知政渠道进一步畅通。三是周密筹划代表活动。紧紧围绕发展与民生两大主题，关注大局，关注民生，精心制订和组织代表视察调研活动。近年来，县委、县政府实施一系列暖民心、利发展、惠长远的重大民生项目。常委会组织市、县人大代表就琴江生态景观大道、兴华高速和创建全国卫生县城、广东省文明县城、广东省卫生强县等群众高度关注的民生工程开展视察调研，让代表真切感受到五华发展取得的丰硕成果。

*坚持代表联系群众工作制度，增强代表履职主动性。*按照《关于组织我县的梅州市七届人大代表到各镇代表联络室开展密切联系人民群众活动的方案》要求，以就近、方便的原则，组织本县市、县、镇三级人大代表到各镇代表联络室开展接访日活动，切实帮助群众解决一些实际问题。人大常委会组织召开全县镇级人大工作现场会，贯彻落实人大代表联络工作制度，现场观摩河东镇代表联络室建设情况，进一步推进代表联络工作。制定《关于开展县人大代表小组活动的方案》，重点是组织代表学习中央和省市县关于县镇人大工作和建设的精神、学习《宪法》《代表法》《监督法》《地方组织法》等法律法规，增强代表履职能力。

*认真督办建议，切实维护群众利益。*人大常委会坚持把贯彻落实县委的决策部署作为监督工作的重中之重，科学谋划，精选议题，找准切入点，使各项工作始终与县委中心工作合拍共振。县十五届人大二次会议以来，代表共提出议案 26 件、建议 6 件，大会主席团决定将全部议案转作建议处理。为办好这些建议，及时召开交办会议，落实好 32 件建议的承办单位并做好跟踪督办工作。2017 年，各承办单位均能做到领导重视，专人亲抓，把办理代表建议作为一项重要的工作抓紧抓落实，并按时将办结情况书面答复代表。

*认真加强与镇级人大的联系和指导。*关注镇人大工作和建设，坚持和完善人大常委会负责人联系和指导镇人大工作、镇人大主席列席县人大常委会会议制度，加强与镇人大的联系沟通，指导开展监督工作，增强镇人大工作实效。各镇人大坚持党委领导，积极组织镇人大代表就美丽乡村建设、精准扶贫等重点民生工程开展视察调研活动，帮助解决一些群众反映强烈的问题，有效促进当地经济社会稳定发展。

【常委会及其机关自身建设】 2017 年，县人大常委会始终把加强自身建设，强化责任担当摆上重要位置，深入学习贯彻党的十九大精神，主动适应新形势、新任务、新要求，努力建设适应新形势下的人大工作队伍。

*加强理论学习。*组织常委会组成人员和 16 个镇的人大主席对《中华人民共和国地方各级人民代表大会和地方各级人民政府组织法》《中华人民共和国全国人民代表大会和地方各级人民代表大会选举法》《中华人民共和国全国人民代表大会和地方各级人民代表大会代表法》《中华人民共和国各级人民代表大会常务委员会监督法》《中华人民共和国预算法》《广东省预算审批监督条例》等法律法规进行集中培训，把加强学习作为一项政治任务来抓。严格执行民主集中制，坚持和完善"三会一课"、重大事项请示报告等制度。坚持每月一次机关干部职工集中学习会，认真学习贯彻中共十九大精神和习近平总书记系列重要讲话精神，常委会领导班子带头举办专题讲座，自觉把思想和行动统一到县委的决策部署上来，增强做好

新时代人大工作的责任感、使命感，坚定对人民代表大会制度自信。

加强工作宣传。注重宣传工作的创新，建立市、县人大代表和人大常委会组成人员微信群、微信公众号，认真办好常委会《会刊》和《文件汇编》，创新会议报道和经常性工作的宣传。常委会办公室密切与新闻单位联系，对人大视察、执法检查等活动，及时进行宣传报道。认真收集总结各级人大代表先进事迹，在省市人大刊物报道，进行深化宣传。同时，对市人大通过的《梅州市森林火源管理条例》首部实体法规，人大常委会组织五个宣讲组由常委会领导带队，深入全县 16 个镇开展巡回宣讲活动，发放宣传手册 20 多万份，全面细致宣讲解读条例制定的意义和目的、实施细则、适用范围及火源管理的具体措施和法律责任等，迅速在全县上下掀起学习贯彻高潮，扎实推进梅州市首部实体法规的有效实施。

加强县镇人大工作和建设。按照全国、省、市人大常委会对县镇人大工作和建设的《若干意见》和《实施意见》精神，常委会及时将会议情况向县委报告，县委专门转发《市人大常委会党组关于大力推进县镇人大工作和建设的实施意见》。组织全县 16 个镇的人大主席到广州参加广东省县镇人大负责同志专题学习会，总结交流镇级人大工作经验，切实推动“县镇人大工作十项措施”任务的落实。结合实际，常委会制定《五华县贯彻省、市关于县镇人大工作和建设座谈会工作方案》，选择河东镇、横陂镇作为示范点，进一步加强县镇人大工作和建设的示范带动，从组织建设、制度建设、能力建设、办公场所和办公设备等各个方面加强指导和规范，以点带面，推动县镇人大工作和建设上新水平。各镇人大会议制度得到进一步完善，16 个镇人大均达到一年举行 2 次人大会议和时间不少于 1 天要求。进一步完善县级人大会议制度，人大常委会建立和完善电子表决系统，增强人大工作的公开性和透明度。

加强作风建设。坚持抓好班子、带好队伍、学好本领、搞好团结、树好人大形象，始终把改进机关作风、优化政务环境与落实全面从严治党责任和推进中心工作有机结合起来，严格遵守中央八项规定，不踩红线、不越底线，以最严要求、最高标准、最硬措施来推动工作，坚决做到在关键时刻敢于担当、勇于担当、不掉链子，人大工作整体水平不断提高。

加强服务中心工作。按照县委部署，组织人大常委会领导和机关干部职工认真做好精准扶贫、创建国家卫生县城、创建省文明县城、平安建设、安全生产、整顿软弱涣散村党支部等工作。派出 2 名干部担任精准扶贫工作组成员，1 名干部担任村“第一书记”，强化挂钩干部的责任担当，注重扶贫同扶志、扶智相结合，千方百计筹集资金，为村民办好事、办实事，帮助贫困户提高收入，确保贫困户实现脱真贫、真脱贫。

（刘雪玲）

县人大常委会 2017 年度领导名录

主　任：邓伯锦

副主任：李伟华　曾冬云（女）

李永浩　李清昌

温志清　张少凡

县人大常委会办公室负责人名录

主　　任：何枢球（任至 1 月）

李文高（3 月任）

主任科员：谢兰花（女）（6月任）
副 主 任：谢兰花（女）（任至6月）
林国标

县人大常委会农村工作委员会负责人名录

主　任：魏少洲
副主任：高东贤

县人大常委会财经工作委员会负责人名录

主　任：谢运新（任至3月）
黄叨明（3月任）

县人大常委会教科文卫工作委员会负责人名录

主　任：黄叨明（任至3月）
谢运新（3月任）
副主任：曾小霞（女）

县人大常委会法律工作委员会负责人名录

主　任：江锦城（任至1月）
魏晓斌（1月任）
副主任：邓文兰（女）

县人大常委会选举联络人事任免工作委员会负责人名录

主　任：张建城（任至1月）
何枢球（1月任）

五华县人民政府

重要会议、活动简述

1月4日，副市长、公安局局长陈俊钦一行到横陂镇叶湖村调研精准扶贫工作，县领导吴晖等陪同调研。

1月5日，大型采茶戏《月照城乡》各章节合成首次彩排在五华县采茶戏演艺公司举行。

1月6日，县委经济工作会议召开，县委书记范宜军主持会议并作讲话，县长吴晖总结部署经济工作。

1月12日，落户广州番禺（五华）产业转移园的五华红木家具产业园正式开园营业，并于当天成立五华红木家具协会。县领导范宜军、吴晖等参加开园仪式。

1月14日，番禺五华两地携手实施产业共建的县城扩容提质重点项目——五华奥园广场隆重开业。县领导范宜军、吴晖等参加开业仪式。

1月19日，番禺区委书记何汝诚、区长陈德俊率党政代表团，到我县开展对口帮扶和精准扶贫考察。县领导范宜军、邓伯锦、叶天泉等参加了活动。

2月6日，县委书记范宜军、县长吴晖率队到广州番禺（五华）产业转移园走访企业，了解企业新年开工生产情况。

2月14日，五华县辖区的广东富胜实业股份有限公司在全国中小企业股份转让系统（简称“新三板”）挂牌交易，成为全县首家“新三板”挂牌企业，股票简称“富胜实业”（交易代码为870707）。

2月15日，五华县与深圳市普宁商会签订战略合作协议，在安流工业区建设五华县华南产业园项目。县长吴晖参加签约仪式。

2月20日，副市长曾尚忠率队到五华调研，要求全面压实精准帮扶责任，继续加大城乡人居环境整治力度。县领导范宜军、吴晖等陪同调研。

2月24日，市政协副主席李忠良率领市政协调研组到华城镇就“六个一”工程开展情况进行调研。县长吴晖等陪同调研。

2月25—28日，县长吴晖率队到江苏宿迁工业园和浙江杭州考察招商引资企业。

3月8—10日，五华县第十五届人民代表大会第二次会议在县城党政大楼大会堂召开。县长吴晖向大会作《五华县政府工作报告》。县人大常委会主任邓伯锦向大会作《五华县人大常委会工作报告》。

3月10日，县委政法工作会议在县党政大楼大会堂召开。县委副书记、县长吴晖主持会议并讲话。

4月21日，中共梅州市委党史研究室与五华县委、县政府举行纪念古大存同志120周年诞辰大会。

4月27日，县长吴晖按照“四不两直”的要求，奔赴华城镇企业、建筑工地、烟花爆竹仓库、地质灾害示范点开展“五一”节前安全生产检查。

4月28日，县政府在县公共服务中心召开2017年全县水利与“三防”工作会议，吴晖县长出席会议并作讲话。

5月5日，县长吴晖深入挂钩联系企业广东富胜实业股份有限公司开展走访服务活动。

5月11日，县委书记范宜军，县长吴晖率党政代表团到广州市番禺区召开番禺区·五华县对口帮扶联席会议。番禺区委书记何汝诚、区政协主席戴友华等区领导参加活动。

5月15日，五华县举行自行车产业系列活动和项目签约仪式，粤台（梅州）自行车产业园暨五华共享经济产业园项目，在河东工业区正式启动建设。市长方利旭、副市长张晨，县领导范宜军、吴晖等参加活动。

5月25日，吴泽桐副市长率队到华城镇调研无线局域网建设情况。县领导吴晖等陪同调研。

6月23日，吴晖县长一行在“七一”建党节即将来临之际，到华城镇开展党员走访慰问活动。

7月4日，县委书记范宜军、县长吴晖率队调研交通公路建设重点项目推进情况，进一步贯彻落实省第十二次党代会精神和市委、市政府加大有效投资的部署。

7月13日，五华县与中国航天建设集团举行琴江新城棚户区改造安置区建设签约仪式。县领导吴晖等参加签约仪式。

7月19日，全市首家县级志愿服务总站——五华县志愿服务总站在县城揭牌。

7月27—29日，“绽放的山茶花——全国采茶戏艺术展演暨学术研讨会”在梅州举行。县领导范宜军等参与。

8月24日，全县县直机关干部回乡联村工作现场会在岐岭镇召开。县长吴晖参加并讲话。

9月1日，县委书记范宜军、县长吴晖率队调研河东工业园、客天下文化旅游产业园和垃圾减量厂等重点项目建设。

9月4日，省地税局党组书记、局长吴紫骊到五华县转水镇里塘村调研精准扶贫和新农村建设工作。梅州市委常委、常务副市长李远青，五华县委书记范宜军等县领导陪同。

9月28日，水利部水保司刘辉副司长

率专家组一行 7 人到五华县水保站对水土保持科技示范园进行定期考核评估，一致同意县水土保持科技示范园通过考核评估。省水利厅副厅长边立明、县长吴晖等县领导参加考核评估活动。

10 月 1 日，2017 粤东红木文化博览会在五华红木文化产业园盛大启幕，中国家具协会副理事长刘金良，五华县吴晖等县领导参加。

10 月 18 日，中国共产党第十九次全国代表大会在北京隆重开幕，习近平总书记代表第十八届中央委员会向大会作报告。县委书记范宜军，县长吴晖等县领导在县公共服务中心会议室集中收看收听开幕式盛况。

10 月 24 日，省检察院党组成员、政治部主任叶少明带队到五华走访省人大代表。市检察院党组书记、检察长吴少荣，党组副书记、副检察长李永平，县委书记范宜军，省人大代表、县委副书记、县长吴晖等陪同走访并参加座谈。

11 月 3 日，在五华酒店举行 2017 年广东省食品药品安全示范性应急演练暨梅州市（五华县）食品安全事件(Ⅲ级)应急演练。省食安办副主任、省食品药品监管局副局长吴圣明，市政府副市长张晨，县长吴晖等县领导出席观摩会。

11 月 11—13 日，第五届世界客商大会五华系列活动成功举办，总投资 275 亿元的 32 个“三个一批”项目顺利实现签约、动工、竣工。

12 月 28 日，梅台合作的现代农业新项目——广东汉光超顺现代农旅园（五华黄龙基地）在五华县转水镇黄龙村盛大开园。县领导吴晖等参加开园仪式。

12 月 29 日，广州市副市长黎明率队到河东镇林石村、黎塘村开展对口帮扶暨精准扶贫考察调研工作。县委副书记、县长吴晖等县领导陪同调研。

五华县人民政府 2017 年度领导名录

县　长：吴　晖

副县长：曾光华

黄春雷（4 月任）

刘敬东

温燕玲

赖　勤

甘飞鸿

陈　逸（任至 9 月）

谢国泉（12 月任）

县人民政府办公室工作

【办文、办会、办事】　一是严把公文办理关，切实提高公文质量。全年发出政府文件 487 件，其中华府文 36 件、华府报 53 件、华府函 149 件、华府工纪 168 件、华府常纪 12 件、县长办公会议纪要 6 期、内部情况通报 10 件、华府案 13 件、华府行复决 22 件、华府行决 1 件、华府规备字 13 件、华府令 1 件、华府征 3 件；办公室文件 327 件，其中华府办 38 件、华府办函 269 件、督办通报 3 件、华府办会函 17 件；收发处理传真 1000 多件，处理上级来文 5264 件；处理群众来信来访和上级批转信件 319 件。二是认真做好来人接待、领导调研及会场会务的安排等工作。全年制订上级来人接待、调研活动方案等 213 个，组织 567 场以县政府、县府办名义召开的会议。

【调研、综合、信息工作】　2017 年，县政府调研室积极开展系列专题调研，坚持把精品意识贯穿到每篇文稿的起草中，认真起草《政府工作报告》、经济工作讲话、县政府领导讲话稿和会议纪要等材料；做好资料的收集综合工作，加强与各镇和县直部门的沟通联系，及时了解掌握各镇各部门的工作动态，及时收集整理全县重要的社情、民情，汇总上报给县政府领导，为领导掌握下情提供保障；对社会经济发展变化趋势进行认真分析、综合，每季度形成一篇经济形势分析材料，为领导的决策提供信息服务，努力做好参谋助手。

【公共服务中心工作】 2017 年，公共服务中心更加便民。一是高标准完成 13 个撤并镇片区管理服务中心建设，构建覆盖县、镇（片区）、村三级的公共服务网络；完成“一门式一网式”政务服务模式改革，在县、镇中心设置综合服务窗口，招聘 106 名政府雇员充实到前台工作。二是大力推进简政放权，首批 5 个县直部门和各镇 5 个内设部门刻制业务印章下放到各镇服务中心管理、使用，下放 99 个县级服务事项到镇级办理，80 个事项到村级办理；开展事项标准化编制和改革，完成全县 694 个行政许可和公共服务事项的标准化编制。三是网上办事大厅建设不断完善，完成县网厅数据与市统一申办受理平台的数据同步，全年县直部门提前办结率 97.93%；大力推进网上审批，平台累计办理业务 39817 件。四是大力推进政务服务“马上办”，对办理时间和申请材料进行精简，总办理时限同比缩减 38.1%，压缩申请材料达 30.7%；建立物料流转模式，自 8 月流转运行以来，共收取材料 12151 份，发放证件 2384 份，累计减少办事里程 50 多万公里。五是做好“12345”政府服务热线工作，按时回复率 100%；完成全县的惠民信息公开平台建设，录入惠民信息数据 143.5 万条，发布 143.3 万条，群众访问量超过 3 万余次。

【人防工作】 一是规范人防易地建设费的管理使用。至 2017 年年底，已办理人防报建 212 宗，收取人防易地建设费 1002.16 万元，竣工验收 4 宗，验收人防地下室面积 14466 平方米。二是加强通信警报系统建设。更新 5 台固定防空警报器并在县城成功进行防空警报试鸣。三是加大宣传执法力度。采取多种形式开展人防知识进机关、进社区、进学校、进企业、进网络活动，加大人防结建相关的法律、法规的宣传力度；组织人员对权责事项进行清理，进一步明确行政执法职责，做到依法行政、规范运作。全年抽查在建工地 21 宗，对 6 宗未完成人防工程施工单位发出通知要求限期整改。

【打私执法工作】 一是营造良好的打私工作氛围。坚持办好《打私简报》和五华打私网，设立反走私宣传牌，公开反走私举报电话，联合县人民银行深入各镇开展打私现场宣传活动。二是开展打私工作市场调查。召开 11 次打私工作联席会议，深入 32 家企业和 235 家门店开展市场调研。三是组织开展专项行动。牵头组织开展“国门利剑 2017”联合行动，以及打击成品油走私、洋垃圾走私、毒品走私、野生动物走私、大米走私、应节商品走私等专项行动。全年组织综合突击检查 25 次。

【督查工作】 2017 年，县府办以县政府中心工作、上级交办、领导批示、重点工作、民生实事等方面为重点，全年督促落实县长办公会议、县政府常务会议纪要决议事项11次，领导批示件221件，编发情况通报14期。做好县人大代表建议议案、政协委员提案的交办和跟进工作，办理人大代表建议32件、政协委员提案41件。“十件民生实事”基本完成，47小项惠民政策措施有效实施；牵头协调各单位大力开展市容环境、“双禁双打”、消除人居泥砖危房、商品混凝土等“十大专项整治”，城乡建管秩序不断规范，经考核，已完成整治任务。

【信息中心工作】 一是推进全县54个基层政府网站与县政府网站的整合，完成2017年政府网站集约化目标；二是健全完善政务公开制度，完成2017年政务公开任务，建立政府信息主动公开办法和保密审查制度、重点领域信息公开内容保障制度，加强对各级各部门落实政务公开工作的督查督办工作；三是编制《五华县政务信息资源共享目录（一期）》，大力推进政府数据共建共享和电子政务云建设。

【值班值守和应急管理工作】 2017年，认真做好县委县政府总值班室工作，严格履行日常值守职责依法、及时、妥善处置各类突发事件，共接转省、市领导批示件、办理不稳定信息、公安要情，上级来华报告、领导外出报告、山火信息报告、上报突发事件信息、发布预警信息1952条。进一步完善基层应急管理和应急预案体系建设，认真开展应急演练活动，有序有效开展应急宣教培训，应急管理工作得到全面推进，2017年修订总体应急预案1个、部门应急预案4个；组织开展县级专项预案演练25场，应急宣教活动14场。坚持应急救援队伍建设专业化和社会化相结合，全县共成立专业、半专业、志愿者应急救援队伍10支。2017年再次荣获市对县应急管理年终考核第一名；2017年突发事件信息报送工作受到市政府通报表彰。

【金融工作】 2017年，金融工作更加稳健。一是存贷款均取得显著增长。全县各项存款274.98亿元，同比增长11.9%；贷款余额104.22亿元，同比增长25.56%；存贷比为37.9%，比2016年增长近9个百分比。二是企业上市实现零突破。富胜实业、客都天润实现“新三板”挂牌。三是农房抵押贷款试点工作顺利推进，发放贷款275笔共1.5亿元。四是农信社改制工作扎实推进，完善47宗房地产确权手续、解决1.07亿的涉政不良贷款，自评估报告和重组方案已报省政府备案。五是供给侧结构性改革去杠杆工作持续推进，经排查，全县未发现金融风险，金融生态环境继续优化，小额贷款公司监管得到加强。

【精准扶贫】 2017年，县府办积极开展河东镇澄塘村的精准扶贫工作，成立以县府办主要负责人为组长的扶贫工作小组，落实专人驻村负责扶贫帮扶工作。帮扶干部坚持每月深入农户，落实“一对一”结对帮扶责任，制定帮扶计划和措施，强化人员、资金、物资等保障，顺利完成年度脱贫任务。

【双创工作】 2017年，县府办坚持落实“周末卫生日制度”和“双创”网格化管理工作，以党小组为单位，每周一次轮流到卫生责任区、网格化责任地段和帮扶村民小组开展“双创”活动，清理卫生死角，对照检查标准，认真查漏补缺；同时，做好“双创”宣传、单位控烟等工作，确保“双创”工作取得实效。累计投入5万元帮扶大布村红云村民小组，铺设慎德楼后花台水泥硬底化400平方米，设立“双创”宣传栏，开展栅栏围闭、环境卫生整治等，清运垃圾50多车，发放“双创”宣传手册500多份。

【信访维稳、安全生产等各项工作】 2017年，县府办成立以县府办主要负责人为组长的综治平安建设工作小组，进一步落实领导责任制，把维护社会稳定、开展创建平安五华工作作为一项重要任务来抓，全面推行社会治安综合治理网格化管理。全年未发生财物被盗、刑事案件、上访事件和突发性事件。认真贯彻落实上级关于安全生产工作的相关要求，坚持“安全第一，预防为主”原则，扎实抓好安全生产各项工作。全年未发生安全生产事故。同时，积极发动干部参与献血工作，全年组织2人献血400毫升，100%完成县下达的献血任务。

【党建工作】 一是深入学习贯彻中共十九大精神。在“学懂弄通做实”上下功夫，制定周密学习计划，精心组织好学习活动，撰写心得体会，全面准确领会中共十九大精神；坚持理论联系实际，做到学以致用、用以促学，做到学习宣传贯彻工作与抓重点工作两手抓、两不误、两促进。全年组织中共十九大精神专题学习5次，领导干部撰写心得体会62篇，组织党员参加“学报告，学党章”考学79人次，参考率、满分率均为100%。组织党员干部认真学习新《中国共产党章程》内容，开展党员手抄新党章活动。二是持续加强党组织建设与干部队伍建设。牢固树立政治意识、大局意识、核心意识、看齐意识，坚决维护习近平总书记在党中央和全党的核心地位、维护党中央权威和集中统一领导，坚定不移把党中央决策部署落到实处；形成党建工作党组书记负总责直接抓的工作格局，严格遵守民主集中制原则，严格议事规则和决策程序，充分发挥集体领导的核心作用，确保“三重一大”集体决策制度落实到位；健全“三会一课”等制度，积极开展“两学一做”学习教育，每月召开一次党小组会（学习会）、支委会，每季度召开一次党员大会，每半年上一次党课，组织召开好民主生活会和组织生活会；按规定足额收缴党费，全年缴交党费33770元。运用机关党建网、共产党员微信等载体，定期向全体党员发送“两学一做”学习教育知识，组织党员参与“两学一做”知识竞赛和“党章党规”网络知识测试、手抄党章等活动，筑牢思想防线。三是切实抓好党风廉政建设。以夯实两个责任为关键，落实党风廉政责任制。健全“一把手负总责，班子成员齐抓共管，纪委派驻组监督”的领导和工作机制，通过分解任务夯实党组主体责任和纪委派驻组监督责任。以制度建设为根本，建立惩防体系长效机制。强化对党员领导干部“八小时以外”的监督管理，自觉净化社交圈、生活圈、休闲圈。以活动为载体，筑牢反腐倡廉思想防线。推动廉政文化进机关，开展“讲政治、强党性、严纪律、守规矩”纪律教育月活动，组织党员干部学习《党员领导干部廉洁从政若干准则》等党纪法规，撰写警示教育专题片观后感。县政府办公室的1名党员在第二届“廉洁火炬杯”党规党纪知识竞赛中获得全县第2名。四是严格执行预算管理，做到经费专款专用。大额资金上会集体研究决定，提高财务透明度。政府采购等均按规定程序办理，无虚报、冒领、挪用资金情况。五是持续抓好党建宣传教育工作。积极开展中央和国家重大方针、政策，以及省市县重要会议精神的学习宣传，通过中心组学习活动，每年专题研究意识形态工作 2 次以上。重点党报党刊征订发行任务全面完成，学习资料足额定订、学习台账记录齐全、班子成员学习笔记完整。积极开展社会主义核心价值观宣传教育和主题实践，坚持开展文明礼仪、好人好事、道德楷模等宣传教育和传统节日文体活动，着力提升精神文明建设的实效性。六是深入开展作风建设。牢记"作风建设永远在路上"，进一步提高作风建设的行动自觉，扎实开展改进机关作风、优化政务环境活动，干部作风进一步转变；主动做好三服务工作，杜绝"四难"（门难进、脸难看、话难听、事难办）、"三乱"（乱收费、乱摊派、乱罚款）现象，树立县府办机关党员干部良好形象。

县政府办公室2017年度负责人名录

主　任：陈群添

副主任：宋国强（任至1月）

李　权　张思伟

邓瑜文

张志远（2月任）

党工委专职副书记：温伟雄

党组成员：陈群添

宋国强（任至1月）

李　权　张思伟

邓瑜文

张志远（2月任）

温伟雄

李石翠（4月任）

综合政务服务管理

【简况】 2017年，县综合政务服务管理办公室通过推进"一门式一网式"政务服务模式改革，落实"片区服务、统一标准、事权下放、一门办理、一网审批、快递流转"等一系列改革举措，推进政务服务"马上办"，有效解决山区群众"办事远、办事难"问题，为转变政府职能，优化全县政务环境作出贡献。

【"一门式一网式"政务服务】 一是做好事项标准化梳理和编制。对全县 556 个行政许可事项和 199 个公共服务事项进行全面规范，并通过网上统一申办受理平台应用到实际业务办理当中，实现"一审一核"、"即办即审"、"无差别审批"、"按标准办"的改革目标，总办理时限同比缩减 28%。二是科学设置综合窗口。对县、镇（片区）公共服务中心 进行"一门式"综合服务窗口改革，通过应用网上审批、物料流转和印章下放等措施，建立"前台综合受理、后台分类审批、统一窗口出件"审批模式，打破部门壁垒，办事效率大幅提升。三是全面应用平台进行网上审批。进一步完善和扩展平台服务功能，实现综合窗口、网上办事大厅、一门式自助办事终端等多渠道一口受理，对纳入平台的业务进行全程电子效能监察，建立黄红牌预警机制。平台累计办理业务 37987 件，提前办结数 37263 件，提前办结率 98%。

五华县“一门式一网式”政务服务模式改革

2017 年 9 月，五华县双向互联互通纸质材料快递流转模式

【公共服务体系建设】 一是高标准建设片区管理服务中心。五华县在完成县、镇、村（社区）三级公共服务中心（站）建设的基础上，继续投入 2500 多万元，按“一办一厅”组织架构，分别在 13 个撤并镇片区高标准建设“片区管理服务中心”。二是配强政务服务人员队伍。通过政府购买的方式，向社会公开招聘 106 名人员充实到县公共服务中心和各镇（片区）公共服务中心，作为综合服务窗口的工作人员，加强业务技能培训，实行统一着装、微笑服务。

【深化放管服改革】 一是建立纸质材料快递流转模式。每年投入 50 多万元保障物料流转经费，建立“各镇、片区服务中心—县流转中心—县各职能单位”双向互联互通的物料流转模式。自 8 月流转运行以来，共收取材料 12151 份，发放证件 2384 份，累计减少办事里程 50 多万公里，为群众节省大量办事成本和精力。二是下放印章破解审批权限桎梏。在做好事项下放的同时，在审批制度框架下大胆创新，刻制业务专用印章并进行下放。建立“中心（登记收件）—单位（实质审批）—中心（盖章出件）”业务办理模式，解决基层公共服务中心审批权限不足的桎梏。三是下放大量民生事项到基层办理。按照“能放尽放”原则，梳理并下放与群众生产生活密切相关、业务量大的 99 个服务事项下放到各镇（片区）公共服务中心办理，80 个服务事项到村（社区）公共服务站办理。通过快递流转、印章下放和事项下放等措施，实现在镇、片区公共服务中心一站式办理。据统计，各镇、片区公共服务中心办理县级下放事项的业务量达 9958 件。

2017 年 8 月 17 日，加强镇（片区）公共服务中心运行管理暨印章下放交接工作会议（陈锋 摄）

【县公共服务中心日常管理】 一是深入推进“三集中、三到位”。通过调整后台办公室，将业务量较大的 15 个县直职能单位的行政审批股整体进驻县公共服务中

心办公，确保进驻县公共服务中心的事项能够一窗受理、一网审批、一门办结。二是做好“12345”政府服务热线工作。建立健全各项管理制度，抓好各镇、各单位的工单落实，努力做到件件有着落，事事有回音，保障及时向市“12345”政府热线办公室回复处理结果。全年受理和回复工单 1132 张，按时回复率 100%。三是做好行政服务效能投诉工作。对群众投诉件和“不满意”评价及时核实，督促跟踪相关部门落实群众投诉。行政效能投诉自 6 月运行以来，共处理投诉件 36 单，群众多数投诉得到切实解决，增加群众通过效能投诉解决问题的信心。四是网上办事大厅建设不断完善。积极做好网上办事大厅的维护、管理工作，县网厅数据与和市统一申办受理平台实现数据同步。县直部门办结业务 13733 件，提前办结数 13449 件，提前办结率 97.93%。

【建设惠民信息公开平台】 2017 年，县纪委、财政局和政管办联合建设全县惠民信息公开平台，于 9 月底正式上线运行。该平台汇集全县 13 个县直单位，包括生态公益林补偿、低保五保、种粮直补、农机补贴在内的 37 项惠民政策、惠民资金信息，并充分利用各级公共服务中心的自助终端机、多媒体导航和微信公众号、网站、手机APP等多种方式为群众提供查询服务。各惠民单位在平台录入 2013—2017 年惠民信息数据 1435428 条，发布 1432707 条，全面提高群众对涉农领域腐败问题专项治理工作的参与度。

（廖裕婷）

县综合政务服务管理办公室 2017 年度负责人名录

主　任：张云中

副主任：刘亮东　黎华媚

民族宗教、港澳事务和外事侨务

【简况】 2017 年，县民族宗教、港澳事务和外事侨务部门认真做好海外联谊工作，全年接待华侨、华人、港澳同胞和团体 6 批 180 人次；接受华侨、港澳同胞捐建兴办公益事业人民币 129 万元，港币 1 万元，历年累计 2.89 亿元；组织发动广大宗教界人士筹集资金 14 万多元，开展扶贫济困活动；办理因公出国赴港澳人员 8 批 15 人次；开展和谐寺观教堂创建活动，初步评定和谐寺观教堂 3 间，报上级审定。

【联心联谊】 2017 年，县民族宗教和外事侨务部门先后接待到县访问、观光的华侨同胞和团体 6 批 180 人次。3 月 25 日，泰国蓝田蔡氏宗亲会 6 人，到河东镇开展联亲联谊活动；5 月 14 日，接待美国寻根之友 · 麦礼谦寻根项目组织的美国华人寻根团陈嘉丽一行 13 人，在广东省华侨职业技术学校陈丹虹老师陪同下，到横陂镇坝头村开展寻根问祖、参观交流；9 月 16 日，美国芝加哥客联会黄俊超、黄丹婷等 6 人到五华县寻亲、开展联谊活动；9 月中下旬，组织五华县足球交流访问团出访欧洲德国、法国、西班牙，开展足球文化交流，考察欧洲足球俱乐部的场地运营情况，同时洽谈合办中德足球学校事宜，形成合作意向，并签订《合作意向书》，达到预期出访目的；9 月 23—25 日，五华同乡总会会长曾庆胆率香港“五华足球友谊赛及乡情商情交流之旅”访问团60人，回五华开展足球文化交流及相关商务活动；10月13—15日，县民族宗教和外事侨务局局长张霞英与县相关领导张爱芳等出席举办的世界客属恳亲大会，积极向参加大会的社会各界人士宣传推介五华；11月12—13日，五华同乡总会曾庆胆、周智聪等11人，回乡参加第五届世界客商大会五华分会；11月17—19日，五华同乡总会傅氏宗亲团84人回乡开展联亲联谊活动。

【捐资引资】 2017年，县民族宗教和外事侨务部门发动侨胞热心家乡公益事业，为支持家乡社会各项事业慷慨解囊，无私奉献，全力助推五华加快振兴发展。如旅新西兰华侨、广东省瑞华集团有限公司董事长兼总经理卓定华，捐资129万元给五华县教育基金会进行奖学助学。五华同乡总会为龙村镇登畲中学改造运动场捐款1万元港币。

【为侨服务】 2017年，县民族宗教和外事侨务部门开展贫困归侨节前慰问活动，走访慰问贫困归侨11户，并为他们发放冬衣；落实2017年度贫困归侨扶贫救助补助金，共落实符合条件的归侨困难户20户、发放专项资金8.1万元；重视做好涉宗教、涉侨信访维稳工作。认真开展民族宗教和外事侨务综治平安创建工作，加强矛盾纠纷排查工作调处力度，及时有效化解宗教界、侨界群众信访问题，扎实推进依法治理。全年受理侨界来信5件，来访4批15人次，涉及房屋拆迁、侨房、政策咨询、生活困难等，全部给予回复或办结。

【创建和谐寺观教堂】 2017年，县民族宗教和外事侨务局落实2017年度工作部署及全市民族宗教局长会议精神，继续以“规范、安全”为主题，深入开展和谐寺观教堂创建活动，促进宗教活动场所活动有序、安全规范。经组织初步评定，五华县第四批和谐寺观教堂3间，报上级审定。对五华各达标场所要求其应珍惜荣誉，再接再厉，进一步加强自身建设，继续在和谐寺观教堂创建活动中发挥模范带头作用。2017年五华县和谐寺观教堂创建达标名单有：转水基督教会、樟村基督教会、桐子畲基督教会。

【依法管理宗教】 2017年，县民族宗教和外事侨务局建立抵御境外宗教渗透工作常态化机制。为维护国家安全和宗教领域和谐稳定，根据市宗教局上级文件精神和要求，以境外宗教渗透专项整治工作领导小组为核心，继续抓好抵御境外宗教渗透常态化工作，加大监管力度，对境外宗教组织和人员进行重点监管。积极推进宗教活动场所社会信用代码赋码换证工作。制定实施方案，专人负责做好宗教活动场所赋码换证工作。组织全县各宗教团体、各宗教活动场所，对贯彻落实国家、省《关于宗教组织做好统一社会信用代码赋码和〈宗教活动场所登记证〉换发工作的通知》进行传达学习和业务培训，重点讲解工作流程和数据填报要求，统一填报口径，确保工作顺利推进。通过严格审核把关，确保各项信息的准确性、真实性。以此次宗教活动场所统一社会信用代码赋码工作为契机，补充完善全县宗教活动场所基础信息数据。积极开展佛道教场所管理有关问题全面排查摸底工作。按省、市民族宗教部门的工作部署要求，落实中共十九大特别防护期五华县民族宗教领域维稳安保工作，对全县涉及佛道教场所的大型活动备案、建筑工程、场所安全、主要教职人员及教职人员的管理、场所和周边村民的纠纷等有关问题、存在隐患和薄弱环节在原有工作的基础上进一步开展一次全面摸底调查，有效维护佛道教界和谐稳定，为中共十九大胜利召开营造良好环境。多项举措做好宗教活动场所安全生产工作以开展全县宗教工作大调研为契机，开展宗教活动场所安全检查。对全县 90 多个活动场所进行检查，建立检查工作台账，对发现风险隐患点提出具体整改措施，并跟踪掌握整改落实情况。做好汛期宗教活动场所安全检查工作，强化安全责任意识。宗教活动场所仔细开展防汛抗灾等安全工作隐患排查，尤其要重点密切关注宗教活动场所的汛期安全，切实做好防火、防洪、防雷电等方面的安全工作。对排查中发现的安全隐患，立即采取有效措施进行防护和整治，及时消除隐患。通过加强安全教育和防范，汛期未发生宗教场所安全事故。开展“安全生产月”和“安全生产万里行”活动，强化安全防范意识。成立活动领导小组，并结合实际，制订具体活动方案。通过加强领导、精心筹划、细化分工，责任到人、投入到位、措施到位，确保活动顺利开展。全年组织安全主题教育宣讲进场所 40 多场所次，参与信教群众和群众 4500 多人，有效提高宗教界人士和信教群众安全意识。

【扶贫济困】　2017 年，县民族宗教和外事侨务局在巩固挂点潭下镇中村村 2016 年度精准扶贫精准脱贫工作成效基础上：一是筹措资金 6.3 万元为做好精准扶贫精准脱贫提供保障，投入大量精力，协助该村完成村“两委”换届选举工作；二是做好 2017 年度扶贫资金发放工作，按照贫困户个人意愿，结合村实际情况，为全村有劳动能力的 33 户贫困户发放 31 头牛（30 户）、猪苗 20 条（3 户），为贫困精准脱贫工作提供更有力保障。开展全省“扶贫济困日”活动。组织发动机关干部职工，为慈善会捐款 2500 元；发动宗教界开展扶贫济困日和宗教慈善周活动，宗教团体和个人为扶贫济困捐款 14.23 万元（其中佛教 7.19 万元、道教 6.65 万元、基督教 0.39 万元）；同时，向港澳发出《倡议书》，发动港澳同胞为五华县扶贫济困出力。

（冯少达、邓　浩）

县民族宗教和外事侨务局 2017 年度负责人名录

局　长： 张霞英（任至 10 月）
　　　　郑遂方（11 月任）
副局长： 古寿森　张丽阳　吴英祥

县归国华侨联合会 2017 年度负责人名录

主　席： 古寿森
副主席： 梁国平

政协五华县委员会

【县政协十届二次会议】 2017年3月6日至8日，中国人民政治协商会议五华县第十届委员会第二次会议在县城召开。县委书记范宜军、县长吴晖等县委、县人大、县政府、县纪委和人武部部长、法检两长参加开幕大会和闭幕大会；历届政协主席应邀参加开幕大会。县政协主席叶天泉代表政协五华县第十届委员会常务委员会作工作报告，县政协副主席刘冠鹏代表政协五华县第十届委员会常务委员会作提案工作报告；会议听取并讨论县长吴晖所作的县政府工作报告。会议审议通过政协常委会工作报告和提案工作报告，协商并赞同县政府工作报告及其他报告。会议增选古秀文、古锦新、李然、何伟芳、张国标为政协五华县第十届委员会常务委员会委员，审议通过政协五华县第十届委员会第二次会议决议。

【理论学习】 2017年，县政协把学习贯彻中共十八大、十八届六中全会和中共十九大精神作为首要政治任务，通过政协各种会议、专题辅导、座谈交流等形式认真学习，牢固树立“四个意识”，自觉把维护习近平总书记的核心地位作为最大的政治、最重要的政治纪律和政治规矩，进一步深化对“五位一体”总体布局和“四个全面”战略布局的理解认识，切实把思想和行动统一到中央和省、市、县委决策部署上，做到思想同心、声音同频、目标同向、行动同步。

【队伍建设】 2017年，县政协不断加强专委会建设，配齐7名专门委员会主任，新配备专委会副主任1名；调整委员8名，新吸收委员8名，从而使委员结构更加合理。健全机关工作制度，对政协机关工作人员守则、学习制度、车辆管理制度和考核奖惩办法等进行完善，形成《五华县政协机关制度汇编》，并严格执行，提升机关效能，推动机关工作制度化、规范化建设。

【民主协商】 2017年，县政协坚持围绕中心、服务大局，充分发挥民主协商重要渠道作用，开展广泛、多层、制度化的协商，先后召开全会1次、常委会4次、主席会12次，开展内容丰富、形式多样的协商议政活动，就事关全县经济发展、民生改善、社会建设等重点热点难点问题进行协商议政、建言献策，为县委科学决策、精准施策起到积极推动作用。

【调研视察】 2017年，县政协紧紧围绕县委、县政府重点工作，精心选择视察专题，扎实开展“八大专题”调研视察活动。全年围绕传统特色产业发展、文化旅游产业发展、人居环境综合整治、美丽乡村建设等课题开展专项视察活动12场（次），提出意见建议 96 条，供县委、县政府和相关部门决策参考。大部分意见建议被县委、县政府吸纳，促进全县经济社会发展。

【提案督办】 2017 年，县政协切实加强提案工作，提案数量和质量大幅提升，反映问题准确，分析问题客观，建议合理可行。通过县委、县政府主要领导领衔督办重点提案，常委会领导专题督办提案、定期督查提案办理情况，采取提案交办会、提案办理工作座谈会、现场办案、带案视察、协同办案等形式，改进提案督办方式，推动提案办结，提案办理成效不断提升。全年收到提案 48 件，参与提案的委员 182 人（次），同比增加 31 件、112 人（次），增幅分别为 188%、144 %，提案办复率 100%，满意率 98%。

【民主监督】 2017 年，县政协坚持贴近实际、贴近群众，不断创新和完善监督形式，增强民主监督实效。全年组织 30 多名政协委员参加各类听证会、论证会，见证法院案件审理执行，参与平安建设等工作测评活动，委员们在监督评议中敢于发言，客观反映群众诉求，促进社会公平正义。选派 20 名委员担任民主监督员，在对政府职能部门和公共服务中心、办税大厅等“窗口”单位进行民主评议时敢于发声，促进行政效能提高和行风政风改进。

【联情联谊】 2017 年，县政协积极加强与县外委员的联系、走访和互动，深入珠三角和港澳地区开展“走出去·访委员”活动，向他们通报家乡经济社会建设情况，宣传招商引资优惠政策，引导企业家委员回乡投资兴业。积极参加第五届世界客商大会，动员在外委员和著名乡贤回华参加活动，认真做好嘉宾联络、对口接待、项目剪彩等工作，为客商大会取得圆满成功发挥政协作用。

【文史工作】 发挥文史资料“存史、资政、团结、育人”作用，深入对客家方言俗话的研究，组织人员编辑出版《客家常用方言俗话集》，汇编出版《五华政协》2 期。

（张　军）

县政协 2017 年度领导名录

主　席：叶天泉

副主席：徐建雄　邓秋香

胡高云　胡荣华

刘冠鹏　李炎香

秘书长：颜定文

县政协机关各科室委 2017 年度负责人名录

办公室主任：古坚祥（7 月起）

联络科科长：温怀浩

文史室主任：郑　斌

提案委员会主任：古秀文（3 月起）

经济委员会主任：古胜奎（10 月起）

文化和文史资料委员会主任：张国标（3 月起）

科教卫体委员会主任：张远平

社会法制委员会主任：张维健

港澳台侨委员会主任：甘桂源

农业和农村工作委员会主任：曾志勇

农业和农村工作委员会副主任：李国青

中共五华县纪律检查委员会

【深化体制改革】 2017年，按照上级纪委的部署要求，县委、县纪委稳步推进巡察、派驻机构改革工作。5月，完成县级纪委派驻机构改革、县委巡察机构组建工作，设立11个派驻纪检组，实现对县直机关、事业单位和国有企业的派驻监督全覆盖。推进监察体制改革工作，成立县深化监察体制改革试点工作小组，县委主要领导带头履行“施工队长”职责，县人大、县纪委、县委政法委、县委组织部、县委宣传部、县检察院、县编办等职能部门认真落实责任，协同抓好组织实施，取得阶段性成果。

【宣传教育】 2017年，全县开展以“守纪律、讲规矩、树形象”为主题的纪律教育学习月活动，在县电视台开设《作风环境大家谈》节目20期；组织“廉洁火炬杯”党章党规党纪知识竞赛；举办“清风飞扬”廉洁专题文艺节目演出；开展“弘扬廉政文化、传播清风正气”为主题的廉政小品曲艺作品创作活动；着力在全县上下形成崇廉尚洁、服务发展的良好氛围。组织县五套班子成员、各镇党委书记等党员干部到广东省反腐倡廉教育基地参观学习，加强对领导干部党性党风党纪教育。成立宣讲团到16个镇开展廉洁教育宣讲，培训镇村干部4500多人次，提高村干部廉洁履职能力。编印《正反面典型材料汇编》《五华县“为官不为”典型案例汇编》发放到各镇各单位，深入剖析中共十八大以来查处的典型案件以及基层违纪违法影响恶劣案件，注重以案治本，督促发案单位认真开展警示教育，查找问题症结，及时建章立制、堵塞漏洞。开展“每月一案例”“每周一条规”宣教活动，公开通报典型案例199宗，充分发挥反面典型的警示教育作用，用身边事教育身边人。落实“惩前毖后、治病救人”方针，全年组织对2016年受处分的128人开展回访工作。

【案件查处】 2017年，县纪委机关受理信访件544件（次），业务范围467件（次），占信访总量85.8%；办结467件（次），办结率100%，镇级受理255件（次），比增24%。在全县村级换届选举期间，因村级财务、村干部贪腐问题上访7批22人次，与上一届（2014年）村级换届期间12批105人次相比分别下降41.7%和79%。全县16个镇纪委自办案件64件64人，每个镇平均有3件以上自办案件，其中华阳、河东、棉洋、转水镇自办案件分别达6件以上，实现连续17年镇镇有自办案件，立案数完成比例居全市第一。

【涉农领域专项治理】 2017年，县纪委、监察局抓住镇党委“一把手”这个关键，压紧压实党委主体责任和纪委监督责任，打通正风反腐“最后一公里”，坚决惩治群众身边腐败问题和不正之风。全县排查出涉农领域问题线索 361 条，其中农村“三资”管理使用问题线索 16 条，涉农政府补贴资金管理使用问题线索 241 条，扶贫领域问题线索 104 条，立案 140 件，结案 140 件，党纪政纪处分 140 人。坚持问题为导向，狠抓整改落实，对 2013 年至 2016 年的 12 个主要惠民项目进行清理清查，发现问题及时采取措施抓好整改落实，全县发现不符合补贴政策的有 8896 户 23691 人，新增 1340 户 3754 人，收回违规资金 401.2 万元，挽回损失 1385.4 万元。

【机关作风、效能监察】 2017 年，县纪委、监察局在全县开展以暖企为重点的环境优化工程、以便民为核心的服务提质工程、正面倡导为抓手的正气提升工程、负面警醒为抓手的纠风治乱工程等“四项工程”，着力为五华加快振兴发展营造良好政务环境。加强党员领导干部“八小时以外”监督管理，全面推广郭田镇“畅通联络、正面倡导、负面阻隔、有序保障”四套机制经验做法，引导全县党员领导干部进一步净化社交圈、生活圈和休闲圈。密切关注“四风”问题新动向，通过抓住重点对象、盯住重点领域和管住重要节点，坚持暗访、查处、追责、曝光“四管齐下”，全年开展明察暗访 89 次，责任追究 12 人，其中党纪政纪处分 8 人，诫勉谈话 3 人，谈话提醒 1 人，制作暗访片 4 期，坚决防止不正之风反弹回潮。

【队伍建设】 2017 年，县纪委、监察局深入开展“两学一做”学习教育，通过理论中心组学习、纪委常委会、全县纪检监察系统干部会，多层次、多形式深入学习中共十九大精神、习近平新时代中国特色社会主义思想、上级纪委全会精神，引导纪检监察干部牢固树立“四个意识”，自觉对标找差距，指导监督执纪问责实践，推动全面从严治党各项要求落到实处。落实“三会一课”、谈心谈话等制度，不断增强党的组织生活活力。加大业务培训、选送外学、跟班学习等力度，开办“长乐清风讲坛”，组织县、镇纪委干部职工观看警示教育专题片《打铁还需自身硬》《永不懈怠的斗争》；组织对换届后纪委新提任领导干部和新进干部的业务培训，举办全县纪检监察干部业务培训班 2 期，选送到市、县纪委以干代训 8 人，参加省纪委业务培训班 12 人，全面提升干部队伍履职尽责能力。加强人文关怀，开展增知益智、健康向上的文体活动，不断提升纪检监察队伍的凝聚力、执行力、战斗力。

（刘兴文　廖敏秀）

县纪委 2017 年度领导名录

书　记：梁英浩
副书记：钟湘衡　叶汝强
常　委：温远华（任至 12 月）
陈旭良
魏宇华
李剑忠

县监察局 2017 年度负责人名录

局　长：钟湘衡(任至 12 月)
副局长：李军松（任至 12 月）
周　宏（任至 12 月）
张进友（任至 12 月）

县纪委监察局 2017 年度各室（组）负责人名录

办公室主任：李振杰（任至 4 月）
第一纪检监察室主任：廖水清(任至4月)

第一纪检监察室负责人：

张思远（4月任）

第二纪检监察室主任：温曦（任至11月）

第二纪检监察室主任：孔君（11月任）

第三纪检监察室主任：缪家龙

第四纪检监察室主任：

陈汉庭（任至12月）

第五纪检监察室主任：

邓清华（任至12月）

案件审理室分管领导：李剑忠

信访室主任：孔　君（任至11月）

信访室主任：温　曦（11月任）

党风政风监督室主任：刘惠平

组织宣传室主任：陈冬连（4月任）

县直机关纪工委书记：李振杰（4月任）

派驻县委办公室纪检组组长：

温木新（4月任）

派驻县政府办公室纪检组组长：

李石翠（4月任）

派驻县委政法委纪检组组长：

廖水清（4月任)

派驻县委宣传部纪检组组长：

张阳春（4月任）

派驻县住房和城乡规划建设局纪检组组长：张群标（4月任）

派驻县交通运输局纪检组组长：

刘应靠（4月任）

派驻县教育局纪检组组长：

邹展强（4月任）

派驻县科工商务管理局纪检组组长：

彭彩红(4月任)

派驻县卫生和计划生育局纪检组组长：

彭干军(4月任)

派驻县发展和改革局纪检组：

古专标（4月任）

派驻县农业局纪检组组长：

温颂英（4月任）

县委巡察组组长：

李军松、温曦、邓清华、魏华中（12月任）

县委巡察组副组长：

陈汉庭、廖水清（12月任）

五华县人民武装部

【政治工作】　一是学习宣传贯彻中共十九大精神。中共十九大召开后，县人武部党委高度重视，坚持把学习宣传贯彻中共十九大精神作为头等大事和首要政治任务抓紧抓实，采取党委议学、领导率学、个人自学、集中研学、考核促学等形式，推动县人武部学习宣传贯彻中共十九大精神迅速兴起热潮，不断引向深入。二是扎实开展思想政治教育。扎实开展“维护核心、听从指挥”主题教育活动和推进“两学一做”常态化制度化，做到“三个到位”和“三个带头”。进一步增强政治意识、大局意识、核心意识、看齐意识和党员意识，坚定正确的政治方向。党员带头转作风强服务，做到先学先知，先悟先行，充分发挥党员示范引领作用。三是召开民主生活会。以“围绕‘三个维护’、‘四铁’要求，笃行‘四实’作风，努力锻造奋发有为党委班子”为民主生活会主题，严格按照“三对照三查纠”，从忠诚老实、光明坦荡、公道正派、实事求是、艰苦奋斗、清正廉洁等方面分析原因，查找出学习不够深入、政绩观不够端正、精神状态不够昂扬、工作标准不够高、创新意识不够强5个方面具体问题，班子成员本着闻过则喜、有错即改的态度，认真剖析和相互指出在维护核心、肃清流毒、廉洁自律等方面存在的问题。紧密结合思想和工作实际，研究制定解决问题的具体措施，为破解人武部发展难题理清了思路、找准了方向、坚定了信心。四是认真贯彻落实军委主席负责制。组织干部职工认真学习军委《关于全面深入贯彻军委主席负责制的意见》及有关评论，固牢“三个维护”意识，严守政治纪律和政治规矩。五是开展“百日安全”活动。在军分区统一部署下，人武部制定“百日安全”活动计划，成立活动领导小组，开展系列工作。针对干部职工现实思想反映和矛盾问题，结合党委中心组第三专题理论学习，专门安排一次政治纪律、政治规矩教育。部领导与所属人员进行一次谈心交心，摸清思想底数，进行心理疏导，解好思想“纽扣”，确保稳心定神。对核心涉密、机关公勤、要害部位勤务人员和综合业务楼施工人员逐一进行政治考核。围绕人员思想作风纪律、车辆管理、枪弹管理、营房水电、在外人员、信息保密等8个防范重点，突出季节转换、新兵输送、抢险救灾等时节，组织全面安全形势分析，查找安全隐患，梳理研究应对措施。

【军事工作】 一是扎实开展军事训练。2017年1月5日至12日，条令月活动中，干部职工和常驻应急队员共计50人集中加强单个军人队列动作训练，通过训练，提高全体人员的队列素质，增强正规意识，塑造良好军人形象。5月4日至14日，组织轻舟分队32人进行专业训练，通过训练有效提高轻舟队员冲锋舟的驾驶技能和抗洪抢险能力，真正做到“战时能应战，平时能应急”。5月15日至21日，10名轻舟分队骨干参加分区组织的轻舟分队骨干集训，有力增强骨干组织训练和指挥抗洪抢险能力，确保一声令下，就能迅速出动，圆满完成任务。县轻舟分队在全市集训考核中取得第三名成绩。同时，按照军事训练考核大纲，组织干部对照考核标准，进行针对性训练，每天下午保证一个小时的训练时间。二是开展国防动员重点潜力统计。根据梅州市国防动员委员会通知精神，于10月在全区范围组织开展国防动员重点潜力统计调查，主要包括体制机制、后备力量、医疗动员、经济动员、人民防空、交通战备、政治动员、信息动员、装备动员等9个方面。

【兵员征集】 一是开展国防教育进校园活动。从2月27日起，协同县教育局，开展为期15天的国防教育和征兵宣传进校园活动。组织干部职工和应急队员到全县所有高中进行宣传，开展征兵政策宣讲、国防教育优秀讲座展播、征兵资料派发等活动。二是积极开展全县兵役登记。为促进兵役登记工作落实，3月，组织全县专武干部进行兵役登记培训，各乡镇又组织民兵营长进行兵役登记培训，县兵役登记完成率99%。三是扎实开展征兵工作。五华县征兵工作以“早发动，多途径，大投入”思路大力宣传发动。7月10日，召开全县征兵工作会议。7月15日开始在县电视台每天播放征兵宣传视频12次，在全县所有电影院电影放映之前播放征兵宣传片。协调移动、电信、联通发送征兵宣传短信的同时，还利用学校的校讯通给所有高三学生家长发送征兵政策短信，大力宣扬参军入伍的重要意义和优惠政策。由于征兵宣传力度大，征兵工作取得明显进步，入伍新兵质量得到较大提高。征兵工作报名率、上站率、合格率、择优率、退兵率均比往年取得较大进步。“五率”考评总成绩由上年的81.85分提高到96.94分，五华县征兵办被梅州市评为市征兵工作先进单位。

【拥政爱民】 2017年，县人武部按照“军地共建、开发扶贫、有所作为”思路，积极发挥桥梁纽带作用，加大拥政爱民力度。一是积极开展扶贫帮困活动。成立扶贫工作领导小组，多次到潭下镇贫困村调研，与省里扶贫干部、村党支部一班人共商扶贫对策方案。10月17日，给品畲村44户贫困户每家每户送去米、油等生活用品。二是扎实开展助学帮教活动。每名团以上领导对口帮扶一位贫困学生，结对助学，并建档立卡进行资助。三是积极支持地方政府创建文明城市活动，出资1万元，出动应急队员120人次，对水寨镇大岭村河唇村民小组的道路进行改造。将道路边露天粪池填埋，清理淤积水沟，铺设水泥路面，有效改善城中村卫生环境。

【后勤工作】 一是应急应战指挥中心全面动工。该项目于8月开始动工，地下人防工程3000平方米和总建筑面积4079平方米。其中应急应战指挥中心大楼框架结构六层，建筑面积 3250 平方米；生活设施楼建筑框架结构三层，面积805平方米。二是国防教育训练基地项目启动。该项目已完成选址工作和规划图设计，正在征地之中。三是积极协助县林业局扩编。招录常驻应急分队20人，对新增民兵应急队员住宿进行调整和修缮，为队员提供良好的训练、学习、生活环境。

（罗俊杰）

县武装部2017年度负责人名录

部　　长：王建华（6月任）

政治委员：杨兴会（任至6月）

　　　　　周玉奎

副 部 长：李　峰（12月任）

人　民　团　体

五华县总工会

【维护职工合法权益】 2017年，五华县各级工会积极坚持主动维权、依法维权、科学维权，切实加强维权机制建设，维护职工合法权益。一是厂务公开民主管理工作进一步加强，维护职工知情权、参与权和监督权。

下发《2017年五华县厂务公开民主管理工作要点》至各基层工会。全县国有、集体企业100%建立职代会和厂务公开制度，已建立工会组织的非公有制企业厂务公开率90%。二是继续广泛开展“安康杯”竞赛活动。转发关于开展“全国职工安全卫生消防应急知识普及竞赛”和全国“安康杯”竞赛安全文化宣传活动的通知，发放安全知识教材500本和职工竞赛专用试卷2000份。组织全县25个企业参加全国安康杯竞赛活动，组织全县78个企业干部职工进行线上心理健康调查。全县有65家企业、253个班组、13367人参加“安康杯”竞赛活动，提高广大职工群众安全生产技术知识，增强职工自我防护能力，维护职工安全健康权益。三是认真做好工会信访工作，维护职工合法权益。县总工会指定保障等部门热情接待来信来访，细心解答疑问，切实为职工排忧解难，做到事事有记载，件件有回复，及时有效地参与化解矛盾，维护职工队伍和社会稳定。全年县总工会受理职工来信来访1宗，解决1宗。四是做好工会律师团担任企业工会法律顾问工作。为配合省总工会制定《关于聘请工会律师团律师担任企事业工会法律顾问的工作制度》工作，挑选两间律师事务所3名律师组成律师团担任五华县9间上规模企业法律顾问，有效帮助企业工会规范动作，充分发挥工会律师团作用。五是开展调查研究工作，为上级工会的决策提供科学依据。县工会分别对重点不稳定因素问题排查化解工作进行调研及《女职工劳动保护特别规定》采取调查问卷方式对7家企业30位女职工、5位男职工、5位管理者进行调查问卷，共发放调查问卷280份，通过调查问卷，使《特别规定》进企业、进车间、进班组、进人心。并将调研结果写成书面材料报市总工会，为上级工会工作提供科学决策依据。六是积极参与县政府及有关部门组织的安全生产检查、安全事故调查、安全生产宣传服务咨询活动和整治非法用工打击违法犯罪专项行动，维护职工合法权益。七是依法推动企业普遍开展工资集体协商和劳资调解，维护职工经济利益。下发五华县人民法院五华县总工会《关于建立预防和化解劳资纠纷联系制度的实施方案》的通知至各基层工会。八是为进一步提高县企事业单位民主管理工作水平。按照全总《2014—2018年职工代表培训规划》部署，落实省市总工会年度培训计划，全年组织全县10个非公有制企业工会主席统一到市总工会参加市总举办工资集体协商指导员培训。新签企业集体合同和工资集体合同6家，女职工权益保护专项集体合同1份，续签工资集体合同和集体合同15份，续签行业性集体合同1家；续签区域性集体合同和工资集体合同11份。

【开展送温暖活动】 2017年，全县各级工会切实发挥工会自身优势，以民生为重，加强对困难职工的人文关怀，让职工群众共享发展成果。元旦、春节期间，全县各级工会坚持深入基层，深入职工群众中开展调查研究，认真做好困难企业、困难职工的调查摸底工作，为开展送温暖活动提供依据。县总工会及时把调查掌握的困难企业、困难职工情况向县委、县政府汇报，得到县委、县政府领导的高度重视，由县委、县政府牵头协调有关部门筹集送温暖资金90万元。县委有关领导分别带领县直有关部门负责人，到县城监中队、县食品公司等单位和特困职工家中进行慰问，嘘寒问暖，送上慰问金。由全县各级工会组织开展的送温暖活动，基本上对特困职工进行一次普遍走访慰问。元旦春节期间全县共筹集资金 161.3 万元进行送温暖活动。其中：政府协调资金 90 万元，各局和基层单位自筹 71.36 万元，为 462 家单位、3234 名困难职工、26 名困难劳模送去党政和工会的关怀。同时，积极开展多种形式帮扶工作。全年，县总工会发放帮扶款 39 万元，受助 178 人。其中：生活救助 6.5 万元，89 人；医疗救助 13.8 万元，56 人；助学救助 18.5 万元，118 人。慰问全县各级劳模 32 人 1.96 万元。办理女职工安康互助保险 32 份 826 人，做好职工医疗互助保障计划和职工住院医疗综合互助保障活动的宣传发动工作，并做好参保单位的参保工作，对发生赔付的参保对象给予及时有效地帮助。参加住院医疗综合互助保障的单位 89 个，职工 6464 人。参加住院津贴 17 个单位，共 219 人。参加职工医疗甲的单位 17 个，574 人，合计 8083 人。全年为 106 个单位办理住院医疗综合互助保障赔付，合计 195378.90 元。继续与广东康奇力药业股份有限公司联合开展夏日送清凉慰问活动，发放清凉食品价值 8 万多元，慰问一线职工 2000 多人，同时下发《关于进一步做好高温天气劳动保护工作的通知》至各基层工会，要求各基层工会根据自身实际进一步做好夏季高温天气职工劳动保护工作，有效预防和控制中暑及各类安全事故的发生，保障职工在生产过程中的身体健康和生命安全。同时，认真按照上级“精准扶贫”有关要求积极主动与挂钩村进行联系，根据该村实际有针对性地开展挂钩帮扶工作，筹集资金 20 万元帮助该村发展有关项目。

【开展劳动竞赛】 2017 年，全县各级工会紧紧围绕发展第一要务，团结动员广大职工广泛开展“当好主力军、建功‘十三五’、和谐奔小康”竞赛活动，继续推进职工群众性经济技术创新工程深入发展。全县各行各业的广大职工充分发挥聪明才智和积极性、创造性，积极参加以提高企业经济效益、优化五华投资环境、扩大招商引资等为主要内容的竞赛活动。通过开展劳动竞赛，一大批技术尖子和标兵脱颖而出，在广大职工中掀起了学习新技术、掌握新技能的热潮，有效地发挥工人阶级在经济社会建设中的主力军作用。劳模精神进一步弘扬。五华农村信用社副主任、工会主席李颂锋被省总工会评为广东省“五一劳动奖章”，李颂锋、陈秋华、李均辉劳模创新工作室被市总评为梅州市示范性劳模创新工作室。同时，积极弘扬劳模精神，2017 年“五一”节期间县委、县政府组织全县各级劳模代表到市委礼堂参加梅州市庆“五一”国际劳动节表彰会，组织部分全国、省市劳模参加疗养活动。组织 5 名全国劳模，36 名省劳模到县人民医院体检。“五一”期间，在县电视台积极宣传省五一劳动奖章获得者李颂锋的先进事迹，梅州市总、《梅州日报》采访省五一劳动奖章获得者李云凤，并把他们的先进事迹上送市电视台宣传，使之成为激励广大职工投身改革和经济建设的强大动力和加强社会主义物质文明和精神文明建设的有效手段。

【工会固本强基工程】 2017 年，县总工会按照“组织起来，切实维权”的工作方针和“两个普遍”目标要求，认真开展“广普查、深组建、全覆盖”活动。全年新建基层工会数 8 家（其中非公有制企业 5 家，在建工程企业 3 家）。按《广东省工会“农民工入会集中行动攻坚战”实施方案》部署，结合《梅州市工会“农民工入会集中行动”实施方案》，县总工会研究制订“农民工入会集中行动攻坚战”方案。全面摸底，及时了解当前农民工情况。经摸底了解，全县农民工主要由上了年纪的男性农民和家庭主妇组成，人数约 3.8 万人。主要集中在建筑、快递、专业合作组织、园区等行业；联合住建、人社、农业、工商部门，共同推进农民工入会工作落实，完成市总工会分配任务。大力推进“农民工入会集中行动”工作。在摸清农民工就业情况及基础上，重点选准在建项目，快递、农民专业合作组织等行业，规范建立工会组织，吸引更多农民工入会。全年有 2050 名农民工入会。按照《广东省基层工会民主选举工作实施办法（试行）》要求，全年基层工会民主换届有 41 家，其中非公有制企业有 13 家，机关事业单位 28 家。精心组织“中国梦、劳动美”广东省工人艺术团送文艺进企业活动。11 月 20 日晚，由省总工会、省文化厅、南方报业传媒集团联合举办“中国梦·劳动美”广东工人艺术团送文艺进企业慰问演出走进五华，在五华县技术学校举行。广东省总工会常委、宣教部部长宋善斌，市总工会副主席刘胜东，五华县委常委钟光振，县人大常委会副主任、县总工会主席李清昌等相关领导，以及各级劳模代表、技工学校学生、园区企业职工共约 1300 多人观看了这场精彩纷呈的文艺会演。三是着力抓好“三个一批”建设。按照省、市总“三个一批”建设工作要求，五华首家“三个一批”示范点五华县产业转移工业园工会联合会成立，创新打通服务职工“最后一公里”模式。12 月 13 日，五华县产业转移工业园工会联合会暨第一次会员代表大会在五华县总工会指导下成立，成为五华县首家“三个一批”示范点产业转移工业园工会联合会。五华县产业转移工业园工会联合会是五华县总落实省、市总工会关于推广源头治理劳资纠纷试验区的典型示范，是统筹、规范“三个一批”建设（即在全县建设一批村社、园区工会联合会，建设一批社会化工会工作者队伍，建设一批会、站、家一体化职工之家）的先行点，是推动工会组织向维权型、普惠服务型转型，创新打通服务职工“最后一公里”模式的探索。五华县产业转移工业园工会联合会共覆盖基层工会组织 78 家，其中独立建会 37 家，会员人数 6900 多人。按照“会、站、家”一体化的标准建设，五华县产业转移工业园工会联合会建有职工之家，活动场地总面积 1000 平方米，内设职工服务窗口平台、工联会办公室、职工书屋、法律咨询室、心理咨询室、会议室、技能培训室、健身室，劳资矛盾纠纷调解室和各类功能职工文化娱乐活动室，聘请社会化工会工作者 3 人，努力打造成“职工有事到此诉求，无事来此活动”的职工信赖的工会服务职工群众阵地。各级工会女职工工作不断发展，女职工维权机制不断加强，在实施“女职工建功立业工程”和“女职工素质提升工程”方面取得明显成效。梅州电网五华公司华城所女职工张燕为梅州市建功立业女能手，创建梅州市航威斯电子有限公司李婵创新工作和明珠星钟表公司李雪花女职工创新工作室 2 个，五华县妇幼保健院爱心职工小屋 1 个。工会财务工作不断加强，县总工会依法加大工会经费收缴力度。在县总工会的努力和政府有关部门及企业行政的大力支持下，顺利完成工会经费收解任务。经审工作规范化建设稳步推进，切实加强工会经费和财产管理的审查监督。积极支持广大职工参与各种有益文体活动。为干部职工在开展羽毛球、乒乓球运动和其他健身活动等方面投入资金 6 万多元，既丰富广大干部职工业余生活，又增强干部职工的凝聚力。落实"三个到位"扎实推进创卫工作。

（李慧珠　李少涵）

县总工会 2017 年度负责人名录

常务副主席： 温远华（12 月任）

胡育灵（任至 11 月）

副　主　席： 张锦清（2 月任）

共青团五华县委员会

【基层团组织建设】 一是夯实基层团组织建设。扎实做好镇（街）团组织格局创新工作，落实市县两级 2 万元团工作经费，将乡镇团工作经费纳入县财政预算范畴，召开五华县乡镇团工作会议暨志愿乡村工作动员会，采取"项目+资金"的形式，由乡镇团委向团县委申报志愿活动项目，团县委审核通过后直接下拨活动经费的形式，确保乡镇团工作人员、经费、活动三保障，促进乡镇团工作活力。同时，加强直属团组织，全县现有团组织 1651 个，覆盖团员 28576 人。二是创新联系青年方法。通过开展读书交流、青年论坛、亲青访企、"1+100"联系青年、志愿服务、青年联谊等活动形式强化青年干部学习。积极推广新媒体应用，利用微信公众号等新媒体平台打造掌上共青团，组织开展线上、线下活动，强化团属宣传阵地，进一步拓宽青年诉求渠道，更好的服务联系青年。团县委自主运营的微信公众平台"五华青年"已开设志愿者注册、青年之声等专栏。

【丰富青少年活动】 2017 年，共青团五华县委员会公开招募 150 多组以家庭为组合的 400 多位志愿者共植"青年志愿林"；同时，积极开展学雷锋志愿服务月活动，动员全县青少年开展"邻里守望"、助人为乐等爱心公益活动。联合公安、交警和企业在各中小学开展交通知识进校园、"青少年公益科普——机器人展览"、禁毒知识进校园等活动 30 多场次，进一步丰富青少年业余活动，促进青少年全面健康发展。举办"传统文化进校园"大型宣讲活动，帮助青少年在感知博大精深的中华文化的同时，夯实文化底蕴，形成正确的人生价值观，帮助学生的健康成长成才。组织首届 2017 年希望工程圆梦行动——"学子看家乡"活动，旨在联系和凝聚一批优秀的五华学子，增强在外求学学子的家乡归属感与自豪感，为他们搭建了解家乡、建设家乡的平台，吸引更多学子将来能够回到家乡，建设家乡。

【志愿服务事业】 2017 年，全县志愿者积极开展各项志愿服务活动，服务形式逐渐多样化、品牌化。五华县志愿者联合会被省文明委评为全国敬老文明号，同时获得"广东省最佳志愿服务组织"、"广东省志愿服务铜奖"、梅州市"最佳志愿服务组织"荣誉称号。"党徽暖童心"党员志愿者关爱留守儿童活动被列入全国民政部关爱务工子女活动子项目，同时获评省级、市级梅州市最佳志愿服务项目。"医药下乡"志愿服务活动、"中学生志愿乡村活动"被评为"梅州市最佳志愿服务项目"。全县注册志愿者 3.5 万人，广东省四星、五星志愿者 24 人，占全市 1/4。孔清泉、张南标被评为梅州市“最美志愿者”。

【贫困学生资助】 2017 年，共青团五华县委员会深入开展贫困助学和帮扶特困青年工作。做好“五华县希望工程卓定华助学基金”、“梅州市扶助特困学生上大学”等工作，通过对贫困大学生摸底调查和走访，五华县教育发展基金会卓定华助学金资助县内大学贫困生 158 人，每人 5000 元；“梅州市扶助特困学生上大学”扶助贫困大学生 89 名，每人 6000 元；开展 2017 年“薪火芊芊”公益行动，资助 300 名贫困高中学子每人 1000 元“薪火芊芊”营养费。

【学校团队建设】 一是加强青少年思想引领。充分利用“五四”、清明、“六一”、“七一”等节日，依托学校团队开展社会主义核心价值观宣传学习。同时，通过“团干上团课”形式开展价值观教育。积极树立青少年榜样，引导青少年向舍己救人好学生黄泽华、英勇缉毒民警陈伟恒、自强不息好少年何俊涛等青少年榜样学习。鼓励辖区内少先队创新活动载体，积极开展“红领巾相约中国梦”“红领巾爱心压岁钱”“一元捐”纪念少先队建队日、“少年心向党 唱响中国梦”新队员入队仪式等活动。据统计，共开展活动百余场次，进一步培育少先队员德智体美全面发展。二是加强队伍培训、表彰。借助全市团队工作会议和县少先队工作会议平台，对各级少先队辅导员进行系统化的培训，提高少先队辅导员工作能力。同时，以少先队建队日为契机，通过集体推荐，对优秀少先队辅导员进行表彰，增强少队工作者的归属感、荣誉感及责任感。全县有 3 名少先队辅导员荣获“梅州市模范少先队辅导员”称号。三是加强团队阵地建设。新建希望家园 3 家。全县共有省市县三级希望家园 57 家，遍及全县 16 个乡镇。发挥希望家园的阵地作用，组织辖内少先队组织开展“幸福手拉手”红领巾牵手行动、关爱留守儿童、慰问特困学生和“传承雷锋精神共建长乐家园”学雷锋等活动，组织志愿者不定期通过座谈会、玩游戏、读书会等形式，让留守儿童得到关爱。县第二小学被团省委、省少工委评为“广东省红领巾示范学校”。

【新媒体运用】 2017 年，共青团五华县委员会通过下发文件、召开会议、组织培训等一系列措施扩大共青团工作影响力，安排专人管理团县委网站、五华共青团QQ群、五华县志愿者联合会网站、五华县志愿者活动信息管理系统、“幸福五华——共青在线”官方微博、“五华青年”微信公众平台等新媒体，打造掌上共青团。五华青年、五华志愿者在共青团系统公众号排名中多次名列前茅。让青少年积极参与到五华共青团工作大讨论中来，吸引和凝聚更多青少年的关注和加入，促进共青团工作顺利开展。

（江会英）

团县委 2017 年度负责人名录

书　记：杨　文

副书记：林雪懿　李晓婷

五华县妇女联合会

【推进妇联改革】 2017 年，县妇联认真完成村（社区）妇代会改建妇联工作，县、镇、村层层成立妇代会改建妇联工作领导小组，制定改建工作实施方案和工作流程，于9月底全面完成村（社区）妇代会改建妇联工作，选举产生村（社区）妇联主席446名、副主席478名、执委5059名，村一级妇联工作力量由原来的446人壮大到5059人，彻底解决妇联工作力量"倒金字塔"问题。完成镇妇联区域化建设工作，镇妇联执委队伍由原来的142人增加到409人。推动落实基层妇联干部待遇，16个镇妇联主席均由镇领导班子中的女领导兼任，并配备专职妇联副主席，享受正股职待遇。落实镇妇联年度工作经费3万元，加强基层妇联组织在活动开展、阵地建设、服务妇女儿童等方面的经费保障。对462名镇、村（社区）妇联主席进行培训，进一步提高基层妇联干部的政治素养和服务妇女群众能力。

【引领妇女全面发展】　2017年，县妇联积极组织广大妇女和家庭开展"好歌颂党恩"、"唱红歌"、"最美中国人"笑脸征集、"巾帼心向党"主题党日活动等31场次，在五华妇女微信公众号刊载"喜迎十九大"和学习中共十九大精神系列文章35篇，向基层妇女群众宣传中共十九大精神，有效凝聚全县妇女群众听党话、跟党走。认真做好"巾帼文明岗""三八红旗手（集体）"等申报评选工作，充分调动各条战线妇女的主动性、积极性，激励更多妇女学先进、争先进、赶先进。五华县彩云百香果专业合作社被评为全国"巾帼文明岗"，广东省路桥发展有限公司汕湛分公司华阳收费站被评为省"巾帼文明岗"，谢思云、周丽容获得省"三八红旗手"荣誉。以巾帼文明岗、示范基地为主阵地，辐射带动260多户妇女家庭参与种养业，提供稳定就业岗位28个、临时劳务岗位265个，为促进经济发展贡献"她力量"。提高妇女创业就业能力，多渠道开展种植养殖、家政服务、农村电商培训和政治、文化学习活动160场次，参与妇女群众6000多人，推荐就业360多人，切实增强妇女群众的创业就业本领。联合县人社局开展"春风行动"系列活动，举办专场招聘会8场次，提供各类就业岗位100多种，为1819名妇女提供劳动维权服务和就业指导服务。实施农村妇女创业小额担保贷款贴息项目，全年发放项目贷款105万元，扶持21名妇女创业。坚持与中心工作同频共振，围绕新农村建设、精准扶贫、"创文"、"创卫"等工作，宣传、动员、组织广大妇女群众开展巾帼志愿服务、义务植树、人居环境整治、"文明从微笑开始"等活动579场次，动员广大妇女支持配合中心工作。

【注重家庭家教家风】　2017年，县妇联积极开展"最美家庭""文明家庭""优秀书香之家""好少年""好媳妇""客都最美警嫂"等活动，积极传承夫妻和睦、尊老爱幼、科学教子、勤俭持家、邻里互助的家庭美德，以好的家风撑起好的社会风气。寻找出县级"好媳妇"88名、"好少年"101名、"文明家庭"97个，市级"好媳妇"3名、"好少年"3名、"客都最美警嫂"3名、"文明家庭"5个、"优秀书香之家"1个。开展家庭教育大讲堂进村（社区）活动，加强青少年思想道德建设，提升家长教育水平，举办家庭教育讲座57场次，参与家长5026人。开展寻找"最美家庭"、"画说好家风"、家书家信征集、亲子阅读等活动，进一步深化家庭文明建设。以节日为契机传播文明，在"三八"

妇女节、“六一”儿童节等重要节日或纪念日，开展“我们的节日”活动，举办趣味运动会、维权周、义诊、法律讲座、妇女座谈会、广场舞比赛、千人瑜伽、慰问妇女儿童等活动 168 场次，传承发扬节日文化，抵制陈规陋习，为困难群体送去党和政府的关怀。

【维护妇女儿童合法权益】 2017 年，县妇联利用“三八”妇女节、“6・26”禁毒日、“11・25”反家庭暴力日、“12・4”国家宪法日等重要节点，深入基层宣传《中华人民共和国婚姻法》《中华人民共和国反家庭暴力法》《中华人民共和国民法总则》等法律法规，提高妇女儿童的维权意识，引导广大妇女依法理性表达诉求、维护自身权益。全年举办法律知识讲座、妇女民生座谈会 35 场次，开展法律宣传咨询活动 92 场次，参与妇女儿童 30721 人次。建立健全县、镇、村（社区）三级妇联信访系统，成立五华县婚姻家庭纠纷人民调解委员会，发挥梅州市妇女维权与信息服务站（五华分站）作用，及时收集妇女群众反映的热点难点诉求，耐心细致做好信访维稳工作。累计受理群众来信、来电、来访 235 件次，办结率 100%。举办“共建平安家庭 共享美好生活”等主题宣传活动 77 场次，向全县广大家庭和妇女发出争创“平安家庭”倡议书，普及反家暴、禁毒、防艾等知识，倡导形成家庭和睦美满、社会和谐稳定的良好氛围。安流镇万塘村被评为省“平安家庭”创建活动示范村，县妇联被评为五华县社会治安综合治理暨平安建设先进单位。

【优化妇女儿童发展环境】 2017 年，县妇联配合卫计部门做好农村妇女“两癌”免费检查项目的宣传发动和摸底调查工作，提高妇女“两癌”知晓率和项目参检率，为 2019 年完成“两癌”免费检查项目任务奠定基础。筹资 26.3 万元，通过走访慰问、援建母亲安居房等形式，帮扶 139 名患“两癌”贫困妇女、单亲特困母亲等贫困妇女。各级妇联积极发动巾帼志愿者、社会爱心人士和组织，开展关爱特殊儿童、困难儿童活动 105 场次，慰问儿童 398 人，发放慰问金 19 万元和一批书包、学习用具；130 名家庭经济困难学生获得“叶剑英助学基金”13 万元资助；开展“爱心父母”牵手困境儿童结对活动，筹资 6.8 万元援助 210 名儿童，为儿童健康成长营造良好社会环境。做好新时期精准扶贫精准脱贫工作，开展妇女创业就业技能培训、慰问困难妇女、维护妇女权益、妇女创业小额担保贷款贴息项目等工作，为贫困姐妹送技能、送项目、送法律、送健康、送温暖。充分发挥巾帼农业示范基地的示范带动作用，采取入股分红、提供就业岗位、进行种养技术培训等帮扶措施，成片辐射带动 70 多户贫困户参与种养业。做好扶贫挂钩村河东镇联岭村的各项帮扶工作，组织干部职工走访慰问 107 户贫困户和 16 名困难党员、复退军人、困难妇女和困境儿童等，发放慰问金 3 万多元。召开妇女儿童工作会议，总结六年来实施《五华县妇女儿童发展规划（2011—2020 年）》情况，部署“十三五”时期妇女儿童发展规划实施工作。截至 2017 年年末，141 个妇女儿童发展规划重点监测指标中达标 106 个，达标率 75.18%，妇女参与经济及享有社会保障程度、参与民主管理和决策水平、妇女儿童受教育水平和卫生保健水平逐步提高，妇女儿童生存发展环境日益优化。

【提高自身建设水平】　2017年，县妇联推进“两学一做”学习教育常态化制度化，深入学习贯彻中共十九大精神和习近平新时代中国特色社会主义思想。强化纪律教育抓整改，开展改进机关作风、优化政务环境活动，干部队伍作风进一步好转，县妇联被评为2017年县级机关作风建设先进单位。加强学习培训，建设信念坚定、业务过硬的妇联干部队伍，举办妇女干部提高综合素质专题培训班，组织全县副科职以上女干部、镇妇联主席共70多名学员赴井冈山学习，接受革命传统教育。加强省“妇女之家”示范点建设，对446个村（社区）“妇女之家”干部进行培训，明确工作职责，统一台账格式，打造坚强阵地。精心运营“五华妇女”微信公众号，完善网络评论员、网络宣传队伍。加强对妇儿类社会组织的政治引领、示范带动、联系服务，广泛凝聚社会力量服务妇女儿童。

（温丽华）

县妇联2017年度负责人名录

主　席：张玉珍

副主席：陈兰婷　何嘉璐

五华县工商联合会

【开展思想教育活动】　2017年，县工商联组织引导全县非公有制经济人士和工商联干部认真学习中共十八大历次全会精神，深入贯彻学习习近平总书记系列重要讲话精神，特别是习近平总书记参加全国政协民建、工商联组会的重要讲话精神和对广东工作“四个坚持、三个支撑、两个走在前列”重要批示精神，认真落实省、市、县“两代会”精神，牢牢把握“两个健康”主题，结合“两学一做”学习教育活动，采取多形式组织开展非公有制经济人士理想信念教育实践活动。

【搭建政商制度化平台】　2017年，县工商联注重搭建党委、政府与企业、商会沟通协商的制度化平台，切实服务民营企业转型升级。落实党政领导班子成员、职能部门一把手、统战部门干部与非公有制企业和非公有制经济人士一对一联系机制，主动做好思想引导工作，做好非公有制经济代表人士的服务和引导。加大宣传和表彰力度，树立典型，引导非公有制经济人士依法治企、依法经营、依法维权，加快转型升级，做到守法诚信、勇担社会责任，为实施“十三五”规划、实现全面建成小康社会奋斗目标作出贡献。至年末，非公有制经济人士中，有130人担任县政协委员，占总委员数287人的45%；有56人担任县人大代表（其中担任县人大常委会常委5人），占总代表数341人的17%，非公有制经济人士委员、代表在年初县“两代会”期间，提出提案、议案、建议共8个，为非公经济人士参政议政提供保障。

【积极参与“暖企”行动】　2017年，县工商联积极参与县政府“暖企”系列活动。不定期组织政银企对接会，搭建“政银企合作”互利金桥，积极探索破解民营企业融资难题，助力实体经济。积极开展“引智强企”，助推企业“强身健体”、转型升级的“暖企行动”，借助国家级专业技术机构的人才、技术及检测资源等优势，全面提升企业管理水平和产品质量。全年协助政府招商引资项目31个，签约落户项目19个，拟签约项目12

个，预计投资130亿元，已投资25.7亿元。

【加强行业商会协会基层组织建设】 2017年，县工商联按照省工商联的工作部署，积极参与广州—梅州—清远三市基层组织互相交流学习活动和市委统战部组织的广州—深圳—佛山新的社会阶层人士联合会参观学习活动，积极动员非公有制经济人士、五华籍独资和合资兴办企业的自然人以一定地域、一定行业努力创建商会、协会、联合会，五华县现有工商联会员718家，团体会员协会、联合会16个。致力于搭建联情结谊、信息交流、资源共享平台，更好地引导会员企业发挥产业优势，积极参与社会投资和项目建设；积极投身支教助学、扶贫济困等活动，共商发展，同惠桑梓。发挥行业协会自律规范作用，会同主管部门认真做好规范行业协会依章程开展业务活动，建立相关制度，包括民主选举、会员大会、理事会、监事会、财务管理、印章文件管理等制度，积极引导行业协会制定职业道德准则、诚信自律行为等基本准则，独立管理会务事务，对会员执业状况、纳税状况、财务管理状况以及人民群众的信誉评价等都能规范管理。

【动员社会能人办好光彩事业】 2017年，县工商联积极引导全县非公有制经济人士自觉践行社会主义核心价值体系，自觉履行社会责任，积极参与光彩事业，支持县重点项目建设。据不完全统计，全年全县非公有制经济人士在社会公益事业、扶贫济困等方面投入资金超1亿元。

【做好非公有制企业相关调研和宣传报道工作】 2017年，县工商联开展各项有关非公经济企业的调查研究，及时完成上报《企业成本与负债调查》《民营经济企业调查问卷》《民营企业社会责任调查问卷》《制造业民营企业发展状况调查问卷》《“万企帮万村”精准扶贫普查工作》《民营企业上市公司的调查问卷》等10项相关调研工作，并撰写相应《调研情况汇报》。8月，市工商联在五华举办“民营企业上市公司专题调研活动”，走访已上市的广东富胜有限公司，召开计划上市10多家企业负责人座谈会，邀请嘉应学院经济系主任、博士出席座谈会并作重要讲话，增强后备上市企业信心。同时，为做好非公有制经济人士、非公有制企业“两个健康”宣传报道工作，认真撰写调研情况汇报、通讯、信息18篇，分别报送省、市工商联或刊登在《梅州日报》《梅州商会》《五华统战信息》《五华政报》《五华通讯》等刊物。

【构建新型“亲”“清”政商关系】 2017年，县工商积极构建新型“亲”“清”政商关系。领导干部一是要坦荡真诚同民营企业接触交往，特别是在民营企业遇到困难和问题情况下更要积极作为、靠前服务，对非公有制经济人士多关注、多谈心、多引导，帮助解决实际困难；二是同民营企业家的关系要清白、纯洁，不能以权谋私，不能搞权钱交易。民营企业家而言，所谓“亲”，就是积极主动同各级党委和政府及部门多沟通多交流，讲真话，说实情，建诤言，满腔热情支持地方发展。所谓“清”，就是要洁身自好、走正道，做到遵纪守法办企业、光明正大搞经营。同时，不定期与公安、检察、法院等司法部门沟通协作，努力为民营企业寻求司法保障，保驾护航，为地方经济发展服务。

【开展企业法治文化建设】 2017年，县工商联联合司法部门，以广州（番禺）五华产业园为依托，扎实开展企业法治文化建设系列活动。一是举办法律宣传讲座。专门邀请颜青律师进行法律知识讲座，重点对《劳动合同法》进行详细讲解，就当前企业用工过程中如何处理劳资关系进行生动的案例分析，增强企业主们的法律意识。二是开展法律宣传咨询活动深入宣传宪法和中国特色社会主义法律体系。突出《中华人民共和国宪法》及相关法的宣传，增强企业对中国特色社会主义的信念、对党和政府的信任、对企业发展的信心和对社会的信誉，恪守法律底线，崇尚“爱国、敬业、创新、守法、诚信、贡献”精神，争做合格的中国特色社会主义事业建设者。利用各级工商联、司法行政部门网站、微博、微信等平台和相关新闻媒体，联合开展一系列专题宣传活动，并侧重对热点领域和新出台法律法规的集中宣传解读。三是创建企业法治文化示范点。广东富胜实业股份有限公司把企业法治文化建设列入企业工作议程，建立企业经营管理决策层及管理人员法治培训制度，做到普法教育经常化、制度化，企业员工岗前培训法律学习率达100%。同时，在公司内打造一个法治文化阵地。

【精准扶贫精准脱贫】 2017年，县工商联积极与扶贫局联系，专门制定《五华县关于广泛发动社会力量开展精准扶贫精准脱贫（2016—2018年）行动实施方案》，因地制宜、分类指导，将民营企业和外出乡贤以及热心扶贫人士的扶贫资源精准有效地配置到村到户。一是投资扶贫。民营企业通过投资兴办企业，开发结对村的资源，培育主导产业、主导产品。发展乡村旅游、红色旅游、生态旅游，促进相对贫困村经济发展。农业产业化企业通过“公司+基地+专业合作社+农户”等方式，发展农产品加工业和特色种养殖业，吸纳贫困户入股，带动贫困户通过利益联结机制实现股本增收。支持结对企业牵头、村两委、贫困户代表三方共同参与，成立农民专业合作社，提高贫困群众的生产组织化水平。二是就业扶贫。民营企业可采取多种形式，通过本企业为结对村提供就业岗位。民营企业定期、不定期组织到村现场招聘，对有转移就业意愿的贫困劳动力直接安排进厂进企就业。吸收有意愿的贫困家庭大学生到民营企业见习实习，并给予适当的生活补助，接受就业创业指导，增长知识才干、提前做好就业准备，实现毕业就业无缝对接，实现就业一人、脱贫一户，助力家庭早日脱贫致富。对转移就业贫困劳动力开展后续跟踪、技能提升、社保完善等就业帮扶服务，稳定收入来源，实现精准脱贫。三是商贸扶贫。发挥民营企业市场开拓能力、渠道和信息优势，通过采购、代销、订单农业、农企直通车、农村淘宝、电商等形式，帮助结对村对接外部市场，带动贫困户增收。四是带动创业扶贫。创新民营企业扶贫模式，促进民营企业在结对村指导、扶持农村致富带头人和返乡务工人员创业办企业。突出成功企业家与创业者精准脱贫致富的定向直接效应，企业家为创业人员进行“一对一”“一对多”有针对性的创业辅导、技术技能培训，提供行业、产品、市场等多方面支援，帮助结对村致富带头人实现成功创业。以致富带头人的示范引领，影响和培养更多的“有文化、懂技术、会经营”的新型职业农民。五是捐赠扶贫。结合国家扶贫日、广东扶贫济困日等重要时间节点，动员全县民营企业、外出乡贤、扶贫热心人士发扬中华民族扶危济困的传统美德，弘扬社会主义核心价值观，先富帮后富，踊跃捐款捐物。帮助贫困户、支持贫困村，以援建农村路桥、饮水工程、卫生设施、文化场所等方式，帮助贫困户脱贫和贫困村改变面貌。

县工商联挂钩帮扶周江镇冰坎村，全村精准扶贫户 57 户，投入“631”和自筹资金 63 万元，扶持有劳动力贫困贫困户 36 户购买种苗、开店等项目，协助劳务输出有 29 户 41 人。在产业帮扶方面：扶持贫困户张兰水以专业合作社名义，捆绑 12 户有劳力贫困户，租赁水田种植百香果近 20 亩，结合每批养鸡 600 多只，出栏 1800 只，每批养猪 16 头，出栏 22 头。累计投入资金 13 万元，其中工商联扶持 6 万元。在公益帮扶方面：扶持资金近 8 万元，主要用于广场、水利、卫生站建设和购买 60 岁以上老人保险。2017 年脱贫 17 户。

【强化党风廉政建设】 2017 年，县工商联贯彻落实上级关于党风廉政建设部署，严格履行《党风廉政建设责任制》，优化政务环境，坚持贯彻民主集中制，工作中实行集体领导和分工负责相结合，把开好民主生活会作为交流沟通思想、增进班子成员团结信任、增强班子凝聚力和向心力的有效方式，把工作职责和党风廉政建设紧密结合起来，一起研究分析，一起落实责任，一起督促检查，一起考核评比。落实全面从严治党主体责任，把纪律和规矩挺在前面，加强纪律教育学习，坚决贯彻执行党内两项法规，推动“两个责任”落实。深入落实中央八项规定精神，持之以恒纠正“四风”，深入开展警示教育、党规党纪教育和廉洁文化教育，推进以案治本工作，努力营造风清气正的干事创业氛围。加强干部作风建设，提升基层组织执行能力和服务能力，促进“两个健康发展”。

（黄文象）

县工商联 2017 年度负责人名录

主　　席：周国富
常务副主席：李剑文
专职副主席：曾崇辉
副 主 席：曾　钧　陈桂雄
张志宗　戴伟权
高　淞　李耀民
邹国业　邓华添
黄　海　李景友
邓玉宏　周志荣
张金连　郑文喜
周国雄　胡裕标
黄勇军　李才群
胡进发　李冬梅
宋伟东　周彩添
李　然　张　英
温万源

法治

五華年鑑

2018

金石一角

政法委及综治

【简况】 2017年，县委政法委严格按照中央、省、市政法工作会议精神和县委、县政府总体部署，紧紧围绕中共十九大胜利召开这一核心目标，按照防控风险、服务发展，破解难题、补齐短板的要求，扎实履行政法委职责，深入推进平安五华、法治五华和政法队伍建设，维护社会治安大局和谐稳定。

【维护社会稳定】 2017年，县委维稳办围绕“四个确保不发生”“六个坚决防止”工作目标，切实贯彻落实上级有关维稳工作的会议精神，始终把维稳工作作为一项重要政治任务抓紧抓好抓落实，确保中共十九大顺利召开。一是深入开展维护政治安全八个专项行动，建立完善社会稳定风险评估机制。二是加强社会稳定形势研判，积极稳妥化解各类矛盾纠纷，全年牵头召开社会稳定形势分析研判会42次，牵头化解重大矛盾个案46件，其中涉及千人以上群众的重大矛盾纠纷案件4宗；有效化解调处省、市督办维稳案件8件；调处化解县级交办督办案件12件。三是牵头组织全县深入开展重点人员排查工作，督促协调各镇对筛选出来的重点人员全面落实“一案一策一专班一预案”制度，并组织7个专责工作组，加强对不同利益诉求群体异动苗头的稳控。四是妥善处置梅蓄电站移民征地安置诉求，确保梅蓄电站项目顺利重新动工。五是强化值班值守和督查督办，坚持落实领导带班值班制度。六是成立信访维稳工作专班，强化情报分析研判和线索核查，全年共排查重点稳控人员295人，劝返34批234人次。

【社会治安综合治理暨平安建设】 2017年，县综治办织牢织密全县的治安防控网络，平安五华建设迈出新步伐。一是加大“平安村（居）”创建力度，将省定点帮扶的92个贫困村、县直26个综治成员单位、政法委领导班子成员原籍所在村（5个）全部列入创建目标，全年完成“平安村（居）”创建目标总数226个，覆盖率50.67%。二是以点带面、高要求、高标准全面铺开推进平安村（居）和“中心+网格化+信息化”工作，16个镇综治信访维稳中心升级改造全部完成，县、镇两级联勤指挥中心全部建成并正式运行，全县划分网格2030个并确定网格员2877名。三是建立精神障碍患者救治救助工作联席会议制度、成立专项工作机构、组建工作专班、制定工作方案和实施意见，逐步开展精神障碍患者排查核实、严重精神障碍患者救治管控救治救助、落实监护责任等各项工作，全年排查造册精障患者5435人，其中3级以上患者424人；落实监护责任人4755人，协助监护人589人；下拨上半年监护经费290.3万元。四是深入开展社会矛盾排查化解工作，全年调处案件3436宗、成功调处3418宗，防止群体性械斗3宗、民转刑案件38宗、群体性上访71宗。

2017年9月22日，在长布镇召开全县创建“平安社会工程”现场会，参会人员在现场参观学习“中心+网格化+信息化”建设成果和经验

【法治创建】 2017年，县依法治县室通过健全机构、系统谋划，夯实基础、上下联动，有效推动普法宣传和法治建设各项工作落到实处，基层民主法治建设得到强化，政府依法行政能力不断加强，法治创建工作取得初步成效。一是通过拓展法治文化主题公园和推进法治文化企业示范点建设的方式进一步加强法治文化阵地建设。二是成立“七五”普法讲师团，围绕县域中心工作开展法治教育，把群众关心的、经济社会发展需要的、城市建设管理遇到的、广大群众利益密切相关的重点热点法律问题展现出来、解答到位。三是积极推进青少年、企业经管人员、农民和居民的普法工作，着力提高领导干部和党员干部依法决策、依法办事的意识和能力。四是全面铺开法治城市、法治县、法治镇、民主法治村（社区）“四级同创”活动，通过广泛开展法治创建宣传，印发创建工作简报，报道创建工作成效和先进典型，在全县掀起创建“法治先进县”工作的热潮。五是组成县委法治建设“四级同创”工作督查组对各镇各单位开展法治创建工作情况进行督查，综合梳理和收集134条整改意见，督促各镇各单位根据整改意见健全落实“四级同创”工作机制。

【防邪反邪】 2017年，县委防范和处理邪教问题领导小组办公室继续强化源头管控，打防并举，全力做好防范和处理邪教工作。一是扎实推进无邪教示范镇村创建工作，双华镇矮畲村、河东镇增塘村、转水镇畲柯村被授予全国“创建无邪教示范村”称号，双华镇和水寨镇大沙村、员瑾村被授予全省“创建无邪教示范镇、示范村”称号。二是坚决打击“法轮功”等邪教组织违法犯罪活动，依法查处邪教案件3宗，行政拘留3人，配合省、市侦破大型案件1宗，抓获“全能神”邪教人员7人，查获收缴反宣品及作案工具一批，有效震慑涉邪人员的违法犯罪活动。

【执法督查】 2017年，政法委积极履行执法督查职责，强化工作措施。一是通过到政法各部门召开座谈会，抽查案件卷宗，走访县人大、政协、纪委等，切实加强对政法各单位执法执纪行为的检查监督。二是组织政法干警认真学习《广东省规范司法人员与当事人、律师、特殊关系人、中介组织接触交往行为的实施细则》，不断提升政法干警规范执法水平。三是切实抓好《领导干部干预司法活动、插手具体案件处理的记录、通报和责任追究规定》的贯彻落实，认真开展机关统计工作，定期向上级政法机关报告工作进展情况，不断促进政法各部门严格、公正、文明执法。全年未发生领导干部干预司法活动、插手具体案件处理的记录。四是积极开展集中排查化解涉法涉诉信访矛盾专项行动，办结省交办张某文涉土地判决不服上访案件1宗,化解市交办周某香上访被侵权案、李某泉涉土地征收补偿问题上访案件2宗。

【党建工作】 2017年，系统党工委充分发挥职能作用，督促指导政法各级党组织积极开展党建各项工作，全面贯彻落实从严治党精神，坚持以党建带动队建。一是深入开展“两学一做”学习教育常态化制度化活动，认真制订《“两学一做”学习教育常态化制度化学习方案》，组织党员干部认真学习研读党章、党内法规和习近平同志系列重要讲话精神，采用观看录像、网上网下同步学、参加“两学一做”网上考学等，用形式多样的学习方式激发同志们的学习热情。二是始终坚持把学习宣传贯彻习近平新时代中国特色社会主义思想和中共十九大精神作为首要政治任务和最重要的“纲”，指导政法各级党组织深入开展学习教育活动，在政法系统内掀起学习中共十九大精神的热潮。三是带头落实“双重组织生活制度”，持续强化组织观念，县委副书记、政法委书记傅国强同志坚持以普通党员身份参加支部党员大会和党小组会，带头发言，带头上党课。四是结合改进机关作风活动，新建立《领导干部八小时以外监督管理办法》《关于领导干部报告个人重大事项的规定》《开展谈话提醒构建抓早抓小工作机制方案》等规章制度，对党员领导干部“生活圈”“休闲圈”“社交圈”切实进行监督，通过加强纪律约束，逐步减少直至杜绝党员干部八小时外的负面影响。五是持续深化基层服务型党组织创建活动和精神文明建设，积极开展文明交通志愿服务、创卫小分队志愿服务活动和主动参与妇女儿童权益问题调研活动。

【法学工作】 2017年，法学会紧紧围绕法治先进县目标，继续以“法治六个一”活动为载体，在全县范围内开展法治宣传教育活动，有效推动法律进机关、进乡村、进社区、进学校、进企业、进单位。全面贯彻落实中共十九大精神，传播法治理念，繁荣法治文化，联合政法各单位创作排练“情系政法·共建平安”文艺晚会，深入到全县各镇巡回演出。组织法学会员积极参与省、市法学会征文活动，不断推动法治政府建设，全年有赖勤等会员在执法司法实践中形成的4篇经验理论文章被《梅州法学》刊物采用。积极发展新会员，不断增强法学会工作活力，全年新发展会员19人。

（廖素媚　彭文娟）

2017年12月29日，由县政法委、法院、检察院、公安局、司法局、法学会联合举办的“情系政法　共建平安”专题文艺晚会在县文化广场书卷舞台演出

县委政法委2017年度负责人名录

书　　记：傅国强

副 书 记：赖　勤　龙谨平
　　　　　曾焕章　彭思鹏

委　　员：张晓辉　温汉珍
　　　　　刘锐锋　曾患鑫

廖素媚

专职委员：黄国雄　陈汉强

曾少廉　朱幼雄

邹林茂　陈宏忠　李建中

系统党工委专职副书记：廖素媚

法治政府建设

【行政规范性文件的草拟、审查、修改】 2017年，县政府及其部门提交的合法性审查送审稿数量大幅增多，任务较重。全年草拟、审查、修改县政府及其部门的送审稿500件(其中规范性文件21件，合同、协议33件，其他446件)，对比上年增加202件；同时，县政府法制局认真牵头组织研讨省、市来文征求意见34稿，回复34稿，对比2016年的45稿，减少11稿。组织草拟并报请县政府印发《五华县法治政府建设实施纲要（2016—2020年）》，进一步扎实推进五华县法治政府建设。审查包括《五华县农民财产权抵押贷款试点期间宅基地及房屋确权登记有关问题的处理办法（送审稿）》等21件规范性文件的合法性，并向市政府报备，均得到认可，为五华县促进经济持续健康发展、构建“工业新城、宜居五华”、维护公共安全以及保障和改善民生等工作领域方面发挥积极作用。牵头启动开展政府文件清理工作，为维护法制统一、深入推进依法行政、加快法治政府建设保驾护航。10月，完成“放管服”改革、生态文明建设、环境保护所涉及的规范性文件清理工作，并将清理结果上报市人民政府。全年清理文件542件，报请县政府常务同意废止79件、失效126件。参与5场听证会，包括梅州市人民政府法制局组织的《梅州市城市市容和环境卫生管理条例（草案送审修改稿）》听证会、五华县国土资源局组织的《五华县征地补偿标准调整方案》听证会等。

【行政复议、行政应诉】 2017年，县政府法制局收到行政复议申请15宗，其中不予受理1宗，维持8宗，撤销1宗，终止审理3宗，确认违法2宗，比上年的17宗减少2宗；全县行政诉讼案件32宗，其中维持21宗，确认违法0宗，未结案11宗，对比上年的16宗增加16宗。

随着办案要求不断提高，审理机制不断优化，硬件建设不断得到加强，五华县人民政府行政复议设置“四室”，即行政复议接访室、听证室、审理室、档案室，配备两人负责行政复议应诉工作，行政复议经费列入了当年年度本级政府预算，确保行政复议应诉工作有序进行。

【行政经济法律服务】 2017年，县政府法制局为严格把好执法人员执法资格关，提高行政执法人员执法素质，落实持证上岗执法管理制度，根据《广东省行政执法人员综合法律知识网上考试管理办法》规定， 组织三批行政执法人员进行综合法律知识网上考试，共 21 场次，累计报考人数 770 人，实际参考人数 656 人，合格率 95%。在行政执法证办证申请中，严格审核申请人员执法资格，全年申领 500 张行政执法证，确保执法人员持证执法；为破解行政执法中遇到的问题和难题，加强行政执法工作沟通，建立五华县执法人员工作群，促进行政执法管理工作不断完善。为切实提高案卷质量和行政执法水平，为全县经济、社会发展创造良好法制环境，根据《梅州市人民政府办公室关于开展 2017 年行政执法案卷评查工作的通知》，于 10 月起组织开展行政执法案卷评查工作，采取县直行政执法部门以自查普查的方式对本单位的行政执法案卷进行全面评查，县政府法制局组织人员再以抽查的方式对行政执法部门开展案卷评查。

县政府法律顾问室正常运转。县政府法制局坚持紧扣围绕县委、县政府中心工作要求，认真服务大局，主动参与和积极开展政府法律事务研讨工作，努力朝着专业化、科学化方向做好政府决策的论证审核把关工作，为政府重大行政决策、重要行政行为提供科学准确的法律咨询和论证意见。2017 年 1 月 9 日，成立五华县政府兼职法律顾问审核小组，并经县政府常务会议同意，聘请范伟基等 3 人为县人民政府兼职法律顾问。县法制局负责兼职法律顾问日常联络、组织协调、考核等服务和管理工作，全年参与政府法律事务相关的各类工作协调会 150 多场次，其中由县政府法律顾问处理的法律事务 5 件，包括华一路征地拆迁和道路建设历史遗留问题工作协调会议、琴江新城综合管廊控制服务中心、苍兴路建设工作协调会、国金华府开发遗留问题处置工作会议以及到黄狮村答复梅州抽水蓄能电站移民诉求会议等，有力协调和促进相关涉法热点难点问题的解决。承办（主讲）2 期法律知识讲座，内容为《政府在招商引资项目工作中应注意的若干法律问题》，参与人数 160 多人次。

【行政执法监督检查】　2017 年，县政府法制局按照梅州市依法行政考评工作部署，年初五华县政府顺利完成迎接市依法行政考评组到五华开展的实地考评工作，并在随后由梅州市人民政府办公室公布的梅州市 2016 年度依法行政考评结果当中，五华县获得良好等次。

【协调、指导、调处纠纷案件】　2017 年，县政府法制局参与处理信访突出问题，维护社会稳定。参与 13 场信访协调工作会议，协助信访局处理信访复查案件 8 起，经法制部门参与研究后，复杂疑难的信访案件均能按法律途径有效解决，得到上级政府及相关部门的充分肯定。通过共同努力，有效地缓解这些信访案件矛盾的激化，为维护全县社会稳定发挥应有作用。

【法制队伍建设】　2017 年 3 月，朱旭红提任为五华县司法局副局长；5 月，甘伟红同志任职试用期一年满，考核合格，任五华县人民政府法制局副局长；11 月，帅国琴、钟文嘉两位同志获得五华县人民政府法制局公职律师。

【依法行政考核评价】　2017 年，梅州市依法行政工作检查，五华县被抽查 3 个单位，分别是：五华县交通运输局、五华县食品药品监督管理局、五华县人力资源和社会保障局。在考核各项综合指标中，五华县人民政府依法行政排名为良好等次。

【党的思想教育】 一是加大党建工作力度，根据上级文件精神，召开党支部会议，成立两个党小组，增设两名党支部委员，完善党支部管理。二是认真学习中央十九大报告、习近平总书记重要批示精神、省第十二次党代会及经济工作会议精神；市委、市政府全体（扩大）会议暨加强市直机关作风建设会议及县委、县政府系列会议精神等，提高全体党员干部的精神面貌，促进全体党员坚持与时俱进，开拓创新，全力配合做好“一核两区三组团”工作，为建设“工业新城、宜居五华”做出贡献；三是通过法制局支部大会充分酝酿，决议李文、帅国琴、钟文嘉同志为正股级干部人选，并调入1名工作人员到法制局，充实法制局工作队伍；四是县法制局党支部领导扎实抓好党建工作，充分发挥党支部的战斗堡垒作用，积极开展“两学一做”、“争先创优”活动，落实党支部廉政建设的主体责任，认真执行“三会一课”和“三重一大”制度，积极抓好党员的教育管理及党费的收缴等工作，保障党建工作有序进行。

（李　文）

县政府法制局2017年度负责人名录

局　长：陈兆祥

副局长：甘伟红（5月任）

公　安

【维护社会稳定】 2017年，县公安机关以“护稳定”作为维护社会和谐稳定根本目标，强化对敌斗争，化解纠纷矛盾，在“政治安全”任务上有新业绩。始终把维护社会稳定作为公安工作首要任务，紧紧围绕公安部“三个不发生”和省委“四个不发生”目标，严格落实“三最”要求，坚持运用风险思维、法治思维和底线思维推动维护稳定、矛盾化解、反恐处突、舆情应对等工作，圆满完成中共十九大、全国“两会”、省第十二次党代会、香港回归20周年庆典、厦门金砖会晤、世界客商大会等重大活动及各类敏感节点安保任务，确保全县社会大局稳定。

【严打整治】 2017年，县公安机关始终坚持树立以打促防、打击是最好防控手段的理念，紧盯严重影响群众安全感大要案件和面广量大民生类案件，着力推进“三级办案大合成”机制，深化重组打击手段和强化情报引领，不断提升打击能力和水平，实现在2017年刑事立案数（1281宗）下降10.4%的情况下，破案数（1053宗）同比上升11.3%，刑拘数（636人）、逮捕数（432人）分别同比上升11.97%、21.34%，“飓风2017”行动考核排名全市第一，“一长四必”现场勘查新机制在省市考核均排名第一，被公安部评为“一长四必”优秀县区公安局。一是深入开展“飓风2017”专项行动。重点围绕涉盗抢、涉黑恶、涉电信诈骗、涉金融领域4类突出违法犯罪，组织开展“飓风2017”专项行动。二是打击“黄赌毒”违法犯罪。按照“快侦快办、从重整治、顶格处理、严肃问责”要求，严厉打击公开招嫖、网络赌博、农村聚众赌博等涉黄赌违法犯罪，依法查处涉毒违法犯罪活动，查获“9·15”杨某明等人吸贩毒案和“8·18”李某枚等人聚众赌博案等一批毒赌案件。全年共收到群众举报涉“黄赌毒”线索268条，查处各类涉毒案件382宗，查处吸毒人员364人、强制戒毒127人，刑事拘留37人、提请逮捕34人；查处涉黄赌案件586宗，提请逮捕97人，刑事拘留156人，行政拘留541人，缴获并销毁老虎机、苹果机等赌博工具38台及其他赌博工具一批。

【治安管理】 2017年，县公安机关重点整治群众强烈反映的涉枪涉爆等突出治安问题，深入开展“缉枪治爆”、“三打击一整治”、“梅安1号”涉枪（刀）等打击整治行动，查处涉枪案件41宗，其中立刑事案件18宗，刑事拘留22人，行政拘留13人，提请逮捕9人；收缴各类民用枪支216支，仿真枪81把，排查涉爆单位73间次、整改安全隐患9处，收缴炸药1608公斤、雷管590发、子弹2258发、管制刀具373把。紧紧围绕“社会治安大巡控”工作目标，始终坚持把社会治安立体防控体系建设作为治安防控工作第一要素，主动适应社会治安新常态，在社会面愈加复杂、警力严重不足的情况下，着力推进防控机制建设水平，实现刑事治安警情明显下降目标。全年刑事治安警情同比下降24.4%，“两抢一盗”案件同比下降26.49%，可防性案件发案同比下降13.5%。

【交通安全监管】 2017年，县公安机关扎实推进“交通秩序大整治”工作，深入开展县“十大专项整治”、摩托车专项整治等交通秩序专项整治行动和“三个不发生”创建活动，全面深化道路交通管理基层基础建设，有序推进16个镇交管办和412个村、34个居委会的劝导站建设，及时排查整改交通安全隐患165处；全年查处各类交通违法行为1.5万余起，查扣各类车辆8593辆，处罚1.5万余人次，查处驾驶人违法记12分794人；发生道路交通事故5263起，受伤2145人，死亡26人，实现四项指数稳中有降目标，其中财产损失大幅下降、同比减少52.31%。

【消防安全监管】 2017年，县公安机关牢固树立“实干、进取、突破、超越”理念，大力加强公共消防基础设施建设水平，增设河东专职消防队，建设社区（居委）微型站30个，推动县政府划拨15公顷用地建设消防训练基地；扎实推进夏季消防检查、今冬明春火灾防控专项行动和易燃易爆、电动车、高层建筑、电气火灾专项治理，成功处置“2·13”河口桥居民楼4人被困火灾、“5·7”长深高速重型货车翻车事故救援、“6·14”兴宁南丰商业大厦火灾增援等急难险重任务。全年检查单位1981家，发现整改火灾隐患1105处，临时查封13家，责令“三停”15家，罚款46.62万元，拘留3人，取得消防执法“零投诉”、重特大火灾事故“零发生”显著成效。

【监所安全管理】 2017年，全年看守所共收押1016人，处理出所771人，现关押245人；行拘所共收拘各类违法人员991人；监所部门通过教育宣传活动获取有价值检举线索 52 条，扩破案件各类案件 6 宗，抓获犯罪嫌疑人 4 人，未发生监所安全事故。

【执法管理】 2017 年，县公安机关坚持“以考促学、以学促用”原则，开展全方位、多层次法制培训工作，完善执法办案场所和案管中心建设，不断强化执法办案的监管、执法过程的精细管理和执法主体的素养，提升执法质量和执法公信力。全年开展执法巡查 42 次，考评检查案件 2300 多宗；举办执法办案培训 6 次；审核刑事行政案件 1445 宗，行政拘留 1006 人；强制隔离戒毒 117 人、社区戒毒 66 人；刑事立案 1300 宗；刑事拘留 704 人，取保候审 331 人，监视居住 27 人。

【服务管理】 2017 年，县公安机关实现公安行政管理业务全部进驻县行政服务中心，推进“互联网+政务服务”和网上办事大厅平台建设，推出“一门式一网式”、行政审批改革和“24 小时自助办证大厅”三大特色服务，在南中北中心镇新增 3 台交通违法自助缴费机和 3 台出入境自助办证机优化便民服务。全年交警部门受理承办驾驶证、机动车注册入户和检验等交警车管业务 4.89 万本（辆）次，处理交通违法 10.97 万起，接受群众查询 11 万人次；户籍部门受理承办居民身份证、入户等户政各项业务 25.36 万人（张）次；出入境部门受理审批出入境各项业务 8.26 万人次，清理并遣送“三非外国人”25 名；法制部门对 2225 项行政许可和 1836 项行政处罚事项进行网上公示公开。

【精准扶贫】 2017 年，县公安机关结合县委、县政府关于精准扶贫工作的部署要求，选派两名精干民警进驻精准扶贫挂钩村安流镇福岭村、河沿村开展工作，结合两个村的社会治安实际和现实条件，投入 80 余万元经费完善村基础设施建设及技防、物防、人防建设；同时，组织县局机关部门 155 名正股级以上干部到精准扶贫挂钩村开展“结对扶贫”活动，采取“爱心慰问”、“警民恳谈”等不同形式帮助解决群众实际问题，推动精准扶贫工作不断深入和成果的固化，帮扶成功脱贫 55 户。

【创文创卫】 2017 年，县公安机关按照县“双创”目标和要求，严格落实挂点“创卫”网格地段卫生保洁制度，投入 40 余万元对城区道路交通秩序、脏乱差地段进行专项整治，为县“双创”工作营造平安、有序的社会治安环境，推出“梅州市道德模范”、“梅州市精神文明建设先进工作者”等一批先进典型。

【队伍管理】 2017 年，县公安机关始终坚持把队伍正规化建设作为公安工作的根本保障，实施“精兵强警”战略加强队伍建设，锻造忠诚、干净、担当的过硬警队。深入开展“迎接十九大 · 忠诚保平安”主题教育活动，推进“两学一做”学习教育常态化制度化，认真学习贯彻中共十九大精神以及习近平新时代中国特色社会主义思想。狠抓党风廉政建设和纪律作风建设不放松，紧扣“纪律作风大整顿”主题，主动适应全面从严治警“新常态”，加强党风廉政建设和反腐败工作，压紧压实“两个责任”，深入开展纪律作风教育整顿、纪律教育学习月等系列活动，严格执行“一岗双责”，强化民警“八小时以外”活动监督，严肃查处警队中存在的各种问题，坚决不护短、不手软、不放松，把规矩和纪律挺在前面。全年受理群众检举控告 68 件，办结 68 件；6 名民警因徇私枉法受到刑事措施处理，对 1 名民警行政警告，对 2 名民警行政记过，对 2 名民警党内警告处分，对 5 名民警采取禁闭措施，对 29 名民警警诫一次处理，对 14 名民警诫勉谈话处理，对 10 名民警提醒谈话处理。

【公安宣传】 2017 年，县公安机关保持公安宣传主旋律基调，充分运用传统媒体、“两微一端”和新媒体矩阵，以最佳角度全方位报道公安工作亮点、展示公安民警风采、传递公安正能量，激励民警斗志，营造宣传工作浩大声势。全年报道各类题材新闻信息 554 篇，其中中央级媒体 2 篇、省级媒体 41 篇、市级媒体 136 篇、新媒体 375 篇，各类新媒体累计阅读量 320 多万人次，获点赞近 220 万人次。

（朱　腾）

县公安局 2017 年度负责人名录

局　　长： 赖　勤
政治委员： 曾患鑫
常务副局长： 刘柏青（1 月任）
副 局 长： 汤岸辉　张治标
古新华　张长安
何志锋（挂职，4 月任）
刘威连（挂职，4 月任）
党委委员： 曾国辉
纪委书记： 陈幼文

检 察 工 作

【简况】 2017 年，五华县检察院深入学习贯彻中共十九大精神和习近平总书记系列重要讲话精神，凝心聚力，务实创新，强化法律监督，维护公平正义，推进司法改革，加强队伍建设，各项检察工作取得新成绩。全年工作呈现出如下几个特点：一是围绕“平安五华”建设，依法打击各类刑事犯罪，严肃查办贪污贿赂犯罪，加强反渎职侵权工作，深入推进职务犯罪预防工作，执法办案工作有新成效。二是围绕公平正义，切实加强诉讼监督，切实加强监管场所和民事行政检察监督工作，切实发挥控申窗口职能作用，法律监督工作有新的进展。三是围绕检察司法改革要求，深化司法责任制改革，积极推进公益诉讼，深入推进检务公开。四是围绕抓纪律抓制度，加强班子建设，积极开展检察业务培训，抓好日常制度管理，加强文化育检建设，做好从优待检工作，队伍的整体素质有新提高。

【刑事检察】 2017 年，县检察院全年受理批捕案件 353 件 570 人，经审查，批准逮捕 245 件 376 人；受理移送审查起诉 536 件 755 人，经审查，提起公诉 448 件 603 人。落实宽严相济刑事政策，依法决定不批捕108件132人、不起诉10件12人。

【反贪工作】 2017年，县检察院全年立查贪污贿赂案件9件22人（其中正科级干部1人），通过办案为国家挽回经济损失154万多元。5月，由新华社、中央电视台、检察日报社等近20家中央、省级主流媒体组成“看得见的正义”涉农扶贫检察官在行动媒体集中采访团，专题采访县检察院涉农扶贫检察工作。

【反渎职侵权检察】 2017年，县检察院全年立查渎职侵权案件3件7人。6月，五华检察院立案查处文葵派出所原所长李某炫等6名公安民警渎职犯罪窝案，案件震动大，反响强烈。市检察院检察长吴少荣在该院呈报的报告上批示肯定。

【民事行政检察】 2017年，县检察院扎实开展基层民行检察工作推进年活动，加大诉讼执行监督力度，受理民事执行监督案件6件，现场监督法院执行案件3件，排查虚假诉讼案件线索2条。向法院口头纠错8次，发出检察建议书3份，《纠正违法通知书》1份，对1件1人提出抗诉。加强对量刑环节的监督，开展量刑建议，向法院发出量刑建议410份。积极推进公益诉讼，办理公益诉前程序案件6件，纠正行政机关不当履职案1件，向相关行政机关发出检察建议书7份，追回复绿费42万元、国有矿产资源损失33万元，恢复生态公益林、一般林地59亩，恢复公用绿化用地300平方米。

【刑事执行检察】 2017年，县检察院认真开展犯罪嫌疑人羁押必要性审查，向公安机关提出羁押必要性审查17件，均被采纳。开展监管场所安全防范检查10次，消除安全隐患2件。加强对羁押期限的监督，核查刑事案件诉讼期限684件，预防超期羁押20件20人。强化社区矫正法律监督，促进社区矫正工作依法规范进行。

【控告申诉检察】 2017年，县检察院全年受理群众来信来访335件，检察长接访24次，接待群众14批38人次；加强司法救助工作，办理刑事被害人救助案件6件，发放救助金额6万元。该院被评为“全国检察机关文明接待室”。

【职务犯罪预防工作】 2017年，县检察院积极开展服务和保障村“两委”换届选举专项预防，携手邮政开展“预防职务犯罪邮路”活动。强化涉农预防，扎实开展村级微信公众平台工作， 在全县446个村全面铺开微信公众号，及时对农村党务、村务、财务进行“三公开”，接受村民的监督，将基层权力运行置于阳光下，减少和遏制涉农职务犯罪发生。开展预防调查6次，受理行贿犯罪档案查询4239次，开展预防宣传和警示教育32场次，受教育人数6000多人。

【案件管理工作】 2017年，县检察院全年受理分流各类案件912件1376人，结案移送895件1346人。接收赃证款物1321件，发出口头办案期限预警11次，接待律师阅卷52件、群众查询615（人）次。制作电子卷宗503件1066册。向社会发布案件程序性信息983条，公开法律文书456份。

【信息、调研、宣传工作】　2017年，县检察院全年撰写材料373篇，其中编发信息82期、简报5期、动态48期，被上级党政机关和省、市检察机关采用110多篇。组写宣传稿件196篇，被各级新闻媒体采用160篇，其中国家级19篇，省级21篇，市级35篇。推进“两微一端”建设，提高五华检察的公信力和亲和力。

【派驻检察室工作】　2017年，县检察院切实加强与所在镇综治维稳中心、司法所、派出所、法庭等部门的协作配合，助推基层法治建设和社会治理创新。开展廉洁宣传28场次；加强行政执法和刑事执法监督，监督公安派出所依法办案5次，对人民法庭的审判活动监督2次；受理群众来信来访106件，接受咨询120人次，参与调处化解各类矛盾纠纷21件。

【未成年人检察工作】　2017年，县检察院推进未成年人检察工作，加强对未成年犯罪嫌疑人的教育挽救，推行附条件不起诉、犯罪记录封存等制度，扎实开展“法治进校园”活动，开展法治教育课36场次，受教育人数2.5万多人。

【表彰荣誉】　2017年，五华县检察院被广东省文明委评定保留“广东省文明单位”称号。1月13日，五华县检察院职务犯罪预防科被梅州市检察院记三等功；8月28日，五华县检察院蔡仕强家庭被梅州市精神文明委员会授予“第一届梅州市文明家庭”称号；8月28日，魏京宁、何志容、张智文被最高人民检察院评为全国检察机关万名侦防能手；9月14日，魏京宁被梅州市检察院评为梅州市检察机关优秀预防员、李国锋被梅州市检察院评为梅州市检察机关优秀反贪侦查员；9月21日，钟贤标被梅州市检察院评为梅州市检察机关优秀反渎局长；10月12日，五华县检察院被最高人民检察院评为第九届全国检察机关“文明接待室”；12月11日，五华县检察院侦查监督科、民事行政检察科、控告申诉检察科被梅州市检察院记集体三等功；12月11日，五华县检察院党组成员、办公室主任蔡仕强，反贪污贿赂局副局长、侦查科科温国忠被梅州市检察院记个人三等功。李伟东、黄浪、张智文、曾庆珣、李春梅、陈燕、邹育标、罗小龙、李剑彬、魏京宁12名干警被梅州市检察院记个人嘉奖一次；12月11日，五华县检察院政工科、侦查科分别被梅州市检察院记集体嘉奖一次。

（温　灵）

县检察院2017年度负责人名录

检 察 长： 温汉珍

副检察长： 彭　宙　曾添香

张碧波（兼反贪局长）

党组成员： 蔡仕强　李永强　胡远清

法　院

【刑事审判】　2017年，县人民法院坚持罪刑法定和罪刑相适应原则，严格把握宽严相济刑事政策，该严则严，当宽则宽，罚当其罪。全年受理各类刑事案件514件706人，审结511件701人，结案率99.42%。依法严厉打击盗窃、抢劫、故意伤害等暴力性和侵财性犯罪164件206人，不断提升人民群众的安全获得感。依法惩处发生在人民群众身边的渎职腐败犯罪11件24人，让人民群众切身感受到反腐败的决心和成果。

【民商审判】　2017年，县人民法院坚持“当判则判、能调则调”原则，充分发挥司法能动作用，以“案结事了”为目标，妥善处理化解各种民商事纠纷。全年受理各类民商事案件2033件，同比增加136件，上升7.17%；审结2011件，同比增加150件，上升8.06%；结案率98.92%，同比上升0.84%。注重调解办案，充分运用调解手段化解纠纷，全年民事调解、撤诉结案1177件，调解撤诉结案率57.7%。提高审判效率，实施繁简分流机制，对事实清楚、争议不大的1680件案件依法适用简易程序，简易程序适用率83.09%。

【执行工作】　2017年，县人民法院努力适应新常态，积极破解执行难。坚持民生案件优先执行，开展2场农民工工资执行款集中发放活动，发放186.32万元。启用新执行流程管理系统和执行指挥管理平台，向“老赖”和执行难宣战，执行标的到位率76.67%，同比上升55.45%，执行标的到位金额9106万多元。开展“攻坚2017”专项执行活动，依法运用查封、冻结、扣押等强制手段，对15名被执行人采取司法拘留措施。继续完善失信被执行人黑名单制度，将有能力履行而拒不履行的109名失信被执行人列入黑名单予以曝光，让失信人“一处失信、处处受限”。积极破解执行财产变现难，发挥互联网功能，利用淘宝网拍卖涉案财物，总成交金额460.69万元。全年受理各类执行案件635件，同比增加139件，上升28.02%；执结627件，同比增加140件，上升28.75%，执结率98.74%，同比上升0.55%。

12月26—27日，广东高院党组成员、政治部主任周玲到五华法院开展学习贯彻党的十九大精神调研督学工作（李仁泰 摄）

【立案信访】　2017年，县人民法院积极践行便民利民司法，完善诉讼服务中心建设，制定出台《诉讼服务中心工作制度》，为弱势群体开通立案绿色通道，完善休息室、便民服务室、无障碍通道等便民设施，开通诉讼费微信付款渠道，满足人民群众日益增长的司法需求。全年信访投诉率 0.76%，同比下降 0.1%，为 39 名当事人发放司法救助金 58.6 万多元，为困难当事人缓、减、免诉讼费 8.39 万元。

（甘焕东　杨君俞）

县人民法院 2017 年度负责人名录

院　长：张晓辉

副院长：张国渊　曾伟平　孔建明

司 法 行 政

【普法宣传教育】 2017 年，县司法局扎实开展“七五”普法。坚持把创新作为引领法治宣传教育工作发展的第一动力，完善“三园三基地三走廊”（蒲丽顶森林公园、县城工业园、长乐公园；党员干部法制教育基地、中小学生法制教育基地、企业职工法制教育基地；水华线、水安线和华新路）、“一江二堤”（琴江两堤）、“法治文化一条街”（公园路）等法治文化宣传阵地；拓展新的普法阵地，完成街心公园、长乐公园、蒲丽顶公园等三个新建法治主题公园建设。利用多种平台开展法治宣传活动。发挥短信平台作用，利用普法短信群发平台，每周定时定量给全县副科以上干部发送法律法规知识短信，使党员干部在“手掌”中接受普法教育；发挥微信普法平台作用，开通“梅州五华普法”微信公众号，成立信息办公室负责内容发布和局域网站、办事平台信息维护，确保每天推送两至三条与广大群众息息相关的法律法规消息，开通掌上法律服务平台功能，以村（社区）群众、律师、司法局三方为平台主体，各主体下分别对应咨询、服务、监督指导不同功能，辐射范围涵括全县十六个乡镇，为实现法治宣传教育的全天候普法服务提供了基础；发挥媒体平台作用，继续与《五华政报》、五华电视台等合作开设法治文化宣传专栏，为推进基层依法治理营造良好的法治氛围；发挥送戏下乡活动平台，联系县采茶剧团，围绕森林防火、美丽乡村建设、基层治理、禁毒、反家暴等主题，编排群众喜闻乐见、具有教育意义的节目，利用“每月一台戏”平台，进一步开展送法下乡活动；发挥部门联动平台作用。结合特殊时段和节点，组织协调配合有关部门利用“3·8”妇女维权周、“3·15”消费者权益保护日、“4·26”世界知识产权日、“6·26”国际禁毒日等活动，开展各类重点突出、针对性强的集中法制宣传活动，形成各部门齐抓共管、齐心协力抓普法的良好局面。把国家工作人员特别是领导干部模范尊法学法守法用法作为关键，制定《五华县“谁执法谁普法”责任制方案》《关于落实五华县各级国家机关“谁执法谁普法”普法责任清单》和《五华县国家工作人员学法用法制度》；在县委党校创建党员干部法治文化教育基地，增设年度法治文化教育培训课程，提升党员干部法治思维和依法办事能力。6月，成立五华县“七五”普法讲师团，讲师团成员由法律专业人员和部分律师组成，共111人，建立讲师团微信群和普法讲师团课件库，采取“点餐式”服务，为第七个五年普法教育打好坚实的基础。

【法治创建】 2017年，县司法局全力抓好“四级同创”工作。挑选河东镇和郭田镇进行示范镇打造，挑选华城镇西区社区、转水镇长源村、梅林镇新塘村、龙村镇洞口村、水寨镇坝美村、周江镇冰坎村等6个镇每镇一个村（社区）进行示范村（社区）创建，以点带面推动全县法治建设“四级同创”工作。“法治镇”创建拟申报河东、郭田、梅林、长布、潭下、周江、龙村等7个镇，加上2016年成功创建的5个“法治先进镇”(水寨、转水、华城、岐岭、安流镇）共12个镇，达到“法治镇”数量占总数75%工作要求。完成创建的省级“民主法治示范村(社区)”有7个，拟申报的市级“民主法治村(社区)”有282个，省级“民主法治村(社区)”有276个，包含84个省定贫困村，创建率分别为65%和62%，剩下的村（社区）拟于第二批到2019年年底前全部申报创建完成。按照县委、县政府的部署，组成县委法治建设“四级同创”工作督查组，认真细致地开展督查指导工作和工作“回头看”活动，针对督查过程中发现的问题，及时发出督查通报，有效总结经验并加以宣传推广。同时，在法治创建中，五华县被推荐为第四批“全国法治县创建活动先进单位”，华城镇西区社区被推荐申报第七批“全国民主法治示范社区”。

【人民调解工作】 2017年，县司法局调整充实人民调解、行政调解、司法调解协调联动领导小组，加强“三调”联动机制。构建基层公安派出所与司法所执法衔接机制，印发《关于建立完善公安派出所和司法所“两所联动”工作机制的意见》，进一步明确职责，努力实现1+1>2的工作成效。推进人民调解的业务培训工作，联合市普法宣讲团深入部分镇开展镇、村（社区）及其企事业单位的人民调解员业务培训讲座，加强人民调解业务建设。协助做好信访维稳工作，积极落实县委县政府交办的重大矛盾纠纷案件，如今年国金华府热点遗留问题在联合工作组努力下得到较大程度上梳理和稳控。在全县范围内开展信访积案排查化解专项活动，并成立专项活动小组，每季度开展一次督导检查工作。协助县委政法委做好全县涉法涉诉案件、疑难信访案件排查调处化解工作，制定出台《关于做好全县涉法涉诉案件排查调处化解，全力维护社会稳定工作的通知》《五华县司法局关于开展信访积案排查化解专项活动计划的通知》《五华县司法局关于开展“保稳定、促和谐”矛盾纠纷排查化解专项活动方案的通知》等文件。全年司法所调处3436宗案件，调处成功3418宗案件。防止民转刑案件46宗，防止群体性上访81宗，防止群体性械斗3宗。

【社区矫正工作】 2017年，社区矫正工作被列为省、市、县十件民生实事之一，司法局按照要求，进一步推进社区矫正规范化建设工作，在原有工作基础上对社区矫正中心软件和硬件设施进行完善，统一社区矫正中心标识牌，完善各项规章制度，规范人员档案管理，在监控指挥室安装社矫指挥视频系统（包括社区矫正视频系统、社区矫正监控系统、社区矫正业务管理系统），其中五华县社区矫正视频系统为五级（部、省、市、县、镇）互联互通试点单位。同时，为切实落实“两个八小时”工作，创新教育管理方式，邀请县检察院，联合各镇政府在全县十六个乡镇依次组织开展社区服刑人员集中教育暨公益性劳动活动；建立手机定位网络监控系统，建立心理矫治室，从而进一步加强对社区矫正对象的管理。至年末，五华县在矫人员 717 人，累计接收 2968 人，累计解除 2251 人，社区矫正人员接受监管率 97%，教育矫正率 100%。

【律师、公证、法援工作】 一是深化一村（社区）一法律顾问工作。建立村（社区）法律顾问参与重点社会事务管理机制，印发《关于加强一村（社区）一法律顾问参与重点社会事务工作的实施意见》和《关于落实村（社区）法律顾问参与重点社会事务工作的通知》，进一步落实村（社区）法律顾问参与农村涉法涉诉案件、疑难信访案件、信访积案和分镇域联办法律咨询活动挂钩责任制，全年，村（社区）法律顾问参与涉法涉诉信访案件和重大矛盾纠纷研判 291 次，提供法律意见 744 次，参与重大纠纷调处 109 次。同时，进一步加强对村（社区）法律顾问的管理工作，完善督导检查机制，出台《进一步加强一村（社区）一法律顾问管理规定》及其《补充规定》，实行律师进村工作向县局公律股微信报告制度。完善互联网+村（社区）法律顾问服务和管理制度，建立村（社区）法律顾问四级“微信群”工作网络，包括全体律师和司法所所长、联络员等 100 多人参与的工作群，各司法所与县局公律股联络群，司法所协调群 16 个，村（社区）法律顾问服务群 22 个，使律师进村（居）工作得到进一步深化。全年村（社区）法律顾问开展各类法制讲座 1667 次，受教育 95142 人次，对村（社区）委调委会培训 214 场 2456 人次，为村务自治管理提供法律意见 348 次，解答法律咨询 6358 人次，参与纠纷排查 368 次、研判 744 场，参与调处 361 件，调处成功 343 件。二是加强律师、公证、法律援助等工作。组织法律服务团队主动积极参与县委县政府重大项目建设，拓宽法律服务领域，依法加强招投标、拍卖领域的监督，并协助完善劳动、工商、农资仲裁机制等。加强法律援助工作，设立法律服务咨询专线电话，并逐步完善“12348”司法行政公共服务平台，安装服务大厅叫号服务系统和触摸查询一体化智能系统，进一步方便群众办事。全年公证处办结各类公证 1876 件，接待来访 5010 多人次，发放公证业务宣传单 5000 多份；法律援助中心组织办理法律援助案件 226 件，接受并解答法律咨询 7920 人次。五华县公职律师事务所、五华县华城司法所均被评为第三届全省法律援助工作先进集体。

【队伍建设】 一是完善办公平台建设，修缮法律服务大厅、社区矫正安置帮教管理中心；完善公共法律服务中心、网上办事大厅；引进移动办公OA系统，提高司法行政系统办公、办案设备的高科技含量和工作效率。二是抓好基层司法所建设，按照上级基层司法所规范化建设要求，争取县委、县政府支持，通过到基层所调研了解基本情况，加强统筹，2017 年上半年对基层司法所欠缺及老旧硬件设施进行完善更新。同时，大力推进政府购买服务工作，实现司法助理员按 20∶1 比例聘用，按照辅警待遇共招录 41 人。三是扎实推动机关作风转变，县司法局认真学习贯彻中共十九大报告、习近平总书记对广东工作作出的重要批示精神、省第十二次党代会精神、市县“两会”精神以及中央、省、市司法行政队伍建设工作会议精神，紧紧围绕全县改进机关作风、优化政务环境动员会精神和《五华县改进机关作风工作方案》要求，努力建设一支信念坚定、敢于担当、清正廉洁的司法行政队伍。大力加强制度建设，制定《五华县司法局关于改进机关作风、优化政务环境的工作方案》《关于印发〈五华县司法局加强干部职工“八小时以外”活动监督管理工作方案〉的通知》。新修订考勤和请销假制度、双休日和节假日值班制度、财务管理等一系列制度，安装人脸指模机，实现机关内部管理的制度化、规范化。结合“两学一做”学习教育活动、纪律教育学习月的开展，通过丰富学习内容、学习方式、召开组织生活会，大力加强党风廉政建设宣传教育。结合实际，制定《五华县司法局开展谈话提醒构建抓早抓小工作机制方案》，采取“咬耳扯袖”“红脸出汗”两种方式进行谈话提醒。

（张　欢）

县司法局 2017 年度负责人名录

局　长：刘锐锋

副局长：周洪杰　吕淑萍

朱旭红（3 月任）

谢炳泉（任至 3 月）

党组成员、政工办主任：张祝方

经济

年五
鑒華

2018

矿泥浴

综合管理

计划和价格管理

【计划编制】 2017 年，县发展和改革局根据省、市、县决策部署，结合职责职能抓好年度计划编制，起草《五华县 2016 年国民经济和社会发展计划执行情况与 2017 年计划草案的报告》《关于五华县 2017 年上半年国民经济和社会发展计划执行情况的报告》，为县委、县政府对经济社会发展决策提供参考。

【固定资产投资管理】 2017 年，全县完成固定资产投资 128 亿元，比增 32%，增速全市排名第一。全县重点项目投资任务完成较好，超额完成省、市重点项目投资任务，全市排名第一；全年列入重点项目 124 项，总投资 640.51 亿元，其中正式计划项目 108 项，总投资 565.36 亿元。2017 年度投资计划 122.35 亿元，完成投资 116.75 亿元，占年度投资计划 95.42%。省重点项目 11 项，总投资 298.67 亿元，其中正式计划项目 9 项，总投资 238.67 亿元，年度投资计划 31.21 亿元，完成投资 35.66 亿元，占年度投资计划 114.26%；列入市重点项目 51 项，总投资 517.64 亿元，其中正式计划项目 45 项，总投资 476.58 亿元，年度投资计划 89.56 亿元，完成投资 97.62 亿元，占年度投资计划 108.99%。积极与中铁设计咨询有限公司沟通衔接，争取“双龙”（龙川至梅州至龙岩）高铁在五华县境内经过并在五华县设站。

【争取项目资金】 2017 年，县发展和改革局把争取项目和资金作为工作的重中之重，及时掌握项目投资信息，有重点、有针对性地筛选项目，组织项目上报，争取上级更多项目资金投入到五华县，推动县域经济社会的发展。全年争取到中央预算内投资 6306 万元，其中五华县技工学校 2000 万元、镇级污水处理设施及配套管网 2000 万元。还联合其他部门向中央和省积极争取项目、资金支持各项建设。做大做强主导产业，抓好银企合作、金融合作等项目的跟进落实，鼓励民间资本采用PPP模式参与重点项目建设，扩大民间投资规模，激发投资活力。主动与农发行、国开行做好对接工作，用足用活政策性银行政策支持，争取更多项目获得国家专项建设基金支持和优惠贷款。

【规范和简化办事程序】 2017 年，县发展和改革局贯彻落实放管服政策，实行“容缺受理”和一站式一网式服务模式，规范和简化办事程序，增强服务意识，提高办事效能。全年批复项目 352 个、备案项目 125 个，所有办结项目实现无投诉、无违法违规现象。扎实开展公车改革工作，事业单位副科级以上干部车改补助已发放。

【物价调控与管理】 2017年，县发展和改革局围绕县委、县政府工作重点，充分发挥价格杠杆作用，促进经济结构调整和经济有效增长。认真做好粮、油、肉等31项重要商品市场价格的监测、监管，及时掌握市场价格动态，确保价格基本平稳。深化医药卫生体制改革，切实落实县级公立医院综合改革医疗服务价格，充分发挥公立医院的公益性和主体作用。扎实开展农产品早晚稻、烤烟、生猪和肉鸡等农产品成本收益调查，为上级制定农产品价格政策提供决策依据。

【收费管理】 2017年，县发展和改革局做好清费治乱减负工作，规范行政机关、事业单位的收费行为，加强事中事后监管工作，减轻企业和群众负担。编制《五华县行政事业性收费目录清单》《五华县涉企行政事业性收费目录清单》，要求各执收单位，按照目录清单的收费项目、收费标准，设立收费公示栏及本单位网上公示收费项目和收费标准，接受社会监督。进一步做好县级公立医院综合改革医疗服务价格调整工作。协助市局对全县3间公立医院医疗服务收费成本调查，7月8日起执行梅州市城市公立医院基本医疗服务项目价格。规范民办幼儿园的收费管理，对符合条件的民办幼儿园收费实行备案制管理。

【项目稽查和价格监督检查】 项目稽查以促进政府投资项目建设为中心，加强项目监管。县发展和改革局先后4次配合省、市开展对2015年以来中央预算内投资项目的稽查工作，加强项目监管平台建设，切实有效地推进项目建设；加强监管平台建设，对中央预算内投资项目的有关数据资料全部入库管理，提高对项目建设全程监管；加强公共交易平台的监管，准时准确报送有关公共资源交易数据资料。价格监督检查紧紧围绕全县经济工作中心和人民群众关注的民生问题开展监督检查工作，适时开展涉企收费检查、商品房销售价格行为联合检查、节日市场巡查，维护市场价格秩序和规范收费行为。涉企收费纠正收费项目1个，11家企业的收费得到清退，清退金额2319万元，为减轻企业负担，促进实体经济发展起到积极作用；商品房价格检查，对4家房地产开发企业的商品房销售价格行为发出限时整改通知，有效规范商品房销售价格行为；坚持重大节日市场巡查制度，全年开展巡查50人次，对应节商品、汽车客运、旅游景点和消费投诉的热点问题进行巡查，有效保持市场价格的基本稳定；加强"12358"价格监管平台建设，做好价格服务。全年受理价格举报、投诉、咨询、信访31件，办理"12345"热线等各级转办举报投诉7件，责令纠正价格或收费违规行为3件，清退金额1137元。

【价格认证服务】 2017年，县发展和改革局认真履行价格认定公共服务职责，严格依法认定作业，扎实做好涉案财产价格认定，为公、检、法、司和行政执法部门提供准确的价格依据，全年价格认定评估案件393宗，涉案金额552.5万元。

（古道文）

县发展改革局2017年底负责人名录

局　长： 钟冠寰
副局长： 李　明　廖建平
李裕强
温钦想（任至4月）

赖爱云（任至4月）
汤汉高（任至4月）
计划系统专职副书记：张建勋
纪检派驻组组长：古专标（5月任）

工商行政管理和质量技术监督

【市场主体健康发展】 2017年，县工商和质量技术监督局继续深化商事制度改革，不断激发市场主体活力。从3月1日起实行企业简易注销登记，实现市场主体退出便利化。3月底成功推行“公示版”电子营业执照，5月底推行“私钥版”电子营业执照，

5月24日，颁发五华县首张电子营业执照

进一步企业降低办事成本，提高企业办事效率。9月1日起，与全省同步实施企业“多证合一”，完善由工商窗口统一受理登记、审查共同登记事项，自收到申请人登记申请材料五个工作日内向企业申请人颁发“一照一码”营业执照，实现登记注册再提速。至年底，全县市场主体总数突破4万大关，达41479户，同比增长21.3%，有效促进大众创业万众创新，激发经济发展动力。

【企业监督管理】 2017年，县工商和质量技术监督局树立“共享即监管、公示即监管”监管理念，广渠道、多举措推进市场主体年报工作。全县34509户（次）市场主体报送公示2016年度年度报告，年报公示率98.25%。对2095户（次）市场主体开展企业即时信息抽查、出资信息定向抽查、企业年报抽查、个体工商户和农民专业合作社年报抽查。因未进行年报被列入经营异常名录的企业、农民专业合作社355户，被标记为经营异常状态的个体工商户247户。于4月中旬开展为期一个月的查处无照经营处取缔无照经营专项整治行动，10月1日起全面按照《无证无照经营查处办法》做好新形势下的“查无”工作。全年开展无照经营专项暗访检查4次，立案查处无照经营案件181宗。加大对成品油市场等涉安涉危行业及“三合一”场所、商场、超市、宾馆等人员密集场所的安全隐患排查力度，全年排查并整改各类安全隐患176处。

【违法违章经济案件查处】 2017年，全系统查处各类违法违章案件473宗，罚没入库137.43万元，取得全市工商系统第一的好成绩。其中，查处反不正当竞争案件13宗，罚没入库5.6万元；查处网络违法案件2宗，罚没入库0.9万元；查处商标侵权20宗，罚没入库5.71万元；查处广告违法案件23宗，罚没入库8.74万元。

【特种设备安全监察】 2017年，县工商和质量技术监督局积极开展特种设备安全宣传教育，联合企业举行液化石油气充装站事故应急救援演练1次，增强社会、企业安全责任意识和安全防范能力，全年发放特种设备安全宣传资料2000余份，接受咨询100

余人次。巡查特种设备使用单位 206 家，检查特种设备 569 台（套）。协助检验设备 483 台（套），全县在用特种设备定期检验率达 98%以上，巡查发现各类事故隐患 25 处，整改 25 处，拆除“简易升降机”1 台，整改率 100%。

【质量监督管理】 2017 年，县工商和质量技术监督局协助做好长乐烧酒地理标志产品保护专用标志申报。协助“大田柿花”、“七畲径茶”成功获得国家地理标志产品保护，至此，五华县地理标志保护产品增至 3 个。加大生产源头质量监管力度，深入开展电线电缆、服装等七类重点商品专项整治行动 9 次，抽检钢筋、水泥、电线电缆等 61 批次的产品，立案 13 宗，移送公安机关 1 宗，结案 12 宗，罚没 11 万多元。在第二届市对县质量强县工作考核中，县质量工作获得B级考核等级，取得全市排名第三的好成绩。

2017 年 7 月 27 日，市商务局副局长刘杰带领梅州市政府质量工作考核组一行，到五华进行质量工作实地考核

【标准化建设】 2017 年，县工商和质量技术监督局协助 12 家企业新办商品条码、18 家企业续展商品条码、12 家企业制作商品条码胶片。对广东康奇力公司企业、鑫华铁塔、客属酒业 3 家取得“标准化良好行为企业”证书的企业做好跟踪服务工作。协助 3 家企业申请梅州市实施技术标准战略专项资金资助项目。确定广东长乐烧酒业股份有限公司为地方标准制订项目申报单位，已提交申报材料。协助五华登云嶂云雾茶叶有限公司申报省级农业标准化示范区，并获得省农业标准化专项资金 25 万元。

【计量监督管理】 2017 年，县工商和质量技术监督局完成元生堂酒业和客联酒业二级计量保证体系确认复审及大昌气库、上海眼镜等 17 家企业的三级计量保证体系确认申报验收。协助元生堂酒业通过“C标志”的现场验收。开展计量器具专项监督检查 3 次，持续加强日常监督检查。全年检测各类计量器具 5559 台（件），减免检定费用 84 万元。共查处违反《中华人民共和国计量法》案件 6 宗，罚没 1.91 万元。

【维护消费者权益】 2017 年，县工商和质量技术监督局在“3·15”期间深入开展“网络诚信 消费无忧”年主题活动，并于 3 月 15 日在县政府广场举办消费者投诉、咨询和服务活动现场会，接受消费者咨询近 200 人

2017 年 3 月 15 日，在县府广场举行“网络诚信 消费无忧”年主题宣传咨询活动

次，向消费者派发宣传资料 1500 多份。发动企业悬挂标语横幅 26 条、标语 135 张，遍及县城和各乡镇主要街道，并专门制作 2 期专题节目在电视台播放。公开销毁假冒货值 20 多万元伪劣商品。全年五华县消委会、12315 投诉举报中心办公室接受消费者投诉案件 40 宗，解决 40 宗，解决率 100%，为消费者挽回经济损失 12.97 万元。不断拓宽消费维权网络，全县设立消费维权服务站 48 个，组织开展消费维权服务站业务指导培训 2 次。

（卢乃彪　廖萍娇）

县工商和质监局 2017 年度负责人名录

局　长：傅培强

副局长：魏洪群　刘万群
古盛森　江辉林
李志中

国土资源管理

【简况】　2017 年，五华县国土资源局认真贯彻落实中央和省、市的决策部署，紧紧围绕县委、县政府构建“一核两区三组团”发展战略、建设“工业新城、宜居五华”目标要求，把保护资源、保障发展作为工作的重中之重来抓，做到主动作为、热情服务、积极履职、敢于担当、廉洁自律，圆满地完成年度各项工作任务。

【用地报批】　2017 年，全县整理上报农地转用及征地报批 10 个批次，面积 234.35 公顷；启动大丰华高速公路丰顺至五华段（面积 190.11 公顷）和兴汕高速公路五华至陆河段（面积 209.22 公顷）单独选址项目用地报批工作，报批材料已报国土资源部待批；梅州抽水蓄能电站取得用地批准文件[批复文号：粤国土资（建）函〔2017〕2 号]，批准面积 484.34 公顷。同时，根据广东省部分集约用地水平较高的产业转移工业园、产业集聚项目及新认定产业转移工业园的考评结果，经省人民政府同意，五华县获得省人民政府 2017 年度 6.67 公顷新增建设用地计划指标的奖励。

【土地收储】　2017 年，全县收储土地 37 宗，面积 86.59 公顷。

【土地出让】　2017 年，全县公开招拍挂出让土地 38 宗，面积 76.9 万平方米，成交价款 14.35 亿元；土地交易 2797 宗（其中转让 2603 宗），面积 4.91 万平方米，出让（含补办出让）194 宗，面积 10.50 万平方米，收取出让金 1958.93 万元。

【规划调整】　2017 年，县国土资源局针对全县重点项目众多、规模布局紧缺的特点，按照“三大抓手”和重点项目布局需要，全力做好中期调规工作。一是划定永久基本农田。2016 年 12 月 20 日，全县全域永久基本农田划定方案上报市国土资源局和市农业局,并于 12 月 28 日出具论证审核意见。2017 年 2 月 27 日，完成全县全域永久基本农田县级初验工作；3 月 6 日，五华县全域永久基本农田划定工作经市国土资源局和市农业局验收通过；3 月 28 日，五华县全域永久基本农田成果先后上报市、省、国土资源部逐级审核；至 2017 年年底通过国土资源部审核和批准。二是完成中期规划调整。2017 年 5 月 9 日，全县土地利用总体规划（2010—

2020年）调整完善方案上报市国土资源局；5月15日，市国土资源局综合全市8个县（市、区）的规划调整完善成果并转报省国土资源厅；6月，五华县作为全市最早提交资料的县上报省国土资源厅，于9月获省政府批准并备案使用。

【“三旧”改造】 2017年，梅州市下达五华县“三旧”改造开工任务7.33公顷，完工任务5.33公顷。至12月，7.33公顷开工任务加快推进；已全面完工5.36公顷，分别为长安公司原体育活动中心旧厂房改造项目1.82公顷，五华县梅岭陶瓷原料有限公司旧厂房改造项目0.68公顷，丰华玩具厂旧厂房改造项目2.19公顷，梅州市结力日用化工有限公司旧厂房改造项目0.67公顷。

【闲置土地处置】 根据广东省国土资厅关于做好疑似闲置土地核实举证专项督查要求，五华县列入疑似闲置土地11宗，面积25.33公顷。经初步调查确认，至2017年年底，已经开工建设8宗，面积15.32公顷，经省厅确认不属闲置土地；另外3宗土地已经认定为闲置土地，并已下发《闲置土地认定书》，面积10.011公顷，其中1宗已无偿收回，面积6.84公顷，其余2宗面积3.171公顷，已按要求履行相关程序处置完毕。

【地籍管理】 2017年，全县投入880万元，全面开展农村地籍调查外业工作，并被省厅定为试点县，试点工作取得明显实效，于2017年6月全面完成外业调查任务。同时，省厅在五华召开工作现场会，五华县的经验得到认可推广。

【不动产统一登记】 2017年，全县不动产统一登记工作顺利推进，存量数据迁移、整合工作顺利开展，按要求如期规范使用省厅监管软件，增量数据上传进一步规范，数据安全、登记人员素质、办事流程、历史遗留问题处理等进一步得到完善。至2017年年底，受理并颁发不动产权利证书和证明共15035本（其中产权证书7533本、登记证明7502本），查询咨询12353人次。

【垦造水田】 一是抓好高标准基本农田建设。2017年实施2016年度1632公顷、预算资金3672万元的高标准基本农田建设项目，在华城镇16个行政村实施建设，项目于2017年11月14日进行开标后动工建设，至年末已全面完工。二是抓紧耕地提质改造和开发水田。2017年，省、市下达五华县的垦造水田任务共108.6公顷，其中兑现承诺提质改造（现有旱地提质改造为水田）任务71.53公顷、开垦水田（现有未利用地开垦为水田）任务37.07公顷，通过结合前期调查和实际情况，采取分期实施垦造水田工作。至年末，各相关工作有序推进。

【矿产资源监管】 2017年，县国土资源局扎实组织开展黏土类砖厂和非煤矿山专项整治工作。至年末，全县关闭黏土类砖厂19家，关闭非煤矿山企业6家、停产整改9家，全面完成县下达的专项整治任务。全县已关闭取缔的黏土类砖厂和非煤矿山企业均未出现非法偷采、非法生产经营现象。

【地质灾害防治】 2017年，县国土资源局扎实组织开展地质灾害防治和削坡建房边坡整治工作。至年末，各镇上报完成削坡建房边坡整治 6069 户（其中高风险削坡建房边坡整治 176 户），县工作组已核实完成削坡建房边坡整治 4855 户，分别占全年整治任务 4756 户的 127.6%和 102.1%，超额完成年度整治任务。同时，全县 7 个示范村建设正在整治完善中；全县 7 间中小学校边坡风险整治正有序推进（其中 3 间学校已完成整治）。

【执法监察】 一是开展土地矿产卫片执法检查。完成国家下发五华县 2016 年度遥感监测图斑 519 个，监测面积共 674.09 公顷，其中耕地面积 170.48 公顷，基本农田面积 78.44 公顷；2017 年第二季度土地遥感监测图斑 41 个，面积 36.93 公顷（其中耕地面积 14.97 公顷），基本农田面积 8.92 公顷和 2017 年第三季度土地遥感监测图斑 192 个，监测面积 175.79 公顷（其中耕地面积 48.68 公顷，基本农田 12.15 公顷）的土地卫片执法检查工作，并已着手做好 2017 年度土地变更调查与遥感监测的各项工作。二是加大力度整治违法用地。2017 年，全县立案查处国土资源违法违规行为 94 宗，罚款约 72 万元。拆除违法占地建筑 87 宗、面积 0.94 公顷；清理违法占耕填土 5 宗、面积 0.086 公顷，复耕面积 0.015 公顷。向县公安机关移送非法采矿案件 1 宗，涉及金额 33 万元。

【历史留用地问题清理】 县国土资源局自 2016 年以来先后起草并分别提交县政府印发华府办函〔2016〕131 号、华府办〔2016〕13 号、华府办函〔2017〕21 号等文件，解决自 2008 年至 2016 年 6 月征地涉及应解决留用地问题。至 2017 年年底，一是落实解决 2008 年至 2013 年的历史留用地问题，通过折算货币、留地返租等方式已提交镇村协议书和请求拨款报告的有 51.04 公顷；二是落实解决 2014 年 1 月至 2016 年 6 月的留用地任务，通过折算货币、留地返租等方式已提交镇村协议书和请求拨款报告的有 12.72 公顷；三是统一采取折算货币方式按照每亩 64313 元的标准，全面完成兴华高速征地报批应解决落实留用地面积 87.34 公顷的任务。

【其他常规工作】 一是做好涉土涉矿土调信访工作。2017 年，立案受理土地纠纷案件 5 宗，调处办结 5 宗，无任何历史积案；受理各种国土资源信访事项 426 件（其中来信 133 件、来电 133 件、网访 160 件），与 2016 年相比下降 42%；所受理的国土资源信访问题都得到及时有效处理，信访积案办结率和信访事项受理率、按期办结率均 100%。二是做好精准扶贫工作。2017 年，该局筹措资金 30 多万元并发动干部职工捐款 5 万多元，用于挂扶村的扶贫济困和产业帮扶等工作。狮潭村和龙堵村分别实现脱贫 8 户 34 人和 21 户 81 人，均完成年度脱贫任务。同时，该局协助挂扶村做好“三清三拆三整治”、人居环境综合整治、美丽乡村建设等相关工作。三是做好“创文创卫”工作。分别成立专项工作领导小组，制定《关于落实五华县国土资源局“创文”（任务分解表）测评内容的实施方案》和《五华县国土资源局创建国家卫生县城工作实施方案》《五华县国土资源局创建国家卫生县城工作计划》《关于进一步明确干部职工包干网格化责任地段门店管理工作的通知》等文件，全面落实“创文创卫”工作的各项工作措施及人员经费，圆满完成工作任务。四是做好安全生产工作。该局坚持“安全第一，预防为主”方针，认真贯彻落实国家、省、市、县安全生产工作会议精神和要求部署，严格按照《关于印发五华县国土资源系统安全生产责任体系实施意见的通知》《五华县国土资源系统安全生产工作“一岗双责”制度的通知》等要求，调整和规范了有关行业主管部门的安全监管工作职责，建立完善“党政同责、一岗双责、齐抓共管”和“行业主管部门直接监管、安全监管部门综合监管、地方政府属地监管”的安全生产责任体系，实行安全生产过程和结果的双重考核，将安全生产作为城乡规划布局、设计的前提，并作为高危项目审批的前置条件，实行重大安全风险和对安全生产责任制考评不合格或发生安全生产事故“一票否决”制度，切实加强安全生产日常监管，全力确保安全生产形势稳定。五是做好综治平安和“四级同创”建设工作。该局以“创建平安国土”和“四级同创”统揽全局工作，将其列为“一把手工程”，及时调整工作机构，进一步明确各所各股室职责，层层压实责任，切实采取措施，全力推进社会治安综合治理、平安国土和“四级同创”活动的深入开展，较好地实现“和谐、平安、稳定”目标。

【党建工作】 一是采取多种形式，坚持深入学习贯彻中共十八大、十八届系列全会和中共十九大精神以及习近平总书记系列重要讲话精神，特别是习近平总书记对广东工作“四个坚持、三个支撑、两个走在前列”的重要指示和中共十九大精神，提高干部职工增强学习的自觉性，切实在“学懂弄通做实”上下功夫，使中共十九大精神和习近平新时代中国特色社会主义思想这一强大精神武器入脑入心。二是深入学习贯彻落实省、市、县委全会和党代会精神，并积极引导全体干部职工自觉把学习成果转化为指导工作、促进发展的动力。三是开展以“守纪律、讲规矩、树形象”为主题的纪律教育学习月和“两学一做”等专题教育活动，加强对党员干部的宗旨意识、党性意识、党风党纪和廉洁从政教育，规范党员干部“八小时以外”管理。四是通过专题教育、中心组学习、观看正反典型警示教育片等多种形式开展廉政文化进机关活动，组织党员干部谈心谈话、阅读廉政警示书籍、到廉政警示教育基地接受警示教育等，进一步强化干部队伍建设、制度建设、作风建设以及党风廉政建设和反腐败工作，增强干部职工的政治意识、大局意识、责任意识和担当意识。

（严　鹏　汤国夫）

县国土资源局 2017 年度负责人名单

党组书记、局长：曾清华

党组成员、副局长：张新辉（6 月任）
李定华
李锡泉（6 月任）
张惠明
邓庆扬（任至 6 月）
温浪文（任至 6 月）

党组成员：张育鑫

县征地和土地储备中心主任、党组成员：张建国

执法监察大队大队长、党组成员：宋恩育

审　计

【简况】 2017 年，县审计局开展审计项目 38 个，查出违规问题金额 931 万元，管理不规范问题金额 10.4 亿元，促进增收节支 865

万元，提出审计建议 96 条。在促进经济持续健康发展、保障和改善民生、规范权力运行等方面发挥积极作用。

【财政审计】 2017 年，县审计局对县财政局组织实施的 2016 年度县本级预算执行和其他财政收支情况，县教育局、县住房和城乡规划建设局、县交通运输局、县农业局、县水务局等 5 个单位的 2016 年度部门预算执行情况进行审计。审计查出违规问题金额 616.50 万元，管理不规范问题资金 9.32 亿元，促进增收节支 616.50 万元，提出审计建议 14 条。

【经济责任审计】 2017 年，县审计局对横陂镇、县档案局、县教师进修学校、团县委等 20 个党政机关、事业及人民团体单位的主要领导干部共 20 人进行任期（其中：任中 6 个，离任 14 个）经济责任审计。查出违规问题金额 242 万元，管理不规范问题金额 2161 万元，促进增收节支 93 万元，提出审计建议 51 条。

【公共资金审计】 2017 年，县审计局对县住房和城乡规划建设局负责实施的莲洞堤升级改造工程项目进行竣工决算审计。查出违规问题金额 64.74 万元，审计挽回损失 64.74 万元，提出审计建议 2 条。

【民生资金审计】 2017 年，县审计局对潭下、岐岭、横陂等 3 个镇 2015 年度高标准基本农田建设项目资金进行审计；对龙村、华城、河东、水寨、安流等 5 个镇中心小学 2014 年 1 月至 2016 年 6 月教育经费、五华县实验学校 2013 年 10 月至 2016 年 9 月教育经费进行审计。对五华县社会保险基金 2014 年 1 月至 2015 年 12 月收支管理情况进行审计。查出违规问题金额 1.02 万元，管理不规范问题金额 7781.43 万元，归还原渠道金额 1.02 万元，促进管理规范金额 5436.74 万元，提出审计建议 24 条。

【协助上级审计机关及县直相关部门开展工作】 2017 年，县审计局先后派出 18 人次配合参与审计署、省审计厅、市审计局和县直有关单位各项任务 9 个。

（张番卡）

县审计局 2017 年度负责人名录

局　长： 田爱平
副局长： 陈朝霞　曾海强
刘政民（4 月任）
魏松才（任至 4 月）
总审计师： 江琼新

统　计

【统计执法检查、统计法制建设】 2017 年，县统计部门根据省、市统计局《关于开展统计执法检查的通知》精神，结合实际，在全县开展一年一度统计执法大检查。深入开展国务院新修订、颁布的《中华人民共和国统计法》和广东省细化的《广东省统计法实施条例》的宣传、贯彻，加大新《中华人民共和国统计法》及《条例》宣传，并就全县机关、事业、企业单位分类，在自查基础上按一定比例各自抽取 8 个单位进行统计执法检查；根据全县“六五”普法工作要求，制定《2017 年度统计普法计划》，积极开展《广东省统计法律事务告知办法》工作，对全县

“四上”企业使用《统计法律事务告知书》。全年结合统计业务培训及各种会议共举办统计法制培训班 10 期，增强全县各级领导干部和统计人员的法律意识。

【统计从业人员继续教育培训及专业技术资格考试工作】 2017 年，县统计部门对各镇、省市驻华单位，县属各有关机关，社会团体、企事业单位统计在职从业人员进行继续教育培训，对《中华人民共和国统计法》及统计专业技术资格考试工作进行宣传、动员、部署。通过对《中华人民共和国统计法》和统计业务知识的系统学习、继续教育培训，统计人员知法、守法的自觉性、对统计工作重要性的认识和业务水平得到提高，为确保统计数据质量，提供法律保障和坚实的业务支撑。9 月，组织参加全国统一的统计从业资格考试。

【全国第三次农业普查】 根据《全国农业普查条例》有关规定，国务院决定于 2016 年开展第三次全国农业普查。县政府于 2016 年 3 月成立五华县第三次全国农业普查领导小组，各镇也相应成立第三次全国农业普查领导机构，于 2017 年 1 月 1 日开始正式进行现场入户普查登记。经过全体调查人员的共同努力下，按时、按质圆满完成了各阶段的普查工作任务。

【抽样调查工作】 2017 年，县统计部门完成 2016 年各项统计年报工作和 2017 年各专业统计定期报表，认真完成上级布置的各项专项统计调查任务：农业专业开展粮食产量调查和 6 个镇 70 户的主要禽畜监测调查和生猪调出大县 15 个样本点 300 户生猪调查工作；住户专业开展 13 个点 130 户城乡住户抽样调查；工业专业对工业价格调查、企业景气调查、规模以下企业成本与费用调查、规模以下工业抽样调查、能源统计调查和基本单位调查；商业专业开展对限额以下企业和个体户抽样调查；县人口调查队完成人口和劳动力调查，为各级党政对抓好人口与计划生育工作目标提出合理化建议。通过各项专项调查，弥补全面统计报表的不足，提高统计数据质量。

【纳入联网直报 78 家企业的日常管理】 从 2011 年下半年开始，根据国家统计局的统一部署，规模以上工业，资质以上建筑业，房地产开发经营企业，限额以上批发、零售、住宿、餐饮业及重点服务业必须在企业一套表系统进行联网直报。按照上级的要求部署，县统计部门高度重视，分批分专业进行业务培训，确保企业统计人员全面掌握操作流程。在日常工作中，各专业人员加强与企业统计人员的沟通联系，及时帮助他们解决碰到的各种问题，确保 78 家企业都能按时、按质上报数据。

【统计服务】 2017 年，县统计部门为各级党政领导、有关部门、社会各界及社会公众提供大量的统计信息。搜集整理、编辑出版《2016 年五华县统计年鉴》；及时发布《五华县关于 2016 年国民经济和社会发展的统计公报》。不定期出版《五华统计》信息刊物 28 期；每月定期编印《工业总产值统计表》《五华县统计月报》和《全县主要经济指标完成情况统计表》。及时、准确、全面搜集整理统计资料、统计数据，为县委、县政府进行科学的宏观经济规划提供决策依据和参谋作用，有效发挥统计的信息、咨询、监督整体功能，对促进国民经济和社会发展起到积极的推动作用。

（魏益平）

县统计局 2017 年度负责人名录

局 长：严兰芳

副 局 长：魏广犇 邓小坚 庄旭源

党组成员：古伟良

食品药品监督管理

【简况】 2017 年，全县辖区内有食品、药品、化妆品和医疗器械生产经营单位 9847 家，其中食品生产加工 64 家，食品经营单位 7626 家（含餐饮服务环节 2139 家）；药品生产单位 2 家，药品经营单位 337 家（含药品批发企业 2 家、药品零售连锁总部 1 家）；化妆品生产经营单位 894 家；医疗机构 705 家；医疗器械生产经营单位 219 家。

【抽样检测】 2017 年，县食品药监部门大力推进食品药品抽样送检工作。通过县政府公开采购方式，投入资金 327.26 万元，完成省下达 1.5 批次/千人食品抽检任务，抽检油、米、面等食品 1655 批次，检测出不合格食品 29 批次，合格率 98.25%。全年对药品监督抽样检验 140 批次，检测出不合格药品 3 批次；抽检化妆品 15 批次、医疗器械 3 批次、保健食品 10 批次，检测出不合格化妆品 1 批次。投入资金 40 多万元对县城华园市场、上新市场、前进市场、华裕市场、河东农贸市场、大坝市场、宏达市场等 7 家农贸市场开展每天每个市场 10 批次的食用农产品快速检测工作，检测结果于当天上午通过市场LED显示屏向社会公众公布。全年完成食用农产品快速检测总数 22368 批次，其中，蔬菜类 22354 批次，不合格 14 批次，合格率 99.94%；水产品类 1446 批次，不合格 2 批次，合格率 99.86%，不合格蔬菜和水产品全部按要求进行现场销毁并启动溯源程序。同时，将食用农产品快检工作延伸到乡镇，每个镇每月快检数量不少于 5 批次。5 月至 12 月，县城以外 12 个乡镇市场完成蔬菜类快检 480 批次，经检验均为合格。

【宣传教育】 2017 年，县食品药监部门投入资金 80 多万元，用于宣传《中华人民共和国食品安全法》《广东省食品安全管理条例》等法律法规和开展“3·15”“安全生产月”“百人百场”“食品安全宣传周”等主题宣传活动，发放画册 3 万多份、光碟 250 张，悬挂横幅 50 多条，设置展板 13 个，接受群众咨询 3000 余人次。借助电视台、门户网站、微信公众平台等发布监管信息 80 多条。结合“双创”工作，与县城餐饮服务单位签订《五华县“文明餐桌行动”承诺书》，发放 2 万多个文明餐桌台牌，张贴 800 多套宣传海报挂画；开展“百人百场”应急安全、食品安全“双创”和“明厨亮灶”等业务培训 14 期，培训 1600 人次；举办食品生产经营单位从业人员培训班 18 期，培训食品安全管理员 1178 人次。

【综合协调】 2017 年，县食品药监部门建立健全五华县食品药品安全应急机制，进一步强化全县食品药品突发事件应急处置工作。县政府出台《五华县食品安全事故应急预案》和《五华县突发公共卫生事件总体应急预案》，建立重大食品安全事故应急处理专家库。承办由省食品药品监管局、梅州市人民政府主办的“广东省食品示范性应急演练”。11 月 3 日，在县城五华酒店举行广东省食品药品安全示范性应急演练暨梅州市（五华县）食品安全事件（Ⅲ级）应急演练观摩会。省、市、县和河源、揭阳、潮州、汕头市等相关领导、嘉宾 200 多人参加观摩会。

【行政审批】 2017 年，县食品药监部门办理行政审批事项 2607 件（其中食品小作坊 31 件、食品经营许可 2528 件、药品经营许可 48 件）。行政审批工作实现行政受理“零推诿”、服务方式“零距离”、服务流程“零差错”、服务结果“零投诉”，获得办事群从的一致好评，窗口被评为 2017 年度文明窗口，窗口工作人员 2 次被评为“服务之星”。

【集体餐饮监管】 2017 年，县食品药监部门县食品药品安全委员会办公室出台《关于进一步加强学校（含托幼机构）及校园周边食品安全监督管理的工作方案》《2017 年五华县机关、企业（事业）单位、工厂食堂、养老机构、医院托治机构等单位食堂食品安全检查工作方案》，强化对学校及校园周边、单位食堂、工厂食堂等集体餐饮食品安全监管。全年出动检查人员 380 人次，检查 180 所学校食堂，下达监督意见书 58 份，责令整改 54 家，警告处罚 4 家。根据《国务院食品安全办关于进一步强化农村集体聚餐食品安全风险防控的指导意见》要求，一次性就餐人数在 100 人以上（含 100 人）的农村集体聚餐实行报告登记制度，根据规模大小实行分级指导，就餐人数 100 人以上、300 人以下的聚餐活动，由村食品安全信息员进行现场指导；300 人以上、800 人以下的由镇食品安全协管员进行现场指导；800 人以上的由县食品药监部门派专人现场监管并提前介入。全年派员监督重大活动及农村宴席 67 次，就餐人数 8564 人次，出动监督人员 145 人次，未发生一起群众性食品安全事故。

【明厨亮灶】 2017 年，县食品药监部门为有效规范餐饮服务单位操作流程，促进经营单位诚信自律经营，严格按照省局《关于“明厨亮灶”建设规范的指引》标准，积极推进透明式、视频监控式、参观通道式等方式的“明厨亮灶”创建工作。至年底，全县建成“明厨亮灶”餐饮单位 1504 家，覆盖率 75%，县城 92%，远远超过全国各地 27.52%的平均水平。

【稽查打假】 2017 年，县食品药品监管局以强化日常巡查、监督抽检和开展专项整治为主要抓手，不断加大行政执法工作力度，严厉打击各种违法违规行为，先后开展“清网行动”“打窝点、清隐患”“食品非法声称”等十大专项执法行动，全年立案查处食品药品违法行为 143 宗，比上年增长 13%；涉案货值 7.4 万元，罚没款 37.6 万元，比上年增长 37%；移送公安机关追究刑事责任案件 5 宗，比上年增长 150%。其中梅州市五华县群雄电子商务有限公司利用互联网生产销售有毒有害食品案件被评为广东省食品药品稽查执法优秀案例，“清网行动”被省食品药品监管局评为“先进集体”，稽查工作被梅州市食品药品监管局评为“优秀单位”。

【投诉举报】 2017 年，县食品药监部门不断完善群众投诉信访处理机制，落实举报奖励制度，认真调查处理每一件投诉举报，做到投诉举报事事有回音，件件有落实。全年受理各类投诉举报34宗，其中食品类24宗、药品类6宗、保健品类1宗、化妆品类3宗，全部按时办结，其中立案查处7宗。

【双创工作】 2017年，县食品药监部门按照“加强领导、提高认识、分片包干、层层负责、人人动手、消灭死角、总体推进、重点突破”指导思想，将创建区域分成85个责任路段，全局工作人员分成21个小组，形成网格化监管，落实专人负责全系统的创建工作。实行食品药品生产经营单位“一户一档”管理，加强网格化责任地段建设，深入帮扶村民小组，加大帮扶和管理力度，组织人员上门宣传“双创”目的、意义，营造人人参与“双创”工作的氛围。荣获2017年度创建“广东省县级文明城市”先进单位称号。

【示范街建设】 2017年，县食品药监部门积极推进五华县省级食品安全示范街创建工作，充分发挥示范单位引领带动辐射作用，将五华县奥园广场创建成省级食品经营食品安全示范街，省市考评专家组于2018年1月10日到现场组织考评和验收。目前，示范街内的食品经营单位食品经营许可证、从业人员健康证持证率、量化分级实行率均100%，90%食品经营单位食品安全等级上达B级以上。其中，食品流通单位信用等级管理均达良好以上，餐饮服务单位“明厨亮灶”实行率90%以上。

（曾祥发　魏叔琴）

县食品药品监督管理局2017年度负责人名录

局　　长：曾召辉
副 局 长：曾洪波　叶朝阳
　　　　　　钟文锋（1月任）
党组成员：曾祥发

建设·环保

城市规划建设

【县城规划】 2017年，县住建局坚持以县城总体规划为统领，逐步完善规划体系，组织编制《“十三五”近期建设规划》和《消防专项规划》，并经县政府批准实施。开展《五华县城市基础设施建设规划》立项、招投标和资料收集工作。牵头组织推进“多规合一”工作，推动县域经济发展规划、土地利用规划、城乡建设规划、生态保护规划等“多规融合”，完成《五华县“多规合一”（首期）》规划编制的立项、招投标及资料收集工作，进入初步方案设计阶段。协助做好教育强县和卫生院规划设计，完成县城产业园区科技孵化园、华兴东路和足球文化产业园等重点项目的规划测设工作。全年累计完成工业、医疗、学校、商住等项目测绘面积268.56 公顷，规划面积 180.8 公顷，市政道路及综合管线 15.8 公里。

【县城建设】 2017 年，县住建局承担河东北堤、大湖堤、华兴东路、水安路横街、黄基山公园、琴江公园二期、滨江公园、人武部应急应战指挥中心、员瑾堤市政道路提升改造工程、犁滩大桥等 10 余项重点城建项目。年初，该局结合实际，突出从抓谋划、促协调，排工期、赶进度，重质量、保安全等方面入手，及早成立项目组，研究制定项目实施计划表，对项目的各个方面进行统一调度安排，力促项目早日征地、早日开工。在项目实施过程中，局主要领导和分管领导，一手抓工程进度，一手抓质量安全，积极指导施工单位加大机械设备和人员力量投入，采取多点作业等方式，全力加快项目进度。针对项目建设中存在的征地拆迁、群众阻挠施工等问题，积极克服畏难情绪，不等不靠，提前介入，主动作为，经常组织城管股、规划设计室等部门工作人员深入现场踏勘，主动上门与项目所在镇村、管线部门和拆迁户沟通联系，并邀请河东相关镇村干部到番禺学习城中村升级改造拆迁安置经验，先后共召开各类现场办公会、座谈会 30 余次，努力做好解释、说服、疏导和稳控工作，有效减轻项目征拆压力，加快完成河东北堤、大湖堤等 10 余处的征地拆迁工作，确保各个城建项目得以顺利启动并得到有效实施。如河东北堤“三位一体”项目建设过程中，遇到附近村民的强烈反对和阻挠，一些村民多次到县政府上访，要求停止施工，并以武力手段阻挠施工。对此，局主要领导主动约访群众，了解群众诉求，并与上访群众代表到现场解决问题，根据群众的诉求，做好说服工作，并提出优化设计方案。在此基础上又通过各种途径认真做好群众思想工作，最终该项目在 2018 年 1 月初顺利进场施工。至年底，全面完成各个项目的年度目标任务，其中完工项目 5 个：琴江公园二期于 2017 年国庆节前建成向市民开放，比原计划提前 2 个月；黄基山公园于 2017 年 8 月 1 日动工建设，11 月 30 日完工，与合同工期基本持平；水安路横街于 2017 年 6 月 30 日开工，于 2018 年元旦建成通车，比合同工期提前 1 个月；滨江公园、员瑾堤市政道路提升改造工程在春节前几天提前建成投入使用。此外，河东北堤全长 3.48 公里，工期 2 年，于 2016 年 5 月份动工建设，已完成总工程量 95%；大湖堤全长约 2.7 公里，工期两年，于 2017 年 5 月份开工，已完成总工程量 75%；华兴东路全长约 4.45 公里，工期 2 年，于 2017 年 6 月 27 日动工建设，已完成道路建设 1.5 公里；犁滩片区基础设施建设项目包含犁淮大桥、大坝大桥、犁滩堤围及主干道路工程等内容，其中犁滩大桥已于 2017 年 10 月完成奠基仪式，已完成施工图初步设计；人武部应急应战指挥中心于 2017 年 7 月 31 日动工，已完成土方挖运、桩基、腰腰梁、护壁建设工作，约占总工程量 15%；华兴东路安置区已完成高榕村安置区规划，下一村、下二村、沙潟村的安置区规划设计正在有序推进。通过科学规划，加快建设步伐，县城建成区不断扩大，至 2017 年年底，建成区面积 20 平方公里，比 2012 年年底增加近 7.5 平方公里，增幅 60%；城镇化率 34.41%，比 2012 年年底提高 4.07 个百分点。

【规划管理】 2017 年，县住建局严格执行县规委会审批制度，全年组织召开规划评审会 2 场、审查项目 75 个，从源头上加强对重点地段、重点项目的审查把关，不断提高县城规划建设水平。有效加大规划宣传力度，加强县城新建道路和公园广场等周边用地的规划控制，严格管控私人违法建房和征拆部门随意安置行为。加大工程建设项目管理力度，深入开展房地产开发中擅自变更规划的专项治理工作，及时发现并处置一批超规划建设行为，切实维护规划的严肃性和权威性。

工程建设管理

【简况】 2017 年，全县完成规划报建项目 518 个，面积 115.8 万平方米，投资 25.4 亿元（其中，公建项目 136 个，面积 103 万平方米，投资 24.4 亿元）；施工报建项目 72 个，面积 93.6 万平方米，投资 11 亿元；竣工备案项目 63 个，面积 39.5 万平方米，投资 6.9 亿元。代收城市（村镇）基础设施配套费 5446 万元，同比增长 29.9%。

【建筑市场】 2017 年 7 月，新的县建设工程交易中心开标大厅投入使用，硬件服务设施更加完善，大大提升服务质量和工作效率。全年受理进场交易项目 122 项，中标金额 20.2 亿元，处置违法违规行为 5 宗。

【建筑质量和安全】 2017 年，县住建局按照“管行业必须管安全，管业务必须管安全，管生产经营必须管安全”工作要求，重点抓好建筑施工安全生产管理，组织与全县建筑企业签订《2017 年建筑施工安全生产管理目标责任书》。严格执行安全生产例会制度，组织全县施工单位、监理单位在建裕大厦举办安全生产培训班 4 期 500 多人次，发放建筑安全宣传材料 300 多份。扎实开展安全生产执法检查活动，组织开展“两会”、中共十九大等重大活动和“五一”、中秋、国庆等重大节假日的房屋建筑和市政基础设施工程施工安全检查工作，及时排查隐患，限期整改落实，确保全县建筑施工质量安全。同时，结合城乡建设发展形势，及时加强农村建房安全管理，组织召开全县农村建房安全管理专题会议，积极筹备农村建筑工匠全员培训工作，明确县镇村三级管理部门职责，认真探索农村房屋工程质量安全验收工作新思路。全年开展安全应急演练活动 2 场 400 多人次，检查在建工地 222 项次，发出整改通知 201 份，停工通知 3 份，给予企业动态扣分 12 家。

【工程造价审核】 2017 年，县造价管理部门认真落实工程量清单计价办法，及时调查公布 2016 年第四季度和 2017 年前三季度的主要材料工地信息价格，建筑材料价格市场更加公开透明。严把工程造价审核关，较好地完成琴江公园、华兴中南路升级改造工程等县城重点建设项目预决算编制工作。全年完成估价项目 154 个，造价 46.5 亿元，面积 376 万平方米；完成审核项目 29 个，送审造价 2.3 亿元，审定造价 1.9 亿元，核减造价 2304.3 万元，核减率 10.7%。

【勘察设计市场】 2017 年，勘察设计单位严格执行《建设工程勘察设计管理条例》《建设工程质量管理条例》等法律法规，科学设计，保证建设工程勘察、设计质量，保护人民生命和财产安全。全年完成建筑设计项目58个，建筑面积19.4万平方米。

【商品混凝土整治】 2017年，县住建局认真发挥牵头单位作用，研究制定《五华县商品混凝土集中整治工作方案》，组织各成员单位成立质量安全生产组、运输车辆督查组、商品混凝土巡查组、综合执法组等4个工作小组。同时，着力从落实责任、强化监管、联合查处等方面入手，以点带面，整体推进，不断提高全县商品混凝土企业生产质量、文明施工和依法经营水平。全年组织对商品混凝土企业检查8次，纠正并处理违法违规行为32宗，关停企业2家，补办资质3家。特别是5月以来，该局精心选定长安浩业、新恒塔、鸿屹等具有一定规模、基础条件较好的3家企业进行示范创建，并加强业务指导，经常组织工作人员到3家企业进行现场督导，对企业的站场建设试验设备、管理制度、安全生产和依法经营等方面提出详细要求，提升企业规范化、制度化管理水平。2017年8月11日，由县政府组织相关单位和全县商品混凝土企业在3家企业召开专项整治工作现场会，经过2个多月的努力，3家企业基本达到示范创建标准和要求，为全县商品混凝土企业提供良好的学习平台，对五华县商品混凝土市场规范健康发展起到模范带头作用。通过整治，全县具备资质混凝土企业11家，正在申办资质1家。

村镇建设

【镇村规划和建设】 2017年，县住建局率先在全市启动县域自然村庄规划编制，结合全省92个省定贫困村新农村示范村规划要求，聘请4家具有较高资质的编制单位进行高起点规划打造，完成自然村庄规划580个（含92个省定贫困村规划），并通过省市专家评审。同时，还编制完成《县域乡村建设规划》。

结合新农村示范村规划要求，县住建局进一步研究制订美丽乡村创建标准，抽调人员成立专业指导组，深入到各镇村指导检查创建工作，努力加快全县美丽乡村建设进程。切实加大宣传培训力度，专门制订《五华县美丽乡村建设培训计划》，由局主要领导和分管领导专门授课，分期分批组织对全县16个镇的分管领导、村建办负责人和465个村(居)委主任进行业务培训，努力培养一批懂规划、懂政策、懂建设、懂技术的工作人员，不断提升美丽乡村建设水平。全年举办专题培训4期、发放宣传册1000多份，完成水寨大湖村、转水益塘村等59个新农村示范村和美丽乡村示范点规划，并通过专家评审，打造转水镇“益塘流域·十里水乡”、潭下镇“五村联动·桃花源”和郭田镇“红色文化·金色风铃”等一批美丽乡村示范点。

建筑业

【简况】 2017年，全县有本地建筑施工企业30家，其中一级5家、二级11家、三级14家。为充分发挥五华县建筑业的传统优势，县住建局深入开展“暖企”行动，落实局领导挂钩联系服务企业制度，及时帮助企业解决项目建设、生产经营等方面碰到的困难问题，不断加大扶持培育力度。认真落实《五华县建筑企业资质晋级补助办法》，大力推动县内企业资质晋级和转型升级，提高市场核心竞争力，为企业发展营造良好环境。精心指导企业开展“创优”活动，提高施工技术管理水平，全年有2个项目获得市级荣誉称号，分别是建裕大厦被评为“市建设工程优质奖”，广州番禺产业转移园污水厂被评为市安全文明施工优良样板工程。同时积极探索建筑行业发展新路子，通过强强联合方式，引进装配式建筑行业领头羊杭萧钢构股份有限公司，与五华冠华传导有限公司联合成立冠华杭萧装配建筑有限公司，大力发展装备式建筑产业，这一创新举措将使得我县建筑施工工艺水平在全市乃至全省处于领先地位，得到市委、市政府充分认可。全年受理企业资质晋升 11 家，发放补助资金1350万元。全县备案企业32家，其中一级4家、二级9家、三级19家。全县施工企业完成建安总产值约 30 亿元，同比增长28%；上缴税收约3.1亿元，同比增长34%，占全县财政收入38.7%。

房 地 产 业

【简况】 2017年，全县有房地产开发企业55家，其中三级6家、四级47家、暂定2家。2017年，五华县商品房市场需求旺盛，部分楼盘出现开盘即售罄的现象，价格上涨趋势明显，县住建局加强市场调研，认真落实供给侧结构性改革，采取有效措施，积极为企业开发项目审核、规划报建等方面创造条件，努力扩大有效供给，缓解县城住房供求关系紧张现象。全年，审核开发项目 26个，建筑面积 58.6 万平方米，投资 11.6 亿元，待售商品房面积4.6万平方米，均价6500元/平方米。

【农村人居泥砖危房整治】 2017年，为进一步解决仍居住在泥砖危房群众的住房安全问题，改善全县农村人居环境，县住建局结合实际，认真研究制定《全面消灭人居泥砖危房专项整治实施方案》，计划利用 2 年时间，由县财政筹措资金 6514 万元对全县3483 户人居泥砖危房进行改造，其中 2017年完成 1742 户，整治活动开展以来，该局认真组织各镇和县扶贫、民政、国土、残联等相关成员单位扎实开展宣传发动、对象核查、技术指导、示范创建等具体工作，并将相关工作内容专门印制成宣传手册 500 多份，提供给各镇村参考学习，为推动专项整治工作顺利开展提供切实可行、可复制的工作经验。2017年5月全县“十大专项整治”推进会召开后，该局结合实际，迅速研究制定全县《全面消灭人居泥砖危房专项整治示范点创建工作方案》和《创建标准》，精心选定周江镇狮潭村、新良村，转水镇聋维村、维龙村，双华镇虎石村、华拨村等6个行政村作为示范点进行高标准打造。创建过程中，该局切实加强业务技术指导，做到因地制宜、一村一策，多次组织工作人员到上述6 个示范点进行现场督导，并派出专业技术人员进行蹲点协调，及时解决创建过程碰到的困难和问题，精心规划打造连片整治效果，努力将示范点建设成为新农村建设的精品工程，并取得预期效果，得到县委、县政府充分认可。全年完成人居泥砖危房改造任务2054户，占总任务58.9%，超额完成年度目标任务。

（陈绍师、李宋文、饶桂源）

【住房保障建设】 2017年，县房管部门根据《2017 年住房保障工作目标责任书》，认真落实任务。一是抓项目建设。投资 500 万元建设保障性住房 200 套；完成安流镇水街保障性住房供电安装、小区配套设施建设；完成咸水坜安置区保障性住房（一、二期）工程结算。投资 5000 万元的 352 套棚户区改造实物建设进入主体第 7 层施工；加大棚户区改造货币化安置力度，完成 214 户棚户区货币化补偿任务，补偿金额 1.27 亿元；配套基础设施建设项目完成投资 1050 万元。二是抓资金筹集。向中央争取棚户区改造资金 1698 万元，向省争取棚户区改造资金 555 万元，向县财政申请保障性住房建设缺口资金 1432 万元。三是抓分配入住。将保障房分配政策、分配对象、分配房源、分配过程、分配结果和退出信息，在局门户网站中予以公示，对后续实行动态管理，对经调查不再符合公共租赁住房保障条件和承租规定的租赁户，予以清退。至年末，政府共投资建设公共租赁住房 386 套，分配入住 202 户，退出 59 户，入住率 76%。四是抓政策出台。报请县政府出台《五华县经济开发区咸水坜安置区公共租赁住房分配方案（修订）》（华府办函〔2017〕190 号）、《五华县安流镇水街公共租赁住房分配方案（修订）》（华府办函〔2017〕189 号）和《五华县政府购买棚户区改造服务管理办法》（华府办〔2017〕19 号）等政策文件。同时积极配合做好省保障性安居工程跟踪审计和整改工作。

【直管公房管理】 2017 年，县房管部门发挥“管、修、收”三大职能作用，抓好公房日常管理、维修、安全生产整改工作。配合河东镇寨顶巷古村落改造，腾退河东老街 85 户 103 间租住户，于 7 月整体移交河东镇人民政府实施拆除。完成梅林镇大直街 21 户公房租赁户欠租补缴工作。全年拆除危旧公房 437 平方米，投入资金 6.02 万元维修公房 1000 多平方米。列入市安委会督办的两个项目中，龙村所拆除 300 平方米，停止经营，附城所拆除 4 间，发出腾退通知 2 户，其中 1 户腾退。列入县安委会整改的已拆除并砌上围墙。全年收取国有公房租金 261 万元，公共租赁住房房租收入 20 万元。

【房地产权产籍管理】 2017 年，县房管部门按照《房屋登记办法》和《房地产登记技术规程》等规定，全年移交不动产登记中心办理不动产权证、不动产权登记证明等 13864 份，建筑面积 209.8 万平方米。其中：不动产权证 7474 份（包括农房办理不动产权证 1835 份），建筑面积 122.1 万平方米；不动产他项权证明 778 份，建筑面积 26.2 万平方米；预购商品房抵押预告登记证明 2419 份，建筑面积 29.7 万平方米；在建工程抵押登记证明 1 份；商品房单元初始登记证明 3192 份，建筑面积 31.8 万平方米。向不动产登记中心移交档案 3017 份，整理档案 2576 卷，查询档案 2944 次，出具无房产证明 4296 份。

【房地产市场监督管理】 一是开展房地产市场专项检查。出台《关于规范商品房项目信息公示行为的通知》（华房字〔2017〕01 号），会同县发改局、住建局对全县房地产开发企业开发商品房有无发布虚假房源信息、有无按商品房预售管理规定违规销售等九个方面进行专项检查。二是加强商品房预售管理，出台《关于加强商品房预售后管理的实施细则》（华房字〔2017〕27 号），严格按规定核发预售许可证，规范销售行为。全年核发商品房预售许可证 25 份，总预售面积 35.8 万平方米。其中：住宅 2421 套，总预售面积 30.2 万平方米；商业营业用房 465 套，总预售面积 4.4 万平方米；其他 252 套，总预售面积 1.2 万平方米。商品房销售面积 35.1 万平方米；商品房交易 2343 套，交易面积 35.4 万平方米，均价 4494.78 元/平方米；存量房交易 1399 套，登记面积 18.7 万平方米，均价 1500 元/平方米。三是抓好房地产交易工作。全年办理房地产交易 2657 宗，交易面积 28.5 万平方米。其中：一手房交易 2033 宗，面积 19.29 万平方米；存量房（二手房）交易 624 宗，面积 9.18 万平方米。四是抓好房地产评估工作。报请县政府出台《五华县农村房地产估价规范》（华府办〔2017〕13 号）。完成交易评估 749 宗，面积 10.2 万平方米，评估价值 26261.3 万元。五是放开市场准入。以估价机构改制为重点，完成泰正评估有限公司、白蚁防治有限公司脱钩工作，房产评估、房屋白蚁防治业务走向市场化运作。

【房屋测绘管理】 2017 年，县房管部门严格按照《房产测量规范》，做好各项不动产权证的电子绘图、商品房预售及确权测绘、各种房屋拆迁的房屋测绘等工作，并联合交易所和评估所认真做好二手房杂物间和各种房屋用途的现场查勘测绘。全年完成测绘总面积 113.8 万平方米，测绘宗数 2889 宗，坐标测绘 891 宗，测绘面积 34.6 万平方米。

【房屋安全管理】 一是规范房屋安全鉴定工作，严格按照房屋安全鉴定受理程序和鉴定标准出具房屋安全鉴定报告。全年出具鉴定报告 175 宗，面积 8.6 万平方米。二是做好白蚁防治工作。全年完成新建房屋白蚁预防 35 宗，面积 67.7 万平方米；原有房屋保治 20 宗，面积 0.3 万平方米。

【物业管理】 一是完善物业管理制度。草拟《五华县物业管理联席会议制度》拟报县政府研究。二是物业规模不断扩大。2017 年纳入登记备案的物业服务企业 7 家（一级 2 家、三级 5 家）。服务小区 3 个，服务面积 24.2 万平方米，物业服务从业人员 65 人。三是加强住宅专项维修资金管理。严格落实住宅专项维修资金使用管理制度，确保资金使用公平公开公正。全年新归集住宅专项维修资金 1250 万元，累计归集住宅专项维修资金 1963 万元。四是做好物业小区纠纷调处工作。积极做好鸿云花园、明华花园、华晖花园、金岸华府、国金华府、印象唐街等小区的调处工作。

【其他工作】 一是抓好“双创”工作。全年投入 80 多万元，不断加大“双创”宣传力度，坚持每季度定期更新县城居民小区和挂钩村“双创”宣传栏内容；坚持每周五卫生日制度，抓好卫生责任地段、网格化责任地段、县城居民小区“六和”社区建设。配合做好五华县创建国家卫生城市和广东省县级文明城市验收工作。二是抓好精准扶贫工作。筹集帮扶资金 52.9 万元制作宣传标识、建立垃圾池、放置垃圾桶、村容村貌整治和村道硬底化等，对群众实施生产帮扶、智力帮扶、购买农村医疗保险等惠民实事，村容村貌明显改善，挂钩帮扶工作取得阶段性成效。全年有 25 户 120 人实现脱贫，占贫困户总数 42%。同时协助村两委完成换届选举工作。三是抓好回乡联村工作。坚持每周二回乡联村工作制度，累计筹集资金 46 万元，扎实做好各项工作。四是抓好房屋拆迁工作。完成咸水坜安置区 2.86 公顷板块拆迁补偿安置工作。完成新华市场、西河市场升级改造已征收土地收储。启动老建材厂拆迁改造、国防教育培训基地征拆和前期工作。报请县政府出台《五华县集体土地征收与房屋拆迁补偿安置办法》（华府办〔2017〕24 号）。2017 年 7 月起，按照征地拆迁补偿文件依据，做好各部门征地拆迁中房屋拆迁补偿资金的核定工作。

（温善法）

县住建局 2017 年度负责人名录

局　长：周铁伟

副局长：张载良

黄远华（3 月任）

黄伟靖（3 月任）

系统党工委副书记：胡小立（3 月任）

总工程师：李　波

县纪委派驻组组长：张群标（5 月任）

县房管局 2017 年度负责人名录

局　长：李少基

副局长：曾松林　李海昌

琴江新城建设

【机构概况】 为加强组织领导，强力推动琴江新区的开发建设，2016 年 2 月，经县委、县政府批准，五华县琴江新区建设工作领导小组办公室组建成立。2017 年 8 月，梅州市机构编制委员会正式批复琴江新城办公室为五华县人民政府直属正科级公益一类事业机构。根据五华县琴江新城办公室主要任务内设机构和人员编制规定：琴江新城办公室编制 28 名，其中：主任 1 名，副主任 3 名；正股级领导职数 6 名，副股级领导职数 6 名。内设综合部、规划管理部、建设工程管理部、招商引资部、政策法规部和财务部 6 个股室。2017 年 11 月，领导班子配备到位；12 月，党组批复成立，工会委员会成立。

【规划设计】 2017 年，琴江新城办公室全面完成 4 个安置区、联增大桥、综合管廊控制服务中心、自行车体育公园、西山弃土场等项目的前期各项工作，依法依规推进项目公开招投标。

2017 年 2 月 9 日，县长吴晖率队调研琴江新城规划建设情况

【项目建设】 一是加快市政基础设施建设。苍兴路建成通车，基本完成工业二横路路基建设，布新南路完成 280 米道路及管廊建设；琴江路、环城大道（东延线）地下管廊工程累计投入资金 3 亿多元，完成管廊主体 6200 米，管廊内设备敷设完成 30%；完成联增大桥项目招投标和防洪评价、河道内地质勘查等开工前期准备工作。二是加快公共服务设施建设。足球文化公园一期、二期项目累计投入建设资金 8.78 亿多元，一期体育主场馆主体工程基本完成，室内装饰工程完成 80%，钢结构屋面吊装 98 块；二期场馆基础工程完成 90%，主体工程完成 85%。综合管廊控制服务中心桩基基础工程基本

完成，自行车体育公园按要求在客商大会动工建设，西山弃土场投入资金2000多万元，完成90%进场道路征拆、路基建设和分部场内设施建设。三是加快安置区规划建设。完成黄井、河尾、汽车城、协和、琴江、白石洋和足球文化公园7个安置区规划设计，完成5个安置区项目招投标，加快征地拆迁和土方搬迁平整，汽车城、足球文化公园安置区已动工建设。

【用地报批】 2017年，琴江新城办公室完成琴江新城建设用地中期调规和第六批次建设用地报批工作，完成三批次共35.27公顷林地的调规，其中第一批次9.53公顷林地上报至省级审批。

【招商对接】 2017年，琴江新城办公室共签订框架协议4个，意向投资总额62.6亿元，与中国航天建设集团签订首期基础设施、安置区、次干道等项目30亿元投资建设协议；与香港铜锣湾集团有限公司签订15亿元沿江商业街和住宅小区开发建设协议；与深圳市金晋实业有限公司签订7.3亿元金晋商住项目协议；与丰诚集团签订10.3亿元金域华府住宅项目协议。

2017年7月13日，琴江新城开发建设投资有限公司与中国航天建设集团有限公司签约仪式

【拓宽融资渠道】 2017年，琴江新城办公室完成省四大政策性基金申报工作，安置区、市政配套设施、污水处理厂等项目申请资金41.6亿元，向农发行申请土地整治项目贷款1.35亿元、向九江银行广州分行申请布新南路建设项目贷款1.8亿元得到批复放贷。

【违法建筑查处】 2017年，琴江新城办公室印发公开信1.2万多份，宣传标语120条，签订责任书14份，组织集中拆违大行动13次。

（彭灿明　李　锋）

五华县琴江新城办公室2017年度负责人名录

主　任：周志浩（8月任）
副主任：吴东生（11月任）
钟金榕（11月任）
张伟彬（11月任）

城市综合管理

【简况】 2017年，县城市综合管理局认真学习贯彻落实中共十九大精神、习近平总书记系列重要讲话精神和中央、省、市、县各项工作决策部署，在县委、县政府的正确领导下，以创建“国家卫生县城”和“广东省县级文明城市”为契机，全力做好作风建设、民生实事、项目建设、城市管理工作，助力“工业新城、宜居五华”建设，并取得阶段性成效，且圆满完成县委、县政府下达的“双创”工作任务，实现全年工作目标，城区人居环境明显改善。

【市容管控常态化】 2017年，县城市综合管理局积极深入开展专项整治工作，提升县城文明形象。一是市容环境专项整治。把市容环境整治常态化，重点做好乱搭乱建、乱停乱放、乱摆乱卖的整治和城市环境卫生、整洁、靓丽工作。大力开展环境卫生整治。县城主街道实行 16 小时以上不间断保洁；坚持城区居民生活垃圾上门收集制度，优化生活垃圾运输系统；加强县城公厕保洁管理；开展城中村、城乡接合部环境卫生整治。大力开展市容市貌整治。大力开展城区违法建设治理；加大施工工地文明施工和运载车辆的管理；加强县城“六乱”整治；对废品回收行业、洗车修车行业、车辆经营行业进行全面规范管理。加强市政设施、公共路灯、园林绿化、县城公园日常管理。二是燃气安全专项整治。牵头组织、协调各成员单位积极开展燃气行业安全专项整治行动工作，做好专项整治行动资料汇总、方案制定、沟通联系、信息反馈等工作。整治期间对燃气企业和瓶装销售点进行全方面检查，对检查中发现的隐患和问题，能现场依法提出处理意见，能立即整改的，责令立即整改；不能立即整改的，要做到隐患整改措施、责任、资金、时限、预案“五落实”，并进行跟踪复查，实行闭环管理，确保真查严查、实改快改。积极督促燃气企业对照示范点的设置标准进行落实改造，查漏补缺，确保管理、设置等达到相关规范要求。同时，断加大对从业人员上岗培训和安全用气的宣传。

【工程建设】 2017 年，县城市综合管理局负责实施的扩容提质和重点工作项目 10 个。一是五华县生活垃圾无害化处理减量厂项目。项目位于五华县转水镇枫林塘村滑陇坑，总规划用地面积 34780 平方米，建筑占地面积 13826.4 平方米，总建筑面积 25645.2 平方米，于 11 月 13 日竣工投产。二是五华县城华兴中（南）路升级改造工程。项目全长约 3260 米，总投资约 5236 万元。主要改造内容包括：修复破损砼路面并加铺沥青，清理和修复水沟，重新铺筑人行道，布设供电、供水、供气及通信电缆管道，路灯改造，清除两边原有绿化带并重新种植行道树（该路段原有乔木 606 棵，主要移植至公墓园，重新种植树种选择为印尼象牙红），完善交通标志标线等。工程于 9 月底完工。三是五华县城下坝堤升级改造工程。项目全长约 1300 米，总投资约 450 万元。主要改造内容包括在较窄的两车道路段拆除靠近店铺边的人行道宽度 2 米，拓宽机动车道路面 2 米，设单边停车带，修复破损砼路面，铺设沥青路面，完善交通标志设施等。工程于 11 月完工。四是五华县城水寨片区内涝整治工程。工程采用设计、采购、施工EPC总承包模式，总投资 2516 万元。整治范围有：水潭西路田家炳中学附近区域；碧桂园东门道路沿线区域；水寨大道水寨镇政府门前区域。工程共清淤 7.9 公里淤量 5.11 万立方米及改造雨水口 208 个；新建排渠 625 米；新增路面截洪沟 167 米；新建气盾坝 3 座，清污机 1 台。于 12 月完工。五是五华县老河道公园水质提升与生态构建项目。项目水体为老河道公园景观湖，水体总面积为 130638 平方米，其中分为前置湿地处理系统建设工程和湖泊水生态系统构建工程两部分。项目计划投资 1558.59 万元。已完成工程量 40%。六是五华县镇村生活垃圾中转站建设项目。总规划用地面积 39375 平方米，总建筑面积 23902.83 平方米，建设 52 座生活垃圾中转站及 11 个分站、设备购置及配套设施，总投资约 49498 万元。每座生活垃圾中转站占地面积 169.76 平方米，其中垃圾压缩间 117.76 平方米，垃圾分拣车间 52 平方米，共 63 栋，每栋地上 2 层。中转站建设项目政府可行性缺口补助资金列入政府中长期财政预算计划草案的议案，已通过人大常委会；63 座中转站中整体完成建设 1 个（转水镇黄龙村），主体完成建设 23 个，主体未完成且正常施工 16 个，受群众阻挠停工 7 个，近期计划动工 4 个，征地和“三通一平”未全面完成 11 个，需配套安流镇工业园统一规划建设 1 个。七是五华县水安路升级改造工程。水安路（长安加油站至工业大道红绿灯）升级改造工程全长 2000 米，宽 30 米，立项总投资约 2600 万元，改造项目包括：续建 1000 多米的水沟、扩宽车行道（扩宽 1.3 米）、铺设人行道、设置双向四车道，两边设停车带，完善路灯设施、修复部分损坏路面并全路段铺设沥青，增加交通标志标识、道路两边种植绿化树等，路树拟种植海南红豆树。工程于 9 月底完工。八是五华县城番禺大道升级改造工程。五华县城番禺大道升级改造全长 1510 米，建筑规划红线宽 40 米。工程采用 EPC总承包方式公开招标，计划投资 7100 万元。水沟开挖和砼浇筑已完成；砼路面浇筑约 1480 米，完成约 98%；电力、供水和各管线完成约 90%；路沿石安装约 2600 米，完成约 83%；安装路灯完成约 70%，种植行道树完成约 50%。九是五华县城城西路和工业一路升级改造工程。项目总投资约 1100 万元。主要改造内容包括：工业一路长度约 1100 米，对现有砼路面铺筑沥青；城西路长度约 460 米，修筑水沟，铺设沥青，设置双向四车道，双边各设 3 米人行道，完善路灯、绿化、交通标志等。工业一路第一遍沥青铺筑已完成；城西路的透水砖铺装、树木种植、路灯和路沿石完成安装，准备铺筑沥青路面。十是共享单车。在县城范围内的学校、医院、公交站、居民区、商业区等地段规划设置七彩共享单车站 147 个。完成单车停放站点地面划线 125 个，投放 673 辆自行车。

【其他各项工作】 一是精准扶贫。根据县委、县政府统一部署，县城市综合管理局负责华城镇新五村的精准扶贫工作。专门落实一位人事股副股长驻村开展帮扶工作，该村建档立卡帮扶贫困 67 户共 126 人，通过争取上级部门支持和单位自筹等形式加大资金投入，累计投入帮扶资金 13 万元。2017 年度脱贫的相对贫困户 15 户 31 人，两年合计脱贫率 75.2%。完成县政府下达的脱贫任务。二是综治信访维稳、平安建设。指定政策法规股做好群众的来人来访的协调处理和解析，同时积极做好网上信访协调处理及回复工作。全年接访 91 件（其中来人来访 57 件、网上信访 34 件，处理完成网上信访 33 件，正在协调处理信访 1 件），结案率 97%，满意度 95%。三是安全生产工作。认真贯彻落实上级主要领导有关安全生产的指示、批示等文件精神，按时上报有关资料，抓好安全生产，确保生产安全。全年未发生安全生产事故。四是“双创”工作。成立局主要领导为组长、副局长为副组长、各股室负责人及下属单位主要负责人为成员的“创文”“创卫”领导小组，并定期召开会议，对“双创”问题进行研判；制订“创文”“创卫”实施方案、层层压实任务；打造主题公园，将长乐公园打造成“社会主义核心价值观与法治文化”主题公园；落实周末卫生日制度、网格化管理工作、控烟及健康教育宣传、病媒生物防治工作等。为五华县获得“广东省县级文明城市”称号、“国家卫生县城”创建工作通过省级技术评估做出应有贡献。五是普法工作。积极做好2017年普法工作落实。按照上级文件要求，调整完善县城市综合管理局普法领导小组机构，加强2017年普法工作，努力推进法治先进县创建工作，制订《五华县城市综合管理局制度汇编》，做好规范性文件清理工作，组织干部职工学习《梅州市普法读本》。六是工青妇工作。开展形式多样的文体活动。“三八”妇女节组织全局女职工到相邻市县春游学习、“五一”举行乒乓球比赛活动等；组织发动为困难职工捐款7900元，同时积极做好“2017年广东省扶贫济困日”捐款活动，筹集资金2.88万元。七是认真学习贯彻中共十九大精神。把学习贯彻中共十九大精神当作是当前和今后一个时期的首要政治任务，在积极参加县委安排的宣讲报告会、专题辅导会等基础上，通过个人自学、集体学习、专题讨论、专题辅导、民主生活会等多种形式原原本本、原汁原味学习十九大精神，在全面系统学习的基础上突出重点、抓住关键。把学习贯彻十九大精神与“两学一做”学习教育活动和机关作风建设有机地结合起来，围绕十九大提出的新思想、新目标、新战略、新举措，对现有工作思路进行再梳理、再细化、再完善，提出更具针对性、操作性的工作措施，推进城市管理事业稳定发展。

（詹喜赞　胡志通）

县城市综合管理局2017年度负责人名录

局　长：张雄辉

副局长：曾永辉　丁金浪　缪千军

环境保护

【建设项目环境管理】　2017年，县环保部门按照《环境影响评价法》和《广东省建设项目环境保护管理条例》有关规定，认真履行环保前置审批权职责，坚持发展经济和保护环境并重，严格把关，防止重污染企业进入五华。对已经审批的项目，加强建设期监管，坚持执行“三同时”制度落实，把住环保设施竣工验收关，有效地控制新污染源的产生。全年受理项目216个，其中环境影响报告书7个，环境影响报告表64个，环境影响登记表（网上备案）145个，总投资86.6亿元，环保投资6.5亿元，否决项目3个。

【主要污染物总量减排】　2017年，县环保局根据梅州市政府下达的主要污染物总量减排任务，按照区域、属地、部门管理原则，把治污减排各项工作目标和任务分解到各部门、各单位，充分发挥各部门职能作用，形成齐抓共管、各司其职环保工作机制。加强县城污水处理厂和华城、安流两个中心镇水质净化站减排工作监管，全年削减量化学需氧量（COD）1441.7吨，氨氮（NH_3-N）206吨。积极推进广州番禺（五华）产业转移工业园污水处理厂建设，于9月30日完成环保竣工验收，于11月完成在线监控设施安装联网，通水投运发挥减排效益。

【环境执法和信访调处】　2017年，县环保部门组织开展环保专项行动，打击环境违法行为，维护群众环境权益。全年出动人1436次，检查企业359家次，发出《行政执法责令改正通知书》53份，责令限期整改企业

53 家，立案查处 26 家违法企业，处罚金额 42 万元。现场检查污染防治设施 115 次，设施 135 套，运转率 100%，达标率 98%；现场检查建设项目 165 次，建设项目竣工验收 160 家，环保“三同时”执行率 100%。受理环境污染投诉案件 302 宗，查处理污染纠纷 302 宗，调处率 100%。

【污染防治】 2017 年，县环保部门联合畜牧、农业等部门对全县规模化禽畜养殖业加强监管，对规模化养殖畜禽养殖场废水进行治理，全年全县完成 7 家鸡场和 44 家猪场配套的治污设施建设，削减量化学需氧量 738 吨，氨氮 142 吨。全年对 15 家对全县持有放射源单位、产生固体废物、危险废物的单位加强监督检查，确保环境安全。严格按照《广东省排污许可证使用管理条例》规定，严把排污许可证的发放和年审关。全年新办排污许可证 137 份，变更 10 份，换证 11 份，注销 7 份。加大机动车排气污染整治力度，强制淘汰黄标车和老旧车，全年淘汰黄标车、老旧车 1145 辆。

【十大重点环境问题专项整治】 2017 年，五华县参照市政府做法，建立每季度定期研究通报重点环境保护问题制度，要求各镇和各单位对所管辖的区域和行业存在的重点环境问题进行认真排查，并对重点环境问题排查整治情况进行汇总，筛选出当季度十大重点环境保护问题提交县政府常务会议研究，会议通过后实行挂牌督办，限时办结。全年完成专项整治项目 40 宗。

【露天焚烧秸秆专项整治】 2017 年，禁止露天焚烧秸秆专项整治工作改为常态化工作。制定《2017 年五华县禁止露天焚烧秸秆工作方案》上报县政府审批后印发到各部门，同时县政府印发《五华县人民政府关于在全县范围内禁止露天焚烧秸秆的通告》，明确各镇作为秸秆禁烧工作的责任主体，要求各镇制定工作方案，与各村签订禁止露天焚烧秸秆责任书，明确具体责任人。在夏秋两季农作物收割期间，成立督查组和巡查组，分片包干，到各乡镇巡查，确保工作落到实处。全年发放宣传资料 52850 份，出动执法人员 962 人次，对各镇露天焚烧秸秆秸行为进行巡查和宣传引导，禁止露天焚烧秸秆专项整治工作取得一定成效。

【环境监测】 2017 年，县环保局全面提升技术人员的动手能力和业务技术水平。严格按监测技术规范定期对流经五华县的省控、市控断面水质监测工作、鹤市河跨市交接断面水质及县城饮用水源地桂田水库和备用水源（蕉州河）的采样分析，按时按质完成取样分析工作，并及时向市站报送监测结果。对县城空气质量实行 24 小时在线监测，城区环境空气质量保持优良。认证监测项目 83 项。全年获得各类有效监测数据 6350 个，为全县环境决策和污染治理提供准确、可靠依据。

（刘湘源）

县环保局 2017 年度负责人名录

局　长： 张伟强

副局长： 谢炳泉（3 月任）
温浪文（6 月任）
刘丽霞
李锡泉（任至 6 月）
黄远华 (任至 3 月)

科工商务管理

综　述

【简况】 2017 年，全县 43 家规模以上工业企业实现工业总产值 25.20 亿元，完成规模以上工业增加值 5.4 亿元，实现税收 1.63 亿元，比增 46.4%。全县外贸进出口总值 1.24 亿美元，合同利用外资 1221 万美元，实际利用外资 902 万美元；全县社会消费品零售总额完成 98.1 亿元，对比上年增长 8.5%。全年新增骏兴、元芯、隆华、浩业、学鑫、明珠星、洋京、雄裕、神牛、华普 10 家规模以上工业企业；全县专利申请总量 414 件，授权总量 284 件，分别比 2016 年增长 25.08%、27.93%。其中，发明专利申请量 38 件，授权 4 件。9 月，在梅州市对各县 2016 年度县域工业经济和科技发展考评中，五华县工业经济发展荣获全市第三名。

科技业务

【省、市专业镇申报】 2017 年，县科工商务管理局实施“一镇一策”规划，不断推动地区产业化升级，提升特色产业竞争力，形成区域品牌，促进专业镇建设，组织指导华阳镇做好申报广东省蔬菜技术创新专业镇认定的材料准备、组织申报、网上审核提交等各项工作，华阳镇成功被认定为省级蔬菜技术创新专业镇。全县有技术创新专业镇 11 个，其中，省级专业镇 9 个，市级专业镇 2 个。

【科技孵化育成平台建设】 2017 年，位于广东广州番禺（五华）产业转移工业园内的科技创业孵化园总投资 5 亿元，建筑总面积 24.91 万平方米，首期工程用地 4 万平方米。电商大楼、科创大厦和加速器已建成使用，人才公寓、综合大楼正在建设中，先后获批“国家级科技企业孵化器培育单位”和“梅州市科技企业孵化器”。同时，先后出台《五华县科技创新奖励方案》《五华县年产值达 5 亿元（含 5 亿元）企业设立研发机构奖励实施方案》《五华县促进中小微企业创新专利资助方案》《成立广东五华科技孵化产业园科技孵化种子资金的工作方案》等文件。

【科技平台建设】 2017 年，县科工商务管理局深入实施创新驱动发展战略，大力培育发展高新技术企业，广东辉骏科技集团有限公司、广东威宏兴科技有限责任公司 2 家企业成功被省认定为国家技术高新企业。辉骏科技、威宏兴科技、梅州生态建设、广东井得、神牛摄影器材、瀚声电子、广东开元、建华电机 8 家公司申报高新技术企业培育入库。同时，协助企业做好申报 2017 年广东省工程技术研究中心认定的准备材料、组织申报、网上审核及送达材料等各项工作，辉骏科技、万山土壤被认定为广东省工程技术研究中心，宝汇环保、康奇力药业、广东井得、冠华传导 4 家企业被认定为梅州市工程技术研究中心。

【院所合作示范基地】 2017 年，县科工商务管理局根据全县优势产业和战略性新兴产业发展需求，分别与大学科研院所共建华南理工大学工研院五华创新中心、广东省科技情报研究所五华科技信息服务中心、广东金融学院广东特色金融建设协同创新发展中心五华实践基地、嘉应学院产学研合作五华基地、中国赛宝实验室五华办事处等服务平台，成功设立广东省院士专家企业工作站。

【科技进步奖项目评审】 2017 年，县科工商务管理局认真做好科技进步奖评审工作，全年被市授予市科学技术奖项目三等奖 4 项，完成县科学技术奖项目评审 10 项（一等奖 1 项、二等奖 4 项、三等奖 5 项）。

科普活动

【科学普及】 2017 年，县科工商务管理局采取多种形式扎实开展科普工作，组织开展“科技、文化、卫生”三下乡和“科技进步活动月”“全国科普活动日”等活动，组织全县各学会、协会、研究会、科普示范基地、科普示范社区开展科技下乡、科技咨询、科普讲坛、专家科普讲座、广场科普、科技进校园等活动 8 场次，其中举办“创新驱动·引领未来”——刘人怀院士专题讲座。全年投入科普活动经费 5.5 万元，发放科普书籍、资料、挂图约 8000 份（册），推广新技术新品种 2 个，参与科普活动人数和科普惠及人数约 10 万人。同时为持续提升全民科学素质，拓宽科普宣传途径，扩大科普宣传覆盖面，提高科普工作信息化水平，4 月创建“工业五华”微信公众号，取得良好社会反响。

【青少年科技教育】 2017 年，县科工商务管理局积极组织参加第 33 届梅州市青少年科技创新大赛暨梅州市第 3 届中小学创客创作大赛，收集、推荐青少年科技创新作品 25 幅（件）参与市、省、国家评选。同时，联合广东科学馆、梅州市科协、市科技馆、县教育局在县第三小学、县南山小学、周江镇第二小学、龙村镇宫前小学开展“加强科学普及、实现科学创新”为主题的提升青少年科学素质行动。青少年通过参与和体验科普游戏，充分激发广大青少年崇尚科学、热爱科学的浓厚兴趣。在全县中小学校营造参与科普、走进科学的科普氛围，近 5000 名师生参加科普活动。

【基层科普行动计划】 2017 年，县科工商务管理局积极实施“社区科普益民计划”，对全县的社区、农技协会、科普示范基地进行摸底调查后，组织选送，参加全国、省、市评选。有效促进全县农村科普示范基地、农技协会、农业龙头企业和现代农业产业体系建设，为新农村建设做出应有的努力。协助华城镇西区社区打造国家级科普示范社区。

【知识产权】 2017 年，县科工商务管理局精心组织“4·26 世界知识产权宣传周”结合“第 17 个世界知识产权日”，采取发放资料，街头设咨询点，开设培训班，设讲座等形式多种形式，积极开展法治宣传教育，进一步提高全社会对知识产权法律法规的认知度，增强知识产权法律意识和观念，努力提高全体公民知识产权法律知识，营造浓厚的知识产权法制环境和氛围。通过解读国家、省、市对专利的奖励措施，引导企业和公众积极申报专利，推进专利、创造提质增速，创造性开展专利运用工作。同时组织执法人员、企事业单位积极参加上级知识产权业务培训。为进一步提高企业知识产权实施，提升企业知识管理运用能力，发动企业参加《企业知识产权管理规范》国家标准（GB/T201490-2013）认证。广东万山土壤修复技术有限公司已报市局“贯标”对象。广泛宣传侵权假冒犯罪活动和社会危害性，严厉打击侵权假冒专利违法行为，查处假冒专利案件2宗。

科技服务

【网络信息中心管理】 2017年，县科工商务局网络中心围绕党和政府的路线、方针、政策、法律法规等，加大网络上的宣传、贯彻、推广、普及等。加强网络信息中心（五华金科分中心）和五华科技信息网（五华县金科网）建设。同时，创建“工业五华”微信公众号，运营以来发布科技政策信息类264条；健康生活信息类194条；十九大学习信息30条；文件通知信息类70条；工作动态信息类16条；共574条。

【地震测防】 2017年，县科工商务管理局利用“5·12”国家防灾减灾日，在县第三小学开展科普进校园——“科学防震·幸福万家”防震减灾宣传活动，为师生们分发“地震应急知识”宣传资料1000多份、《地震应急救护知识》小册子1500多份、《防震减灾科普知识》宣传册800多份、《急救科普知识》600多份。同时，在县政府广场、各镇政府开展“减轻社区灾害风险，提升基层减灾能力”主题防灾减灾知识巡回宣传活动，传授安全常识和防灾避险、自救互救基本技能，提高基层抵御灾害风险能力和水平。举办一年一度的地震监视应急实施方案桌面演练，提高应急演练水平。在五华华强中学和五华第三小学安装紧急信息接收终端设备。

工业企业

【工业企业发展】 2017年，县科工商务管理局落实省“实体经济十条”，依托有意愿实施技改项目建设的企业，用好用活技改政策和股权资金，鼓励企业增资扩产、技术改造、设备更新、机器换人及智能设备应用，全力推动新一轮技术改造工作。同时，进一步加强工业经济运行特别是规上企业、骨干企业的跟踪、分析，密切关注重点经济运行，监测市场变化情况，准确把握经济运行趋势，及时提出经济运行调节的对策和措施。全年全县完成工业投资52.8亿元，其中完成技术改造投资23.5亿元，同比增长14.7%、12%。新增开展技术改造规上工业企业数12家，其中主营收入5000万元以上8家；新增规模以上工业企业开展“机器换人”家数2家，新增机器人应用35台（套）。

【暖企服务】 2017年，县科工商务管理局围绕全年目标任务，深入开展暖企服务行动，及时对拟培育上规企业进行学习和宣贯政策，提高政策送达率和知晓率，整理23个单位的暖企措施和惠企政策，制订包含25条惠企政策和114条暖企工作要点的《五华县深化暖企服务和降低企业成本工作方案》，推动县领导挂钩联系服务企业和企业降成本系列措施“双落实”，切实为企业提供优质高效服务。结合省“实体经济十条”，出台《五华县降低制造业企业成本支持实体经济发展的若干政策措施》，着力降低制造业企业成本，充分释放政策红利。举办一系列暖企政策培训会，组织企业赴珠三角地区参观学习。协助富胜实业和辉骏科技2家企业申报梅州市设备更新专项资金项目，对元芯电子和嘉晖盛实业2家企业实施股权投资9000万元。

【节能降耗】 2017年，县科工商务管理局围绕节能降耗任务，强化节能管理，开展节能专项监察，完善企业能耗监督管理及考核制度，开展节能宣传月活动，调整公共路灯控制时间，合理降低能耗，全年单位GDP能耗下降4.98%。积极协助企业申报市场电力用户，全年申报一般电力用户15家，为企业节约用电200万元；协助4间企业申报2017年梅州市节能减排财政政策综合示范项目，2间企业申报项目资金入库；协调做好小水电自供区接管和农网改造的农电体制改革和突发应急方案工作和公共路灯控制时间节能的方案；协助市“六化”完成示范项目建设进展督查，为企业2017年底验收作好先期准备；下发《关于印发2017年五华县节能宣传月和低碳日活动方案的通知》(华科工商务字〔2017〕33号)，完成市对五华县2016年度节能目标责任评价考核工作，考核结果为“完成”等级。

【信息化建设】 2017年，全县光纤接入用户新增2.61万户，光纤接入用户累计达10.61万户。全县412个行政村、34个居委全部实现光纤接入；光缆新增4727公里，光缆长度2.06万公里；公众移动通信基站新增471座，累计达3034座；基站站址新增96座，累计达1159个；公共区域WLAN热点新65个，累计194个；无线访问接入点(AP)新增51个，累计563个。原中央苏区农村超高速无线局域网应用试点工作扎实推进，全年勘察412个村，设计412个村，立杆412个村，设备安装412个村，开通调试412个村。全县92个省定贫困村全部推进光纤宽带和4K电视服务项目，完成安装调试，全部开通给村委使用。

商贸服务

【外贸进出口】 2017年，县科工商务管理局以招商引资为抓手，积极推进供给侧结构性改革，大力开拓国内外市场，突出做大总量，狠抓责任落实，但由于受禁止进口废料件政策影响，导致重点企业进出口下滑，实际利用外资困难大。全县外贸进出口总值1.24亿美元，对比上年减少31.04%；合同利用外资1221万美元，对比上年减少71.79%；实际利用外资902万美元，对比上年增长12.61%。

【商贸流通】 2017年，县科工商务管理局加快贯彻内贸流通创新推动供给侧结构性改革会议精神，规范拍卖、典当、汽车流通行业等市场流通秩序。组织参加广博会、2017年世界客商、广交会等会展活动，展示长乐烧系列产品、海宴酒系列产品、松岗嶂茶等产品，推介五华文化旅游特色产品，取得良好社会反响。结合县域商贸发展实际，完成《五华商业网点规划编制》工作。推进肉菜追溯管理平台试点工作。全年全县社会消费品零售总额完成98.1亿元，对比上年增长8.5%。

【成品油市场】 2017年，县科工商务管理局积极履行成品油安全监管职能，加强安全专项检查。指导加油站做好2017年度年审各项材料的上报工作，全县51间加油站年审全部通过，全年组织申报批改、扩建加油站32间，新建加油站1间，调整新增加油站规划点2个，到期换证23间。抓好日常安全监管，加大成品油市场整治力度，对全县各加油站（点）的油品质量和安全生产进行专题检查，发现问题及时进行整改，严厉打击扰乱成品油市场行为和无证照经营行为，全年共20批次对63间加油站进行安全生产和相关证照台账进行检查，作出整改32次。全年联合整治查处涉嫌私卖成品油4宗，总共查扣39.23吨柴油，没收违法所得4500元，罚款4万元。组织全县加油站负责人进行安全生产、打击成品油走私、加油站管理业务知识培训，增强加油站管理业务知识；落实全县加油站安装“打击非法走私、销售成品油的宣传”广告牌工作，做到打击和防患相结合。

职能监管

【安全生产】 2017年，县科工商务管理局组织参与中石化梅州石油分公司五华长安加油站、梅州市兆安民爆公司五华分公司应急演练活动。组织与下属各间企业签订2017年《安全生产责任书》与《消防安全工作目标管理责任书》，全年对辖区兆安民爆公司的雷管、炸药仓库进行安全生产检查共15批次，作出限期整改6次；对新桥洋田瓷土矿开展安全生产大检查2次，作出整改1次。抓好每月安全隐患的排查治理上报工作，认真落实安全生产责任制，认真检查事故易发的重点场所、要害部位、关键环节、不留死角、不走过场，确保矿区安全。

【其他各项工作】 2017年，县科工商务局圆满完成县委下达的扶持整顿软弱涣散基层党组织、精准扶贫、“双创”和精神文明建设等工作。一是完成岐岭镇双头社区软弱涣散基层党组织整顿工作，着力规范整顿村级两委班子建设，严格执行村干部代办业务机制，建立健全各项规章制度，注重村务监督，实行阳光村务。全年筹资近80万元资助双头社区各项公益事业建设。二是扎实推进新时期精准扶贫精准脱贫工作。抽调4名业务骨干长期进驻挂钩帮扶岐岭镇龙岭村、龙水村和皇华村，局领导班子成员亲自动员部署，亲自走访调研，亲自督查推动，参加扶贫例会、定期组织召开会议专题研究，落实结对帮扶。全年多方筹集资金103万元，支持村老人活动中心建设、平安村居创建、村公共服务中心改建、扶贫大数据平台建设、基础设施建设等；在基础设施建设、产业扶贫、贴息贷款、技能培训、劳动力转移、社会保障和平安村居建设等方面分别落实具体扶贫计划；推进社会主义新农村示范建设，加大贫困户危房改造、三清三拆三整治。三是扎实开展“创文”、“创卫”工作，全年投入“双创”资金20万元，装饰道德文化墙15米；树立大型“中国梦”文化宣传牌1个；分发卫生、文明宣传画册1500余份；坚持周末卫生活动日，加大对网格化责任地段、卫生保洁区、局管辖11个居民小区专项卫生整治，“创文”、“创卫”工作有力推进。四是认真抓好综治维稳（平安）工作。深入开展平安创建活动，组织“七五”普法宣传学习教育。积极稳妥处置国有企业改革涉及资产处置、人员安置、社保、医保、债务等诸多历史遗留问题，实行领导包案，建立工作台账，深入开展矛盾纠纷排查调处，基本解决城镇士兵退役安置遗留问题，按时答复来信来访或网上信访件。全年接待群众来信来访案件 13 件，回复 13 件，没有发生越级上访事件。五是认真做好法治建设“四级同创”工作。严格贯彻落实上级会议和相关文件精神，认真做好法治建设“四级同创”工作，规范整理好工作台账。同时，积极对接法制局，做好执法证考试工作，因为人员调动注销 4 张执法证，新增 2 张执法证，做好执法人员信息的动态管理。六是扎实推进“一门式一网式”建设。按照上级“一门式一网式”建设要求，对 20 个相关单位的录入事项进行合规性审查，同时做好行政审批事项和公共服务事项的省、市 2 个统一事项管理平台事项录入工作，其中涉及科工商务局的行政审批事项共 5 大项 7 小项，公共服务事项 5 项。在五华县 2017 年县直单位工作考核中获得“优秀”等次。

重点行业发展

【五金机电】 2017 年，全县主要有骏兴电器、辉骏科技、冠华传导、环兴电力、富胜实业、庆瑞实业、中奥实业、杰成通信、永艺餐具、仁隆电子、爱时达钟表、鸿盛实业、源瑞电子、天东科技、裕友照明、嘉晖盛科技等 17 家规模以上五金电器制造企业。2017 年，骏兴产值 1.90 亿元，纳税 334 万元；辉骏科技产值 3.26 亿元，纳税 677.7 万元；冠华传导产值 2421.4 万元，纳税 44 万元；环兴电力产值 2216.1 万元，纳税 211 万元；富胜实业产值 1.097 亿元，纳税 643 万元；庆瑞实业产值 3568.3 万元，纳税 215 万元；中奥实业产值 7016.9 万元，纳税 224 万元；杰成通信产值 2340 万元，纳税 95 万元；永艺餐具产值 3300 万元，纳税 228 万元；仁隆电子产值 3553.5 万元，纳税 469 万元；爱时达产值 3866.3 万元，纳税 177 万元；鸿盛实业产值 1431.7 万元，纳税 32 万元；源瑞电子产值 2118.1 万元，纳税 33.4 万元；天东科技产值 4626.8 万元，纳税 46 万元；裕友照明产值 2094.5 万元，纳税 304 万元；嘉晖盛科技产值 2121.7 万元，纳税 1000 元。

【汽车配件】 2017 年，全县主要有广东井得电机有限公司、梅州华扬汽车配件有限公司等汽车配件制造企业。井得电机全年产值 5747.6 万元，纳税 1262 万元。

【制酒】 2017 年，全县主要有广东长乐烧酒业股份有限公司、广东海宴酒业有限公司、梅州市客联酒业有限公司、五华县元生堂酒业有限公司、五华县客属酒业有限公司、五华县溢群酒业有限公司、五华县华东酒厂等 7 家；以生产米香型白酒为主，主要以长乐烧酒业为龙头，以海宴、客属、客联、元生堂、溢群等为骨干。长乐烧酒业全年完成产值 9766.6 万元，纳税 250 万元。

【制药】 2017 年，全县主要以康奇力药业为龙头，以康和药业为骨干，南药生产基地已形成雏形，利用梅州市各县适合种中草药资源，逐步与科研单位合作研发生物制药，延长产业链。康奇力全年完成产值 7679 万元，纳税 413 万元；康和药业完成产值 2515.2 万元，纳税 328.7 万元。香雪制药等一批优质项目正在加快建设。

【新能源及再生资源】 2017 年，五华县大力发展新能源及再生资源业。一是加快重点项目建设。充分利用国家鼓励新能源发展的产业政策，加快地热资源开发利用，推进新能源产业的快速发展。二是创办再生资源产业园。加大可再生资源回收利用项目的招商引资力度，引进一批可再生资源优质项目，大力发展可再生资源回收利用产业。全县主要有宝汇环保、梅州（五华）抽水蓄能水电站和华普太阳能等项目，主要分布在龙村镇和县城工业区。加强对重点企业技术改造的扶持力度，扩宽宝汇环保等资源综合利用和废品再生利用产业链。鼓励宝汇环保上市，企业规模实现“绿色产业”升级，全年实现产值 1.81 亿元，纳税 2601 万元。博能新能源等一批优质项目正在加快建设。

【红木家具】 五华红木文化产业园位于广州番禺（五华）产业转移工业园内，致力打造整个粤东至粤闽赣地区大体量的红木家具批发集散地和厂家直销基地。项目由多位五华乡贤企业家合资兴建，包括东成红木、大中堂、大唐、雍博堂、东莞东成、水雨轩、一品居、水一坊、天匠坊、匠王、传天匠、东华轩等知名红木家具企业。坚持以“诚信建设”为核心，将产业园塑造为“诚信高地”，建设一个全真品的红木文化产业园区。

【先进装备制造业】 2017 年，全县形成以富胜数字电视为龙头，富鑫通智能装备、宇航精机、嘉富包装机械、如翼实业等企业为骨干的先进装备制造业并兼顾其他产业。

（邹伟强、罗福婷）

县科工商务管理局 2017 年度负责人名录

局　长：黄国标

副局长：胡伟雄　缪伯腾

　　　　翁凯荣　黄燕珍

系统党工委专职副书记：古永元

派驻组组长：彭彩红

中小企业

【简况】 2017 年，全县个体工商户 35957 家，农民专业合作组织 901 个，全县规模以上工业企业 43 家，实现产值 25.2 亿元，增加值 5.35 亿元。入驻县电商大厦服务机构和企业 52 家，对比上年同期新增 16 家（其中已投入运营 45 家）；建成镇级电子商务服务中心 1 个、村级电子商务站 105 个、招募“淘帮手”120 个，实现线上交易 4.17 亿元。

【开展学习培训活动】 一是大力开展以县中小企业局中心组学习为主的各项业务知识学习活动，结合形势和工作重点先后组织学习习近平总书记系列重要讲话精神、习近平总书记对广东重要批示精神、省十二次党代会精神、十九大会议精神等文件，使中央、省、委、县的重要方针政策和精神得到及时有效贯彻执行，提高机关全体干部职工整体素质。二是大力开展政策宣讲和针对性指导培训等服务活动，邀请专家教授、学者进来举办培训活动，先后开展《五华县“互联网+”餐饮销售新模式培训班》《五华县电子商务进农村政务研修班暨优质农产品品牌建设与电商营销专题培训活动》《五华县“农品正源”平台招商对接会》，以及针对不同需求层次的人群，在电商大厦和潭下镇电商创业孵化基地分别举办一场实操性强的“农村电子商务知识、农作物种植与管护、市场营销、品牌建设”等各种技能培训及成功案例分享活动达25场次，受益人数近3000人次，进一步提高企业管理层、电商营销人员和创业人士能力水平，提升中小企业管理团队整体素质。三是组织相关单位、企业及服务机构走出去，先后参加国家和省、市举办的全国农商互联大会、创业指导师考证培训班、服务能力提升研修班、第二届广东省农村电子商务峰会、省民营企业（中小企业）创新产业化培训班、广东省中小企业投融资交流对接活动、梅州市提升中小企业公共服务效能促进实体经济发展专题研修班、省市县区中小企业服务中心服务能力提升交流活动等10场次的学习培训活动，有效提升服务机构的服务能力和中小微企业、电商企业和农村淘宝村级服务站负责人的现代企业管理、电子商务市场拓展及运营能力水平；组织赴江西、佛山、平远、龙川等地进行学习考察活动4次，使企业开阔视野、更新知识、拓宽思维、找到商机。四是利用网络宣传媒体和全国中小企业网四级互联互通的优势，积极宣传贯彻《2017年中央一号文件》《国务院关于强化实施创新驱动发展战略进一步推进大众创业万众创新深入发展的意见》《国务院关于进一步扩大和升级信息消费持续释放内需潜力的指导意见》《国务院办公厅关于县域创新驱动发展的若干意见》、商务部、农业部《关于深化农商协作大力发展农产品电子商务的通知》、国家发展改革委等八部委《关于促进分享经济发展的指导性意见》和《广东省降低实体经济企业成本工作方案》《广东省降低制造业企业成本支持实体经济发展的若干政策措施》等各级政策性文件30多项，发布或转载资讯消息、宣传推广成功案例近200篇（条），让广大中小微企业多渠道解政策、学习政策、运用政策，促进发展。

五华电子商务进农村政务研修班暨优质农产品品牌建设与电商营销专题培训活动

【**加大电商平台建设力度**】 2017年，县中小企业局充分利用“五华电商大厦”这一平台，创立五华县电商创业孵化中心，为加快小型微型企业创业创新及工业和信息化领域电子商务发展的步伐，大力开展创业创新孵化工作，推动五华应用互联网与实体经济深度融合，促进中小企业转型发展。五华电商大厦现有在孵企业52家，毕业出孵企业15家，发展农村电子商务服务站105个、淘帮手120个。全年入驻电商大厦服务机构和企业52家，对比上年同期新增16家（其中投入运营45家），比增44%；建成镇级电子商务服务中心1个、村级电子商务站105个、招募“淘帮手”120个，实现线上交易4.17亿元。推动土特产上行350多万公斤，实现就业400多人，辐射带动创业就业近1500人。被省经信委认定为“广东省小型微型企业创业创新示范基地”，入选广东省工业和信息化领域电子商务试点单位，被省财政厅、商务厅、扶贫办认定为“2017年省级电子商务进农村综合示范县”。

【助力中小企业发展】 一是拓宽融资渠道，缓解融资难题，全力推动“助保贷”业务开展。全年发放贷款企业22家、金额1.4亿元。此外，还推荐广东华阳包装材料有限公司等6家企业纳入梅州市信贷风险补偿基金重点中小微企业池。二是会同县财政局完成2016年度县中小微企业发展专项资金项目的组织申报和评审工作，促成全县34个项目获得县财政专项资金400万元扶持。三是抓好招商引资工作。成功引进广州生长地农业科技有限公司，计划投资1亿元，成立梅州生长地农业开发有限公司，到2020年年底以前，拟打造以优质“红薯”为主的地方特色农产品生产种植基地，建设集农产品“分拣、加工、包装、冷链、仓储、配送”于一体的农村电子商务运营中心。2017年，已落地潭下、转水、双华、郭田、龙村等镇种植“五华高山红薯”1000多亩，租赁厂房2000多平方米改造建成“五华县农产品仓储包装分拣配送中心”；引进深圳市远恒佳教育有限公司，计划投资30亿元，兴办“五华教育城”项目，在第五届世界客商大会五华县系列活动正式签约。四是积极会同县财政局、县科工商务管理局等部门，牵头制订出台《五华县电子商务进农村综合示范县项目实施方案》《五华县产业发展投资引导扶持资金管理办法》等文件。五是积极协助企业申报上级资金。梅州市明达实业有限公司获批梅州市市级小微企业创业创新示范基地专项资金30万；广东宝汇环保科技有限公司再生纤维材料绿色环保创新产业化基地复核通过；五华县中小企业服务中心、广东万山土壤修复技术有限公司获得市级中小微服务体系发展专项资金25万元，广东宝汇环保科技有限公司、五华县客属酒业有限公司入选“2017年广东省高成长中小企业”。六是大力完成县委县政府的重点工作安排，加快中国米香型白酒、客家娘酒产业集群电子商务基地建设，汇集白酒上中下游企业信息，整合全国米香型白酒资源，构建完整的白酒产业链，开拓线上线下双渠道，推动五华米香型白酒、客家娘酒文化发展。七是牵头促使五华电商协会的成立，指导其规范运行，建立具体实施细则，实现协会运作的制度化、规范化、长期化。

2017年12月12日，五华县电子商务协会第一届会员大会

【精准扶贫、精准脱贫】 一是把握实施电子商务进农村综合示范项目机遇，电商服务团队以电商创业孵化基地为平台，整合全县镇村电子商务服务站（农村淘宝）和社会电商创业人士等资源，让“农产品”销售插上互联网的翅膀，促进农民增加收入，助力精准扶贫精准脱贫工作。如潭下镇孵化基地及梅州生长地公司合作的电商团队通过村淘

这个平台，与“村小二”联手，辐射带动到周江、长布、河东平南、横陂、华阳等镇村，让“三月李”走出潭下、走出五华，销往珠三角甚至省外，增加农产品销售量，提高农产品价格，让农民得到电子商务带来实实在在的好处。“三月李”、“桃驳果”每天出货量300件以上，每件2.5公斤，每天在750公斤以上；每天销售五华“高山红薯”近1000公斤，价格达16元/公斤。到年底销售水果类达10多万公斤，五华“高山红薯”25多万公斤，销售额近400万元。二是专门抽调精干力量全脱产驻点岐岭镇荣贵村、梅林镇梅南村，局领导班子还经常下到挂点村进行检查督促，并与当地镇驻村工作组和村两委班子共商精准扶贫精准脱贫工作措施的落实。出资20多万元支持梅林镇梅南村精准扶贫精准脱贫工作的顺利推进。2017年，岐岭镇荣贵村8户36人达到脱贫标准；落实建档立卡的精准扶贫户40户144人的产业帮扶资金共54万元，以入股形式建设的光伏发电项目已发电2万千瓦时，收益近2万元；实现村道硬底化，路灯亮化，大大改善该村的村容村貌；该村新农村建设“三清三拆三整治”工作稳步推进，通过县相关部门的初步验收。梅林镇梅南村计划内70%的精准扶贫户已达脱贫标准，落实建档立卡的精准扶贫户75户264人的产业帮扶资金共79.2万元，以入股形式建设的光伏发电项目现建成投入运行，已发电1.3万千瓦时，收益约1.1万多元。

【党风廉政建设和精神文明建设】 一是全面落实党风廉政建设责任制，强化各级领导干部一岗双责意识。结合当年度工作实际制定工作计划，及时召开党风廉政建设专题会议，传达学习县有关领导讲话和上级文件精神，对党风廉政建设工作进行全面安排部署。并与各股室签订2017年党风廉政建设目标责任书，做到任务明确，责任到人，进一步健全和完善党风廉政建设工作责任机制。二是加强学习教育，认真落实学习教育制度。始终把加强学习，增强党员党性意识放在首位，突出抓好党员干部的职业道德教育。制定《中心组学习计划》《“两学一做”常态化制度化学习教育计划表》，认真学习贯彻习近平总书记系列重要讲话精神、习近平总书记对广东重要批示精神、中共十九大会议精神等文件，积极开展“两学一做”专题教育，提高全体党员干部的学习动力，激发学习积极性。三是深入推进机关作风和效能建设。认真执行各项管理制度，严格请假、考勤等日常工作制度；严格财务手续，严格执行财务制度，严把政策关，杜绝工作中出现违纪审批、把关失控现象的发生。加大党务政务公开力度。通过微信公众号、网站、政务公开栏等对该局党务、政务、财务三公开，接受广大干部职工的监督、增强工作透明度。四是始终把精神文明创建活动摆上领导班子的重要议事日程，积极创建“道德讲堂”，不断创新思路、扎实开展文明健康活动，促进精神文明建设迈上新台阶。

【“双创”工作】 2017年，县中小企业局贯彻落实好创文、创卫工作。一是制定《五华县中小企业创建文明县城工作方案》，建立长效机制，切实做到领导督导，目标明确，责任落实，措施有力，形成健全的双创工作网络，确保双创工作稳步推进。局长赖俊香被县委评为创建文明县城先进工作者。二是围绕目标，将双创任务分解到责任股室和人员，安排专人负责责任路段和局机关卫生保洁，及时督促门店做好门前三包，纠正违规现象。坚持周五卫生大清扫，全局干部积极参与整治网格化路段环境卫生，采用清洗和刷白方法定期清理“牛皮癣”，多次上街进行文明劝导活动。三是扎实推进社会治安综合治理及平安创建工作的落实，认真履行安委会成员单位职责，全力抓好“平安广东、平安梅州、平安五华”建设助推中小企业发展的工作。

（黄燕华）

县中小企业局2017年度负责人名录

局　长：赖俊香

副局长：刘展明（3月任）

李伟东

汤伟平（3月任）

对 外 经 济

广东五华经济开发区

【简况】 广东五华经济开发区位于五华县城西部，是由国家发改委等四部委核准的省级经济开发区，主要与广州市番禺区合作共建广州番禺（五华）产业转移工业园。该园区总规划面积20平方公里，首期计划开发12.2平方公里。自2013年以来累计投入10亿多元，加快园区征地拆迁和规划建设工作。至2017年年底，建成区面积扩大至7平方公里，形成“七纵五横”道路架构网络，供水供电、排污净化等基础设施不断完善，承载能力和综合效益大幅提升。进园企业累计103家（建成投产78家、在建12家、筹建13家，规模以上企业23家），用工人数1万人，初步形成五金机电、食品饮料、医药制造、家居建材、再生资源利用等主导产业。

广州番禺（五华）产业转移工业园鸟瞰图（2017年8月17日何森垚 摄）

广州番禺（五华）产业转移工业园一角 （2017年11月17日张育光 摄）

河东工业区是广东梅兴华丰产业集聚

带的重要组成部分，地处兴华高速畲江支线中段，距离五华县城中心城区3公里，距广州（梅州）产业转移园约14公里，距规划的梅汕高铁畲江站约10分钟车程。该园区规划总面积25平方公里，首期4平方公里。2015年全面启动首期规划建设以来，已投入5亿多元，加快征拆（至2017年年底，已完成征地466.66公顷、平整100公顷）、土规、林地调整工作，以及供水供电、交通路网、排污净化、综合服务中心、医院、学校等基础设施和配套服务项目建设，全面拉开开发架构。河东工业区重点培育发展先进装备制造业和自行车产业。已有昌明精密设备等12个项目签约落户，计划总投资41.6亿元、固定资产投资36.8亿元。区内规划面积133.33公顷的粤台梅州自行车产业园全面启动开发建设，通用厂房、华兴东路延长线道路等一批基础设施项目全面启动实施。

【园区经济】　2017年，广州番禺（五华）产业转移工业园新动工企业14家（含河东工业区3家），新投产企业7家，新增新三板上市企业1家，新增规模以上工业企业7家，新增就业人数1932人，累计额就业人数达11821人。全年园区实现工业总产值18.1亿元、工业增加值3.3亿元、全口径税收2.05亿元，分别比增-8.3%、-11.8%、38.63%。实现规模以上工业总产值13.8亿元，规上工业增加值2.1亿元，分别比增-14%、14%。围绕省、市下达园区年度目标任务，全年完成工业固定资产投资23.39亿元，其中设备投资完成6.11亿元，年度目标完成率分别为116.9%和101.8%，实现规模以上工业增加值增速为-14%，未达到省、市25%增速要求；实现全口径税收增速38.63%，达到省、市25%增速要求；承接产业转移项目4个，总投资7.3亿元；完成亿元以上产业共建项目6个，超额完成市下达的目标任务。

【园区建设】　2017年，园区管理部门积极拓宽融资渠道，搭建园区投资公司等融资平台，加大融资力度，向国开行等融资近20亿元，融资到位8.5亿元。全年投入园区建设资金11.08亿元，其中由园区投资公司融资投入5.91亿元、县财政直接投入5.17亿元，不断完善园区道路、排污、供热、科技创新、教育培训、金融服务等基础配套设施，园区承载能力逐步增强。园区用地集约方面，全年集约土地240公顷，平整用地103公顷，其中广州番禺（五华）产业转移工业园全年完成征地103公顷、平整土地66.67公顷；河东工业区全年完成征地136.67公顷，平整土地36.67公顷。园区基础设施建设方面，进一步完善广州番禺（五华）产业转移园道路市政基础设施建设，完成工业一路、三坑路、工业二横路南段、兴业一路、兴业二横路、工业四横路、工业六路等部分道路硬底化建设；河东工业区长乐大道、华兴东路、首期起步区道路全面动工建设并完成近2公里路段硬底化建设。供电方面：建设220千伏的琴江变电站主供产业转移工业园企业用电；完成河东工业区110千伏变电站规划选址。供水方面：完成从县城自来水厂接驳到河东工业区的主供水管网铺设，同时做好中长期供水方案。排污净化方面：采取PPP融资模式加快两个园区污水处理厂建设，广州番禺（五华）产业转移工业园污水处理厂和污水管网（一期）建成投入运营；河东工业区水质净化中心由市统筹，污水管网与道路建设同步推进。集中供热方面：州番禺（五华）产业转移工业园引进环峰能源、河东工业区引进爱能森清洁能源开发建设园区集中供热项目。产业综合配套方面：广州番禺（五华）产业转移工业园建成电商产业园、科技孵化园、生态技工创业园为园区企业创新创业、科技孵化、上网触电、人力资源培训等提供平台。同时，启动转移园、河东工业区“工业小镇”和通用厂房规划建设，为园区提供综合配套服务，为落户项目提供“拎包入住”投资服务环境。

【园区招商】 2017 年，园区管理部门借省深化对口帮扶的契机，主动加强与广州市、广州开发区、番禺区产业共建对接，还充分发挥党政领导带头招商，招商专业队、商会组织和中介招商作用，引进冠华杭萧钢结构建筑产品生产基地项目、益华全球购产业城项目、爱能森清洁能源站项目、共享经济产业园、凯达共享单车、昌明精密、东成红木、环峰能源、汉光超顺、元芯实业等 10 个项目计划投资 52.3 亿元，落户五华县产业园区，其中河东工业区引进 3 个项目。

【园区管理】 2017 年，园区管理部门抓好园区精细化管理，对园区闲置用地、厂房、低效能企业，全面开展清理清查和整治工作，通过限期建设、限期扩大生产、收回闲置用地、重新招租等措施进一步盘活园区用地、厂房等资源，打造效益园区。全年推动园区企业动工建设闲置用地 3.28 万平方米；对于园区低效能企业进行“腾笼换鸟”，清理出非工业项目厂房面积 4.38 万平方米，并将其用于凯达共享单车等工业生产项目，促进园区提质增效。加强园区综合治理。围绕“双创”和平安创建工作，强化园区综合治理。扎实开展环境卫生整治、文明施工专项整治以及抢建乱建综合整治工作，定期组织人员开展园区环境卫生整治，督促施工工地、企业全面做到施工工地有围挡、运输车辆不撒漏等，定期开展组织违法建筑拆除行动。同时，注重抓号安全生产、信访维稳、打非治违等专项工作，不断规范园区建设发展秩序，保障社会和谐稳定，园区各项事业全面发展。

【园区谋划】 2017 年，园区管理部门突出抓好省市重点项目谋划。通过谋划与争取，列入市年度重点项目 19 项（含预备项目），列入省年度重点项目 5 项（含预备项目），分别占全县市重点项目（共 51 个项目）37.3% 和全县省重点项目（共 11 个项目）45.5%。19 项市重点项目计划总投资额 163.4 亿元，2017 年年度计划投资额 30 亿元，全年实际完成投资额 31.8 亿元，目标完成率 106.2%。5 项省重点项目计划总投资额 110 亿元，2017 年年度计划投资额 18 亿元，全年实际完成投资额 18.2 亿元，目标完成率 101.1%。

【园区服务】 2017 年，园区管理部门围绕服务管理水平提质升档，着力打造园区“五星级”、“101 分”优质服务品牌目标，进一步全面规范服务工作。一是创新企业服务载体。贯彻“实体经济十条”，降低企业运行成本，实施“暖企”服务行动，制定“一企一策”扶持措施，成立办证服务工作组，印发企业服务联系卡，协助企业解决用工、融资、增资扩产、开拓市场等方面的难题。特别是通过投融资平台解决辉骏集团、如翼实业、富翊达近亿元的资金问题，由县财政出资扶持华阳包装、辉骏科技、明鑫生物等 5 家技术创新、基础设施建设、总部经济回迁等资金 5600 万元，有效解决园区企业资金紧张问题。二是大力培育企业上规。梯次培育隆华塑胶、洋京塑胶、鸿盛实业、凯达共享单车、元芯电子等发展潜力较大的企业上规，对拟上规企业实行定人定时跟踪服务。全年成功服务培育新上规模以上工业企业 7 家。

【园区非公有制企业党建和工会工作】 2017 年，园区管理部门谋划成立园区非公有制企业党委和工会联合会，筹资投入近百万元建立一体化党群服务中心和园区企业职工之家，切实加强非公有制企业党建和工会工作，充分发挥党组织、工会组织在非公有制企业的政治核心作用。同时，以辉骏集团、富胜实业 2 家企业为基础，打造园区非公有制企业党建示范点，以明珠星工会组织为基础，建立企业工会“模范职工之家”。园区全年新成立非公有制企业党支部 1 个，累计非公有制企业党支部达 24 个，非公有制企业党员 131 名。

（张育光　陈冬海）

广东五华经济开发区管理委员会 2017 年度负责人名录

主　任： 赖伟胜

副主任： 胡志明　钟　军

李柳明　何嘉星（挂职）

党工委副书记： 罗志军（7 月任）

招商引资和经济合作

【招商引资成效显著】 2017 年，五华县新签约落户项目 21 个，计划总投资 224.23 亿元（同比增长 129%），其中工业项目 8 个，计划投资 34.23 亿元；农业项目 2 个，计划投资 7 亿元；商贸、服务类项目 3 个，计划投资 35.1 亿元；旅游项目 3 个，计划投资 28.9 亿元，房地产项目 4 个，计划投资 91 亿元；基础设施PPP项目 1 个，计划投资 28 亿元。计划投资 10 亿元以上的重点项目有 10 个（比 2016 年增加 8 个），分别是益华粤东全球购产业城项目、五华客天下房地产项目、中国航天建设集团琴江新城PPP项目、深圳金晋公司房地产项目、香港铜锣湾商业广场项目、瑞华投资公司地产和旅游项目、深圳爱能森清洁能源站项目、冠华杭萧装配建筑构件项目、南洋山养生养老产业园项目和嘉福公司客家里幸福小镇项目。

2017 年 11 月 13 日，第五届客商大会五华招商推介会举行现场签约仪式在五华县国际酒店举行

【成功举办客商大会】 2017 年 11 月 13 日，第五届世界客商大会五华县招商推介会暨签约仪式在五华县国际酒店隆重举行。来自各地的外出乡亲、企业家和社会精英欢聚五华参加第五届世界客商大会五华系列活动，共商加快发展、携手共进之策，共同见证 12 个项目签约，11 个项目培土和 9 个项目揭牌，项目总投资约 275 亿元。推介会举行现场签

约仪式，深圳市协和辉五金制品有限公司、

2017 年 11 月 13 日，第五届世界客商大会五华招商推介会现场

广东康德威电气股份有限公司、深圳市远恒佳教育有限公司等 12 家企业分别与五华县签约，项目总投资 87.3 亿元，项目涉及环保、物流、建筑装饰设计、数码科技、五金制品等行业。大会还对 2017 年度新三板股派上市企业，获得 2015 年度、2016 年度国家高新企业及 2017 年国家及科技企业孵化器培育单位等荣誉的企业进行表彰。

（温　伟）

县招商和经济合作局2017年度负责人名录

局　长：彭国阵

副局长：魏　青　曾奋凌

梁永雄（挂职，3月任）

交　通　运　输

公路建设与养护

【高速公路建设】 2017 年，县交通运输局协调配合高速公路建设部门做好相关工作。兴华高速：全长 76.49 公里，途经全县 6 个镇 53 个行政村，总投资 66.6 亿元，于 2017 年 9 月 28 日建成通车。大丰华高速（五华段）：全长约 24.71 公里，途经郭田、河东、横陂等 3 个镇 16 个行政村，全线需征地 189.346 公顷、拆迁房屋 58 座、迁移地坟 2336 座，工程总投资约 31 亿元，全线采用双向四车道高速公路技术标准，设计速度 100 公里/小时。至 2017 年年底征地和地坟迁移任务基本完成，房屋拆迁完成 80%，累计完成投资 4.04 亿元（其中 2017 年完成投资 3.23 亿元），占总投资的 13%，计划 2020 年建成通车。兴宁至汕尾高速公路五华至陆河段：全长约 24.5 公里，途经安流、棉洋 2 个镇 16 个行政村，全线需征地 199.36 公顷、拆迁房屋 84 座、迁移地坟 2414 座，工程总投资约 25.58 亿元，全线采用双向四车道高速公路技术标准，设计速度 100 公里/小时。至 2017 年年底征地和地坟迁移任务基本完成，房屋拆迁完成 75%，累计完成投资 3.28 亿元（其中 2017 年完成投资 2.98 亿元），占总投资的 12.82%，计划 2020 年建成通车。

【县养公路建设】 2017年，县交通运输局着力抓好交通重点项目建设，不断加强领导，加大投入，全力以赴打好交通建设大会战。全年投入公路建设资金8.65亿多元，扎实推进琴江生态景观大道（琴江公路）31.5公里、周江冰坎至华阳新田公路22.6公里、X033棉双线改造工程（二期）20.01公里、郭田至双华段公路14.1公里、兴华高速横陂出口至东延线（琴江四路）1.33公里、环城大道至琴江公路（东延线）2.463公里、汕湛高速华阳互通至龙村连接线（Y304线金龙公路）8.4公里、工业大道至罗湖堤新建工程（北延线）1.09公里、X003线金坑至龙村段二级公路改造工程18.4公里、枫林至平安寺公路6.03公里工程建设。

2017年3月10日，县委常委、宣传部部长王忠泽（左五），县委常委詹庆东（左四）到梅林镇调研交通公路建设

【推进客运站场和农村公交一体化建设】 2017年，县交通运输局加快推进县中心枢纽汽车站迁建工作。全力抓好县中心枢纽汽车站（一期）工程项目（含站场、停车场、保养场、办公大楼等）建设，选定站址并规划用地6.67公顷，投入3000多万元完成一期征地拆迁和土石方工程。启动安流汽车站迁建工作。县汽运公司计划投入500万元启动安流汽车站迁建工作。推进水寨至华城、水寨至安流城乡公交一体化建设。经过多方调研商讨，城乡公交一体化工程建设先由县城周边四镇的主要行政村作为试点，再延伸到各镇。已经购回车辆，招聘司机，完善城乡公交线路站点，争取在短时间内施行城乡公交一体化。

【公路水毁抢修复】 2017年，受持续强降雨影响，造成X032河梅线等10多条线路交通中断，Y530茶陂线等20多条线路水毁严重，累计损失700多万元。灾情发生后，县交通运输局采取有力措施，积极开展抢修复工作，在短时间内使受灾线路恢复通车。投入水毁抢修复资金300多万元，并积极争取上级补助资金，将X032河梅线K45+200–K45+400段重点水毁工程项目上报列入省公路局补助计划。同时，多方筹集资金，继续加大对Y135线黄龙桥、Y270线鲤江大桥等危险桥梁的修复加固，投入2000多万元，完成7座危桥的修复和加固。

【县养公路养护管理】 2017年，县交通运输局坚持“建设是发展、养护也是发展”工作理念，遵循“安、畅、洁、绿”养护方针，强化养护管理，提升养护管理质量。将X960华龙线和X030清潭线共26公里的绿色廊道建设作为重点工作来抓，全年投入资金190多万元分批种植花木，共种植大叶紫薇、秋枫、红花紫荆等乔木3800株，双荚槐、红绒球等灌木1.2万株，草皮、蟛蜞菊6.2万平方米，进一步提升优化环境。同时结合美丽乡村创建工作，投入资金近200多万元，对X034水烂线五星至益塘段、新丰寨乡道绿色廊道进行升级改造，补种双夹槐、杜鹃花等苗木 8000 株，并新建矮车驿站、流洞驿站、益塘驿站等多个驿站，在驿站前后 200 米段种植毛杜鹃、五星花等花木、铺种草皮，努力打造集公路文化宣传和旅游休闲为一体的公路驿站（公路休闲点）。此外，继续开展“农村公路管理养护年”活动，将乡道 Y130 正新线列入示范路创建计划，派出技术人员驻点管理，完善公路附属设施和绿化木种植工作，路政人员加强路况巡查，及时清理路障、查处破坏公路绿化等违法行为。至 2017 年年底，平整路肩 4 公里，种植细叶紫薇、香樟等乔木 500 多株，红花檵木等灌木 1000 多株，增设钢护栏 4.02 公里，共投入资金 130 多万元。

2017 年 8 月 9 日，县委常委詹庆东（左三）到梅林镇调研交通公路建设

【县养公路路政管理】 2017 年，县交通运输局积极充利用电视、横额标语、宣传车、座谈会、派发宣传资料等形式对公路法律法规进行宣传，提高人民群众的护路爱路意识。同时，切实加强执法检查力度，全年上路巡查 1500 多人次，出动挖掘机 230 多台班、东风车 320 台班，清理路障 500 多处 5000 多平方米，拆除违章广告 490 多块，纠正并处罚各类路政违章 200 多宗，有效地保护路产路权，使公路实现畅、洁、美。

【运力与运量】 2017 年，全县有营运客车 230 辆，客位 9049 座；营运货车 851 辆，核载 4369 吨。全年公路运输完成旅客运输量 570 万人，旅客周转量 48926 万人公里，完成货物运输量 1422 万吨，货物周转量 184721 万吨公里。

【综合行政执法】 2017 年，县交通运输局加大对运输市场的监控和管理力度，全年出动执法人员 6772 人次，出动执法车辆 1549 辆次，查处违法超限车辆 108 辆、非法营运车辆 8 辆、客运违规经营案件 77 宗、危险货物运输 4 宗、其他道路运输违规经营行为 144 宗，查处其他路政案件 14 宗，共卸货 2606.88 吨，罚款总额 37.23 万元，有效整治交通运输行业违法违规行为的现象，促进县交通运输市场健康发展。

【行业安全管理】 2017 年，县交通运输局坚持把交通行业安全生产工作放在突出位置，按照“安全第一、预防为主、综合治理”方针，以贯彻实施《中华人民共和国安全生产法》为主线，以建立安全生产长效管理机制为目标，以防范重特大事故为重点，进一步加强交通行业安全管理。继续深入开展“安全生产年”活动，认真落实安全生产责任制，层层签订行业安全生产责任书，修订完善各级管理制度和应急预案。严格把好道路旅客运输安全、危货运输安全、营运车辆的安全例检等准入关，利用GPS等现代化车辆监控设备，对客运车辆进行动态管理。组织执法人员在全县范围内开展安全生产大检查，强化安全生产基础管理，着力构建安全生产长效机制，保证交通行业安全有序、健康发展。

【双创工作】 2017年，县交通运输局大力加强“双创”宣传力度，定期通过政务网站、微信、短信等平台发送“双创”相关信息，组织单位人员发放“双创”宣传资料9000多份。投入约8万多元在水寨大桥桥洞至岗顶处制作50米长的“讲文明树新风”系列公益广告宣传墙，在工业一路与工业二路的交接处制作4米×8米的大型户外公益宣传广告，在网格化路段制作印有“双创”内容的宣传牌9个、宣传幕墙119平方米，张贴宣传标语55条。严格落实网格化责任地段内门店的“门前三包”工作，每位干部职工挂点3至6户门店，经常进行督促检查，对发现的问题进行及时整改。对全县小客车、出租车、公交车、公交站牌、候车亭统一制作宣传标语和宣传牌一批，张贴“双创”宣传标语200多条，悬挂宣传牌10个。在局机关大院制作“双创”宣传牌3个，悬挂宣传展挂2张，张贴“双创”标语28条，更新宣传栏18期；同时，开展形式多样的学习活动，大力宣传社会主义核心价值观和“双创”内容，“双创”理念在单位内部蔚然成风。

【精准扶贫】 2017年，县交通运输局深入到挂点村（棉阳镇大光村、塘纯村、双璜村，安流镇伏溪村，华城镇黄蒲村）实地调查了解，帮助解决具体问题。全年投入300万元，协助挂钩村村道硬底化5.78公里，装修村址1个，修建活动广场1个，安装路灯2公里，购置环保车1部、巡逻摩托车4部，设置宣传牌48块，在村道两边种植花木近3000株、草皮300平方米，在危险路段设置钢护栏1185米，两次共给每户贫困户1000元种养启动资金。

（李孟飞　张　威）

县交通运输局2017年度负责人名单

局　长：邹志轩

副局长：陈军华　李志勇
　　　　温锦高　胡国坚

党组成员：李雪辉　罗远辉
　　　　　刘应靠

公路建设养护管理

【公路建设】 2017年，县公路局紧紧围绕让人民群众行好路、走幸福路的新要求，坚持以“一核二区三组团”发展战略为工作指引、以“外联内畅、高效便捷”为发展目标，加快升级改造，抓好升级改造，进一步提高国省道的通行能力和运载能力。累计投入20950万元用于公路建设，全力推进G355（S120）线升级改造建设、七都至河东生态工业园公路建设、G355线琴江大桥和G238线五华大桥的改建工作、G355线文葵圩镇段扩宽改造工作；全年完成：横陂圩、夏阜圩、锡坑圩的路面扩宽改造工作；S120线兴华高速横陂出口至环城大道东延线路段的升级改造；S238线周江至安流段路面改造。

G205 国道五华岐岭段

【公路养护】 2017年，县公路局按照交通部公路养护工作“十六字”方针的总体要求，高度重视公路养护工作，积极争取项目和资金，全年投入 2010 多万元用于公路养护，有效提升路况水平。继续提高养护机械化水平，购置 1 台扫路车和 3 辆养护作业车，有效提高公路养护工作效率；组织实施S120 油田段 10 公里文明示范路建设；认真做好道路防汛抢险修复和日常养护工作，完成S239 线K32+080 处的重点水毁项目和灾害防治工程；完成S228 线新一村、G205 线董源和清溪的公路休闲服务区建设；完成S238 线、S228 线的安防工程方案设计及施工图设计；完成蓝田桥、华城大桥、横陂桥、葵樟桥、夏阜桥危桥加固工程；完成油田服务区（养护中心）的征地和围筑工程，完善G238 线洋田道班管养房建设，完善油田养护中心郭田道班作业点设施；完成清扫路面、清除垃圾、割除路肩草、疏通淤塞水沟、修复坏烂路面、刷白修剪路树、清理塌方等日常养护任务；干部职工的值勤率 94%、出勤率 101%，路面优良率 86%。

G238（原 S228）线华城新一村公路休闲点

【公路绿化】 2017 年，县公路局全面推进公路绿化建设。按照市公路局提出的“有土必绿”和“上乔中灌下花草”的公路绿化原则和县委县政府创建国家卫生县城和广东省县级文明城市的要求，合理设计和制定公路绿化方案，加大投入，科学管理，选取耐干旱，耐寒冷，观赏性好，经济实惠，后期养护成本低的树种，投入 300 多万元补种植香樟、紫荆花、黄槐等乔木 3400 多株，补种植夹竹桃、双夹槐等灌木 3600 多株，植草皮 3.5 万平方米；认真做好森林防火工作，制作 5 条固定的防火宣传标语、购置一批防火灭火工具。从而确保管养的公路宜植路段绿化率 100%，为群众出行营造舒适和美的交通环境。

238（原 S228）线县城段一级公路（文明示范路）建设成果

【公路路政管理】 2017 年，县公路局充分发挥政府的力量，采取“政府牵头、行业主导、部门参与、社会支持”的模式，开展路域环境治理工作。通过绿化美化和文化提升，打造“车在路中行，人在画中游”的新形象。路政工作人员上路巡查共 262 天 3144 人次，巡查里程 58300 公里，清理路障 943.6 立方米，整治污染公路车辆 238 辆次，拆除违章广告牌 59 块横幅广告 441 条，拆除违章建筑 8 宗约 780 平方米，发出违法行为告知书 30 份，审理路政许可 14 宗，组织 8 次由交通行政综合执法局、国土等部门联合执法的集中大行动，坚决遏制公路“六乱”行为，有效保护路产路权、提升路容路貌，路域环境明显改观。

【公路安全生产】 2017 年，县公路局全面落实安全生产“一岗双责”制度，落实安全生产责任制，积极抓好安全生产的宣传教育、检查和治理，坚持每季度召开安全生产例会，制作悬挂安全标语横幅 20 条，组织安全检查 50 次；投入 400 多万元整治危桥 3 座，投入 60 多万元更新标线，投入 155 多万元整治安全隐患和购置安全设备，全年未发生安全生产事故。

【综治工作】 2017 年，县公路局通过加强综治宣传建立长效机制，更新维护主干线公路设置的综治信访、法律法规、安全生产和平安建设的宣传栏。加强涉及黄赌毒和“法轮功”邪教组织的防范打击工作。认真做好接访解释劝导调处等维稳工作，全年共调处办结各类来信来访件 89 件（次），同比 2016 年下降 43%，办结率 100%，有效保障和谐稳定。

【工会工作】 2017 年，县公路局工会充分发挥服务基层、服务大局的工会职能作用，组织生动活泼的文体活动，有效增强干部职工的凝聚力和向心力；投入资金 5.8 万元开展金秋助学，补助新考上大学的职工子女 16 人；关心爱护职工，投入 31 万多元组织全局干部职工体检，投入 1 万多元为在职女职工购买安康保险；投入 5.7 万多元慰问住院职工和 85 岁以上困难职工共 110 人（次），补助困难职工 27 人（次）2.1 万多元，发动全局职工捐款 3.9 万多元慰问重病职工、捐款 12500 元扶贫济困。

【精准扶贫】 2017 年，县公路局根据省、市、县扶贫开发的工作要求，积极做好“扶贫双到”工作，投入 108 万多元支持挂点帮扶的华阳镇华南村完善基础设施、支持美丽乡村建设等，投入 97 万多元的产业扶贫资金，帮助该村 68 户有劳动能力的贫困户发展种养产业，力争早日实现脱贫致富。

【创文创卫】 2017 年，县公路局围绕县委县政府“创建国家卫生县城”和“创建广东省县级文明城市”的总体部署，落实责任，加大投入，全民动手：投入资金 30 多万元，制作公益广告 19 个、宣传栏 6 个、横幅 54 条、发放宣传资料 10 万份，清理垃圾 15 多立方米，坚持干部职工包干到店制度，坚持周末大扫除制度，做好网格化责任区和挂点的七都村的保洁净化工作和“门前三包”，圆满完成“双创”任务，有效提升文明水平。

【党建党廉】 2017 年，县公路局按照中央和省、市、县的部署，认真学习宣传贯彻中共十九大精神、习总书记对广东工作批示精神和广东省第十二次党代会精神，扎实抓好“两学一做”学习教育常态化制度化，通过党组中心组理论学习、党支部专题党课、支部主题党日活动、党员考学、抓早抓小谈话提醒活动等形式，积极推进“两个责任”落实，全面加强机关作风建设，全局干部职工坚定理想信念和政治立场，增强纪律意识，形成合力，领导班子风清气正、勤政务实，干部职工的综合素质不断提高，大大提升队伍的战斗力和执行力。

（曾耿兴 张国兴）

县公路局2017年度负责人名录

党组书记、局长：何伟雄

党组副书记、总工程师：游展航

党组成员、副局长：吴汉聪 钟　锋　曾泗庆

党组成员：谢永佑　李超权

国有汽车运输

【简况】 2017年，五华汽车运输有限公司完成客运量68.54万人次，总行驶里程2494万公里，实现营收7216.28万元、净利润1461.99万元，国有资产实现增值保值。

2017年，五华汽车运输有限公司主动适应社会经济发展新常态，积极应对客运市场各种不利因素和困难，创新经营抓市场，千方百计守住主业，大力拓展辅业，加快转型升级步伐，社会和经济效益上新台阶。积极推行“三优三化”工作、苦练“内功”，不断完善各站场的服务设施设备等便民措施，服务水平有较大提升。公司被广东省工商行政管理局评为“连续十九年‘守合同重信用企业’”称号。

（李运华）

五华汽车运输有限公司2017年度负责人名录

执行董事：钟鸣荣（5月任）

工会主席：钟鸣荣

总 经 理：刘旭根（5月任）

副总经理：张治军　罗美源

邮政·通信

邮　政

【简况】 2017年，中国邮政集团公司广东省五华县分公司（以下简称五华县邮政分公司）围绕省邮政分公司“三大战略”、“六大机制”、“六量齐升”发展思路，切实抓好经营和管理“两条主线”，精准施策，强化执行，严格管理，加强履职，提升服务，取得较好的发展成绩。同时，实现全年度代理金融“零”案件、无重大安全责任事故、无重大服务质量媒体曝光事件的管理目标。

【邮政业务】 2017年，五华县邮政分公司在各项业务发展中，坚持以科学发展为主线，以调结构、转方式为主题，突出代理金融业务发展重点，攻克寄递业务发展难点，打造邮务类业务发展亮点。实现全年业务收入同比增长7.09%，人均劳产率37万元，全市邮政排名第一。其中，代理金融业务突破发展规模。至年底，全县邮政企业代理金融余额规模44.61亿元，余额规模市场占有率22.82%，同比提高1.53%；年新增7.68亿元，余额年新增占有率34.77%。代理金融业务收入同比增长5.38%，实现量质并重发展。邮务类业务收入同比增长17.27%，其中集邮业

务重点突破文化礼品市场，同比增长94.16%。同时，寄递业务也得到稳步发展，收入增长幅度7.11%。

县分公司领导与全体支局长合照

【安全防控工作】　2017年，五华县邮政分公司围绕“固物防、兴技防、重人防”工作思路，不断完善各项规章制度，开展贯穿全年“安全履职达标年”安全系列活动，不断对营业消防设施、金融资金、包裹快递、邮路运输等进行安全检查，确保“安全生产月”、“消防安全宣传月”、G20峰会、中共十九大、厦门“金砖会议”、内蒙古自治区成立等重点敏感时期的安全专项工作到位。同时，在廉洁防范方面，与五华县人民检察院联合开展“预防职务犯罪邮路”活动，进一步加强员工廉洁自律和安全防范意识。实现全年度代理金融“零”案件、无重大安全责任事故、无重大服务质量媒体曝光事件的管理目标。

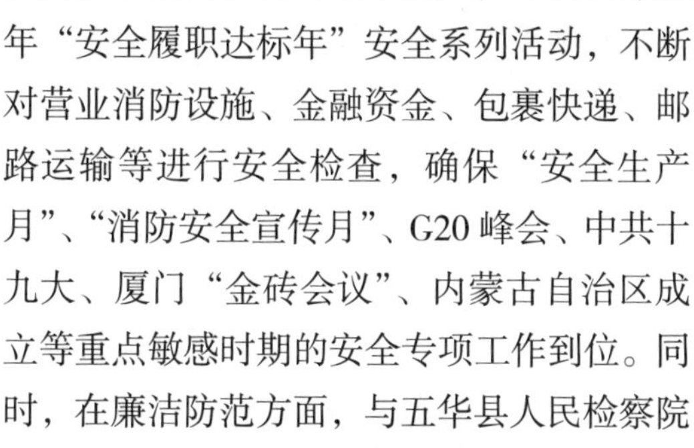

“预防职务犯罪邮务”活动启动

【客户服务】　2017年，五华县邮政分公司把对外服务工作要求提高到以服务促发展的高度来对待，把改善服务作为企业经营的重要举措，持续深化服务品质提升项目。至8月，全县18个代理金融网点服务品质提升培训全部轮训完毕。经过培训的支局统一使用“晨会七步曲”“大堂七步曲”“柜面七步曲”和“投诉处理七步曲”，大堂摆设改头换面，服务环境更加舒适，网点整体工作质量加强。同时，为巩固和深化培训成效，县分公司为每个营业窗口购置服务评价器，并制定《五华邮政服务评价器使用管理办法》，严格落实激励考核制度，切实提升网点服务品质。

水寨支局服务品质提升培训

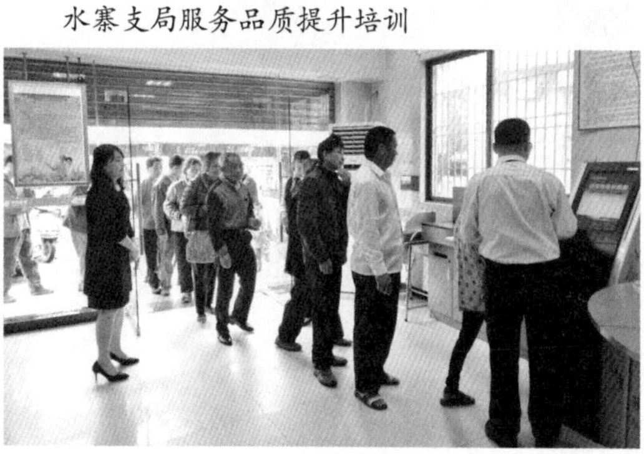

邮政营业厅开门营业

【社会服务】　2017年，五华县邮政分公司积极发挥在农村地区的网点布局优势，承办民生工程业务，替政府分忧，保证把党的好政策及时传递到基层，把好事办好。继续代发低保、社会养老金、残疾补助、助学金等财政补贴，代收医保、农保等等。在4—6月社保认证期间，各邮政网点顶着巨大的服务压力，每天人均服务量达200多笔，但仍然秉持着“人民邮政为人民”服务宗旨，忠于自己的企业使命，不断提高工作效率和服务品质，更好地为民服务。五华县邮政分公司在按照市场经济规律推进商业化运作的同时，始终恪守“普之城乡，惠之于民”承诺，扎实践行普惠金融，助力五华经济发展。一是积极补建空白乡镇邮政服务点，全力克服选址难、施工难、配套资金难等系列难题，并按要求于4月全部补建完毕，正常投入运作，解决群众用邮问题。二是大力铺设助农取款点，有效提高农村和山区的金融服务范围，做好“最后一公里”服务，解决群众取款问题。三是优化综合民生服务平台，通过依托助农取款点、便民服务中心以及农村小商超，为农村群众量身打造“邮掌柜”新系统，搭建让工业品下乡、农产品进城的快捷便利通道，服务村民实现“五不出村”，即金融不出村、购物不出村、销售不出村、生活不出村、创业不出村。

（钟萍萍）

中国邮政集团公司广东省五华县分公司2017年度负责人名录

总 经 理：李伟鑫

副总经理：周国辉　张道雄

电信通信

【基础网络建设】 2017年，五华电信按照国家“宽带中国”发展战略，投资1650万元用于宽带骨干网提速改造及光纤到户网络建设，全年新增光网端口3.2万个，累计光网端口容量14.2万个，实现县城及16个乡镇圩镇区域、412个行政村光纤宽带全覆盖。为全县大部分家庭用户提供网速百兆以上的光纤宽带接入服务。完成无线网及其配套工程投资920万元，新增4G无线基站（含农村800M基站）174个，实现县城及乡镇圩区域、高速、国道、省道沿线4G网络信号100%覆盖，农村区域覆盖率达81%，使无线网络覆盖和通信业务质量得到提升，城乡用户共享天翼高速4G网络。

【公共服务信息化建设】 2017年，五华电信聚焦以优质的信息化服务助力地方经济跨越式发展，尽力支撑党政部门、职能单位、教育行业和中小企业的信息化需求助力基层治理、经济发展。一是切实履行社会责任，助力“创文创卫”、“平安五华”等项目实施。完善并大力建设平安项目，打造平安城市，投资165万元恢复因美丽城市、卫生城市、道路规划等原因临时拆除的图像恢复，并新建1000路视频、22路卡口，累计开通1778路图像视频，打造平安五华。全力配合市政工程、高速公路建设、公路改造，做好管线迁移，积极争取省、市公司的支持，投入920万元配合在县城华兴中（南）路升级改造中完成3.3公里二孔管道建设；在县城工业园番禺大道升级改造中完成1.2公里二孔管道建设；协同完成工业园招商局电信管线迁改、横陂政府改造公路电信管线迁改、转水政府建设美丽乡村涉及电信管线迁改及资源优化，琴江新城管线迁改。二是实施“互联网+”信息化战略，积极推进信息化应用项目。“互联网+政务”方面：通过综治移动手机应用，发挥综治信息系统在平安五华综治建设中的作用，做好五华综治维稳工作；通过移动办公加快林业局护林项目终端的换代升级，依托护林员外勤管理系统，加强护林队伍的管理，更好地服务于森林资源管理和护林防火工作；完成五华村村响广播系统建设，构建基层组织宣传教育工作网络，全力打造“工业新城，宜居五华”基层治理广播宣传新平台。“互联网+教育”方面：以兴华中学为教育信息化试点学校，积极推动“三通两平台”、教育OA办公系统、教育视频会议系统等建设，把兴华中学打造成信息化示范学校，同时加快推进全县各中小学教育城域网接入带宽提速、校园微信公众号使用等工作，全面提升全县教育信息化应用水平。三是为行业客户项目提供优质光纤专线和组网专线。为县政府公共基层服务平台、财政“三资平台”、文广新局“文化驿站”等项目安装开通 221 条专线/电路，并完成 15 个单位线路搬迁工作。电信光纤专线速度快、安全、稳定及服务好，为行业单位提供专业的网络支撑。

【客户服务】 2017 年，五华电信全面实现政企业务七天开通制。尽最快的速度开通业务，为客户提供优质的信息化服务，实现政企客户业务零投诉，七天开通率 100%。实行政企客户专项走访服务工作。每月计划走访政府部门、金融、企业等政企客户，全年共走访 626 户政企客户，取得较高评价。坚持落实网络应急预案、强化日常通信应急演练，扎实做好网络安全评估，持续做好网络设备安全隐患排查整改，确保网络安全运行，特别是党、政、军、三防等部门通信高效安全运行。

【绿色企业建设】 2017 年，五华电信紧密结合网络升级及简化部署完成 15 台空调改造，完成 2 个专变退网，更换 7 个蓄电池组，实行柴油统一配送；完成中继光缆整治，完成 4 个OTN波分环设备的安装调测工作，完成传统设备下电 50 台（套）；完成 241 台DSLAM节点和 8 个机房的退网、5 个机房简化年度任务；盘活 65 块窄带板、109 块宽带板、61 个机框、10 个室外机柜。每月节约电费 14018 元，年度可节约 16 万元。

（郑颂花）

中国电信股份有限公司五华分公司2017年度负责人名录

总 经 理： 彭福彬
副总经理： 吴水胜
陈伟伟（任至8月）
宋迪强（8月任）

移动通信

【业务发展】 2017 年，五华移动通过不断完善 4G产品和服务体系，加大补贴力度，特别是农村市场未使用 4G手机的用户，让更多市民享受高速 4G上网带来的便利。积极响应国家提速降费要求，不断推进通信资费降费行动。针对五华移动用户日益增长的流量需求，推出流量日租卡、流量年包、无忧包、任我看、流量巨无霸等超值实惠的流量产品，满足不同群体不同场景的移动上网需求，流量资费同比降幅超 45%，4G用户规模比增 29.4%。

【基础网络建设】 2017年，五华移动继续加大移动通信网络建设,精全年新建4G站点234个，累计建成4G基站982个，4G基本实现县城、乡镇、行政村100%连续覆盖。积极响应国家“宽带中国”战略，将更多光纤宽带资源投入农村，加快光纤网络的覆盖建设，全年新增光纤宽带覆盖5万户，全县光纤宽带覆盖用户总数21.3万户，移动光纤宽带用户数超6万户。新增63个2G宏站和16个直放站，网络质量得到持续提升。

【信息化建设】 2017年，五华移动充分发挥行业优势，聚力开展信息基础设施建设，有效地提升政府单位信息化支撑效率和政务服务能力。一是开展五华县政府政务OA升级工作，开通手机APP客户端、优化审批流程，大大推动政务信息共享、节约纸张资源，提升行政效率。二是针对各单位信息化办公需求，提供办公OA、互联网专线、云视讯等信息化产品，进一步提高各单位办公自动化和信息化水平。三是建设五华县惠民信息公开平台，通过一体机终端、APP客户端、网页、短信等多种形式为全县涉农用户提供各项惠民补贴政策查询、个人惠民信息查询、惠民信息指南查询等功能，并把平台纳入监察系统，接受群众咨询、投诉、举报，有效提升惠民政策的公开透明度，实现惠民资金的全流程监管。当前，五华县惠民信息平台共录入17个行局的100项惠民政策、10万条惠民信息，超过10万群众通过惠民信息平台查询相关政策和信息。

【精准扶贫】 2017年，五华移动积极履行社会责任，强化责任担当，多措并举落实精准扶贫工作。一是强化基础设施建设。帮助老田村开展路灯建设，主干道1.8公里，共72盏路灯，已全部投入使用。二是加强信息化基础建设。发挥自身优势，为老田村开通宽带建设绿色通道，使广大村民快速使用上廉价高速的移动光纤宽带，同时对符合条件的贫困户免费安装宽带和电视，对非贫困户安装宽带实行优惠减免，还让偏远的贫困村也能享受到信息化带来的便利，有78户安装使用上光纤宽带。三是大力发展特色产业，专门成立一个专业种养合作社，发展种植1.33公顷泰国红薯和0.67公顷百香果，并与广州生长地公司签订购销合同。四是牵头组织开展老田村到揭西县上砂镇的1.2公里跨县公路硬底化项目。

中国移动通信集团广东有限公司五华分公司2017年度负责人名录

总 经 理：黄伟华
副总经理：李波勇
总经理助理：林艾明

联通通信

【简况】 中国联通是党中央、国务院确定的首家集团层面整体进行混合所有制改革的中央企业，于2017年8月21日正式发布混改方案。联通的改革具有样本意义，是新一轮国企改革以来，力度最大的一次改革，被誉为“新一轮国企改革的标杆”。中国联通混改引入具有战略协同效应的四大行业领军投资者，包括大型互联网公司、产业链垂直行业的领导者、具有雄厚实力的金融集团和产业集团，以及国内领先的行业产业基金。通过混改，以市场化为导向健全企业制度和公司治理机制，聚焦公司主业、创新商业模式，规模发展基础业务和创新业务，全面提高企业效率和竞争能力，实现公司战略目标，为国民经济和社会信息化、供给侧结构性改革、新旧动能转换做出积极贡献。2017年，梅州联通作为梅州市内综合信息服务提供企业，持续从经营理念、运营模式、增长方式等多个方面加速转型升级，建立真正市场化机制，在“网络、云计算、物联网、大数据”等方面形成优势。

【网络建设】 2017年，五华联通全面升级4G网络。重点乡镇以上人员聚集区域及3A级以上风景名胜区实现4G网络全覆盖，乡镇以下农村区域实现4G、3G混合全覆盖，为用户提供网络峰值速率达370Mbps的高速上网体验。全力提速宽带网络建设。以“提速降费”为着力点，切实围绕客户需求，打造高速率的宽带网络，一方面，推进网络面向光纤化升级，加大新建小区光纤入户推进力度，加快老旧小区光纤入户改造，实现宽带网络全面提速；另方面，聚焦提升用户感知，在网络覆盖及带宽能力持续提升的同时，在用户密集区域积极部署4G+网络，4G+峰值下载速率由370Mbps提升至800Mbps。加强传输网建设，以打造可靠、安全、大容量的基础网络为目标，持续推进五华光缆建设，光缆线路规模累计2500公里，所有县城实现波分传输技术全覆盖，所有乡镇实现分组数据传送，为全市固定及移动宽带用户提供安全可靠传输网络保障。加强工业园区通信基础设施建设。

【信息化发展】 2017年，梅州联通积极推进和落实互联网+行动计划，着力打造优质“互联网+”网络基础设施，依托广东联通强大的智能网络和信息化支撑，积极推进互联网+应用。3月，广东联通推出“沃·行业云”，以云网一体为基础，为行业客户提供按需而动、弹性灵活、安全可靠的行业云服务，重点推出政务、医疗、金融和智造四大行业云产品。同时还推出通信能力开放平台“沃企·云道”，将基础运营商的通话、消息、流量、码号等通信能力云化开放，转换成可通过互联网调用API产品形态，可被开发者无缝的集成到其应用产品中，为其用户提供随时随地的通信服务，使得通信开发零门槛，助力创新创业者开辟应用新场景和模式新突破。8月，联通(广东)产业互联网有限公司梅州办事处成立，以构建“互联网+运营专家”第一品牌为目标，秉持成为产业互联网创新服务领先者使命，为政府、企业提供从连接、云平台、到大数据的一站式解决方案。公司形成领先“大物移云智”“互联网+”核心平台，包括自主研发的大数据平台、国际领先的物联网中心和新一代云数据中心。

【客户服务】 2017年，五华联通为满足用户流量需求，推出全新“冰激凌”系列套餐，新套餐“语音”和“流量”均不限量，首开国内移动资费不限量的先河。“不限量”套餐不仅打破以往套餐产品的界限，满足用户需求，更体现联通“不忘初心，客户为本”服务理念，也是中国联通积极响应国家提速降费要求、提高用户获得感的重要举措。

（五华联通）

中国联合网络通信有限公司五华县分公司2017年度负责人名录

总经理：钟志坚

农　业

农村工作

【简况】 2017 年，全县农业部门认真贯彻落实中央一号文件和中央、省、市、县一系列有关农业工作的决策部署，以农业供给侧结构性改革为主线，紧紧围绕“一核两区三组团”发展战略，着力优产业、创品牌、拓链条、推改革，扎实推进农业农村各项工作，促进农业增效、农民增收、农村发展。全县完成农业总产值 56.45 亿元，实现增加值 34.37 亿元，同比增长 4.1%，增速排在全市各县（市、区）第二。

【粮食生产】 2017 年，全县继续实行粮食生产责任制，大力推广良种良法，加强各项强农惠农政策的宣传落实，不断提高粮食综合生产能力。全年推广水稻测土配方施肥 4.07 万公顷，水稻病虫害综合防治 4.27 万公顷；积极推广杂交稻、优质稻、超级稻种植，良种覆盖率 96%。同时，积极引导农民参加政策性水稻保险的投保，保障农业生产，全年有 37.86 万户农户投保，投保面积 3.32 万公顷。全县粮食播种面积 5.57 万公顷，总产 33.28 万吨，总产比增 0.45%，其中水稻播种面积 4.7 万公顷，总产 28.54 万吨，总产比增 0.57%。

【特色农业】 2017 年，县农业部门坚持以农民增收为核心，以市场为导向，加强政策落实，促进特色水果、茶叶等产业发展，推动农业供给侧结构性改革。累计发放 2016 年度茶叶产业发展及农业品牌建设扶持奖励资金 508.84 万元，不断提高农民群众耕山致富的热情。至年底，全县水果种植面积 1.79 万公顷，其中 2017 年新增 444.33 公顷。着力调整优化渔业产业结构，加大机械化养殖和健康示范养殖技术的推广应用，积极开展水生动物防疫检疫及鱼病防治工作，水产养殖业持续发展。渔业产值 2.01 亿元，增长 7.5%。

【农业基础】 2017 年，县农业部门坚持绿色发展理念，积极实施项目带动战略，加快续建、在建、新建农业项目的实施，不断改善农业生产条件，着力加强农业发展突出问题整治，夯实农业发展基础。一是大力抓好高标准农田建设项目。总投资 2448 万元，在龙村镇 17 个村建设 1088 公顷高标准基本农田项目顺利推进。二是大力推广农业适用机械。全年共使用补贴资金 91.61 万元，补贴机具 690 台（套），受益农户 667 户，全县拥有农机总动力 25.53 万千瓦，机耕率 96.7%，机收率 83.8%，机插率 9%，综合机械化水平 66.52%。三是大力推进农业发展突出问题整治。通过大力推广秸秆机械化粉碎还田和腐熟剂快腐还田技术、大力加强农村能源建设、农业面源污染治理等多种措施，不断推进农业发展突出问题整治，促进农业可持续发展。全年在全县推广稻秆快腐还田面积2200多公顷。在河东、安流、棉洋等3个镇试点世界银行贷款农业面源污染治理项目取得初步成效。新建户用沼气池150个，验收并发放补助14.4万元。完成广东省、市下达的地块调查、农产品产地土壤重金属“省控点”布设、农产品样品采集等各项工作。

【农业产业化】 2017年，县农业部门继续加大农业龙头企业、农民专业合作社、家庭农场等新型经营主体的培育发展力度，鼓励现代农业经营主体规范化建设，发展壮大实力，增强辐射带动能力，提高农业产业化经营水平。全年新增广东三红柚、九霖生态、琴江园等3家省级农业龙头企业、梅州市福悦农业等5家市级农业龙头企业、润兴金花茶等18家县级农业龙头企业。截至2017年年底，全县农业龙头企业总数94家，其中省级15家、市级25家、县级54家；农民专业合作社达917家，其中2017年新增发展145家；家庭农场82家，其中2017年新增注册17家。

【品牌建设】 2017年，县农业部门坚持用品牌意识推进农业增效、农民增收。“焕兴”金柚、“福善楼”绿茶、“访业”三红柚、“九霖”单枞茶等4个产品被评为省名牌产品，全县累计创建省级名牌产品15个。云岐圣峰等17家企业被评为梅州市富硒农业生产基地。组织17家（次）农业企业参加各类农博会、展销会等推介会，不断提高五华县特色农产品知名度。在广东省“粤茶杯”第十二届茶叶质量竞赛中，梅州市共21种茶获奖，其中，“棉洋”华顺富硒绿茶获得全市唯一一个特等金奖。“七目嶂”大田柿花、“福善楼”云雾红茶等14个农产品被评为广东省名特优新农产品。“七畲径茶”、“大田柿花”获评地理标志性农产品，全县地理标志保护产品增至3个。积极开展“三品”认证，全年组织12家企业开展复查换证、12家企业开展认证申报工作，全县累计获得无公害农产品生产企业32家，产品总数39个，认证面积1078.55公顷。

【农业服务】 2017年，县农业部门积极实施科技兴农战略，加大农业科技培训力度，加强农作物病虫害的预测和防控，加强农业安全生产监管，农业社会化服务水平不断提升。一是积极实施科技兴农战略。在全县建立科技示范户300户，并择优聘请31位技术指导员开展农业科技入户指导服务工作，组建县农技推广专家组，探索实践“专家组+技术指导员+示范户”模式，推进五华县农技推广信息化建设，全年举办各种培训班、现场会21场次，培训农民技术员、种植大户1750多人次。二是加强农产品质量安全监管。切实加强种子、化肥、农药、渔药等农业生产资料的专项整治行动，加大农业执法力度，出动农业执法人员295人次，检查种子、农药、化肥等经营门店292间（次），农产品生产企业（种植大户）96个（次）。加强对全县蔬菜生产基地、农贸市场、超市的日常抽样检测，共检测蔬菜样品2579个，合格样品2561个，检测合格率99.3%。加强种子信息调查以及报送工作，完成种子质量监管工作项目和农作物种质资源普查项目。三是加强病虫害防治。4月，在河东、安流发现广东省首例发生的全国检疫性虫害稻水象甲，发生点面积 23.33 公顷，农业部门主动作为，积极应对，首次引进无人植保机进行统防统治，采用化学农药防治和太阳能杀虫灯物理防控的综合防控方式，成功进行扑杀。加强红火蚁、柑橘黄龙病等检疫性病虫害的预测预报和防控，全年普查确认红火蚁发生点 20 个，其中新增发生点 10 个，全部得到有效防治；印发病虫情报 8 期，病虫警报 2 期，合计 9000 多份，切实把病虫害损失减少到最低程度。

2017 年 5 月 9 日，广东省农业厅党组成员、副厅长黄斌民（左二）带队到五华县开展稻水象甲疫情防控督导调研工作。

【农村工作】 一是全力推进农村土地确权工作。全县各级高度重视农村土地确权工作，成立专项工作领导小组，坚持上下联动，严格按照程序要求，积极稳妥推进农村土地确权各项工作，全面完成上级下达的目标任务。二是“一事一议”项目顺利实施。2017 年在 16 个镇 39 个村实施 39 个项目，共筹集资金 3896.25 万元，其中省以上资金 1039 万元，市、县财政配套、群众自筹及社会捐赠 2857.25 万元，受益人口达 11 万多人。截至 2017 年年底，完成并验收的项目 20 个，待验收项目 10 个，其余正在实施中。申报 2018 年项目 69 个，申报中央及省补助资金 1475 万元。三是加强农民负担监测工作。设立河东、横陂两镇 6 个村 30 户农民负担监测农户，及时做好农户的负担数据收集、汇总、分析和上报工作。据监测，五华县农民总体负担总体情况保持平稳，略有下降。四是积极开展行政审批事项清理。基本完成全县农机购置补贴受理权下放衔接工作，实现购机者就近在各镇办理申报补助手续。

2017 年 7 月 8 日，五华县颁发首批土地确权证书。图为周江镇新良村农民（张炳锋 摄）

【其他各项工作】 一是全力抓好农业生产安全。坚持“一岗双责”，扎实开展“安全生产检查日”“夏季消防检查”“渔船安全大检查”“打私打非”“拖拉机道路交通安全联合专项整治”等专项行动，全年检查渔船 104 船次，拖拉机 28 台。合计发放 2016 年度、2017 年度柴油补贴 77 万元。完成 2017 年度渔船“三证合一”和职务船员改革换证工作。二是深入推进涉农维稳工作。认真抓好发展与稳定的关系，加强农村不稳定因素排查和化解，妥善处理涉农不稳定案件，大力做好信访维稳工作，妥善处理各类信访信件 12 宗，无重大上访事件。三是积极抓好“双创”工作。围绕县委、县政府创建“国家卫生县城”“广东省文明县城”工作部署和责任分工，2017年投入近十万元，积极开展“双创”工作。制作悬挂“双创”横额标语16条、宣传栏28个。全面加强办公楼范围内的卫生保洁，坚持做好卫生责任区农贸街和4个居民小区内的清洁卫生；完成水潭东路10多处宣传围挡制作，开展2期道德讲堂宣讲活动。四是扎实抓好扶贫工作。扎实做好驻村扶贫和软弱涣散党组织整顿工作，对贫困户建立“一户一策”，进行结对帮扶。按照2017年40%的任务，在贫困户中挑选条件比较成熟、家庭经济发展比较好的作为2017年度脱贫对象。五是深入开展涉农专项检查。按照市、县各级关于开展涉农领域腐败问题专项治理的工作部署，县农业局切实加强组织领导，细化实施方案，明确责任要求，采取有效措施，组织力量对种粮直接补贴（含耕地地力保护补贴）、农机购置补贴等涉农资金开展入村入户核查，发现、解决一批问题。同时积极做好兴华高速沿线复绿复产前期工作。

【队伍建设】 2017年，县农业部门认真贯彻落实中央和省、市、县纪委全会的工作部署，全面落实领导班子党风廉政建设责任制，坚持以上率下，全面加强党员干部“八小时外”监督管理，不断优化政务环境。坚持把加强学习作为提升干部队伍素质和能力的重要途径，深入开展学习中共十九大等重要会议、习总书记对广东工作重要批示、廖俊波先进事迹、保密法纪等系列学习活动，努力增强干部职工的宗旨意识、服务意识、廉政意识、保密意识，全年组织开展中心组、全体干部职工等各类专题学习活动29场次。同时，健全完善各项规章制度，逐步建立健全常态化管理机制，着力抓好机关作风改进，树立良好的农业干部队伍形象。

（幸娜　钟颖琼）

县农业局2017年度负责人名录

局　长：徐德兴

副局长：温妙初

唐妙坤（任至3月）

陈荣辉　魏华中

张德祥（3月任）

系统党工委副书记：张奎导

党组成员：彭彩红（任至5月）

曾坤华（任至9月）

张天荣（任至9月）

温展开（任至9月）

县纪委派驻农业局纪检组组长：

温颂英（5月任）

畜牧业

【简况】 2017年，县畜牧兽医局扎实抓好重大动物疫病防控、禽畜产品质量安全、畜牧业生产发展、强农惠农政策落实、生猪屠宰管理、精准扶贫、人居环境整治、广东省县级文明城市创建、国家卫生县城创建和“两学一做”学习教育常态化制度化等工作，全县没有发生高致病性禽流感等重大动物疫情和畜产品质量安全事故，保障全县畜牧业的健康稳步发展和社会公共卫生安全。全县生猪饲养量98.74万头，存栏45.15万头，出栏53.59万头；能繁母猪存栏41357头；牛饲养量5.34万头；羊饲养量2.15万只；兔饲养量48.7万只；家禽饲养量838.5万羽。肉类总产量5.57万吨，畜牧业产值14亿元，占农业总产值25.19%。2017年度县直单位工作绩效考核评为良好等次；评为 2017 年社会治安综合治理先进单位。

【重大动物疫病防控】 2017 年，县畜牧兽医局按照《关于做好我县 2017 年动物防疫工作的通知》（华府办函〔2017〕51 号）要求，组织召开全县春、秋防工作会议，对做好春、秋两季动物集中免疫工作进行部署。并切实加强对各镇做好动物防疫工作的协调和业务技术指导。同时，组织人员对春、秋两季畜牧兽医工作进行督查，并对督查过程中发现的的问题提出整改意见。全年组织发放强制免疫用口蹄疫疫苗 91.63 万毫升、猪瘟疫苗 35.88 万头份、蓝耳病疫苗 1.668 万头份；禽流感疫苗 336.43 万毫升、新城疫疫苗 411.55 万羽份以及小反刍兽疫疫苗 0.88 万头份。

【疫情监测】 2017 年，县畜牧兽医局积极开展疫情监测预警工作，密切掌握疫病动态，按时按质完成省、市下达五华县的动物疫情监测任务。全年进行血清学监测：禽流感 556 份、鸡新城疫 525 份、猪瘟 185 份、猪口蹄疫 585 份、高致病性猪蓝耳病 185 份，羊小反刍兽疫血清、病原学拭子各 70 份，牛拭子 40 份。检测结果均合格。

【应急演练】 2017 年 9 月 22 日，县畜牧兽医局联合河东镇政府在琴江广场进行重大动物疫情应急现场实地演练，邀请县政府、县应急办、各镇分管农业的领导和农业服务中心分管畜牧工作负责人以及县防制重大动物疫病成员单位负责人共 50 多人在演练现场观摩。通过应急演练，进一步提高突发疫情应急处置能力，确保人民群众身体健康和公共卫生安全。

【惠农政策落实】 2017 年，县畜牧兽医局建立惠民信息公开平台，指定专人负责，及时公开优质后备奶牛饲养补贴发放、病死猪无害化处理补贴申报等信息。积极开展政策性生猪保险工作，2017 年度生猪保险共有参保户 239 户、244532 头，赔付农户 29.2 万元；家禽投保 1 户、3 万只，有效化解农户养殖风险。

【畜产品质量安全】 2017 年，县畜牧兽医局加强生猪产地、屠宰检疫工作规范化管理监督和“瘦肉精”等违禁药物排查抽检工作，积极开展假兽药查处活动、农资打假专项治理、放心农资宣传、生鲜奶专项整治和食品安全宣传周等专项行动。全年出动 262 人次，监督检查生猪屠宰场、规模养殖场 138 个次，兽药饲料门店 90 家次，发放宣传资料 920 份。同时，积极做好养殖环节病死畜禽无害化处理工作。全年养殖环节无害化处理病死生猪 1307 头、屠宰环节无害化处理病死生猪及产品 573 头。

【畜牧业生产发展】 2017 年，县畜牧兽医局积极推广黄牛冷精配种技术和生猪人工授精技术，推进畜禽品种改良工作；发展巴马香猪、五华三黄鸡等特色畜牧产业，提高养殖效益；实施新型职业农民培训项目，培养畜牧类职业农民 100 名。加强畜牧业安全生产和防台风暴雨、防寒防冻工作。该局出动 100 多人次，签订安全生产责任书 49 份，有效防范安全事故的发生。大力推广生态、绿色养殖，通过印发宣传资料、举办技术培训班等形式，普及环境保护知识，实施治污工程，确保完成市下达的 45 家规模养殖场的污染减排任务。切实抓好农村人居环境整治、水污染防治工作，认真制定落实行动指南，对养殖场污染问题限期整改或依法关闭，大力推进 92 条省定贫困村创建社会主义新农村工作。

【生猪屠宰管理】 2017 年，县畜牧兽医局加强《生猪屠宰管理条例》宣传贯彻，继续开展“扫雷”行动，坚决打击私屠滥宰。出动 342 人次，参与整治生猪屠宰活动；特别是 12 月 18 日至 20 日，每天出动 80 人次，会同药监局、公安局和转水镇人民政府依法打击私屠滥宰，将转水镇生猪屠宰纳入水寨肉联厂统一集中屠宰，确保群众吃肉安全。督促屠宰企业严格落实安全生产“一岗双责”制度，加强屠宰场制度建设，投入资金 50 万元，购进刮毛机 5 台，对华阳、河东等 7 个食品站的屠宰机械设备设施等进行更新、维护、保养，消除安全隐患。

【国家卫生县城创建】 2017 年，县畜牧兽医局根据五华县创建国家卫生县城要求，结合实际，扎实推进“创国卫”工作。投入 5 万多元用于健康教育宣传、病媒生物防制、网格化责任地段管理、农贸市场整治、安全文明小区建设，以及支持莲洞村旭日、红日村民小组创国卫等工作，确保如期实现国家卫生县城创建目标。

【广东省县级文明城市创建】 2017 年，县畜牧兽医局成立以局长任组长的创文工作领导小组，制定并组织实施创文实施方案和 2017 年度创文工作计划。组织干部职工集中学习习近平总书记系列重要讲话特别是对广东工作作出的重要批示精神及上级文件、政策，广泛开展社会主义核心价值体系学习教育，坚持把社会主义核心价值体系贯穿到干部职工教育以及日常工作学习生活中，融入精神文明建设全过程。投入 1 万多元，完成 30 多个遵德守礼等公益宣传图画，更新制作双创宣传栏 4 个次，并利用彩铃、短信等形式加强宣传。

【精准扶贫精准脱贫】 2017 年，县畜牧兽医局严格按照上级部署和要求，健全落实扶贫攻坚责任和干部包户责任制以及工作例会制度，切实抓好长布镇栋岭村、高福村的精准扶贫精准脱贫工作。自筹资金 28 万元，用于帮助栋岭村村道、村公共卫生站建设、慰问助学以及解决 1 户贫困户建房资金，用于高福村新建桥梁、公厕、村卫生站以及重修水圳陂头、加宽村道等建设。通过帮扶，栋岭村 3 户 13 人、高福村 8 户 29 人实现稳定脱贫，两年共脱贫人口栋岭村 125 人、高福村 62 人，分别占贫困人口 72%、73%。

【依法治牧】 2017 年，县畜牧兽医局创新服务模式，依法行政，积极推进五华县“一门式一网式”政府服务模式改革和双公示工作，不断提高服务效能，接受社会监督。加强行政执法人员网上法律知识学习，认真落实“谁执法谁普法”责任制，扎实推进“法治先进县”创建工作。该局在牧政股加挂行政审批股，切实落实行政审批职能职责，对动物防疫条件合格证、兽药经营许可证审核等进一步简化流程，提高服务质量和水平。

【机关作风建设】 2017 年，县畜牧兽医局认真制定并落实《五华县畜牧兽医局改进机关作风优化政务环境工作实施方案》，扎实开展改进机关作风建设专项整治活动，严格请销假和考勤管理制度，坚决杜绝上下班不准时，上班时间串岗聊天、玩游戏、看电影等现象，坚决纠正不作为、乱作为行为，全面提升工作效能。

（宋玉胜）

县畜牧兽医局2017年度负责人名单

局　长：张景铮

副局长：郭崇明

杨　尚（2月任）

廖新辉（2月任）

党组成员：张景铮　郭崇明

杨　尚（2月任）

廖新辉（2月任）

曾献涛

扶贫开发和新农村建设

【简况】 2017年，县委农办（扶贫开发局）切实做好新时期精准扶贫精准脱贫工作、新农村建设、农村综合改革、涉农维稳工作，扎实推进中央专项彩票公益金扶持革命老区小型公益项目、老区建设项目、“大禹杯”项目建设。

【精准扶贫精准脱贫】 2017年，县委农办（扶贫开发局）严格按照中央、省、市、县精准扶贫精准脱贫的决策部署，紧紧围绕精准扶贫“八项工程”，以“惠民生、促发展”为工作目标，层层压实责任，全县21618户70926名贫困人口，均落实帮扶责任人。创新精准识贫方式，总体核减2788户1.1万名不符合扶贫条件的农户，帮助646名贫困户子女解决无户籍问题；建设扶贫大数据平台，实时监测贫困户数据变化；承办全市扶贫开发和新农村建设现场会、粤东扶贫大数据平台业务培训班、全省扶贫小额信贷业务培训班和全省财政扶贫资金管理培训班；在制订出台精准扶贫精准脱贫“1+N”文件体系的基础上，建立产业扶贫“以奖代补”、产业发展扶持激励、扶贫资金筹集使用管理办法、脱贫攻坚责任办法、建档立卡贫困户事务代办和扶贫例会制度等系列帮扶机制。统筹资金2249万元在横陂镇开发光伏发电扶贫项目，统筹县级资金2533万元购买中国供销·粤东农批42间商铺，租赁收入作为县级资产收益，并制定县级资产收益分配方案，将收益用于全县贫困户资产收益脱贫和新农村建设设备的维护；引进广东汉光超顺农业股份有限公司和广东贵澳农业科技有限公司，打造绿色有机果蔬旅游基地；集约转水镇73.33公顷土地，通过“政银企农”“企业+基地+贫困户”等模式，打造沿河线生态农业观光体验产业带和新丰寨休闲农业旅游区。通过“政银企农”“企业+基地+贫困户”“保底+分红”等模式开展一系列资产收益脱贫项目，实现资源变资产、资金变股金、村民变股东，确保贫困户长效收益。启动“互联网+扶贫”模式，搭建“岭南优品”平台，拓宽“扶贫+电商”渠道。全县累计投入帮扶资金10.4亿元，通过实施产业发展、文化教育、转移就业、医疗救助、兜底保障和危房改造等帮扶措施，17595户贫困户54319名贫困人口实现预脱贫。

【新农村建设】 制订出台《五华县创建新农村示范村建设工作方案》和《五华县省定贫困村创建新农村示范村建设项目方案》，

将省定贫困村创建新农村示范村工程建设项目，按区域细化分包，采用EPC模式进行招投标，扎实推进社会主义新农村示范村创建活动。突出示范先行，全面推进，着力抓好包括转水镇“5+2+3”省级新农村连片示范村在内的32个村示范创建工作，以点带面，以此辐射带动其余省定贫困村创建社会主义新农村示范村活动。2017年，全县共安排新农村建设“以奖代补”资金3.16亿元，全面整治村庄环境脏乱差，补齐基础设施建设短板，提高公共服务和乡风文明水平，完成92个省定贫困村459个自然村村庄规划编制，组建459个村民理事会，完成“三清”18380处，“三拆除”17850处，“三整治”6227处。

【农村综合改革】 2017年，五华县加快推进农村综合改革，完成3.95万公顷土地实测，累计颁发土地确权证明12.55万本；共筹集资金3896.25万元，其中省以上资金1039万元，市、县财政配套、群众自筹及社捐赠共2857.25万元，在16个镇39个村实施39个项目，完成并验收项目20个，待验收项目10个，其余的正在实施中。办理林权证登记发证21宗，涉及林地241.2公顷。

【老区建设】 2017年，县委农办（扶贫开发局）完成2014年1000万元中央专项彩票公益金扶持革命老区小型公益双华镇矮畲村、梅林镇梅林村、郭田镇郭田村三个村的项目建设和验收。2017年2000万元中央专项彩票公益金扶持革命老区小型公益项目点为潭下镇，已完成项目的前期科研、预算等工作。“大禹杯”项目建设稳步推进，完成横陂镇杨恩村、棉洋镇平安村和转水镇里塘村3个村共110万元山水田林路综合治理的省“大禹杯”专项资金竞争性项目的建设和验收。

【涉农维稳】 2017年，县委农办（扶贫开发局）接受来电来信来访和网络信访案件32件，办结32件，办结率100%。同时，协助相关单位做好涉农维稳专项治理。

（陈　刚）

县委农办（扶贫开发局）2017年负责人名录

主　任（局　长）：朱建芳

副主任（副局长）：黄仅鹏　陈宗书

林　业

【简况】 2017年，县林业部门严格按照县委、县政府的工作部署和上级林业主管部门的具体安排，认真做好各项工作，顺利完成各项任务，确保五华县森林资源持续稳定增长。全县林业用地面积23.72万公顷，占县域面积（32.18万公顷）73.7%，其中有林地面积22.56万公顷，活立木总蓄积822.06万立方米，森林覆盖率70.74%。

【生态建设有序推进】 一是全面完成森林碳汇重点生态工程和森林抚育任务。全面完成2017年度森林碳汇重点生态工程任务3733.33公顷和森林抚育任务2.85万公顷，其中2017年省级碳汇林抚育任务1.11万公顷，2016年中央森林抚育任务1.73万公顷。二是全面完成生态景观林带建设。完成2017年生态景观林带新建任务25公里100公顷，完善提升面积50.13公顷。结合人居环境综合整治和精准扶贫、脱贫工作，完成转水镇矮车河流域和新旅游沿线山地绿化提升改造项目 39.73 公顷，抚育补植 397.4 公顷。三是全面完成乡村绿化美化示范村建设。全面完成乡村绿化美化 4 个省级示范村（转水镇新丰村、潭下镇模石村、水寨镇罗湖村、周江镇狮潭村）建设任务。四是加快森林公园建设。完成潭下镇飞龙山和华阳镇仰天狮镇级森林公园的外业勘查、可研和总体规划，并通过专家评审。继续落实十二大系统责任，完成天云岭森林公园 105.53 公顷和星湖岭森林公园 92.53 公顷抚育补植追肥工作，加快近年新造林郁闭成林。五是大力发动义务植树。在县五套班子参与义务植树的示范带动下，掀起义务植树的高潮，发动全县 60 多万人次参与义务植树 200 多万株；继续开展“送苗下乡”活动，筹集资金 390 万元，采购 23.6 万株多品种绿化大苗，送至各镇村，用于乡村绿化美化、森林公园、造林示范点建设。

【森林管护持续加强】 一是狠抓森林防火。严格落实省、市、县关于森林防火有关要求，扎实开展森林防火严防严管严打（“三严”）专项行动和每月一主题活动，创新工作措施，提升技防水平，遏制山火多发态势。二是开展专项整治行动。以保护和发展森林资源为目标，进一步强化木材采伐、征占用林地等管理工作。大力开展县政府 2017 年“十大专项整治”工作中的木材经营加工企业专项整治和林地管理专项整治，通过召开现场会，打造整治示范点，以点带面，推进整治行动全面深入开展。对全县 68 家木材经营加工企业进行规范整治，拆除 4 家违规经营企业，追缴税款 10 多万元；查处非法使用林地案件 84 宗，完成复绿 132 亩。三是严管木材采伐流通。坚持《中华人民共和国森林法》规定的用材林消耗量低于生长量的采伐原则，严格控制森林采伐量，全年审核发放出材量 8.33 万立方米。同时，发挥安流木检站和河子口流动木检站的作用，加强木材流通管理，全年检查车辆 882 次，查验木材 8527 立方米，没收违章运输木材 126.84 立方米。四是完善林地报批。对各类需使用林地的项目，严把审批关，依法依规完善好每一宗用地手续。全年受理完成林地报批 40 宗，面积 564.13 公顷，有效保障社会经济发展用地需求。五是加大执法力度。充分发挥林政执法队伍和森林公安分局的职能作用，开展“利剑行动”“红线行动”“打击破坏林地资源违法犯罪专项联合行动”等一系列专项行动，全力打击涉林违法犯罪活动，保护森林资源安全。全年受理各类涉林案件 26 宗，其中立刑事案件 12 宗，破案 5 宗，判刑 4 人，刑拘 1 人；行政案件 14 起，处理 14 人次，没收木材 5.3092 立方米，行政罚款 35.22 万元。六是做好森林病虫害防治和检疫执法工作。积极做好以薇甘菊、松材线虫病为主的森林病虫害防治工作，全年投入资金 100 余万元对龙村镇、蒲丽顶及全县主要交通道路两旁的枯死松树进行专业清理，清理枯死松树 4000 多株，对镇村和高速公路发现的薇甘菊进行人工清除，并进行药物喷洒除治；严格按照《植物检疫条例》，规范植物检疫证书的签发。全年开出检疫证 1200 份，检疫木材 3.19 万立方米，检疫各种苗木产地 8 公顷，检疫率 100%。

【林业产业持续发展】 一是大力发展油茶产业。把发展油茶产业作为调整林业产业结构、打造绿色经济、增加林农收入的重大举措来抓，指导建设梅林镇琴江园农业发展有限公司、华城镇宇峰农业发展有限公司、转水镇宏辉油茶种植合作社等三个油茶示范林基地，起到示范带动作用。全县已种植经济油茶 5066.67 公顷。二是打造林下经济示范基地。大力打造示范基地，达到以点带面示范带动作用。“广东省林下经济示范基地”七畲径南药种植有限公司已发展林下经济达 147.33 公顷，辐射带动周边农户 215 户，户均增收 1725 元，带动发展林地面积达 100 公顷。三是制订《五华县林下经济发展方案》。立足五华县实际，制订《五华县林下经济发展方案》。计划通过开展学术推广活动、打造示范点、搭建交易平台等方式，发动更多林农积极参与，推动林下经济更快更好发展。

【林改工作不断推进】 一是继续做好林地林权改革工作。认真贯彻落实省、市有关深化集体林权制度改革文件精神，进一步推进五华县深化集体林权制度改革工作，重点做好外业勘界签名确认工作，确保林地确权登记办证工作不出现差错。全年办理林权证登记发证 21 宗，涉及林地 241.2 公顷。二是完善国有林场改革工作。在将五华县国有鸿图嶂林场定性为公益一类事业单位，核定林场事业编制，完善内设机构及人员配备，林场干部职工全部纳入公益性财政全额事业单位管理的基础上，联合审计局、财政局，对林场债权债务进行清算，现有债务由县政府统筹解决，电站等国有资产收归县国资部门管理，全面完成改革扫尾阶段工作。

【涉林工作有序开展】 一是做好山林纠纷调处。以“定纷止争、案清人和”为工作目标，坚持维稳至上、依法调处、综合治理、先急后缓、逐步推进的原则，采取扎实有效措施，依法依规调处山林权属纠纷。全年受理山林纠纷案件 10 宗，成功调处 3 宗，下处理决定 1 宗，6 宗正在按法定程序办理过程中。二是做好惠农资金发放工作。基本完成 2017 年生态公益林补偿资金发放工作。全县省级以上生态公益林面积 13.61 万公顷，损失性补偿总金额 4592.7 万元，统一由县财政部门通过“一卡通”账号拨到补偿对象，已发放 3816.996 万元，完成发放率 83%。

（林 森 张 涛 张冬冬）

县林业局 2017 年度负责人名录

局 长：温定基

副局长：曾维强（3 月任）

林锦森 张育中

朱燎原（3 月任）

张新辉（任至 6 月）

张锦清（任至 3 月）

县公安局森林分局局长：李志环

党组成员：万仕林（任至 9 月）

李建斌（任至12月）

水 务

【简况】 2017 年全县完成水利建设投资 6.5 亿元，同比增长 22.6%，创近十年水利建设投资新高。其中重点项目有：增塘堤升级改造一期工程、县城污水管网琴江堤段二期工程、大都河治理工程、周江河治理工程、村村通自来水工程、“五沿”崩岗和革命老区及原中央苏区水土流失治理工程；重点工作还有全面推行河长制、开展全县河道内船舶专项整治等工作。

【“三防”工作】 2017年，全县平均累计降雨量1252.2毫米，比常年减少29.7%，受台风“天鸽”、“苗柏”影响以及多次强对流天气影响，周江、安流等南部乡镇发生局部洪涝和山洪地质灾害，各镇各相关部门认真落实三防责任制，加强协调联动，未造成人员伤亡和重大财产损失。9月2日，双华镇竹山水库突发渗漏险情，县委县政府主要领导深入现场指挥抢险，县水务部门积极发挥职能作用，在各有关单位的协作联动下，科学采取应急处置措施，成功排除险情。全县基层三防能力建设不断加强，《五华县县镇三防系统标准化建设方案》印发实施，县三防指挥部成员单位联合值班室建成投入使用，三防会商室升级改造工程动工建设，全县16个镇级三防系统标准化建设工作全面启动。

【县城水利项目】 2017年，总投资8963.68万元的增塘堤升级改造一期工程建成投入使用，升级改造河堤及市政道路2.3公里。总投资8194.37万元的增塘堤升级改造二期工程顺利开工建设。县城污水管网琴江堤段二期工程加快实施，累计完成投资1900万元，占计划任务95%。

2017年7月，增塘堤升级改造工程（一期）建成通车（温剑锋 摄）

【省级水利建设示范县】 2017年，五华县省级水利建设示范县7大类共122宗工程全面完工，并完成工程验收工作，累计完成投资8.41亿元，占规划总投资100.2%，按时按质完成省下达的建设任务。

2017年9月28日，水利部水保司刘辉副司长（中）到五华县检查水土保持工作（陈勇 摄）

【中小河流治理】 2017年，新田河、蕉州河等16宗治理工程全面完工，完成投资2.6亿元。2宗工程加快建设，其中大都河治理工程于11月底完成主体工程，周江河（长布镇段）治理工程于12月底完成主体工程，完成投资约6000万元。栋新水、优河、先水河等3宗治理工程完成初步设计审查，其中采用EPC总承包建设模式的优河、先水河治理工程完成项目招投标工作。

【民生水利建设】 2017年，全县村村通自来水工程稳步推进，完成年度投资1.5亿元，其中华城、安流、棉洋等3宗村村通自来水重点工程开工建设，周江、长布、双华、郭田等7宗在建项目扎实推进，工程总体进度80%。采用PPP模式的11个镇级污水处理设施建设项目扎实推进，累计完成工程投资9000万元，占总投资60%。总投资18.6亿元的五华县村级污水处理设施建设PPP项目完成项目招投标，华城镇新一、双华镇矮畲等 28 个先行示范村率先进场施工。总投资 401 万元的“五沿”崩岗水土流失治理工程全面完工、治理崩岗 18 个。总投资 679 万元的革命老区及原中央苏区水土流失治理工程全面进场施工。投入 800 万元，完成水毁工程修复以及县城河道清淤清障项目 18 宗。大中型水库移民后期扶持项目完成投资 720 万元，小型水库移民后期扶持项目完成投资 370 万元。

【依法治水】 2017 年，《五华县水资源保护管理暂行办法》印发实施，为确保全县人民群众用上干净水、放心水提供制度支撑和保障。益塘水库供水工程列入市重点项目，其水资源保护工作提上市委市政府重要议事日程。全面完成 2017 年度可采区招投标，4 个可采区成功招标出让，收取招标出让金 4200 万元、税金 792.8 万元。多措并举、持续加强河道采砂源头管理，狠抓持证砂场管理，有效遏制非法采砂，累计组织联合执法 100 多次，出动执法人员 1400 多人次，立案受理涉砂案件 61 宗，依法作出行政处罚 43 宗，暂扣非法采砂作业工具挖掘机 58 台、铲车 14 部、汽车 34 辆，没收非法所得 4.46 万元，依法罚款 135 万元。持续开展非法堆放河砂整治、县城地下水整治、水土保持执法监督、小水电站执法检查、水利工程安全生产大检查等专项行动，维护正常水事秩序，确保水务生产安全。深入推进“法治先进县”创建工作，全面加强依法行政、行政审批、综治信访维稳等工作。

【水利行业管理】 2017 年，县水务部门认真落实最严格水资源管理制度，出台《五华县水资源保护管理暂行办法》，严守水资源管理“三条红线”。规范审批程序，办理取水许可上线 306 户，累计征收水资源费 300 万元，同比增加 2 倍。积极开展“世界水日”“中国水周”系列水法律法规宣传活动，营造全社会保护水资源的浓厚氛围。供排水工作安全有序，县自来水公司全年售水量 1362 万方、比增 9%，县城污水处理厂处理污水 1378 万立方米，污水处理率 81%。益塘水库美景驿站一期工程建成开业，旅游接待能力和景观设施档次大幅提升。开晟水务集团完成组建并运营，华安监理公司业务发展态势良好。投入 65 万元，帮助对口的龙村镇潭溪村、石溪村顺利实现年度脱贫目标，协助软弱涣散整顿村——龙村镇登畲村成功“摘帽”。

【河长制工作】 2017 年，县委、县政府印发出台《五华县全面推行河长制工作方案》，成立五华县全面推行河长制工作领导小组，实行县委书记、县长双总河长制，全县 27 条主要河流落实县镇村三级河长 345 名，按时出台县级 7 项、镇级 3 项配套制度。五华县全面推行河长制工作领导小组办公室、河库保护管理股和河库保护中心挂牌成立。各级各部门深入贯彻落实中共十九大精神，全面落实绿色发展理念，牢固树立“绿水青山就是金山银山”理念，突出加强水环境综合治理，河长巡查、考核验收、信息通报等河长制各项工作顺利推进、开局良好。

【水务队伍建设】 2017 年，深入推进“两学一做”学习教育制度化常态化，扎实开展“改进机关作风、优化政务环境”活动，健全完善财务管理、重点项目资金拨付、请销假、局务会议等有关制度，加强队伍教育管理，转变机关工作作风，行政效能稳步提升。全面落实从严治党责任，加强党风廉政建设，严格执行中央八项规定，积极配合县委巡察组开展工作巡察，加大水利工程招投标、水政执法以及涉农惠民资金等方面的排查整治力度，切实防范廉政风险。

（陈勇　古小玲）

县水务局2017年度负责人名录

局　　长：陈炳章

副 局 长：刘兴华（4月任）

黄敬阳　曾志青　蔡　文

总工程师：何定标

供　电

【简况】 2017年，县供电局始终坚持贯彻执行上级方针政策，全面承接南方电网公司、广东电网有限责任公司和梅州供电局各项工作，把创先工作融入日常工作当中，深入践行《南网总纲》，紧紧围绕梅州局“从严动真，固本强基，持续改进，小步快跑，迈向卓越”总体思路推动工作。完成购电量8.57亿千瓦时，同比增长11.57%；完成售电量7.99亿千瓦时，同比增长11.78%。综合线损率6.80%，同比下降0.18个百分点；电费回收率为100%。综合电压合格率99.60%，同比上升0.04个百分点；客户年平均停电时间59.54小时，同比减少13.97小时。第三方客户满意度76分。

【安全生产管理】 2017年，县供电局始终坚持“安全第一、预防为主、综合治理”方针，按照“保人身、保电网、保设备”三大原则，认真落实“三个百分之百”要求，做好各项安全工作，积极开展安全月和安全教育培训活动，圆满完成党的十九大、第五届客商大会和“纪念古大存120周年诞辰系列活动”等多项重要保供电任务，确保安全生产形势平稳。强化应急预案管理，开展人身事故、消防、重要客户、设备事故4场应急演练，促进安全生产管理有效提升。大力开展隐患排查，加强线路和设备巡视工作，及时发现消除安全隐患，认真做好迎峰度夏、防风防汛和迎峰度冬工作，有效防御“天鸽”“帕卡”“玛娃”台风三连击，不断提高电网防灾抗灾能力。开展基于风险的安全风险体系，进行风险辨识和风险过程管控，对工作中面临的风险制定相应的预控措施并跟踪落实；加强施工现场作业安全管控及监督，严格做好“安规”“两票”和“十个规定动作”等的刚性执行，开展安全督查1122次，严肃查处各类违章行为，开具18张处罚单并对相关施工单位进行扣分处理。全力做好防社会人员触电事故事件专项治理，促成政府印发《五华县开展清理电力线路保护区违章建筑和超高树木工作的通知》；在电力线路保护区内和钓鱼场所等区域装设412面安全警示牌；对易受车辆碰撞的电杆加装500个防撞桶，完善约3万块中压安健环标识。全年未发生四级以上安全事件。至年底，实现连续安全生产2192天。

【电网建设与改造】 2017年，县供电局电网规划建设工作得到广东电网有限责任公司和梅州供电局的高度重视和大力支持，建立完善电网建设工作机制，工作责任明确落实。解决110千伏琴江至周江输电线路横陂段N29#铁塔施工受当地群众极力阻挠、35

千伏硝芳输变电工程8年未投运的历史遗留问题，实现110千伏狮潭站、35千伏硝芳站顺利投产。积极推进惠民工程建设，配合政府和能源公司完成横陂镇30兆瓦光伏发电工程项目。大力推进新一轮农网升级改造工作，完成基建配网建设投资1.36亿元，进一步完善电网结构和逐步解决中低压线路的安全隐患、老化残旧等问题。全力配合梅州供电局完成35千伏锡坑简易站选址、征地和建设工作,并于12月27日按期竣工投运，解决72个台区低电压和约3万人的用电难问题，为梅州地区解决成片低电压问题积累经验，树立典范。加快推进农电体制改革，完成4个已签订协议的自供区接管工作，其中双华镇禾沙村工程由于村民阻挠，接管难度最大，经过50多天的努力，顺利完成接管任务，让2000多名村民用上稳定电、放心电，得到政府和老百姓的赞扬。

【优质服务】 2017年，县供电局牢固树立“服务永无止境”服务理念，坚持以“客户满意”为出发点、落脚点，为省、市、县重点规划、招商引资项目工程开辟业扩绿色通道，专门设立大客户经理全程跟进，采取边申报边实施的办法，快速、高效地满足客户的用电需求。落实客户投诉24小时“见人见事”快速处理机制，成立“网格化”客户经理队伍，以客户最关注的问题为切入点，提升投诉处理效率和质量，工单及时办结率和回访率均100%；开展以“修复客户关系，提升客户感知”为主题的走访活动，贴心入户服务，率先完成电粉任务，绑定数达3.54万户，位列全市第一。严格执行投资界面延伸政策，科学有序推行业扩报装“三免”服务，落实中压工单“主人制”，对供电方案、设计、物资及施工等环节时限有效把控。积极推进新能源发展，全力助推节能减排工作，全年节约电量308.1万千瓦时；新建内部充电桩2个，实现五华县内电动汽车首次充电应用。建成县内首个节能、环保、安全、舒适、无明火的低碳型电磁厨房，实现能源最大化利用和污染最小化排放。盗窃破坏电力设施案件及涉电法律案件、纠纷逐年下降。电力设施遭盗窃破坏案件连续6年实现零案件。未发生因矛盾纠纷排查和解决不力而引发影响重大的恶性案件、群体性事件及群体性劳资纠纷。

【党建工作】 2017年，县供电局全面落实从严治党责任，深入学习贯彻落实中共十九大精神，按照“学懂弄通悟透做实”要求，做到贯彻部署全覆盖、学习培训全覆盖、媒体宣传全覆盖。坚持在“两学一做”常态化制度化中深化全面从严治党，常态化开展“党员走在前”主题党日活动，成立16支党团突击队，参与并完成高、中考等保供电任务和台风“天鸽”等应急处置工作，重点以“书记项目”“支部行动计划”“村电共建”等为抓手，解决服务群众最后一公里问题，倡导“党员身边无投诉、无违章、无隐患”。牢固树立“党的一切工作到支部”的鲜明导向，以“标准化建设清单”推进支部精益管理，在职党支部书记全员轮训，“一季度一主题”组织生活会常态化开展。稳步推进精准扶贫工作，投入扶贫捐赠资金15万元，累计完成对口帮扶村脱贫户数81户261人，完成年度脱贫攻坚任务。协助省公司完成西湖村创建网公司首批精准扶贫示范村的工作目标。建立领导班子及成员落实党风廉政建设“一岗双责”责任清单和约谈机制，构建党风廉政建设责任制“月度自查、季度评价、年度考核”全过程管控模式。严格落实党风廉政建设“两个责任”，强化监督执纪问责，切实把“两个责任”传递到基层党组织。扎实开展廉洁教育和廉洁教育月活动，引导干部员工学深学透监督执纪“四种形态”重要意义。加强与县纪委、县检察院、县党校合作，开展纪律讲坛 6 期。全年未发生越级上访、信访举报事件，政治生态已经基本形成风清气正的良好“起势”，正在转化为“定势”和“胜势”。

【员工队伍】 2017 年，县供电局坚持党管干部原则，交流调整干部 2 人次，其中平级调整 1 人，推选副科级干部 1 人；全局 857 人，获得专业技术资格人员 233 人，其中高级及以上职称 2 人、中级职称 73 人、初级职称 158 人；获得技能等级人数为 720 人，其中技师 32 人、高级工 379 人、中级工 193 人、初级工 116 人。加快人才培育步伐，组织近三年新入职员工参加梅州供电局青年员工军事化培训，制定并落实《五华供电局青年员工技能提升工作方案》，开展营销类和配电类的青年员工劳动竞赛，搭建“学、教、比”平台，加速青年成长成才；大力实施员工培养计划，组织 33 名新入职员工签订“师带徒”协议，组织 61 名入职不满 5 年的青年员工签订年度培养计划及职业能力发展规划，激发员工苦练本领的内生动力，员工职业发展目标更加明确。积极打造横陂供电所“求进”班组文化，扎实推进暖心工程、健康厨房、职工小家建设，对标 7S管理标准，大力整治基层办公及生活场所“脏、乱、差”现象，推进精益管理在基层落地。

（刘炽辉　古海莲）

广东电网梅州五华供电局 2017 年度负责人名录

局　　长：陈瑜辉（9 月任）
党委书记：谢伟才
纪委书记：何新奎
副 局 长：李焕标
曾奇熊（9 月任）
李　伟（9 月任）

气　象

【简况】 2017 年，五华县气象局按照广东省率先基本实现气象现代化的指标体系，紧紧围绕提高预报准确率和服务水平，采取积极措施，进一步解放思想、更新观念、转变作风，加大工作力度，狠抓党风廉政建设工作，积极有序推进各项气象工作，较好地完成各项工作任务，继续为地方政府提供可靠的气象保障。

【气候概况】

2017 年气候特点：气温比历年平均偏高，降水偏少，日照正常略偏少。

气温　年平均气温 22.2℃，比历年平均气温偏高 0.7℃。年极端最高气温 37.7℃，出现日期在 9 月 27 日；年极端最低气温 3.1℃，出现日期在 12 月 21 日。4 月和 7 月气温偏低，其中 1 月气温偏高 2.7℃、2 月气温偏低 0.7℃、9 月气温偏高 2.1℃。

降水　年降水量 1076.2 毫米，较历年平均偏少 30%，其中汛期（4—9 月）降水量 862.2 毫米，占全年降水量 80%。

日照　年日照时数 1819.1 小时，比历年平均偏少 3%。其中 3 月、7 月、11—12 月日照时数分别比历年平均偏少 1 至 5 成左右；2 月和 4 月日照时数偏多，分别比历年平均偏多 2 至 6 成左右。

台风　2017 年,有 6 个台风登陆广东省，8 月下旬登录广东省的“天鸽”是造成广东 2017 年度灾害最重的台风，造成广东省直接经济损失 194.55 亿元。其中，“苗柏”“帕卡”给五华县带来明显风雨影响。

【防灾减灾】　2017 年，县气象局继续加强部门联动，做好防灾减灾和公共安全气象保障工作。与电视台联合建立预警信号快速播发机制，有效传播气象预警信息，避免或减少因气象灾害造成的损失。7 月，县气象局联合县住房和城乡建设局、安全生产监督管理局、旅游局，对全县区域内的建筑、危险化学品、旅游等重点行业领域开展气象灾害防御专项执法检查行动。为不断满足中小尺度气象灾害监测预警和乡镇精细化天气预报业务需求，逐步建成布局合理、规范统一、质量可靠、运行稳定、保障有力的自动气象观测站网，五华县气象局新建及升级改造自动气象站，提高综合观测水平。

【气象服务】　2017 年，县气象局认真履行职责，毫不松懈地加强气象灾害的监测预警，全力做好气象预报服务工作，积极开展地质灾害气象预警信息发布、农业气象月报、台风暴雨停课机制等工作，圆满完成春运、春播期及汛期的气象服务工作。制作 38 期《重大气象信息快报》，为县委、县政府科学决策提供依据。继续加强与国土资源局的合作，全面开展好五华县地质灾害预警信息发布工作。全年发布地质灾害预警短信 60 次，短信受众 658746 人次。与农业局联合制作《农业气象月报》12 期，为家庭农场、专业大户、农民合作社、产业化龙头企业等四大新型经营主体提供直通式气象服务。全年发布预警信号 100 次，其中台风白色预警信号 5 次、蓝色预警信号 2 次；暴雨黄色预警信号 14 次、橙色预警信号 4 次；雷雨大风蓝色预警信号 30 次、黄色预警信号 6 次；高温黄色预警信号 9 次、橙色预警信号 2 次；大雾黄色预警信号 3 次、橙色预警信号 2 次；寒冷黄色预警信号 6 次、橙色预警信号 3 次；森林火险黄色 9 次、橙色预警信号 5 次。

（郑琳琳）

县气象局 2017 年度负责人名录

局　　长：钟美英（4 月任）
副 局 长：魏伟良（2 月任）
纪检组组长：张志榕（4 月任）

烤烟生产

【简况】　2017 年，县烤烟办能够“严控面积、坚守红线”，严格按照上级下达计划，紧紧依靠各镇、村和基层烟叶工作点做到早宣传、早发动、早谋划，重点把控计划分解、烟苗供应、物资发放、面积核实、检查考核等关键节点，确保合同管理规范，面积落实到位，切实维护国家计划的严肃性。全县落实种烟镇 11 个，种烟村 61 个，合同户数 236 户，种植面积 773.87 公顷，合同约定收购量 1625 吨，有效稳定烟叶生产规模，守住计划红线。

【科技兴烟】　2017 年，县烤烟办结合促农增收工作要求，把加强烟叶生产技术指导服务、提升烟叶产质量水平作为促进烟农增收的关键措施来抓好抓落实，努力增加烟农种烟效益。一是科学制订方案，加强技术培训，围绕“合理有效延长烟叶大田生育时间、提高成熟度、增加干物质积累、改善烟叶品质”的要求制订符合五华县烟区实际的生产技术方案，并在育苗备耕、中耕培土、病虫害防治、优化结构、打顶抑芽、采摘烘烤等各关键环节组织举办不同层级、不同形式的烟农技术培训；二是加强过程指导，狠抓措施落实，以开展“管理提升年”活动为动力，以示范片建设为抓手，全面实行技术指导服务“网格化”，分片划区落实挂点人员到镇、到村、到户、到田块，在烟叶生产、烘烤全过程为烟农提供上门技术指导服务，大大提高各环节标准化技术措施的落实到位率，确保全年烟叶田间长势良好、品相优良，烤后烟叶外观质量较往年有明显提升。

【专业化服务】 2017 年，县烤烟办继续指导加强烟农综合服务合作社建设，合作社专业化服务水平和覆盖率进一步提高，其中：专业化育苗、机耕服务继续实行全面覆盖，服务数量 773.87 公顷，占比 100%；植保服务 310 亩，占比 40.06%，对比上年提高 28.35 个百分点；烘烤服务 489.86 吨，占比 30.17%，对比上年提高 14.49 个百分点；专业化分级服务数量 1623.6 吨，占比 100%，对比上年提高 84.37 个百分点。同时，2017 年继续依托合作社开展地膜回收，减少烟田废膜污膜，回收面积 529.67 公顷，占使用面积 81.92%，对比上年提高 25.68 个百分点。合作社服务主体功能得到进一步增强，促进烟叶生产向“种植在户、服务在社”新型模式转变，实现烟叶生产减工降本、提质增效。经调查，全年烟叶生产亩均用工数量 21.93 工日，对比上年的 25.49 工日减少 3.56 工日，用工数量降低 13.97%，按当前农村平均工价 98.41 元/工计，烟农每亩人工成本减少 350.34 元。

【烟叶收购】 2017 年是全面推行专分散收、原收原调收购改革的第一年，意义重大、任务艰巨。为此烤烟办全面统一思想认识，周密部署，精心谋划，扎实推进，较好地完成工作任务。于 6 月 20 日开磅收购，至 9 月 2 日收购调拨工作结束，全县收购调拨烟叶 1623.6 吨，完成计划任务 99.91%，收购均价 26.89 元/公斤，上等烟比例 62.79%，中等烟比例 35.24%。较好地完成 2017 年烟叶收购调拨任务。

（周裕标）

县烤烟办 2017 年度负责人名录

主　任：曾国清（任至8月）
副主任：邓炼中（任至9月）
周裕标（3月任）
古子春（10月任）

注：2017年9月至12月，由副主任周裕标主持办公室全面工作。

蓄 能 办

【梅蓄电站建设用地规划许可证】 2017 年 3 月 13 日，梅蓄项目取得“梅蓄电站建设用地规划许可证”（面积 484.3406 公顷），这是继 2016 年年底梅蓄电站整体工程建设用地获得国土资源部批准后的又一重要进展。

【征地拆迁】 截至 2017 年 12 月底，梅蓄项目累计完成征地 210.42 公顷，完成临时搬迁安置 23 户，拆除 8 座房屋，249 座地坟迁移，下拨相关征地补偿费用 4360 万元。受群体性事件的影响，7 月至 12 月中旬库区大面积征地基本停止，12 月下旬，经过移民诉求答复、发放 2008 年 5 月 30 日至搬迁前移民生产生活受影响的补助及加大移民政策的宣传，移民情绪稳定，库区征地工作重新开展。截至 12 月底，完成黄狮村征地红线内面积 21.27 公顷，完成黄狮村征地红线外受损土地补征面积 19.31 公顷。

【移民安置实施方案及移民安置协议】 2017 年 7 月 19 日，县政府常务会通过搬迁安置协议及奖励办法。7 月 21 日，县政府正式颁布安置协议补充条款以及颁布落实移民安置实施方案的通告。龙村镇于 7 月 26 日将通告进行宣传、公示。县政府颁布安置协议补充条款以及颁布落实移民安置实施方案的通告后，黄狮村部分村民对安置协议补充条款仍然不满意。至年底，由于实施方案部分条款已变化，需进行修改完善，安置协议需重新印发。

【移民生产生活受影响补助方案】 2017 年 10 月，针对移民提出 2008 年 5 月 30 日“防三抢”通告发布到移民搬迁前生产生活受影响的问题，县政府结合实际，制定《关于梅蓄项目移民 2008 年 5 月 30 日至搬迁前生产生活受影响的补助方案》，并通过县政府常务会议，于 10 月 30 日下发至龙村镇和黄狮村。截至 12 月底，累计发放 513 户（发放比例 94%），发放款项 3349 万元。

【移民资格确认和分户核定】 2017 年 11 月 3 日，结合《移民生产生活受影响补偿方案》贯彻落实，县政府重新启动移民资格确认和分户工作。龙村镇组织 7 个工作组进村入户，同时根据外出务工人员的分布，外出广州、陆河、紫金等地进行核实。截至 12 月底，累计核实 507 户，同时梳理出 333 名外嫁女、224 名外孙（女）、27 个女婿独立户。

【启动三坑安置区移民房建设】 2017 年 6 月 20–21 日，三坑安置区移民房建设和监理完成招投标工作，三坑移民房建设中标公司为广东五华一建工程有限公司，工程监理由广州高新工程顾问有限公司承担，工程建设期为 500 天，五华一建公司组织人员于 7 月 16 日进场开工建设。受群体性事件影响及移民对移民房设计进行多次调整，10 月至 12 月移民房建设暂缓施工，但公共设施正常开工建设。截至 12 月底，公共设施幼儿园完成二层浇筑混凝土，小学校舍、农贸市场、村委会完成基础打桩并正进行验桩。

（邓雄彬）

2017 年 4 月 7 日，市委常委、常务副市长李远青（左二）到梅蓄项目现场调研

2017 年 10 月 12 日，县长吴晖（右三）到断掌凹安置点现场考察

县蓄能办 2017 年度负责人名录

主　任：古伟炎

副主任：张俊杰　刘德方　周勇

国内贸易

供销合作社

【简况】 县供销合作社机关肩负着政府赋予的指导、协调、监督、服务、培训等职能，下辖福华供销百货、华保再生资源回收有限公司、农业生产资料有限公司、烟花爆竹专营有限公司及基层供销社 18 个，全系统在职干部职工 1028 人。2017 年，县供销合作社坚持发展为第一要务，锐意改革增活力，创新经营谋发展，围绕"服务三农"思路，积极开展组建农民专业合作社的建设工作，打造"四大网络"在促进农业增效、农民增收、农村繁荣，保持经济平稳较快发展。各项经济指标完成呈平稳增长态势。全年完成商品总购进 6.54 亿元，对比上年增长 5%；其中：农副产品购进 1.62 亿元，对比上年增长 5%；完成商品总销售 7.14 亿元，对比上年增长 4%；其中：农业生产资料销售 3.23 亿元，对比上年增长 8%；完成利润 60.2 万元，对比上年增长 11%。超额完成省、市社下达的各项经济指标。

【电子商务平台建设】 2017 年，县供销合作社积极发动基层社和社有企业扩展服务领域，推进农产品电子商务平台建设，培育和发展电子商务企业。与梅州中农批农产品批发市场有限公司继续加强合作开展电子商务示范县创建工作，签订战略合作协议书。扎实推进全系统电子商务平台建设，加快电子商务网络对接，切实做好与"供销e家"全国电商平台的对接，共同打造"网上供销合作社"。拓展全县农产品销售，让广大农民足不出户就能从现代流通中收益，切实解决农民"卖难"问题，提升服务"三农"水平。

【打造经营服务平台】 2017 年，县供销合作社继续推进"新网工程"建设，加强联合合作，构建现代流通网络和经营服务综合平台，服务城乡群众。加大发展农资经营建设力度；加强各项经营网点的进货渠道监管，杜绝假冒伪劣产品进入门店，发现问题立即整改；对承包或者挂靠供销社经营的企业进行全面清理，全面加强监控管理。

【高起点高标准组建农民专业合作社】 2017 年，县供销合作社通过共同出资、共创品牌、共享利益等方式，高起点高标准领办一批管理民主、制度健全、带动能力强的农民专业合作社，有效对接惠农政策，积极申报农民专业合作社示范社，对全县 87 家农民专业合作社情况进行摸底、调查和清理，淘汰名存实亡的农民专业合作社 36 家，新组建农民专业合作社 4 家，新组建或培育龙头企业 1 家;2017 年被评为省级示范社 2 家，全国示范社 1 家，丁鲞供销社广发茶叶专业合作社获得梅州市农业专项资金——五华县茶叶标准化示范园建设项目扶持资金 30 万元。

【基层社改造建设】 2017 年，随着新农村建设的不断深入，镇村建设步伐加快，使供销社原有旧的商业设施不能适应新型城镇化的要求，为此对供销社的旧房旧店进行必要的改造提升。棉洋供销社率先把原有旧办公楼拆除进行升级改造为“棉洋供销社为农综合服务中心（于春节后开业）”。升级改造后的服务中心为两层建筑，面积 250 多平方米。周江供销社将原来 340 平方米旅社旧房公开拍卖，拍卖款项用于改建周江供销社农资服务中心。该社改造后新的农资服务中心占地约 650 平方米，建筑面积近两千平方米，效益从改造前 1.4 万增加到 3.5 万元。棉洋、周江两个服务中心的建成，将为做好服务“三农”奠定基础，并更好地发挥服务“三农”的重要作用。周江供销社改建成新服务中心的做法得到市社的充分肯定，市社组织各县社和有关公司到现场参观推广。

【其他各项工作】 一是扎实抓好“双创”工作。县供销合作社把“双创”工作当作一项重要工作来抓，投入 2 万元添置工具、树立宣传牌、印刷宣传资料，清理卫生死角，清除病媒生物，聘请卫生保洁员。牵头组织小院三栋民房修建好排水系统，并协调环卫部门落实华建街网格化管理，解决垃圾堆放和垃圾桶配置等问题；每星期五下午组织县社和公司干部职工清理打扫西河街卫生责任区和县社大院的环境卫生，较好完成“双创”工作任务。二是筹资约 5 万多元精准扶贫支持帮助岐岭镇罗经村、并派专人负责驻村扶贫工作，完成 2017 年各项精准扶贫、精准脱贫工作任务。三是组织干部职工参与及筹资 2 万多元完成县委、县政府下达的造林绿化工作任务。

（李茂权　钟益华　黄小宁）

县供销合作社 2017 年度负责人名录

主　任：李载斌

副主任：温寿聪

魏洪伟

粮食储备管理

【粮食安全】 2017 年，县粮食局高度重视安全生产管理，落实安全生产管理主体责任，组织局领导班子、机关干部职工、粮食收储公司管理人员、横陂粮库员工参加安全生产和安全储粮“两个守则”全员培训。按照粮食安全政府责任制考核有关要求，为进一步强化粮食供应保障和质量安全事故应急处置能力，11 月 17 日，县粮食局开展粮食供应保障和质量安全事故应急培训和模拟演练，进一步提升粮食应急能力。同时认真抓好安全生产和消防安全教育，严格遵守安全生产规章制度，遵照各项操作规程，明确消防安全责任区，责任到人，实现粮食安全生产。

2017 年 11 月 17 日，五华县粮食局召开 2017 年军粮供应应急保障演练。（钟炜韬 摄）

【粮食仓库建设】 2017年，华城粮食储备库新建仓容2.5万吨现代化粮食仓库（共两座仓库，仓房号：1、2）、业务用房、器材库、药品库及配套设施，总规划用地面积1.44万平方米，总投资3500万元。12月8日，华城粮食储备库动工兴建，争取到中央资金514万元。省粮食局副局长王效峰和市粮食局局长张劲龙先后率队检查指导华城粮食仓储设施建设项目。

2017 年 4 月 20 日，广东省粮食局副局长王效峰（图左二）率队到五华检查指导华城 2.5 万吨粮食仓储设施建设项目（饶建华 摄）

2017 年 12 月 8 日，五华县华城粮食仓储设施建设项目动工（李志华 摄）

2017 年 12 月 21 日，梅州市粮食局局长张劲龙（左三）率队检查指导五华县华城粮食仓储设施建设项目（李志华 摄）

【粮食收储】 2017年，县粮食局通过梅州市嘉泰粮食交易中心公开竞价销售和采购粮食，严格落实把好粮食入库的数量、质量关，按国家《稻谷储存品质判定规则》中“宜存”规定进行夏粮收购，按时按质按量完成县级储备粮油轮换收储任务。

【粮食储备管理】 2017 年，县粮食局落实财政部、国家粮食局《关于启动 2015 年“粮安工程”危仓老库维修改造工作的通知》要求，积极争取中央补助仓库维修资金 29 万元，其余不足部分由县财政统筹解决，做到专款专用。项目维修改造内容为横陂粮库仓房号 1、2、3 屋面加设树脂屋面（防水隔热层），屋顶面积5397平方米，总投资143万元，9月26日维修改造项目全面完工。同时，多方面积极筹措资金，通过维修和完善设施，购置办公和机械设备，横陂粮库的办公和储粮条件得到提升，为安全储存粮食打下良好基础。加强租仓储存和异地储存监管。积极开展“四无”粮仓活动，做到“有仓必到、有粮必查、查必彻底、不留隐患”，定期对储备粮油进行粮食监督检查，确保县级储备粮油库存数量真实、质量良好、储存安全、管理规范，确保全县县级储备粮油“储得进、管得好、调得动、用得上”。

【军粮供应】 2017年，五华县根据《关于建立梅州市军粮供应军民融合发展联席工作机制的通知》精神，建立五华县军粮供应军民融合发展联席工作机制。开展五华县粮食局军粮供应应急保障演练，提升军粮供应应急保障队伍应对突发事件的能力。严格按照军粮供应管理工作要求，军供粮油质量达到安全标准，财务制度健全，按时保质保量完成军供粮油供应任务，得到驻五华部队好评。

（李志华）

县粮食局2017年度负责人名录

局　　长：冯志强

副 局 长：陈春光　朱　江

李万年（1月任）

党组成员：饶建华

张秋霞（任至9月）

烟 草 专 营

【简况】 2017年，五华县烟草专卖局（分公司）紧紧围绕市局（公司）“1233”工作思路，坚持以提高发展质量和效益为中心，以开展“管理提升年”活动为抓手，主动作为，真抓实干，有力地促进年度各项工作任务完成。全年县烟草专卖局（分公司）实现销售总额9.7亿元，毛利2.9亿元，利润2.3亿元，同比分别增长3.82%、5.31%、6.79%。

【烟叶生产】 一是坚守烟叶生产红线，种植规模保持稳定。严格按照下达的生产计划，加强生产过程控制，坚持计划合同管理为主线，全县落实种烟镇11个，种烟村61个，合同户数236户，种植面积773.87公顷，合同约定收购量1625吨。二是烟区调整落实到位，烟叶种植布局得到优化。按照国家局要求，对全县烟叶种植布局进行调整，全县对比去年调减种烟镇1个、种烟村18个，全县户均种植面积3.28公顷，2公顷以上的专业户155户，面积706.27公顷，占到总面积91.3%。三是技术指导服务落实到位，烟叶产质量水平得到提高。以示范片建设为抓手，全面实行技术指导服务“网格化”，有效地促进各环节标准化技术措施的落实。四是现代烟草农业建设落实到位，烟叶发展方式进一步转变。加强烟叶生产基础设施建设，127座新建密集烤房在2017年烟叶烘烤期间全部投入使用；加强烟农综合服务合作社建设，合作社服务主体功能得到进一步增强。五是收购改革落实到位，专分散收、原收原调全面推行。从6月20日开磅收购，至9月2日收购调拨工作结束，全县收购调拨烟叶1623.6吨，较好地完成年度烟叶收购调拨任务。

【卷烟销售】 一是坚持“稳销量、提结构、降库存、增税利”工作措施，努力完成卷烟销售各项目标任务。全年，累计销售卷烟17.01亿支，完成年度计划99.99%；实现卷烟销售收入（含税）10.3亿元，同比增长4.43%；实现销售毛利2.6亿元，同比增长5.02%；单箱销售收入（含税）3.03万元/箱，同比增加1579.35元/箱，增幅5.50%。二是以双喜“大家庭 大品牌”研讨会精神为抓手，着力推进省产一、二类双喜的品牌培育工作，使省产双喜结构下滑的趋势得到有效遏制，销售结构有所提升。全年，销售省产双喜9.40亿支，占卷烟总销量55.30%，同比增长2.05%；省产双喜一、二类烟销售同比增长28.76%；省产双喜单箱销售收入（含税）2.67万元/箱，同比增加1526.60元/箱，增幅6.06%。三是进一步夯实网建基础，加强月度卷烟市场督导检查工作，重点抓好卷烟明码标价、重点培育品牌、重点(监控)品牌、新品上架等市场管理基础工作，通过狠抓市场基础管理工作，挖掘市场潜力，提高网建管理工作水平。四是以规范经营为前提，切实按照“控制大户、发展中户、扶持小户”原则，优化货源分配方式，确保订购卷烟落地销售；严格落实行业规范经营的各项要求，杜绝搭配、捆绑销售、做单改单、集中投放等不规范经营行为，严格控制零售大户数量占比和销量占比，从源头上管控好大户，坚守红线，不碰底线。五是加强与专卖、内管部门的联动，对订货周期内出现异常的客户，及时反馈给专卖内管部门，共同做好非烟防控监管工作。六是扎实推进零售户自律互助小组建设，引导零售户抱团守法经营，提升客户盈利水平，提振客户经营信心。全县建成零售户自律互助小组98组，覆盖全县各乡镇以及全体客户经理。七是以配送管理系统为着手，抓好手持终端配送流程和日常安全管理，确保卷烟配送工作规范、安全运行，实现卷烟配送“四个为零”。

【专卖管理】　一是采取参与“3·15”国际消费者权益保护日活动、开展法律法规进社区活动、出动宣传车与悬挂横额等形式，大力宣传烟草专卖法律法规，营造良好的守法执法氛围。二是争取地方党政重视与支持，协助地方党政抓好卷烟打假责任制的落实。2017年，县政府分别与16个镇、19个打假成员单位签订卷烟打假责任书，各镇分别与其所辖的村委（居委）签订卷烟打假责任书。全县共签订卷烟打假责任书484份。三是以县政府出台《五华县落实卷烟打假打私责任制工作方案》为契机，强化部门协作，不断强化大案要案查办力度。2017年5—12月连续查获七宗大要案，查获涉案卷烟1.7万条、烟叶13.74吨、烟丝23.35吨，案值574.29万余元。四是以路查路堵为突破口，力争打假打私打非实现新突破。主动联合公安交警等部门，充分发挥设在辖区内国道、省道及高速公路等交通要道的公安检查站、执勤点的作用，实现对非法运输活动的有效打击，切断假烟、走私烟和制假原辅材料在五华县的运输通道。五是始终保持非烟整治高压态势，采取蹲点与例行检查和有针对性的突击检查等相结合的形式，严防非烟流入、流出。六是认真落实国家局、省、市局部署，切实加强对加热不燃烧烟草制品监管。七是积极推进依法严管违法违规卖烟大户专项行动的深入开展，维护卷烟市场正常秩序。八是实行“一站式服务、一窗式受理、一次性告知”，依法依规开展行政许可。至12月31日止，全县有持烟草专卖零售许可证零售户2453户，其中新办199户，注销

131户，歇业178户，注销新办46户，延续639户，变更6户，补办1户。九是紧扣“两烟”生产经营的关键节点和重要环节，扎实推进内部专卖管理监督工作。十是加强烟叶专卖管理，维护烟叶收购秩序。全年查处涉烟违法案件217宗，查获涉案卷烟594.36万支，烟叶13.74吨，案值68.65万元，烟丝30.09吨，案值225.59万元，总案值873.16万元，罚款23.54万元。其中：假烟案件11宗，查获涉案卷烟量249.73万支；非烟案件162宗，查获非烟242.55万支；私烟案件21宗，查获私烟102.08万支；无证运输烟叶案1宗，查获烟叶13.74吨；无证运输烟丝案2宗，查获烟丝23.35吨；捣毁卷烟制假窝点案1宗，查获制假烟机2台套、假烟29.19万支、烟丝6.75吨、滤嘴棒268万支、车辆2部及其他制假原辅材料一批。

【精神文明】 一是精心组织实施好市局（公司）举办的“客融天下”杯职工文体活动各个比赛项目。县烟草专卖局（分公司）在演讲比赛中获1个一等奖、1个二等奖，篮球、羽毛球均荣获亚军，足球、乒乓球全市第三名，舞蹈会演圆满结束。二是加强员工学习教育培训。2017年，县烟草专卖局（分公司）举办新闻宣传等培训班，同时，积极选派员工参加行业举办的各类培养，有效地提升员工业务能力。三是努力克服新闻宣传工作的短板，实现新闻宣传工作稿件质量和上稿数量的双提升。全年，县烟草专卖局（分公司）在国家局“三大媒体”及《广东烟草》杂志等上稿29篇，在市局内网上稿66篇。四是扎实开展精准扶贫精准脱贫工作，全力帮助挂钩村实现脱贫奔康。向挂钩帮扶的安流镇低坑村、福华村投入帮扶资金20.84万元，完善村容村貌等。五是积极参与县“创国卫”、“创文”活动。筹集资金5.83万元支持挂钩村推进“创国卫”、“创文”工作，为创建宜居县城做出积极贡献。六是组织干部职工参与“广东省扶贫济困日”献爱心活动捐款2.81万元；组织15位员工参与无偿献血活动，彰显责任烟草良好形象。

（江钦飞）

县烟草专卖局（分公司）2017年度负责人名录

局　长（经理）： 温思胜

副局长： 江锦扬

副经理： 何茂科　李远东

盐　业

【盐政法规宣传】 2017年，五华县盐务局（公司）狠抓盐政法规和食盐加碘防治碘缺乏的宣传，5月15日，县政府办、河东镇、卫计局、食品药品监督管理局、教育局、科工商务局、妇联、残联、广播电视台、盐务局、疾病预防控制中心等11个相关单位部门工作人员共42人，在河东镇计划生育服务站门口开展以“每天一点碘，健康多一点”为主题的“五华县第二十四届防治碘缺乏病日活动”。活动内容：宣传、鉴别“臭脚盐”并为群众讲解食用“臭脚盐”危害，为群众介绍如何辨别真假碘盐知识，为群众解答缺碘危害和如何科学补碘防治碘缺乏病，派发宣传小单张、盐罐、环保袋等。活动派发碘盐常识宣传小单近5000份、主题宣传海报200多张、宣传小册子500多本、《致食盐经销商、消费者的一封信》1000张、盐罐72个、环保袋200个、各类加碘食盐800包，现场咨询人数约 2000 人次，出动宣传车 10 车次，悬挂主题宣传横额 6 条。

【食盐市场整治】 2017 年是国家盐业体制改革实施第一年，五华县盐务局（公司）坚持抓市场监管一刻不放松原则，大力整顿和规范食盐市场秩序，在认真做好食盐市场调查基础上，切实进行巡查访销，制订整治工作方案，明确任务要求，争取市、县各有关部门支持，部署开展市场整治行动。全年出动执法人员 896 人次，行动车辆 234 辆次，查门店 12252 间次，发放宣传资料 24650 多份，查处盐政案件 23 宗，立案 22 宗计查获违法盐产品 2608.5 公斤， 移交公安 1 宗、违法盐产品 3.3 万公斤。

（华盐办）

县盐务局（盐业公司）2017 年度负责人名录

局　长（经　理）：曾伟南

副局长（副经理）：林欢东

财 政·税 收

财　政

【财政收支情况】 2017 年，县财政运行积极稳健，预算执行良好。县本级一般公共预算收入 8.16 亿元，为年度预算的 102.83%，同比增长 18.26%，增速全市排第一位；全年全县一般公共预算总收入 70.20 亿元，同比增长 6.41%。全县一般公共预算支出 67.38 亿元，同比增长 14.68%。其中：民生支出 55.06 亿元，同比增长 14.95%，占一般公共预算支出 81.71%。全年县本级一般公共预算收入加上级补助收入、债券转贷收入、上年结转、调入资金和动用预算稳定调节基金，收入总计 70.20 亿元；全县一般公共预算支出加上解支出、安排预算稳定调节基金和债券还本支出，支出总计 68.87 亿元。收支相抵，年终结转 1.33 亿元（其中：上级追加专款结转下年支出 1.33 亿元）。

【拓财源促增收】 一是财税收入实现较快增长。积极适应宏观经济调整，克服“营改增”全面实施带来的税收短收等困难，协调税务部门加强税收征管，坚持依法治税，挖潜堵漏，在发展经济基础上，提高税收收入占一般公共预算收入比重，税收收入实现较快稳定增长。全年县本级税收收入完成 5.96 亿元，同比增长 18.65%。其中：国税局完成税收收入 1.99 亿元，同比增长 60.25%；地税局完成税收收入 3.98 万元，同比增长 5.02%。加强非税收入征缴管理，坚持应收尽收、应缴尽缴，全年非税收入完成 2.20 亿元，同比增长 17.21%。二是转移支付收入逐年增加。紧紧围绕原中央苏区县和省振兴粤东西北地区发展战略两大政策，及早谋划，深入钻研，增强工作针对性，积极对接资金扶持政策和项目，主动加强与上级有关部门的沟通，及时了解资金分配的最新动态，争取上级部门更多支持，大力争取各类转移支付补助和省政府新增债券额度。全年争取一次性财力补助 3050 万元、协调发展奖补资金 1.83 亿元、省政府新增债券转贷资金 6 亿元。全年一般性转移支付和可支配财力同比增加 2.14 亿元。三是政府融资取得明显成效。密切关注中央和省融资政策走向，努力破解宏观政策收紧与建设资金需求之间的矛盾，着力在推广PPP模式、创新融资方式、市场化运营管理等方面求创新、求突破，鼓励和引导社会资本参与基础设施建设领域投资、建设和运营，推进投资主体多元化。全年实施PPP项目 15 个，总投资 91.92 亿元；政府向社会力量购买服务项目 6 个，总投资 24.16 亿元；通过市场化运作，直接融资 14.70 亿元。四是土地储备实现较高收益。根据县域经济发展和城市建设总体规划，坚持“依托项目抓储备”思路，保障土地储备经费，加大对土地资源整合力度，提升土地利用效益，促进节约集约用地和提高政府对土地的宏观调控能力。全年筹集 3.48 亿元，收储土地 37 宗，面积 86.59 公顷；出让土地 39 宗，面积 78.33 公顷；实现土地出让收入 14.35 亿元。

【服务地方建设】 一是工业园区建设得到有力推动。聚焦财源建设，强化要素集约利用，集聚财力推进工业园区建设，推动实现产业集聚发展。投入 1.11 亿元，完善园区道路、排污、供电、科技创新等基础配套设施，园区承载能力得到不断增强。广州番禺（五华）产业转移工业园完成征地 103.33 公顷，平整土地 66.67 公顷，园区污水处理厂和污水管网一期建成运营，打通工业一路、三坑路、工业二横路南段等断头路，兴业一路、兴业二横路、工业四横路、工业六路等道路硬底化建设全面推进，园内近 80 公里道路基本建成，初步形成“七纵五横”园区路网。河东工业园区完成征地 80 公顷，平整 53.33 公顷，完成主供水管网铺设，首期起步区道路全面动工。二是县城扩容提质得到大力支持。建立城市发展多元化投资模式，以城市基础设施项目和民生公益项目为依托，聚集产业要素，全年拨付 9.66 亿元，保障和推动县城扩容提质建设。其中，拨付 4376 万元用于华兴中（南）路升级改造工程；拨付 6507 万元用于琴江新城建设；拨付 5925 万元用于大湖堤建设和征地拆迁；拨付 1.11 亿元用于增塘堤工程；拨付 5616 万元用于河东北堤征地拆迁；拨付 9083 万元用于建设滨江公园；拨付 2001 万元用于水安路升级改造；拨付 1486 万元用于城区内涝整治；拨付 7387 万元，用于华一南路、下坝堤、科技街升级改造及城市基础设施等方面工程。三是交通公路建设得到持续发力。加快构建畅通交通公路网络，完善路网结构，实现区域互联互通，形成县域协调发展新格局。拨付 4407 万元用于琴江公路建设；拨付 3000 万元用于建设兴华高速五华互通至县城连接线；拨付 2799 万元用于周江冰坎至华阳新田公路征地补偿；拨付 1855 万元用于长乐大道工程；拨付 2500 万元用于县道 003 线金坑至龙村段道路建设；拨付 2925 万元用于番禺大道升级改造；拨付 2500 万元用于乡道 304 升级改造；拨付 3254 万元用于农村公路建设和养护；拨付 2748 万元用于公路安全防护设施建设；拨付工业大道北沿线建设资金800万元。全年县财政投入交通公路建设资金3.54亿元。四是实体经济发展注入更多动能。强化财政资金政策引导功能，扶持企业创新发展，全年在扶持企业方面投入资金2.31亿元。其中，拨付1000万元用于科技企业孵化器基地培育，提升创业孵化服务能力，推动大众创业、万众创新；拨付550万元用于技改项目，鼓励企业技术改造、设备更新、机器换人及智能设备应用，全力推动新一轮技术改造工作；拨付530万元用于科技创新、自主品牌建设，提升品牌建设能力；拨付400万元，扎实开展暖企服务工作，加大对中小微企业的扶持力度，加快中小微企业技术进步和结构调整；拨付1387万元，用于节能减排财政政策综合示范城市建设，推动生态文明和可持续发展；安排475万元用于电子商务进农村工作，助力扶贫攻坚，促进农村经济发展。五是重点工作推进得到有力保障。积极筹集资金，保障各项重点工作有效推进。拨付1.02亿元用于“双创”工作；拨付2272万元用于地质灾害削坡建房边坡整治工作；拨付1602万元用于县级储备粮仓库维修改造和粮食储备；拨付3493万元用于社会治安治理和信访维稳；增支1615万元用于原撤并镇“片区管理服务中心”和基层公共服务站建设；在基层卫生机构服务能力提升方面拨付1.55亿元。全年拨付8.35亿元用于保障各项重点工作推进，提升服务保障能力，促进社会和谐稳定。

【惠民生强保障】

调整提高个人待遇。积极筹措资金，调整提高基层工作人员收入待遇。拨付3575万元，从2017年10月开始对财政供养人员发放住房维修和物业管理补贴，提高收入水平；拨付1.01亿元，将村（社区）干部工资提高至每月2400元，村办公经费提高至7万元，不断提高村（社区）干部待遇和基层运转保障水平；拨付1.15亿元，逐步兑付财政供养人员增资提资资金，落实收入改革政策；拨付4519万元，启动机关事业单位养老保险制度改革；增支1227万元，调整机关事业单位退休人员基本养老金。

强化社会保障财政投入。一是城乡基础养老金逐步提高。将标准从每人每月110元提高至120元，共拨付2.20亿元，惠及全县1627741人（次）。二是城乡困难群体保障水平不断提高。将城镇、农村低保对象每月人均补差提高至457元、206元，共拨付1.06亿元，惠及低保对象14600户505807人（次）；拨付3757万元，把“五保”集中供养补助标准从700元提高至900元，把“五保”分散供养补助标准从550元提高至700元；拨付649万元，将孤儿集中供养和分散供养补助标准分别提高至1450元和880元；拨付5024万元，用于困难残疾人生活补贴和重度残疾人护理补贴，惠及22520人，保障特殊困难群体；拨付4232万元，将医疗救助标准从人均2178元提高至2828元，惠及95648人（次）。三是劳动力就业培训扎实推进。拨付就业培训资金337万元，转移就业13251人、新增城镇就业5963人，城镇失业人员再就业3882人，城镇调查失业率为2.44%。

始终坚持教育优先发展。一是积极推进教育“创先”工作。通过成立项目公司，引进社会投资人共同推进教育“创先”信息化建设，共计投入资金2.92亿元。二是建成特殊教育学校和第六小学。投入1133万元，建成县特殊教育学校，为残疾儿童提供了良好教育条件；拨付329万元，升级改造第六小学，增添优质教育学位。三是保障校园地质灾害隐患专项整治。拨付500万元，用于全县中小学校园地质灾害隐患整治工作。四是统筹解决校园安全隐患。拨付1620万元，对全县中小学实施校园安全隐患排除工程，营造教育教学安全环境。五是认真做好贫困学生免学费和生活补助工作。拨付3722万元，对全县建档立卡精准扶贫家庭学生实施免学费和发放生活补助，确保贫困学生不辍学，生活有保障。

增强财政强农惠农力度。加大对农村、农业和农民的投入，推动农村基础设施不断完善和农业产业加快发展，夯实农业农村发展基础。一是加大水利投入，完善水利设施。18宗中小河流治理工程基本完成，投入资金2.60亿元，治理河长197.2公里；投入2400万元加快水利工程项目建设，推进灌区改造、涝区治理、河流生态综合治理等建设项目；投入6900万元，扎实推进6宗村村通自来水工程，确保民生实事得到落实完成；拨付800万元，推动防汛抗旱和水库除险加固等工程，提高水利设施防灾抗灾能力。二是围绕农民增收，支持农业现代化。拨付2100万元，用于农业特色产业奖励，支持农业现代化装备和现代农业园区建设；拨付993万元，扎实推进高标准基本农田建设，不断提高粮食综合生产能力；拨付1560万元，统筹带动群众自筹及社会捐资共2857万元，在全县实施“一事一议”项目39个，建成公益设施一批，受益群众11万人。三是实施森林培育，打造林业生态。拨付1740万元，累计造林5066.67公顷；拨付2598万元，全面完成森林抚育任务2.85万公顷；投入1100万元，新建生态景观林带25公里100公顷，完善提升面积50.13公顷；投入100万元，清理枯死松树4000多株，有效控制松材线虫病的蔓延。四是实施阳光工程，足额发放补贴资金。通过多渠道公开、“一折通”发放，及时足额将惠农补贴资金发放到位，全年发放惠农补贴资金1.90亿元。

全力推进精准扶贫和新农村建设。一是保障坚决打赢扶贫攻坚战。注重产业帮扶，统筹1.25亿元，购买中国供销·粤东农批42间商铺并委托经营5年，将项目收益用于精准脱贫工作；拨付2249万元，与南方电网集团合作开发光伏发电项目，收益反哺贫困户；对有劳动能力的贫困对象60601人，按每人8000元标准下达扶贫资金4.85亿元，用于发展扶贫产业；安排291.94万元，用于支持扶贫对象提高技能和实现就业，惠及14597人。二是扎实推进新农村建设。按每个村600万元标准，下达资金1.32亿元，用于22个省定贫困村创建新农村示范村，完成村庄规划编制，完成“三清理”3617处，完成“三拆除”5096处，示范推动新农村建设。

突出医疗卫生服务保障。一是保障基本公共卫生服务开展。拨付5404万元，将基本公共卫生服务经费标准从每人45元提高至50元，在全县开展健康教育、预防接种等14项免费公共卫生保健服务，惠及城乡群众108万人。二是实行贫困妇女“两癌”免费筛查。拨付388万元，为全县城乡35至64周岁贫困妇女16916人免费筛查乳腺癌、宫颈癌，保障妇女健康。三是提高医保报销比例。拨付城乡居民基本医疗保险资金7.33亿元，提高城乡居民医保住院报销比例和医疗支付最高限额，惠及430340人（次）。四是积极推进医疗卫生机构标准化建设。拨付4846万元，对大田、梅林、油田等15间卫生院进行标准化建设，提升基层医疗卫生服务能力。五是提升区域中心医疗卫生机构医疗水平。拨付 1.57 亿元，将县人民医院、慢病站、安流中心卫生院、华城中心卫生院升级改造，购置医疗设备，打造区域中心医疗卫生机构，提升辐射带动能力。

支持文体事业全面进步。一是加快推进足球文化公园建设。通过政府购买服务模式，引入社会投资方，合作建设可容纳 2.7 万人的国际标准足球场，全年投入 2.51 亿元，足球文化公园一期主体工程已完工。二是建设球王文化产业园。通过PPP模式，引资 6.60 亿元建设李惠堂球王产业园，擦亮“球王故里”金字招牌。三是修复保护文化遗址。投入 1264 万元，重点对狮雄山秦汉遗址、李威光故居、长乐学宫等文化遗址进行修复，传承保护珍贵文化遗产。四是完善群众文化设施。拨付 1003 万元，建成主题文化公园、农村文体广场、村级文化综合服务中心等 27 个，文化驿站 10 个，农村文化俱乐部、农家书屋等一批，丰富群众的精神文化生活。五是打造地方戏曲精品。拨付 240 万元，支持打造《月照城乡》戏曲，传承创新地方文艺戏曲。六是支持办好中甲联赛。拨付 2708 万元，支持举办中甲联赛，重振足球之乡声威，发展足球事业。七是支持群众体育赛事举办。拨付 600 万元，支持举办校园足球三级联赛、骑跑赛等全县性重点赛事，获得市级以上冠军 13 个，推动体育事业发展。

【财政监管关口前移】

财政服务监管水平提升。一是全面完成基层公共服务平台建设。投入资金 8240 万元，建成基层公共服务站，全县 16 个镇 446 个村（社区）基本实现“一站式”办事功能。二是建成原撤并镇“片区管理服务中心”。投入 2500 万元，对 13 个原撤并镇专门打造“片区管理服务中心”，解决山区群众办事难、办事远问题。三是全力推动惠农资金信息公开。通过在政府网站、基层公共服务平台和惠民信息平台上公开，县、镇、村微信公众号公开，电视播放、送电影、送戏下乡公开，印制宣传手册、喇叭村村通广播、村务公开栏公开等形式，全力推动惠农信息公开。四是创新村级财务公开。以镇村微信公众号为平台，将“三资”方面的重大事项或决议、村级财务收支明细等通过微信公众号向基层群众公开，建立“三资”信息公开快捷新途径。五是强化行政事业单位财务监管。组织对全县 104 个行政事业单位财务情况进行专项检查，严肃整改存在问题，规范财务支出行为。

财政专项治理取得明显成效。大力开展涉农涉建专项整治，核减不符合条件补贴对象，全年节约财政资金 7682 万元。其中，核减城乡居民基础养老金领取人数 14310 人；清退低保 2155 户 7875 人、孤儿 92 人，取消“五保”（死亡）336 人、百岁老人 37 人、优抚对象 165 人；清理重发误发残疾人两项补贴 147 人（次），追缴资金 11.11 万元；取消农村部分计划生育家庭奖励对象 69 人、城镇独生子女父母奖励对象 8 人、农村部分计划生育节育奖励对象 32 人、计划生育特殊家庭奖励对象 3 人；核减农村危房改造对象 593 户；核减建档立卡精准贫困户 1523 户；核减耕地地力保护补贴面积 1086.67 公顷，核减补贴资金 133 万元；核减生态公益林补助对象 115 户 690 人、核减补助资金 33.84 万元。治理拖欠农民工工资项目 2 宗，为农民工追讨工资48万元。

财政管理力度不断增强。一是加大国库集中支付力度，全年国库集中支付62.26亿元，同比增长75%，规模继续扩大。二是加强政府采购监管，全年政府采购预算96.02亿元，实际采购额87.54亿元，节约8.48亿元，节约率8.83%。三是严格把好工程预结算审核关，主动跟进县重点项目工程建设，加强工程预结算审核评审，全年审核工程项目511个，送审造价28.85亿元，其中：预算项目113个，送审造价20.12亿元，核减1.95万元，核减率9.66%；结算项目398个，送审造价8.73亿元，核减1.07亿元，核减率12.27%。四是严格"三公"经费支出，确保"三公"经费只减不增，全年"三公"经费支出3519.51万元，同比压减5%。

（谢运洪）

县财政局2017年度负责人名录

局　长：张　裕

副局长：曾胜良　曾小强

李红兰

徐建力（3月任）

系统党工委专职副书记：谢广春

国　税

【税收收入】 2017年，县国税局针对全县经济欠发达，税源结构单一，税源底子薄弱，税收增长点少，税收收入基数不断加大，完成税收收入任务压力相当大的严峻形势，召开多场以抓收入为主题的党组会和局务（扩大）会议，分析形势，共商大计。同时，县局领导多次深入企业调研，挖掘税源增长点。全局干部职工凝心聚智，迎难而上，强化收入计划管理，强化收入分析预测，强化对重点税源监控，强化稽查职能作用。通过种种有效的抓收入措施，全年全县国税系统共组织税收入库9.27亿元，实现历史性突破，超额完成市局和县委县政府下达的税收收入目标任务，为建设"工业新城、宜居五华"，实现五华绿色的经济崛起作出积极贡献。

【税收征管】 一是抓好税法宣传。不断提升干部职工的法治意识，落实好领导干部学法知识制度。结合税宣月活动，开展系列税收宣传活动。县国税局局长作客县电视台参与"行风热线"直播，向群众宣传国税的工作职能、办税程序、服务承诺、相关法规政策；在《梅州日报》刊登专版，报道县国税局工作新亮点，宣传税收新成就等。通过形式多样的宣传活动，提高社会纳税遵从度，营造和谐的征纳环境，让党政和社会各界对税收工作更加理解支持。二是抓好十大行业清理。针对房地产、建筑业等行业的税收征管存在部分企业会计处理不规范、依法纳税的意识较为薄弱、征收管理偏松偏软等问题，新一届县国税局领导班子高度重视，确立"以清查促管理"工作思路，成立十大行业税收整治小组，针对行业性税源发展特点，充分运用第三方涉税信息开展清理，提高纳税业户依法纳税意识，促成企业自查整改，达到"清理一个行业，规范一个行业"税收秩序目的。十大行业共清查130户，合计查补税款、滞纳金1303.45万元，入库率100%。通过清查行动，在社会上营造良好依法纳税氛围，整顿和规范税收秩序。三是取得党政部门对税收工作的理解支持配合。常务副县长曾光华专门主持召开全县加强税务工作管理会议，政府各有关部门主要负责同志参加会议。会后形成全县加强税务工作管理会议纪要，要求各有关单位要大力支持和密切配合税收工作，形成全社会齐抓共管的良好格局。四是做好营改增后续工作。继续深化好营改增税负分析工作和税负分析审计工作。认真开展营改增政策大辅导，重点对建筑、房地产、金融和生活服务业中的一般纳税人、营改增后出现税负上升的试点一般纳税人、原增值税行业中的制造业一般纳税人，通过座谈会、发放营改增宣传资料、增值税办税流程等，采取有效措施切实提高申报质量。深入宣传好全面推开营改增改革成效，密切关注敏感问题舆情动态，及时化解矛盾问题，正确引导社会舆论。五是抓好税收风险管理。全面加强税收风险管理，着力在风险管控上寻求突破，做出成效。调整职能和人员，发挥专业效应，加强对税收风险的识别、分析、排查工作，依期按质完成上级局下发的风险应对任务，探索建立适合五华实际的风险识别指标体系。利用信息化手段统筹开展风险应对，对已申报的纳税人进行监督管理，发现纳税人存在有少报或漏报等行为时进行锁定疑点，进行风险处理，督促纳税人及时足额缴纳税款。通过风险管理系统，分析筛选、综合统筹应对各类风险应对任务，利用人机交互，案头分析、约谈评估、辅导自查和实地核查相结合等应对手段，围绕风险疑点进行精准核查，提升风险应对工作水平。真正实现堵塞税收漏洞，促进税收征管效能的提高。六是加强企业所得税管理。做好企业所得税管理自查自纠工作。完成 2016 年度企业所得税汇算清缴工作。2016 年应参加汇算企业 914 户，实际参加汇算企业 914 户，汇算面 100%。七是全力抓增值税发票管理。积极辅导纳税人及时升级新系统开票端并准确使用编码开具增值税发票，在电商、电信、金融、快递、公用事业等有特殊需求的纳税人中推行使用电子发票，全县各行业开具电子发票 1.66 万多份。

【优质服务】　一是拓展纳税服务，提升队伍素质。县国税局在优化办税服务、提升纳税人满意度上下功夫。合理配置办税厅资源。科学布局功能区划，合理调整窗口服务职能，增强服务能力，巩固星级办税厅称号；同时为切实解决服务厅窗口的办税业务压力及停车难、放车难问题，将车辆购置税业务迁移至原华南税务分局办税服务厅，切实为“纳税服务提升年”凝聚力量服务便民。规范工作人员行为。定期组织工作人员学习最新税收政策文件，认真落实首问责任制和一次性告知制度，遇到问题不推诿扯皮；组织办税服务厅人员参加全市国税系统岗位大练兵纳税服务行为礼仪规范培训班，以良好的形象、熟练的操作、礼貌的用语和饱满的工作热情服务纳税人。县国税局被评为“2017 年五华县机关作风建设先进单位”。二是深化国地税合作，稳步推进联合办税服务厅建设。五华县国地税联合办税服务采取“互相进驻”“共建大厅”和“共驻行政服务中心”三种联合办税模式。全县有 7 个互设窗口的办税服务厅；在互设窗口办税服务厅中互设 7 个办事窗口；共同进驻 1 个政府政务大厅。华城税务分局和潭下税务分局采用共建大厅模式，由国税、地税部门根据实际情况，整合原有办税服务厅资源，共同组建一个办税服务厅。华城税务分局在共建联合办税服务厅的基础上，继续整合资源，在联合办税厅推行“一窗式”综合业务办理服务，结束纳税人在多个窗口“往返跑”“多头跑”局面，大大提高办税效率，提升纳税人以及社会各界对国地税的满意度。三是推进“互联网+政务”服务，完善纳税服务体系。推进网上办税为主、自助和其他社会办税为辅、实体办税服务厅兜底的办税模式。通过互联网办税服务厅、“二维码”一次性告知事项内容等现代服务方式，便捷纳税人查询相关信息资料、办理相关税务业务。积极开展电子税务局相关工作，电子税务局的推广应用将方便纳税人突破办税时间空间的限制，可以从广东省电子税务局网站、“广东国税”手机APP两种途径进行报税，真正实现足不出户办理业务。四是抓好小微企业优惠政策的落实。加大小微企业优惠政策宣传力度，优化税收服务手段，强化日常督管，推动小微企业税收优惠政策全面贯彻。

【党建工作】 2017年，县国税局以苏区精神为指引，深入学习贯彻中共十八届六中全会精神和中共十九大精神，牢固树立“四个意识”，认真落实税务总局构建税务系统全面从严治党新格局要求，全系统管党治党认识全面提升，压实党建和党风廉政建设“两个责任”。一是抓好学习教育。扎实推进“两学一做”学习教育，组织党员干部认真学习党章、党内法规、习近平总书记系列重要讲话，收看中共十九大开幕会及学习中共十九大精神。县局党组书记为党员干部作专题党课，切实提高党员干部的政治理论水平和党性修养，发挥好党员先锋模范作用。二是积极打造“党建+志愿服务”新模式。通过组建一支以党员为主的志愿服务队，采取志愿活动的形式，深化“两学一做”学习教育活动，走出一条“党建+志愿服务”党建新模式，大力提升党员队伍凝聚力、战斗力、向心力，开创党建工作新局面。三是开展党建共建点主题活动。贯彻落实上级加强国地税党建共建点要求，华城国税分局与华城地税分局为梅州市国、地税系统党建共建示范点，加强国地税支部建设，提高党员整体素质。四是进行党委、党支部换届选举，配齐配强党建人才。五是开展“四个五”党建品牌创建活动，精心打造“四个之家”。六是开展巡视反馈问题自查自纠情况和党建督导检查，认真抓好整改落实。

【队伍建设】 一是进行机构改革。开展县级职能部门专业化探索，税源管理一股提升为负责全县纳税人的风险应对管理工作。开展重点税源管理部门专业化探索，将华南分局和税源管理三股重组税务机构职能，华南税务分局负责五华县国税局（大厅）原增值税纳税人的税收管理工作，税源管理三股负责五华县国税局（大厅）所有“营改增”业务纳税人的税收管理工作。通过税源专业化的征管改革，不断提高税法遵从度和纳税人满意度，降低税收流失率和征纳成本，实现税务人员配置最优化、工作效能最大化、成本消耗最小化目标。二是做好选拔任用干部以及人员调整和轮换岗工作。加强干部队伍建设，选拔任命股长（主任）4人、副股长2人，对干部职工进行调整和轮换岗工作46人次，为德才兼备、有能力肯担当、有创新乐奉献干部提供一个干事创业平台。三是扎实开展机关作风整治。按上级要求扎实开展机关作风整治，深入开展“纳税服务提升年”专项行动、深化绩效管理抓班子专项行动、体系建设提升工作效能专项行动。重点对干部队伍中存在的"弱、松、庸、慢、散、懒、推"等错误思想、不良作风进行大力整治。通过作风整治，进一步促进系统干部思想解放、调整精神状态、提升工作效能、推动税收发展，努力把国税机关建设成为优秀团队、优良秩序、优美环境、优质服务、优异业绩的"五优"机关。四是大力筑牢党风廉洁防线。扎实有效开展纪律教育学习月活动。加强国税系统扶贫领域监督执纪问责工作，强化扶贫资金项目监管，加强对税收征管、信息化建设、政府采购、婚丧喜庆和干部提拔调动等方面监督检查。强化对党员领导干部"八小时以外"监督管理，开展明察暗访，较好发挥专、兼职纪检监察干部和RED内控机制系统作用。及时处理信访案件，坚决落实"一案双查"制度。五是切实抓好绩效管理。全力抓好绩效管理 5.0 版落实。绩效管理工作的实施，使干部队伍活力全面激发，对促进税收工作持续改进发挥引导作用。县国税局 2017 年在全市 10 个县（区）局评比获第四名。

（魏伟强）

县国税局 2017 年度负责人名录

局　长：黄泗清（任至 2 月）
江荣中（3 月任）
副局长：江荣中（任至 2 月）
蓝永红（任至 11 月）
叶小明　杨新坤
魏少宾（11 月任）
纪检组组长：陈汉球（任至 6 月）

2017 年度五华县国税纳税前 50 名企业名录一览表

表 3

序号	纳税人名称	纳税额（万元）
1	五华县农村信用合作联社	5181
2	广东五华二建工程有限公司	4534
3	广东电网梅州五华供电局有限责任公司	4131
4	广东五华一建工程有限公司	3596
5	广东烟草梅州市有限公司五华县分公司	3361
6	五华县长安实业发展有限公司	2656
7	广东国沅建设工程有限公司	2266
8	梅州中农批农产品批发市场有限公司	1255
9	广东省长大公路工程有限公司	1237
10	广东宝汇环保科技有限公司	1194
11	广东井得电机有限公司	1008
12	福建才溪建设集团有限公司	1000

续表 3

序号	纳税人名称	纳税额（万元）
13	梅州市岭南裕宝实业有限公司	984
14	广东冠粤路桥有限公司	917
15	五华奥园广场有限公司	889
16	梅州市鸿云房地产开发有限公司	876
17	梅州晶铠科技有限公司	856
18	广东辉骏科技集团有限公司	632
19	梅州市新西湖实业有限公司	611
20	广东利晖建设工程有限公司	601
21	凸版艺彩印刷（梅州）有限公司	575
22	广东惠昌源实业有限公司	539
23	广东省路桥建设发展有限公司汕湛分公司	536
24	龙川兴莱鞋业有限公司五华分公司	504
25	广东新晋炜房地产开发有限公司	496
26	五华县鸿晟工程有限公司	491
27	中铁十二局集团有限公司	487
28	五华县金泰房地产有限公司	485
29	广东开元实业有限公司	462
30	丰华玩具（五华）有限公司	435
31	湖南路桥建设集团有限责任公司	433
32	仁隆电子（梅州）有限公司	432
33	广东康奇力药业股份有限公司	372
34	广东富胜实业股份有限公司	344
35	广东兴安医药有限公司	341
36	中国移动通信集团广东有限公司五华分公司	340
37	中国农业银行股份有限公司五华县支行	329
38	广东康和药业有限公司	327
39	五华县雄丰实业发展有限公司	325

续表 3

序号	纳税人名称	纳税额（万元）
40	五华长顺劳务分包工程有限公司	321
41	中国工商银行股份有限公司五华支行	321
42	五华县华源电力发展有限公司	319
43	五华县长乐建筑工程公司	316
44	五华县骏兴电器有限公司	311
45	梅州市裕友照明有限公司	304
46	五华县新智慧投资有限公司	301
47	五华县满园春实业有限公司	293
48	中国石化销售有限公司广东梅州五华石油分公司	280
49	广东丰伟建设有限公司	266
50	五华县东昌房地产开发有限公司	241

地　税

【税费收入】 2017年，五华县地方税务局组织税费收入12.39亿元。其中：组织税收收入62496万元，中央收入14140万元，省级收入8596万元，县级收入39760万元；社会保险费等收入61459万元，社会保险费收入56517万元，教育附加、地方教育附加等其他规费收入4942万元。

【税收征管】 2017年，县地税局大力夯实征管基础，不断推进税收法治建设。一是坚持依法征税、依法管理、依法服务、依法带队原则，打造全省法治税务示范基地，于2017年7月被省地税局命名为广东省地税系统法治税务示范基地。二是大力整治征管数据质量薄弱，欠税清理不到位、电子办税率较低等堵点，找准现行的征管工作的痛点，制定任务清单，逐一整改，夯实征管基础。三是抓实企业所得税、个人所得税基础管理，抓细土地增值税清算管理，全面理清耕地占用税管理，其中梅州抽水蓄能电站工程建设单笔耕地占用税入库7150万元，为该局有史以来最大的单笔税收，税种管理得到全面加强。四是全力做好机关事业单位养老保险开征和新注册企业参保缴费工作。五是推广说理式执法文书应用，认真开展行政执法公示制度试点工作，稳步推进执法全过程记录和重大行政执法决定法制审核，县内税收秩序良好。

【纳税服务】 2017 年，县地税局坚持以纳税人需求为导向，继续深入开展“便民办税春风行动”，提升服务，优化营商环境。一是积极落实 6 项税收减免政策，价格调节基金、堤围防护费停征，教育费附加、地方教育附加免征范围扩大，企业职工基本养老保险单位缴费比例、缴费工资下限降低等减税降费优惠政策，全年减税降费减负金额达2123万元。二是联合县国税局与信用社、惠民村镇银行签订金融合作框架协议，推进"银税互动"合作，助推守信小微企业发展。三是与县国税部门联合评定2016年度634户企业的纳税信用等级，加强信用体系建设，进一步贯彻守信激励、失信惩戒工作要求，提升全县依法诚信纳税的意识。四是大力推广电子办税厅、微信办税等便利办税模式，落实办税服务厅"全县通办"，降低纳税人办税成本。五是组建专业化纳税服务团队，为县内大企业上门提供个性化税务业务辅导，积极参加县政府的"暖企行动"，深入走访企业问计问需。

【国地税合作】 2017年，县地税局继续深入落实《深化国税地税征管体制改革方案》要求，以《国地税合作规范3.0版》为指引，与县国税局深入合作，稳步推进税务系统深化改革进程。华城联合办税服务厅"一窗式"国地税综合业务于11月实现全覆盖。联合开展县经济开发区企业、商品混凝土企业、木材加工企业、红砖生产企业、石场及非煤矿企业等10大行业的税收专项清理，征管执法协作进程加快。健全稽查联合随机抽查机制，联合对企业开展税收检查。深化双方数据采集与交换，共享双方内部涉税信息，联合采集利用县内单位（部门）的涉税信息。联合开展房地产行业纳税评估，强化风险协同管理。深化税收宣传合作，共同走访企业、联合培训纳税人，共同服务新三板上市及后备上市企业，联合开展税法宣传进校园等活动。

（邓伟萍）

县地税局2017年度负责人名录

局　长：梁伟强

副局长：魏强方　胡国荣　李玉平　吴新天（挂职，6月任）

纪检组组长：肖元兴

党组成员：魏云苑

2017年度五华县地方纳税前50名企业名录一览表

表4

序号	纳税人名称	纳税额（万元）
1	中国南方电网有限责任公司调峰调频发电公司	7151.50
2	五华县征地和土地储备中心	5005.55
3	广东五华二建工程有限公司	3812.82
4	广东五华一建工程有限公司	2685.89
5	广东国沅建设工程有限公司	2534.73
6	广东烟草梅州市有限公司五华县分公司	2347.42
7	五华客天下房地产开发有限公司	2104.11

续表 4

序号	纳税人名称	纳税额（万元）
8	五华县产业园区建设投资开发有限公司	1865.01
9	五华县长安实业发展有限公司	1538.03
10	梅州中农批农产品批发市场有限公司	1140.78
11	五华奥园广场有限公司	1125.46
12	五华县农村信用合作联社	852.54
13	五华县鸿晟工程有限公司	834.81
14	广东开元实业有限公司	819.03
15	五华县碧桂园房地产开发有限公司	804.11
16	五华县金泰房地产有限公司	716.57
17	梅州市鸿云房地产开发有限公司	554.53
18	梅州市岭南裕宝实业有限公司	531.18
19	五华永新安建筑工程劳务有限公司	486.35
20	五华碧桂园置业有限公司	470.69
21	广东电网梅州五华供电局有限责任公司	468.79
22	中国人民财产保险股份有限公司五华支公司	397.13
23	丰华玩具（五华）有限公司	366.73
24	五华县雄丰实业发展有限公司	349.50
25	五华县华源电力发展有限公司	344.98
26	广东利通建设集团有限公司	329.02
27	五华县长乐建筑工程公司	306.94
28	广东富胜实业股份有限公司	298.88
29	五华长申建设工程有限公司	292.39
30	五华县华城建筑工程公司	266.11
31	五华县安宝盛房地产开发有限公司	260.14
32	中国平安财产保险股份有限公司梅州市五华支公司	258.42
33	广东井得电机有限公司	254.31

续表 4

序号	纳税人名称	纳税额（万元）
34	中国太平洋财产保险股份有限公司梅州市五华支公司	254.31
35	中国人寿财产保险股份有限公司梅州市五华支公司	251.50
36	梅州市天翔建设工程有限公司	249.53
37	梅州胜华房地产开发有限公司	243.68
38	五华长胜实业发展有限公司	238.11
39	广东丰伟建设有限公司	238.10
40	五华县满园春实业有限公司	223.34
41	广东省五华县水务局	221.60
42	广东宝汇环保科技有限公司	218.88
43	五华县水泥厂	212.97
44	广东惠昌源实业有限公司	187.20
45	广东新晋炜房地产开发有限公司	181.49
46	梅州市三宝光晶云母科技有限公司	178.32
47	梅州华侨房地产开发有限公司	171.70
48	五华县龙兴建筑工程有限公司	165.86
49	福建才溪建设集团有限公司	159.06
50	广东省长大公路工程有限公司	153.88

金　融

中国人民银行五华县支行

【简况】 2017 年，中国人民银行五华县支行有在职工人员 27 人，离退休人员 20 人；内设 3 个部门：办公室、综合业务股、会计国库股。至 2017 年年末，各项存款余额 274.98 亿元，比年初增长 11.9%；各项贷款余额 104.21 亿元，比年初增长 25.56%；存贷比 37.9 %。

【农房抵押贷款试点工作】 2017 年，中国人民银行五华县支行积极配合政府相关部门，建立协调机制，健全农村信用体系，加大政策支持力度和宣传力度，推动建立风险补偿机制和贷款人人身保险机制，引导金融机构创新农房抵押贷款模式。全县农房办证登记数达 17256 户，受理 3769 户、测绘 550 宗，办理农房不动产权证 382 份；全县农房抵押贷款 185 笔、余额 11570.01 万元；累计投放农房抵押贷款 224 笔，共 13055.37 万元；县财政支付农房抵押贷款保费 32.6 万元。有效地缓解农民融资难融资贵等问题。同时，支行班子成员还积极撰写调研报告，及时反映农房抵押贷款试点过程中存在的问题与建议。其中，副行长刘树新撰写的《农房价格实现、位置差异与抵押贷款试点业务探析》发表在《金融理论与实践》2017 年第 11 期。

【信贷投放】 2017 年，中国人民银行五华县支行发挥窗口指导信息交流与预期引导功能，加强与地方政府、金融机构和企业之间的沟通，提高货币政策传导效力。合理引导社会舆论和市场预期，形成有利于货币政策执行的外部环境，较好地运用货币政策工具引导金融机构加强惠民金融结合，进一步完善机制、创新手段，着力支持实体经济发展。全年对地方法人金融机构发放扶贫再贷款 1.355 亿；促成五华农行发放光伏发电贷款 2 亿元，对“周华公路”投资授信 4 亿元，已投入 1.5 亿元；促成农发行对五华自来水公司发放“自来水村村通”贷款 5 亿元、对琴江新区基础建设投资贷款 1.3 亿元；促成建行完成对蓄能电站 10 亿元的授信额和“华陆高速”2.8 亿元的授信额；促成工行对“宁华高速”投放 3 亿元贷款；促成邮储行对“宁华高速”贷款 5.39 亿元。

【风险监测】 一是加强对货币信贷运行中各种苗头性问题的监测分析。完善辖区金融机构流动性变动情况监测分析体系，及时掌握金融机构流动性变化状况，密切关注金融机构头寸变化、流动性缺口和市场融资情况，做好银行业、保险业、证券业风险监测和报告工作，专门对金融市场、房地产市场、地方政府融资平台等重点领域的风险监测评估。做好辖内法人金融机构稳健性和风险状况的定量分析，完善金融机构风险预警指标和监测指标体系，高度关注资本充足率、资产质量、盈利能力、市场风险敏感性等指标，积极探索建立预警、防范和处置机制，进一步增强化解风险和处理金融突发事件的能力。切实加强日常业务管理和检查工作，全年对辖区16个金融机构进行人民币收付业务检查、反假人民币检查、对4个金融机构进行征信业务员检查、对3个金融机构进行统计业务检查。贯彻落实重大事项报告制度和各项应急预案演练，切实将系统性、苗头性的风险消除的于萌芽状态。扎实做好存款保险评级和保费收缴工作，敦促辖区2家法人银行业金融机构按时足额缴交保费，推进存款保险制度顺利稳定实施。二是加强金融稳定工作协调机制建设，强化与监管机构和县金融办的工作协调，进一步完善例会交流和信息共享制度。建立覆盖银行、保险、证券机构的金融稳定工作信息员制度。在各金融机构及每个基层网点设立金融稳定信息员，加强对金融外部风险的监控，重点做好对投资公司、小贷公司、非法集资等高危机构和高风险领域的动态监测和预判，密切与各金融机构及金融市场主体的日常联系，使金风险监测关口前移、触角前伸。

【优化金融生态环境】　一是做好新型农村经营主体和农户信用信息更新工作。要求金融机构对新发生信贷业务的农户信息必须进行更新，确保农户征信系统数据的真实性。二是积极推进信用户、信用村（镇）建设。全县采集 17 万农户信用信息，对完成验收的 2 个信用镇、248 个信用村和已授信的 11068 户信用户、846 户示范信用户进行跟踪服务。三是组织开展支付结算知识宣传、金融消费者权益保护宣传、征信知识宣传、反假货币知识、国库知识宣传、国债知识宣传、农房抵押贷款知识宣传等宣传活动，提升辖区居民的金融知识水平。四是积极引导企业和个人了解、查询信用报告，鼓励企业个人在人员招聘、市场交易等活动中使用信用报告，充分享受信用报告作为“经济身份证”带来的便利，推动政府部门在政府采购、政府项目招标、资质等级评定、公务员招聘、评优评先、人大和政协代表资格审查等工作中使用信用报告，不断扩大征信产品的应用领域。全年企业征信查询 143 份、个人征信查询 4815 份；促成金融机构通过中征信用平台发放贷 12 笔，金额 440 万元；发放中征产业链融资贷款 13 笔，金额 62.8 万元。五是切实解决群众的热点、难点问题。在获知龙村镇温先生在村里扩展土猪养殖业，但是缺乏资金的问题后，组织人员两次前往温先生家中，对相关问题进行核实，提出解决办法，协调辖区金融机构五华农信社为其发放 3 万元扶贫贷款，成功解决温先生资金短缺困境。

【内部管理】　一是开展“规范管理建设年”活动，全面梳理支行现行制度。全年梳理 142 个现行制度，新制订 5 个制度，修订完善 5 个制度，补齐制度“断层”，完善内控机制。抓好各项规章制度的贯彻和执行，严格落实“一岗双责”，坚持民主集中制和“三重一大”民主决策，严格执行财经纪律和财务制度，加强基建修缮项目、大额资金使用的管理力度，打造用制度用权，依制度办事，按制度管人的长效机制。二是继续深入开展“两学一做”教育活动，将学习教育内化于“三会一课”，将学做结合融合于日常履职，把党的思想政治建设抓在日常，严在经常；三是围绕上级督查发现的问题，通过举一反三，梳理出存在问题，针对相关问题制定整改措施，落实责任人、整改期限，做到立行立改，不留死角。四是“一把手”认真履行第一责任人职责，充分发挥牵头表率作用，班子成员各司其职、各负其责，抓好分管工作落实，以上率下、以上促下，引导全行党员干部落实工作责任。对履行主体责任落实不到位的，严格追究责任。

（徐高煌）

中国人民银行五华县支行 2017 年度负责人名录

行　长：邓诗康

副行长：曾国兴

刘树新

张远飚

中国农业发展银行五华县支行

【简况】 2017年，中国农业发展银行五华县支行深入贯彻中共十八大以来及中央经济、农村和扶贫开发工作会议等重要会议精神，坚持“农”字当头，重点抓好业务营销，扎实夯实基础管理，加强党建工作，防范风险谋发展，着力提高队伍整体素质，取得较好的经营业绩和工作成效。至年末，各项贷款余额14.15亿元，比年初增加 8.21亿元，增幅138.27%，日均贷款余额9.74亿元，比年初增加5.36亿元，增幅122.34%；存款余额 1.04亿元，比年初增加6.47亿元，增幅165.69%，日均存款余额7.35亿元，比年初增加4.79亿元，增幅187.19%；中间业务收入1万元，不良贷款余额保持为零，收回利息4797万元，利息收回率100%，实现账面利润3407万元，同比增加2258万元。

【客户信用等级评定工作】 2017年，中国农业发展银行五华县支行按照总行新制定的客户信用等级评定试行办法，完成老客户广东省五华县粮食收储公司等5家公司评级授信工作，完成五华县华盛建设投资有限公司等2个新客户的评级工作。充分发挥信用评级在确定客户准入、信用风险评价、贷款审查审批、授权授信和客户分类管理中的基础作用。

【营销地方政府主导的项目贷款】 2017年，中国农业发展银行五华县支行围绕县委、县政府“一核两区三组团”建设战略部署，以新农村建设、水利建设和基础设施建设为营销重点，筛选出扶持农村新型城镇化建设重点项目。在上级行的指导以及五华县委、县政府积极配合下，紧紧抓住市分行3月至5月项目大会战时间节点，支持地方政府农村新型城镇化建设工作取得初步成效。至年末，全行贷款余额14.15亿元，其中：中长期贷款余额 13.42 亿元，占全部贷款94.84%，比年初增加 8.22 亿元，增幅158.08%。全年累计发放中长期贷款 8.6 亿元，其中：发放4.8亿元水利建设项目贷款，用于五华县村村通自来水工程；成功申报1.35亿元农村土地整治项目贷款，用于五华县琴江新区土地整治项目，并发放首笔8000万元贷款；成功申报3亿元县域城镇建设项目贷款，用于五华经济开发区基础设施建设工程，并发放3亿元贷款；上报省分行 2900 元仓储设施贷款，用于粮食仓储设施建设项目。

【粮食库存管理】 2017年，中国农业发展银行五华县支行做到每月不少于一次到企业各库点进行库存核查，做到银行库存台账、企业会计账、保管账三账账实相符。上、下半年，按照市分行要求对粮食收储公司各进行一次全面库存检查，按照“有库必到、有粮必查、有账必核、查必彻底”原则，逐库逐仓检查，确保储备粮库存数量真实、质量可靠。

【全面防控信贷风险】 一是严格落实“五个关口”“八个环节”和“十条底线”管理要求，做好粮食收储管理工作，同时加强项目贷款担保管理和风险监测工作，严把贷款审查关，对项目贷款抵押担保物按季进行现场核查和对送审材料进行认真审查，严格押品价值评估。二是切实加强贷后监管工作。

认真开展企业贷款的跟踪管理和贷款基础信息核查，严格按照有关管理办法定期开展贷款专项检查，建立贷款资金和自有资金使用台账，全面监督资金的流向，确保专款专用，防范贷款违规操作风险。三是做好银监部门“三违反”、“市场乱象整治”、“三套利”以及“四不当”等自查工作。四是开展信贷全流程标准化“微课竞赛”活动。以《信贷全流程标准化管理操作手册》中“城乡一体化贷款”为蓝本，制作《精准识别，服务城乡发展一体化》微课视频，并选送至省分行参选。五是按照省分行《建立提升信贷财会基础管理水平长效化机制专项工作方案》，开展信贷财会基础管理自查和省分行抽查，并对自查、市分行排查和省分行检查发现的问题进行及时整改，进一步夯实信贷财会基础管理，增强员工合规意识，规范业务操作行为。

【加强综合办公保障和安全生产】 一是强化公文、印章、档案等风险防控，抓好有关管理制度的贯彻落实，防范操作风险。二是认真贯彻执行中央八项规定，扎实做好后勤服务工作。贯彻落实厉行节约规定，完善食堂管理服务工作，保障员工和接待用餐需求。加强车辆停放和公务派车管理，持续提升后勤服务水平。三是落实安全生产各项措施，开展重点部位和重要环节安全检查，加大案件防控和信访维稳工作力度，组织员工进行安防和消防演练，普及自救和逃生意识，做到各项防范措施落实到位，保障安全运营。四是做好档案改造升级工作。对支行档案室加装火灾报警和气体灭火系统工程，完善内部设施。五是印章监控管理系统顺利上线。按照上级行的工作部署，落实专人，落实责任，做好培训和转培训工作，确保印控系统顺利上线。六是加强安全保卫、社会治安综合治理工作。实现安全无事故，确保支行安全运营。

【党建和党风廉政建设】 2017年，中国农业发展银行五华县支行以“两学一做”学习教育活动为重要抓手，落实全面从严治党，坚持不懈加强队伍建设，为改革发展提供坚强保障。一是积极开展“两学一做”专题教育活动。根据总行《关于在“两学一做”学习教育中召开专题组织生活会和开展民主评议党员的通知》(农发银党〔2017〕1号)以及总行党委《关于在全体党员中开展“学党章党规、学系列讲话，做合格党员”学习教育实施方案》(农发银党〔2016〕96号)要求，支行开展“两学一做”学习教育专题组织生活会和开展民主评议党员活动。通过学习理论知识，并采取召开座谈会、征求意见、个别谈话等方式，在党支部班子成员之间、班子成员和党员之间、党员之间互相谈的方式，对各自存在问题和不足相互交换意见，共同探讨解决问题的意见建议，努力达成共识，增进理解和团结。二是深入推进党风廉政建设。认真开展反腐倡廉教育。坚持每周一次以上的学习制度，采取各种有效形式，以警示教育为重点，深入开展反腐倡廉教育。三是与贷款企业签订《银企廉政共建协议书》，与全行员工签订《廉洁从业承诺书》。四是开展“重温入党誓词、重读入党申请书”活动，党员干部撰写心得体会，并组织全体党员到丰顺县开展“重温入党誓词、重读入党申请书”党员活动。五是做好入党积极分子的培养工作。全年有2位同志提交入党申请书，并进行入党积极分子培训。三是在广大党员领导干部中开展贯彻学习中共十九大报告、学党章活动。

（邹尚明）

中国农业发展银行五华县支行 2017 年度负责人名录

行　长：邓良生

副行长：丘瑞和

农业银行五华县支行

【简况】 2017 年，中国农业银行股份有限公司五华县支行积极学习贯彻中共十九大会议报告精神和习近平总书记系列重要讲话精神，紧跟县委、县政府的战略步伐，以服务地方经济、服务民生为己任，抓牢核心业务，坚持城乡联动发展的“大三农”、“新三农”策略，着力抓好县委、县政府重点工程项目、中小微企业金融服务、基础设施项目建设、民生金融服务等重点工作，全力推动地方经济与自身经营的同步发展。一是加强优质大项目拓展。围绕县委、县政府的战略决策，加大对公路、交通、水利、民生等政府背景项目的拓展，加大对周华公路、光伏发电、全县 63 个垃圾中转处置站 3P项目、高速公路等拓展。其中周华公路省农行授信 1.35 亿元，2017 年发放 6000 万元；光伏发电项目农总行审批 1.88 亿元，2017 年已按工程进度放款 7850 万元。二是加强账户维护管理。加大与县委政府、财政、社保等相关部门沟通汇报，加强与工商、招商局、会计师事务所等联系沟通，全力服务县域各类账户的开立。积极做好存量账户的维护，推出企业网银、单位结算卡、电子回单箱等方便、快捷的结算产品，着力满足企业财务方面需求。三是创新服务中小微企业。全方位培养全能型人员，发掘企业新的金融需求，大胆创新发放“新型跨境参融通业务”，“人民币进口押汇融资”，均实现梅州分行“零”突破。四是倾力服务经济增长需求。全力改善民众居住环境，促进个人住房贷款提升，全年发放个人住房贷款 491 笔 16055 万元，公积金贷款 57 笔 1327 万元。促进个人消费贷款提升。运用随薪贷、网捷贷、房联贷等产品的优势，对全县 174 家行政事业单位准入随薪贷，对代发工资的部分单位准入网捷贷，满足人民日益增长消费需求。全年信用卡分期消费发生额 10392 万元，同比增长 53.71%，完成计划 111.14%；粤通信用卡标签安装 4697 套，完成计划 121.60%。五是创新做好“精准扶贫”工作。第一，通过项目带动扶贫。支行光伏扶贫融资项目通过光伏发电收入分红形式带动超过 2500 户建档立卡贫困户脱贫。第二，通过信贷服务带动扶贫。精准服务工业园区骨干企业广东环兴电力公司、广东辉骏公司、广东宝汇公司等，直接带动建档立卡贫困人员 32 人脱贫。第三，书记履职带动“精准扶贫”。支行党委书记承担党建主体责任，直接履行扶贫攻坚“一把手”负责制，持续实现一对一精准扶贫，2017 年完成“精准扶贫”序时进度 110%。

至 2017 年年末，五华县农行各项存款余额 39.35 亿元，实现日均增量 3.79 万元；各项贷款余额 15.32 亿元，日均增量 2.53 亿元，完成全年计划 174.93%，居梅州分行第一；实现中收 2313 万元；全年纳税 2428 万元，其中缴纳地方税收 164 万元。实现全年安全运营无事故，在省农行的内控综合评定中，继续保持一类行标准。2017 年度获梅州分行“优秀班子”“先进基层党组织”荣誉称号；被五华县公安局评为“安全保卫工作先进单位”。

（刘彩红）

农业银行五华县支行 2017 年度负责人名录

党委书记、行长：徐建雄

纪委书记、党委副书记：黄 健

党委委员、副行长：邓永忠（8月任）

党委委员、副行长：黄明霞

党委委员、副行长：徐文浩

中国工商银行五华支行

【简况】 2017 年，中国工商银行五华支行认真贯彻落实总、省行工作要求，加快转型升级，充分调动全行员工积极性，努力完成经营目标。一是人民币各项日均存款余额 139.05 亿元，比年初净增 2.51 亿元，任务完成率 148.8%。同时各项存款时点余额比年初净增 3.29 亿元，任务完成率 184.7%。二是各项贷款余额 14.19 亿元，比年初增加 2.79 亿元，公司贷款、个人贷款同步发展。三是实现中间业务收入 977 万元，同比增长 38 万元，任务完成率 76.8%。四是实现拨备前利润 5744 万元，比上年同期增加 872 万元，增长率 17.9%，任务完成率 97.3%。

【支持地方经济建设】 2017 年，中国工商银行五华支行将业务转型发展作为支持县域经济发展首要任务，抢抓机遇，强力营销，积极深入企业精心排摸、了解情况，强化信贷业务营销团队职责，加快客户细分，积极寻找目标客户，有的放矢，做好信贷资源储备。同时，克服人员不足困难，仔细调查、搜集客户资料，加班加点组卷上报，经过上下联动协作，小微企业信贷业务取得良好进展。全年全行企业贷款余额 11.79 亿元，其中小微企业贷款 40 户，贷款余额 5.32 亿元，有效缓解小微企业融资压力，降低融资成本，加快企业资金利用率，进而大力支持县域经济的发展。

（彭云标）

中国工商银行五华支行 2017 年度负责人名录

行 长：何基炎

副行长：彭云标

中国银行五华支行

【简况】 2017 年，中国银行五华支行紧紧围绕“一三六一”发展战略和“1312”工程，以党建为引领，认真贯彻落实分行各项工作措施，全体干部员工齐心协力，积极进取，全力提升经营业绩，并取得较好绩效。2017 年年末，人民币两项存款余额 17625 万元，对比年初增长 18384 万元；人民币两项存款日均余额 184852 万元，对比年初增长 24756 万元；各外币汇总折合美元存款余额 149 万美元，对比年初下降 17.2%。人民币零售贷款余额 16234 万元，全年新增投放 6081 万元，市占较上年提高 0.5%；中小企业贷款客户 6 户，新增贷款投放 2900 万元。实现营业收入 1289 万元，完成全年任务 66.82%。累计实现进出口业务量 3449 万美元，完成全年任务 68.98%；实现跨境人民币 5188 万元，完成全年任务 86.47%。案件防范和安全保卫工作落实，全年未发生一宗经济案件和安全责任事故。

（李锐锋）

中国银行五华支行 2017 年度负责人名录

行　长：韩　晓

副行长：李生茂

李堃辉

曾　林

中国建设银行股份有限公司五华支行

【简况】 2017 年，中国建设银行五华支行以中共十九大和十九届一中、二中全会精神和习近平新时代中国特色社会主义思想为指导，紧紧围绕省、市分行“三个确保、三个明显”工作目标，以习近平新时代中国特色社会主义思想统领全局，坚持“抓基础、创和谐、筑安全、促发展”，持续提升综合服务能力和价值创造力，全力促进各项业务持续健康发展，在上级行和当地政府的大力支持和指导下，支行全体员工共同努力，全年实现经营安全目标和业务发展目标。一是价值创造力不断增强。全年实现账面净利润 4158 万元，比上年略增；实现中间业务收入 782 万元，同比增加 157 万元，增长 25%。二是负债业务持续发展。一般性存款余额 21.97 亿元，比年初增长 0.85 亿元，其中：企业存款余额 11.9 亿元，个人存款余额 10.07 亿元，突破 10 亿大关。三是资产业务快速发展。2017 年信贷投放总量 2.8 亿元，比年初新增 2.1 亿元，实现资产业务快速发展。同时，创新产品服务大力支持地方经济和中小微企业发展，全力做好扶贫挂钩村工作和新农村示范村创建工作以及五华县创建“国家卫生县城”和创建“广东省文明县城”工作。

（曾汉忠）

中国建设银行股份有限公司五华支行 2017 年度负责人名录

行　长：黄均荣

副行长：曾伟军

五华惠民村镇银行

【简况】 2017 年，五华惠民村镇银行认真贯彻落实人民银行、监管部门、村镇银行管理部各项要求，坚持效益、质量、规模协调发展的方针，在注重业务转型升级的同时，强调风险防范和内控管理，倡导合规文化建设，存、贷款稳步增长，员工队伍不断壮大，综合竞争力得到提升，实现安全运营，稳健发展。

【党风廉政建设】 2017 年度，五华惠民村镇银行认真学习中共十九大报告，深刻领会习近平新时代中国特色社会主义思想，将党风廉政建设和反腐败工作作为党的建设的核心内容，开展党课学习研讨活动，引导党员干部筑牢防腐思想道德防线，营造清正廉明的服务环境。

【拓展营销方式】 2017 年，五华惠民村镇银行着力打造“标杆行”和“社区银行”，动员全体员工通过“扫街”营销，对潜在目标客户进行精准营销；通过与社区联合的方式，开展形式各异的社区营销活动，提升银行的社会影响力和认知度，促进各项存款业务增长。对招商引资企业、优质客户进行高端营销，促进业务上的深度合作，提高高端客户的综合贡献度。至 2017 年年末，各项存款 8.56 亿元，其中储蓄存款余额 2.15 亿元，比年初增加 7953.68 万元。

【“支农支小”】 2017年，五华惠民村镇银行利用办贷“短、平、快”优势，进一步加大对小微企业金融服务的支持力度，促进当地经济发展。积极贯彻落实金融精准扶贫相关政策，通过向中国人民银行申请扶贫再贷款投放于“三农”方面，扎实做好农房抵押贷款工作，有效地降低“三农”信贷需求的融资成本。至2017年年末，各项贷款4.53亿元，较年初新增8931.57万元。其中涉农贷款3.93亿元，占全部贷款比例86.63%；小微企业贷款（含涉农贷款）4.04亿元，占全部贷款比例89.12%。严格执行贷款“三查”制度，坚持“小额分散”原则，杜绝累大户、拆分贷款现象发生，改善银行单户贷款余额较高局面，全年无不良贷款发生。

【坚守风险底线】 2017年，五华惠民村镇银行持续在内部开展自律监管，按照监管部门要求组织开展“三违反”“三套利”“四不当”“整治市场乱象”等专项自查，配合人民银行、银监会、发起行和区域中心多次开展检查工作。认真解读政策法规，确保守住红线、合规经营，实现全年无重大事件发生。

【顺利推进电子渠道和网点建设工作】 2017年度，五华惠民村镇银行手机银行、微信银行较年初增加590户，个人网银较年初增加87户，企业网银较年初增加31户，POS机较年初增加87台。9月，长安支行顺利开业，新增ATM自助设备2台，增强银行支付结算硬实力。

2017年9月26日，五华惠民村镇银行长安支行开业

【践行普惠金融】 2017年度，五华惠民村镇银行通过“反洗钱、反假币、反诈骗”公益讲堂、“消费者权益保护日宣传教育”“周年庆”“527爱妻日”“义剪”“包粽子比赛”“义诊”等活动形式开展金融知识进校园、进小区，将金融安全知识送进群众手中，提高群众的金融安全意识。积极配合县委县政府开展创建“广东省县级文明城市”工作，1月，获梅州市精神文明建设委员会授予的梅州市“文明窗口”。积极响应政府号召，赞助“骑跑球王故里，领略客家精彩”为主题的美景里程·广东五华2017骑跑挑战赛暨首届半程马拉松赛。

2017年11月19日，五华惠民村镇银行水寨支行举办“义诊进社区，惠民暖人心”活动

（邓秀兰）

五华惠民村镇银行 2017 年度负责人名录

行　长：郭广平
副行长兼水寨支行行长：王　成
副行长兼营业部总经理：王　洋
副行长兼长安支行行长：袁海峰
副行长兼华城支行行长：魏尚坤
行长助理兼安流支行行长：魏标洪

五华县农村信用合作联社

【业务经营稳健】 2017 年，五华县农村信用合作联社（以下简称县联社）各项存款余额 96.82 亿元，比年初增加 12.87 亿元，增长 15.33%；贷款余额 44.27 亿元（含票据），对比年初增加 3.77 亿元，增长 9.31%；存贷比 45.72%，存、贷款市场份额均稳居五华县域金融机构首位，分别达当地金融机构存、贷款总额的 43.27% 和 34.89%。其中涉农贷款余额 35.24 亿元，占比 79.6%，中小微企业贷款 26.45 亿元，占比 59.74%。资本充足率 12.49%，各项贷款拨备 2.8 亿元，不良贷款拨备覆盖率 183.77%，不良贷款余额 1.52 亿元，占比 3.44%，实现经营利润 2.07 亿元，同比增加 3589 万元，增长 21.02%。

【党建工作迈上新台阶】 2017 年，县联社党委以习近平新时代中国特色社会主义思想为指导，把党建工作从基层抓起。10 月 30 日，省联社党委第五巡察组对县联社开展为期近 1 个月的巡察工作。县联社在省联社党委巡察组检查督导基础上进一步整改加强，真正做到同计划、同开展、同部署、同指导、同落实，逐步形成以党建促业务机制。全年在全县 26 个支部分别召开学习十九大“讲政治、强党性、严纪律、守规矩”等主题研讨会，采取党建知识考试、案件警示通报会、组织观看反面典型电教片、邀请五华县政府部门相关领导给广大员工开办党纪政纪法纪讨论交流学习心得和感受，增强党建项目的针对性和实效性；切实贯彻落实省委和省联社党委关于加强企业党建的工作要求，选拔专职党建工作人员，扎实推进系统党建工作开展。

【改制工作迈入新里程】 根据省联社加快组建农村商业银行工作动员大会会议要求，2017 年，县联社全面启动农村商业银行改制工作。9 月，成立改制办公室；10 月 9 日，县政府成立以吴晖县长为组长的广东五华农村商业银行股份有限公司筹建工作小组，并在 11 月 27 日召开筹建工作小组会议，形成关于加快县农村商业银行筹建工作的会议纪要；12 月 18 日，召开社员代表大会审议通过关于改制农商行的十三项相关议案，定以 2017 年 12 月 31 日为清产核资及资产评估基准日；12 月 28 日，涉政不良贷款抵债资产资金 1.08 亿元变现入账，为县联社改制农商行工作打下坚实基础。

2017 年 11 月 27 日，五华县政府县长吴晖主持召开县农村商业银行筹建工作小组会议（吴欣涛 摄）

【风险管理进一步加强】　2017年，县联社为合规内控与操作风险管理模块的试点机构之一，3月13日，省联社风险预警项目组在县联社开展为期10天的项目宣导、系统培训、流程梳理和RCSA自评等现场工作，积极推进省联社风险预警系统项目建设及推广应用；制订《五华县农村信用合作联社全面风险管理办法》，进一步明确风险治理结构及职责分工、风险管理策略、风险偏好和风险限额、风险管理政策和程序、管理信息系统和数据质量、全面风险管理文化建设等；对照农商行改制要求，对“三会一层”下设委员会名称和联社章程进行了相应调整，进一步完善法人治理；多次开展常规性检查和重点业务风险专项检查，内容涉及经营管理、柜台业务、安全管理、案防制度执行情况和员工异常行为风险排查、银行业市场乱象整治、“三违反”“三套利”“四不当”等，有效发挥内审监察再监督作用。

【资产管理持续发力】　2017年，县联社加大对地方“三农”和中小微企业的支持力度。涉农贷款余额35.24亿元，对比年初增加1.04亿元；小微企业贷款余额23.98亿元，对比年初净增2.13亿元，小微企业贷款户数4702户，小微企业申贷率100%，均达到“三个不低于”监管标准；根据市场需求的发展及管理的需要，分析和梳理办贷的不合理环节对原有的制度进一步优化、简化办贷流程，创新推出保理业务、“金领贷”、“消费易”等信贷产品；建立“一产品、一培训、一考试、一上岗”的“四个一”培训机制，并推行每月组织信贷条线人员进行一次信贷业务考试的机制，进一步加强县联社信贷队伍建设。

2017年9月22日，五华县农村信用合作联社举办“银税互动、助力小微”三方合作签约仪式（吴欣涛　摄）

【服务创新提升效能】　2017年，县联社在全市首先开办住宅专项维修资金业务和上线芯片存折通业务、粤信通POS代缴电费业务；与五华县财政局、农业局、人民财产保险五华分公司紧密合作，推出水稻种植保险保费代扣业务；推出鲜特汇收银台、鲜特汇驿站、移动缴费、智能POS机、POS代缴电费等新业务或新功能；结合“互联网+”的落地，以鲜特汇推广拓展工作为重点，加快推动鲜特汇收银台、移动缴费、电商平台等新业务的发展，与多家企业合作建立线上线下相结合的营销新模式。截至12月底，已拓展鲜特汇收银台商户14330户，初步建成覆盖全县城乡、通达社区村落的二维码支付网络，鲜特汇收银台营销数居全省排名第三、全市第一。新增加代理保险合作公司，与清远农商行合作开展代理理财业务，丰富理财产品；继续扩大银企合作，先后与多家企业签订战略合作协议，切实推动银企合作；与梅州市重点工程项目五华县职业技工学校等进行业务合作，在ATM机、超市POS机、扫码支付进驻校园方面开展业务对接；加快移动缴费业务的市场拓展，首家与五华县高级中学合作，先后与29户教育类商户开通移动缴费业务，大大方便学校、家长缴费便利，助力智慧校园的建设。

【团队建设取得佳绩】 2017 年，县联社完成HCM管理系统核心人事的首期工作，促进人力资本管理的精细化、规范化、系统化；把员工的行为管理延伸到八小时以外，建立单位家庭联系网络；对 114 位员工进行交流换岗，并加强对各岗位人员的清查与管理，公开招聘 7 名大专 13 名本科学历的新员工及 2 名金融护卫人员，进一步优化人力资源的配置；组织举办中层干部、客户经理、会计主管、基层柜台人员等业务培训 11 期，并每周以会代训组织坐班主任、柜台人员培训 40 期，全年累计参训人数 15340 人次，组织省联社持证上岗考试共计 339 人次；积极开展丰富多彩的活动，如举办“三八”妇女趣味运动会、篮球赛、足球赛等，活跃员工的业余文体生活，增强员工的凝聚力。

2017 年 6 月 6 日，为深入推进精准扶贫工作，县联社团委组织五华农信志愿服务队深入联社扶贫挂钩村周江镇早成村开展扶贫助学志愿活动（陈艳娟 摄）

【品牌形象大幅提升】 2017年，县联社因地制宜实施网点转型，从硬件上实现网点向智能化、社区化、轻型化发展；全面提升员工营销拓展意识和业务技能，切实提升网点服务水平；多媒体多渠道开展宣传活动，通过电视、网络、微信服务平台、报纸杂志、户外广告等渠道开展媒体宣传，协办梅州市第三届网络春晚海选五华专场、梅州市“五华农信”足球贺岁杯、五华县“农信杯”中国象棋比赛等公益活动等，进一步提升群众对五华农信的认知度；开展形式多样的营销拓展活动，合并宣传推广特色业务，有效提升品牌形象；成立五华农信志愿服务队，在社会公益、扶贫帮困、敬老爱幼等方面开展扎实有效的工作和志愿服务活动。2017年，县联社副主任李颂锋获广东省总工会授予“广东省五一劳动奖章”；联社团总支获评梅州市五四红旗团总支；联社志愿服务队获评五华县最佳志愿服务组织；营业部被梅州市精神文明建设委员会评为“梅州市文明窗口”。

（李颂锋）

五华县农村信用合作联社 2017 年度负责人名录

党委书记、理事长： 丘海明

党委副书记、主任： 张　信（任至2月）
谢纪文（2月任）

纪委书记、监事长： 杨旭华

党委委员、副主任： 赖运华（任至 1 月）
李颂锋　张仟来

党委委员： 幸　强（12 月任）

中国人寿保险股份有限公司五华县支公司

【业务发展】 2017 年，中国人寿保险股份有限公司五华县支公司按照上级公司统一部署上下一心，以市场为导向，坚持发展业务和充实队伍“两手抓”，切实贯彻省市公司文件精神“以队伍建设为本，以客户经营为载体，以个险为重、队伍为本、干部为先”16字方针，深化改革创新，使管理水平迈上新台阶，综合指标完成和整体创费等工作实现总体平稳较快发展。全年实现自营业务保费1.07亿元，同比增长9.7%。其中新单保费4249万元，同比负增长8.3%；首年期交保费1936万元，同比增长25%，长险首年3427万元，同比负增长16.8%，短期险保费823.5万元，同比增长32.78%，意外险保费476万元，同比增长0.56%；续期保费6470万元，同比增长25.9%。公司全年总体经营平顺、队伍稳定。

【内部管理】 2017年，中国人寿保险股份有限公司五华县支公司认真落实安全生产工作，保障企业和谐发展。一是将员工思想政治工作与各项内控管理制度的落实紧密结合起来，确保全年无案件和重大责任事故发生。二是领导带头加强作风廉政建设，强化治本抓源头工作，按人民银行要求积极做好反洗钱工作，强化单证管理，严格用印审批，全面推行转账收、付费工作，完全做到在业务过程中零现金收付管控。三是优化人员配置，逐步建立起适应市场发展和竞争需求的人力架构体系。

【客户服务】 2017年，中国人寿保险股份有限公司五华县支公司秉持“服务到永久”客户服务理念，统筹提升从承保、保全、理赔等各个服务环节，实行岗位责任制，加强岗位技能培训，并积极投身志愿者服务等公益活动，扩大宣传影响力，提升客户满意度。全年处理各类案件1120宗，其中死亡给付189.9万元，医疗赔付133.9万元，年金给付431.1万元，满期给付4716.1万元，退保金3639.8万元。

（刘 琴）

中国人寿保险股份有限公司五华县支公司2017年度负责人名录

总 经 理：刘东彬

副总经理：李振军

经理协理：周婷婷

中国人民财产保险股份有限公司五华支公司

【简况】 2017年，中国人民财产保险股份有限公司五华支公司以总公司新的发展战略为指引，紧扣“发展业务为中心，提高效益为核心，合规经营为主线”工作主基调，狠抓各项工作的完善和落实。全年实现收取保费5248万元，其中车险3200万元，非车险2048万元（政策性业务1068万元），为受灾企业和保户支付赔款2615万元，简单赔付率49.83%，上缴税款239万元，为受灾保户起到经济补偿作用，为五华山区经济建设，山区人民奔康致富做出应有贡献。

【业务发展】 2017年，中国人民财产保险股份有限公司五华支公司经营的险种主要有：机动车辆险类、财产险类、责任险类、意外伤害险类、短期健康险类和政策性业务等险种40多个。全年业务持续健康稳定发展，服务水平不断得到提升，业务质量持续向好。因主要受2016年10月20日的台风“海马”对政策性水稻保险业务影响，赔付率较往年增加不少，多数在2017年度赔付。政策性业务稳步向好发展，车险业务与非车险业务的结构比例趋于平衡。

（张健华）

中国人民财产保险股份有限公司五华支公司 2017 年度负责人名录

经　　理：陈　腾
副 经 理：罗天伦
经理助理：朱龙辉　钟广宁（任至6月）
公司主管：张俊权　钟广宁（7月任）

旅　游　业

【简况】 2017 年，县旅游部门认真学习贯彻中共十九大，十九届一中、二中、三中全会精神和习近平总书记重要讲话及对广东的重要批示精神，落实粤东西北和原中央苏区两大振兴发展政策，以及市委“一区两带六组团”和县委“一核两区三组团”发展战略，全力支持配合县委第二轮巡察组进驻县旅游局开展巡察工作和整改落实，主动对接梅江韩江绿色健康文化旅游产业带规划建设，以梅州创建国家全域旅游示范市为契机，较好地完成县委、县政府布置的重点旅游项目和第五届世界客商大会“三个一批”项目主责单位的各项任务，积极推进“美丽五华、人文五华、活力五华”等“旅游+”发展项目，加强旅游安全质量监管、旅游宣传推介、旅游招商引资、旅游教育培训、旅游大数据统计等旅游日常管理工作，致力打造全域旅游新业态。全年实现旅游接待 612.17 万人次，旅游总收入 43.69 亿元，分别比增 14.98%和 15.99%，并实现旅游安全质量无事故无投诉。

【旅游项目建设】 2017 年，县旅游部门按照《关于贯彻落实 2017 年县委、县政府 78 项重点工作的通知》工作要求，狠抓五华客天下文化旅游产业园、双龙山旅游景区、南洋山养生养老生态园、热矿泥温泉山庄升级改造、益塘水库美景驿站等旅游重点项目的开发建设。一是为加快五华客天下项目的落地建设，县政府专门设立五华县客天下文化旅游产业园项目建设指挥部，抽调林业、国土、住建、相关镇等单位部门骨干成立由县旅游局牵头负责的建设协调领导小组办公室，坚持每周召开例会。同时，组织召开由书记、县长或分管领导主持的项目建设协调推进会 20 多场次，分析、讨论、协调解决项目建设推进过程中遇到的困难和问题。至 2017 年年底，该项目完成了项目整体立项备案，林地调规申报省级森林公园调整工作，国土调规报批工作有序进行。五华客天下文化旅游产业园红色旅游区建成，作为第五届世界客商大会“三个一批”竣工项目，在 1 月 13 日成功地举行五华革命史迹陈列室的揭幕仪式。二是加快推进热矿泥温泉山庄升级改造和双龙山旅游景区、新丰寨农旅园项目建设。牵头组织相关人员参加全省公开

五华革命史迹陈列室

竞争评审，使热矿泥温泉山庄升级改造项目获得省旅游发展专项资金500万元扶持，同时，列入全国优选旅游项目。至2017年年底，热矿泥温泉山庄升级改造完成原有泥宫内外更新改造、山庄环境综合整治的绿化亮化改造、新增山庄3个温泉泡水池，安全设施升级改造，新规划进园大道已由交通运输部门测设规划。双龙山旅游景区建成12个休闲凉亭，3.8公里休闲步行道、1条景观长廊，种植绿带、台湾水果共40多公顷，建成木屋别墅5幢、一幢五层游客接待中心和游客餐厅，建设罗陂河漂流设施，该景区首期基本建成,并于9月底对市民开放试运行,吸引众多游客观光旅游。新丰寨农旅园项目完成原有养猪场改造和绿化升级、种植中草药、水果、名贵花木等20多公顷，启动供电线路升级改造，完成景观长廊龙头，游客接待中心、接待餐厅、农家乐、新建休闲广场舞台灯光基础设施建设，升级改造百香果观景长廊、新建旅游厕所3座。三是启动梅林南沣山养生养老生态园建设。从3月份至年底，完成项目的总体规划设计和立项备案，完成项目部分征地任务和2公顷临时取土用地指标申报工作，完成挖运土方和填土20万立方米，完成地下漂流混凝土箱体涵主体工程2100多米，完成种植草坪6000平方米，名贵树木200多株，迁移安置坟地12宗，酒店、养老中心项目开工建设，整修人工湖18.67公顷蓄水，景区主入口“三通一平”全面动工，启动进园大道规划设计立项申报和设计招投标工作，至年底，项目完成年度投资8000万元，11月13日，作为第五届世界客商大会“三个一批”动工项目成功举行奠基仪式。四是做好五华县旅游服务中心动工前期准备工作。因原选址在高速公路出口左边，不利于游客服务中心功能的发挥，经相关部门进一步会商，年底已重新启动项目选址及相关报批工作。五是积极开展探索和发展我县“旅游+体育”品牌项目。县委、县政府高度重视“旅游+”的发展，安排旅游、招商、体育等部门主动对接北京美景天成体育文化发展有限公司，双方通过协商达成共识，并签订赛事合作协议，于每年11月举办“美景里程·广东五华骑跑两项赛”。为使赛事顺利进行，北京美景天成公司在五华注册广东美景天成体育文化发展有限公司，并由政府投入8000多万元实施益塘水库美景驿站项目。该项目从前期的规划设计方案评审，完成立项报批，招投标

益塘水库旅游区

工作，于7月开始建设，通过责任单位和建设者加班加点的努力，建成“伴云”、“知青”、“寻梅”、“听雨”、“观海”等接待酒店、客

栈、游客接待中心及绿化、美化、亮化工程，并在11月11日至13日成功接待参加“2017年美景里程·广东五华骑跑挑战赛暨首届半程马拉松赛”的嘉宾以及第五届世界客商大会五华分会场的领导嘉宾。

【旅游行业管理】 2017年，县旅游部门以旅游安全质量为抓手，强化日常工作，不断提升旅游服务质量和接待能力。一是狠抓旅游安全质量监管工作。强化元旦、春节黄金周旅游安全质量监管、督查、检查、巡查和值班工作，加强防火、防风、防地质灾害敏感期的安全督查和防范工作，与全县主要旅游企业负责人签订2017年旅游安全生产责任书，落实“一岗双责”责任制，坚持领导带队深入基层检查安全工作，发现问题下发整改通知书，专人负责跟踪旅游安全隐患的排查、整改和落实。全年组织有规模以上的检查23次，出动118人次，发现隐患13宗，限期整改13宗，整改率100%。二是完成旅游厕所建设任务。至年底，已通过市、县考核验收合格的2015年度、2016年度旅游厕所22座（其中新建13座，改扩建9座），占两年旅游厕所目标任务27座的81%（其中有2座因各种原因建设指标顺延）。经认真梳理，科学规划，2017年度新上报12座旅游厕所（新建6座，改扩建6座），已全面完成建设任务。三是做好旅游从业人员的教育培训。组织全县旅游企业负责人和旅游相关镇、村负责人共30多人参加“梅州创建国家全域旅游示范市”动员大会；组织旅游专业镇、村负责人和旅游企业管理人员参加省、市旅游局开展的各种业务培训班学习；9月12日，县旅游局联合县食品药品监管局举办五华县首届旅游餐饮行业管理人员培训班，邀请美国城市旅游学院客座教授、香港奥斯卡国际集团董事总经理、现任兴宁市鸿都酒店总经理黄敏老师讲授《新形势下餐饮行业经营消费心理及营销对策》课程，吸引来自全县从事餐饮管理服务的100多人参加培训；9月20日，组织全县旅游企业负责人和安全生产主管20多人参加旅游消防安全和旅游企业经营管理业务知识培训，邀请省消防协会教官授课。至年底，共培训各类人员600多人次。

【旅游宣传推介】 2017年，县旅游部门围绕提升旅游接待能力，积极开展全县旅游接待设施和民宿（客栈）的普查，指导有条件的业主发展接待酒店、民宿（客栈）和农家乐设施。组织旅游企业营销人员参加“春到梅州”汕头、揭阳专场推介，惠州、河源专场推介，顺德、南沙、番禺专场推介活动，组织和带领县主要旅游景区营销人员参加2017年广东国际旅游博览会，参加梅州旅游赴杭州、大连、沈阳专场推介，全力宣传推介特色五华旅游资源以及梅州旅游主要客源地“走出去、请进来”宣传营销活动；联合举办第二届潭下乡村旅游桃花节活动和五华县首届河东茶亭岗柚花节活动，吸引各地游客近8万多人次参与乡村旅游赏花游玩活动。同时，还于5月中旬联合举办五华县“体彩大乐透”“我要上全运”环城健身骑行暨第二届环五华超越百公里骑行活动，来自港澳及全国各地的骑游爱好者及市民群众近3000人参加；10月1日至9日，“五华县第五届旅游美食文化周暨五华旅游摄影大赛活动”在县城奥园广场成功举办。11月11日至13日，由中国田径协会、五华县人民政府主办的2017年美景里程·广东五华骑跑爱好者近1000人，分“精英组”和“大众组”参加比赛，吸引数万计的观众现场加油喝彩。

【文明旅游】 2017年，县旅游部门动员和组织旅游系统干部职工，旅游行业单位，积极响应参与到五华创建国家卫生县城和广东省文明县城活动。经常组织人员深入网格化责任地段、包干村民小组督促落实创文创卫工作，投入8万多元完善建筑围挡墙的文明公益广告和文明宣传提示牌，成立五华县文明旅游志愿服务队，开展各类文明旅游宣传引导活动。指导酒店、景区（点）、旅行社等完善宣传栏、宣传材料，规范文明用语，设立文明监督员监督不文明旅游行为。指导旅游行业完善创文创卫验收台账，同时投入2万多元支持包干村民小组完善环境卫生整治工作。

【旅游扶贫】 2017年，省、市旅游局领导多次调研五华县华城镇城镇村和潭下镇布坪村，对这两个省旅游扶贫重点村如何加快打造美丽乡村提出意见和建议。在开展新时期精准扶贫精准脱贫工作中，县旅游局挂钩帮扶华城镇湖田村，局党组坚持每月研究布置精准扶贫驻村工作，要求驻村干部到村指导外，还经常组织全局干部职工到村开展结对帮扶活动，全力支持协助帮扶湖田村按上级要求的时间节点，全力推进新时期精准扶贫精准脱贫各项任务落实。全年投入5万多元支持湖田村开展基层治理、新农村建设和贫困户的慰问送温暖活动。另外实施教育帮扶，对2017年湖田村13名学子考取本科院校和东中、宪梓的分别给予500元或300元的奖励，主动帮助扶贫户学子申请助学金，助其顺利入学就读。

（温巧麟）

县旅游局2017年度负责人名单

局　长： 黎辉文（1月任）
张国标（任至1月）

副局长： 刘展明（任至3月）
魏　芳
邱明峰（11月任）

科教文体

长乐学宫

教　育

综　述

2017年，全县有各类学校618所，其中：幼儿园170所，小学160所，小学教学点229个，普通初中41所，九年一贯制7所，普通高中12所，中职学校5所，特殊教育1所。在校学生213841人，其中：幼儿园学生44240人，小学学生97203人，普通初中学生44218人，普通高中学生25723人，中职学生2287人，特殊教育170人。专任教师12894人，其中：幼儿园教师1511人，小学教师5275人，普通初中教师3863人，普通高中教师2069人，中职教师144人，特殊教育教师32人。（以上数据均含民办学校）

2017年全县教育工作主要成效：

【争创“广东省推进教育现代化先进县”工作扎实推进】 2017年，按照争创广东省推进教育现代化先进县工作相关台账要求，继续完善《五华县创建“广东省义务教育现代化学校”规划表》，制定推进教育现代化实施方案和年度工作计划并报送省督导室。12月，全县16个镇均顺利通过教育强镇复评验收，实现教育强镇复评全覆盖。同时，完成包括《自评报告》《督导验收方案》《自评说明》《教育强县整改完成情况》等在内的8项申报“广东省推进教育现代化先进县”主材料，收集、整理、完善150盒“争先”细化佐证材料，并由市教育局初步审核过关，向省呈交验收时间提前到2018年上半年的申报请求。

【教育重点项目建设快速推进】 2017年，县委、县政府确定将华城职业技术学校打造成一所省级重点职业技术学校，将华城水保站办公场所划拨置换给华职进行扩建。建设总投资约1亿元，采用PPP融资模式建设，已进入招投标阶段。县特殊教育学校全面建成，学生在3月搬进新校区上课。华强学校（县第六小学）扩建工程全面完成。县第三幼儿园建设工程全面完成，9月1日正式投入使用。县教师进修学校改造工程9月全面完工并投入使用。五华中学运动场建设并入华城镇美丽乡村建设，纳入华城镇政府PPP项目，由华城镇政府统一负责组织实施。琴江新城初级中学建设工程拟投资1.5亿元，采取PPP模式融资，开展学校选址调研工作。

【教学质量稳步提升】 2017年，县教育局牢牢把握教育教学质量这条办学生命线，扣紧幼儿园、小学、初中、高中四级教育，以提升教学质量为目标，注重教学常规管理，全力加大高考、中考备考力度，科学备考，精准施策。同时，认真做好全县中小学普通班教学质量学年检测工作，积极组织举办县级课改开放周活动，开展 “送课、听课、评课、教学经验交流、专题讲座”为主题的送教下乡活动，积极开展“一师一优课，一课一名师”网上晒课活动。全年网上晒课3400课，评省优以上19课，其中部优7课。同时，充分发挥县教育发展基金激励作用，扩大表彰比例，全面调动工作积极性，使全县广大教师真正动起来、干起来，形成你追我赶良好氛围。高考方面：一本入围人数211人（含地方专项计划56人），本科以上入围人数2028人（含单招16人），专科以上入围人数8020人。其中，高考录取211工程以上有21人，985工程有5人。中考方面：全县总分最高分988.5分（兴华中学考生），荣居梅州市第二名。

【特色办学成效显著】 2017年，县教育局以特色办学为突破口，按照“一校一品牌，一校一特色”目标，贯穿特色文化建设于学校管理之中，推广硬笔书法教学和国学经典阅读，形成“书法”“国学”“足球”等校园主题文化，提升学校教育教学质量，促进学生全面发展。特别是注重擦亮“足球之乡、球王故里”品牌，抓好“省级校园足球推广学校”申报工作，认真办好校园足球三级联赛，组织学生参加国内外各类足球比赛，着力提高青少年学生足球技能水平，树立五华特色教育品牌。全县有“全国青少年校园足球特色学校”9所，“省级青少年校园足球推广学校”15所。全年在全市足球传统项目学校比赛中，五华3支参赛队伍均进入前四名，其中县一小荣获全市冠军；在全市“禁毒杯”校园足球比赛中，华东中学荣获全市冠军；7月，五华田家炳中学勇夺2017年全国田家炳中学（共166间）高中足球邀请赛冠军；在第八届市运会上，五华男女足球均获学校体育组冠军。

【师资素质不断提升】 2017年，县教育局注重抓好师资队伍学历提升、培育现代教育理念、掌握现代教育方法、加大名师培养等工作，着力打造一支富有战斗力的教师队伍。一是大力提升教师学历水平。制定具体的教师学历提升工程实施方案，积极支持和鼓励教师进修高层次学历，教师参加学历进修学费由县财政、学校和个人分别负担60%、20%和20%，全县有2600多名教师报名参加高层次学历进修。二是大力引进人才。2017年新招聘160多名教师充实到教师队伍中，其中新补充到农村学校教师99人，新补充紧缺学科教师体育16人、音乐4人、美术1人、信息技术2人；招聘4名研究生到高（完、职）中担任教学和教研工作；通过市千人计划，引进2名硕士研究生到县重点高中任教。同时，出台《关于加快我县人才发展的实施意见（试行）》，大力引进本地籍优秀人才，建立本地籍优秀大学生人才库，对通过招聘、招考等程序录用到县内教育单位的“211”“985”工程等重点院校全日制博士、硕士、本科生，在录用单位服务5年以上且按规定缴纳社保的，服务期满后一次性给予15万元、10万元、5万元工作补贴。三是抓好师资队伍培训工作。9月，成立教育局教师继续教育中心，投入1500万元，分34项内容进行教师培训，已完成27项，组织全县校长、分管教学副校长、业务骨干教师等分三期250人分别到河南、河北名校进行开展校访对接活动，全面提高教师水平。

【教育发展基金发挥作用】 2017年年末，五华县教育发展基金会认捐总额1.5亿元，到账金额近4000万元。基金主要用于奖教奖学，帮扶困难学生和培训教师，提升教育质量，培养优秀人才。同时，出台制订《五华县中小学教学质量提升工程奖励方案（暂行）》，拿出760万元按照《奖励方案》对全县中小学普通班成绩优异者及科任老师、班主任进行重点奖励，有力调动全县师生的积极性。

【教育扶贫精准到位】 2017年，县教育局认真做好扶贫挂点村精准扶贫精准脱贫工作，扎实做好全县建档立卡贫困生生活费补助和退学杂费扶贫资金补助工作，对全县贫困户学生10426人进行建档立卡，共拨付扶贫资金3388.57万元进行精准扶助。义务教育寄宿制公办学校公用经费补助从农村扩大到城市，补助标准从每生每年200元提高到250元，补助学生12720人，共拨付318万元。对城乡义务教育家庭经济困难寄宿生，按小学每生每年1000元、初中每生每年1250元标准给予生活费补助，受助学生1368人。教育扶贫工程顺利实施。

【安全工作卓有成效】 2017年，县教育局高度重视安全工作。增设“德育与安全管理办公室”，专门管理学校安全工作。认真贯彻落实各级关于加强学校安全工作相关文件精神，层层落实责任，全员参与安全管理，针对不同时段加强相应的安全教育，采取一切行之有效措施，确保中小学校、幼儿园财产和师生安全。多管齐下做好预防发生溺水事故、交通安全、预防极端天气安全教育和校园安保等工作。一是以文件形式下发预防发生溺水事故工作方案、交通安全宣传教育工作方案和校园安保工作措施。二是通过县电视台、电影、校讯通、班会、校会、家长会、宣传栏、公开信等多种形式强化学生防溺水教育和交通安全教育，明确家长与社会职责，努力编织学校、家庭、社会三方面齐抓共管的学校安全网格，积极开展“八个一”安全活动。

【队伍建设不断加强】 2017年，县教育局狠抓三支队伍（机关队伍、校长队伍、教师队伍）建设，不断加强学校管理。对全县高完中校长、部分中小学校长、局机关股室长共30多人进行交流轮岗。同时，加强师德师风建设，进一步规范学校办学，引导广大教师以德立身、以德立学、以德施教，开展社会主义核心价值观教育以及道德讲堂讲座活动，营造教育系统干事创业良好氛围。

同时，认真抓好创文、创卫和森林防火工作，着力做好教育宣传工作。不断加强和完善教育系统办公自动化（OA系统）功能，提高教育信息化水平和工作效率，做好五华教育信息网和五华教育微信公众号正面宣传工作。认真落实省政府教育民生实事建设工作，抓好教育督导工作，抓好党建工作，做好“梅州民声”相关工作。抓好语言文字工作，抓好工会、妇女工作，进一步规范普通中小学教材教辅征订发行工作。

主要存在问题和困难：一是县城学校大班额现象突出，安全隐患大。二是教师结构性比例不合理，图、音、体等学科教师紧缺，县城教师老龄化严重。三是教师工作积极性偏低，特别是受山区教师岗位津贴影响，县城教师工作积极性受到压制，直接影响教育教学质量提升。四是学校安全管理压力大。由于学校点多面广，部分职能部门对学生安全问题不够重视，与教育部门齐抓共管意识不强、力度不够，存在交通安全、校外食品安全以及校园周边网吧、桌球室众多等问题，给学校安全管理带来较大压力。

普通中小学教育

【德育工作】 一是重视德育队伍建设。定期召开中小学德育和安全应急工作会议，提高学校德育骨干业务水平。加强中小学班主任队伍建设，要求各校有计划召开班主任工作研讨会，提高班主任的管理能力。建立激励机制，自下而上评选优秀德育工作者和优秀班主任，给予表彰和奖励，调动工作积极性。二是重视思想道德教育。组织评选“阅读之星”、读好书交流会、观看优秀影片和纪念重大节日等活动，对学生进行正面思想道德教育。充分发挥县综合实践活动教育基地的职能作用，使学生真正接受教育。着力抓好学校文化走廊、黑板报等文化园地，加大力度建设安全文明校园，使学生在优美的校园环境中得到潜移默化的教育。三是重视法制教育。要求各校把普法工作列入学校工作计划，认真推行聘任“法制副校长”制度，举办专题性普法讲座及法制教育讲座，让学生知法守法。向各校下发法制挂图和资料，开展坚决抵制邪教、“六合彩”、“黑网吧”以及远离毒品等活动。充分发挥学校、家庭、社会“三结合”教育网络作用，采取有效办法，强化督促检查，狠抓后进生转化和农村留守学生教育工作。

【教学工作】 一是抓中小学课程改革。2017年，通过听课、评课、开设专题讲座、召开专题会议等形式，大力转变教学理念，全面落实新课程改革，新课程改革初见成效。如水寨中学、田家炳中学、河东中学积极组织老师学习新课程理论，理论联系实际创设新课程试验班，课堂上采用“先学后教，当堂训练”的导学案教学模式，把传统课堂一分为二，即自主课和展示课，大大地提高课堂教学效率。二是抓县级课改开放周活动。高中重点抓好水寨中学、田家炳中学、县高级中学的课改实验工作。义务教育阶段学校分片进行课改开放周活动。小学分别在县三小、梅林镇第一小学、河东镇第一小学、潭下镇第一小学进行课改开放周活动。初中上半年在南片的平安中学、万龙中学，中片的郭田中学、梓皋学校和北片的大田中学、双头中学开展全县分片初中课改开放周活动；下半年全县初中课改开放周活动在兴华中学、华新中学、河东中学3间学校，各学科公开课以“同课异构”的模式呈现。12月，在县高级中学高一至高三级举行高中课改开放周活动，有力推动高中新课程改革。同时，积极开展“送课、听课、评课、教学经验交流、专题讲座”为主题的送教下乡活动活动。三是抓毕业班教学工作指导。坚持“常规打基础，创新求发展”的教学思路，加强对全县中小学毕业班指导力度。高考和中考的每个考试科目均召开 2 次以上学科教研会，各学科骨干教师开复习观摩课，交流复习备考经验，提出教学和备考意见，提高备考质量。认真做好小学毕业水平测试和普通班质量教学抽测工作。四是抓好教研科研工作。要求各校以教研组为依托，认真开展“理论学习、集体备课、主题教研、反思交流”的校本教研活动。加强对教育科研课题的指导和管理。建立课题初审、立项、中期检查、结题验收、成果申报制度，定期开展科研成果交流。继续开展年度论文评比活动，市、县教改积极分子从课题实验的优秀教师中选出。五是抓中小学普通班教学质量学年检测。根据《五华县 2017 年教育教学质量提升工程暂行奖励办法》（华教字〔2017〕5 号文），在 7 月进行全县中小学普通班教学质量学年检测，即小学一至五年级、初中七八年级每学年全县期考（各校自行组织评卷）结束后，参加一次由县局规定的统一考试，全县统一命题、统一评卷。高中一、二年级参加全市统一命题、统一组织的第二学期全市普通高中教学质量检测，全县组织统一评卷。全县中小学普通班教学质量学年检测奖金 135 万元，其中奖教师 108 万元、奖班主任 27 万元，并给学生、班主任、科任教师颁发荣誉证书。六是开展网上晒课活动。按照上级教育部门“一师一优课，一课一名师”教学工作要求，继续积极开展网上晒课活动。全年全县晒课 5173 节，其中：省优 22 节、市优 115 节、县优 248 节，有效地提高广大教师的信息技术应用及教育教学能力。

【文体卫活动】 一是重视体育活动。以比赛为抓手，不断增强学生身体素质。举办中小学生男子篮球、跆拳道、围棋锦标赛，成功举办全县小学生田径运动会，全年全县校园足球三级联赛总场次 495 场。积极开展国家、省、市校园足球特色学校创建工作，全县全国校园足球特色学校 9 间，省级校园足球推广学校 15 间，市级校园足球特色学校 23 间。积极组织参加 2017 年市运会，并在市运会上取得男、女足全市冠军优异成绩。同时，7 月，在内蒙古包头举行的全国田家炳中学高中组男子邀请赛中，五华县田家炳中学荣获全国冠军。二是重视文艺活动。积极协助宣传部做好 2018 年春节团拜晚会准备工作，组织做好省、市、县艺术展演工作。三是做好学校卫生防疫和食堂食品安全等工作。做好农村义务教育学生营养改善计划相关工作，做好营养改善计划双月网报工作，做好受益学校和学生实名制网报工作，做好全县学校学生饮用奶推广工作。同时，联合卫生部门和食品药品监督管理局，对学校卫生防疫和食品安全工作加强监督指导，开展食品安全专项检查，签订学校卫生安全工作目标责任书，层层落实管理责任，保证各校食堂不发生食物中毒事件及不暴发传染病，保障了师生身体健康和生命安全。

【财务管理工作】 一是做好义务教育阶段学校公用经费和专项资金的申报发放工作。认真落实义务教育阶段“两免一补”民心工程，严格按照有关政策，公正、公平做好义务教育阶段学生公用经费、贫困家庭子女生活费补助工作。2017 年学年度享受义务教育公用经费拨款学生 139932 人，义务教育困难家庭寄宿生生活补助 1368 人，非寄宿生生活补助 24423 人，普通高中国家助学金学生 6700 人。二是加强中小学校收费管理。严格执行“收支两条线”，使中小学校各项收费管理体制得到较好落实。三是积极加强中小学校会计的业务培训。组织业务不太熟悉及新上岗的会计进行一对一业务培训，组织中小学校会计进行教育事业统计和教育基础数据库业务知识培训。三是加强局机关财务管理工作。按照中央八项规定及财经法规的有关规定，对局机关经费管理做到合理、合规、合法，支出有预算、开支有标准、审批有程序，特别是对于局固定资产的购买及大件物品的采购都能按规定报县采购中心批准后进行购买，严格履行审批程序，严格控制“三公”经费，做到量入而出，勤俭节约，确保局机关财务工作风清气正。

【制度建设及队伍管理】　一是抓师德师风建设。把师德师风建设放在教师队伍建设首位，常抓不懈。按照《广东省教育厅关于开展治理中小学有偿补课和教师违规收受礼品礼金问题自查工作的通知》（粤教师函〔2016〕74 号）精神，坚决治理中小学有偿补课及教师违规收受礼品礼金问题。全年全县各级各类学校没有发生教师严重违反职业道德规范的现象或事件。二是抓学校领导班子建设。按照《五华县中小学校长管理办法》要求，对校长进行制度化、规范化管理。同时，根据《五华县中小学校机构设置和领导干部配备选拔任用的规定（修订）》，共调配任免干部 65 人次（其中提拔中层干部 40 人、校长 6 人、轮岗 13 人、转任 6 人），推进干部选拔工作科学化、民主化、制度化，深化学校领导班子建设。三是加强师资培训。制订出台《五华县中小学（幼儿园）教师学历提升工程实施方案（2016—2020）》，鼓励学历未达标教师提升学历。组织校长、教师参加相关培训和继续教育。全年组织中小学校长、中职学校校长省级培训 12 人，中小学校长“提升工程”管理培训 150 人，小学校长北师大高研班学习 18 人。组织专业技术人员公需科目培训 6180 人，小学教师信息提升工程培训 3944 人，中小学教师省级培训项目培养对象 28 人，省级乡村优秀教师跟岗学习 7 人，其他各级各类教师培训 475 人。四是抓好各项人事工作。做好教育局机关公务员招聘、管理、培训工作，抓好档案室各项业务工作，规范干部人事档案管理。认真履行人口与计生综合治理工作目标管理责任部门职责要求，精心组织教育系统计生干部职工学习计生新政，提高业务水平。公开招聘 200 名新教师补充到农村学校工作，新招聘 4 名研究生到高（完、职）中担任教学和教研工作，为高级中学等 4 所学校各招聘 1 名校医。做好正常人事调配工作，选调 5 位干部到局机关工作，给原 25 位借调教师办理正式调动手续。五是抓好职称改革工作。认真执行省市深化中小学教师职称制度改革实施方案，建立统一的中小学教师职务制度，设置中小学职称（职务）系统，完善评价标准和管理服务机制，创新评价机制，实现与事业单位岗位聘用制度有效衔接。完成中小学教师职称（职务）评聘岗位核定和使用计划，核定 2017 年度可用空余岗位数 4337 个（其中高级 1113 个、一级 1377 个、初级 1847 个），完成中小学教师职称（职务）评聘岗位使用计划，用于正常晋升职称岗位数 713 个（其中高级 208 个、一级 223 个，初级 283 个）。完成中小学教师专业技术人员考核、中小学教师职称（职务）考核推荐、职称材料收审工作。全年全县新评聘教师岗位职称 695 人,其中高级 203 人、一级 214 人、初级 278 人。六是抓好教师资格认定和教师资格定期注册工作。按照教师资格认定相关规定要求，为 130 多人办理教师资格证。按照《关于做好我市 2017 年下半年中小学教师资格定期注册工作的通知》（梅市教人〔2017〕38 号）要求，开展全县中小学教师资格定期注册工作，并做好申报材料的收集、审核和数据核准。

其他教育

【职业教育蓬勃发展】 2017年，县委、县政府高度重视职业教育，大力支持职业教育发展，结合县情重新调整中等职业学校布局，扩建华城职业技术学校，按省重点职业学校标准办强办大。全年县内职校招生全日制学生443人，技工学校招生1017人，基本完成计划数；输送到外县市就读中职学校学生有6900人，完成计划数100%。

【成人和社区教育稳步推进】 2017年，充分发挥镇、村成人技校主阵地作用，大力发展成人和社区教育。全年全县举办各类专业技术班363班次，参加学习101683人次，充分发挥技术骨干示范作用，推动农村经济不断发展。

【幼儿教育积极推进】 2017年，抓实全县幼儿园管理工作，重点清理整顿民办幼儿园。组织县实验幼儿园、示范幼儿园相关领导教师到省参加学前教育教研工作研修活动。开展学前教育工作专项检查，重点检查113所民办幼儿园。全年36所民办幼儿园获得办学许可。据不完全统计，2017至2018学年度，全县3至6周岁幼儿入园率达95.8%。

表彰奖励

【简况】 2017年度，获得高考优胜奖学校：水寨中学、安流中学、横陂中学、琴江中学、棉洋中学；获得高考前5名初中生源学校：兴华中学、华民中学、华东中学、转水中学、河东中学；获得高考最大增幅奖镇、学校：棉洋镇、华阳镇，棉洋中学、水寨中学、田家炳中学；获得高考前20名村：龙村镇大坑村、水寨镇大布村、水寨镇员瑾村、水寨镇大岭村、横陂镇横陂村、华城镇城镇村、龙村镇塘湖村、安流镇红山村、水寨镇罗湖村、棉洋镇联西村、岐岭镇赤水村、河东镇澄塘村、转水镇畲柯村、华城镇维新村、梅林镇华光村、水寨镇莲洞村、安流镇东礼村、水寨镇上坝村、棉洋镇洛阳村、安流镇青江村。

先进学校17所：长布镇中心小学、棉洋镇中心小学、周江镇中心小学、双华中学、硝芳中学、平安中学、兴华中学、华东中学、华阳中学、周江中学、太坪学校、梓皋学校、安流中学、棉洋中学、琴江中学、南山小学、县示范幼儿园。

表扬学校17所：华阳镇中心小学、华城镇中心小学、河东镇中心小学、油田中学、华新中学、华民中学、马汕中学、转水中学、河东中学、新新学校、郭田学校、塘湖学校、田家炳中学、水寨中学、五华中学、县第三小学、特殊教育学校。

（胡旭明）

县教育局2017年度负责人名录

局　　长：李作华
副 局 长：卓力平（3月任）
陈雨新（3月任）
曾宪猛　甘森华
李国柱（任至3月）
黄云新（任至3月）
党工委专职副书记：钟党正（3月任）
党组成员：邹展强（5月任）　李玉琪

五华开放大学

【机构变更】 2017 年，经梅州市机构编制委员会（梅市机编办发〔2017〕12 号）批准，五华县广播电视大学于 4 月 14 日正式更名为五华开放大学。在原有基础上增加一个内设机构（招生办公室），增加正股级职数 1 个，副股级职数 4 个，增加全额财政拨款的事业编制 7 个，增加中级岗位 2 个，初级岗位 4 个，初级工岗位 4 个。

【教师队伍建设】 2017 年，学校在编教职工 14 人，其中副教授职称 1 人，中级职称 2 人，初级职称 1 人，外聘教师 39 人（有高级职称 12 人），借用教师 6 人。学校重视师资培训，鼓励青年教师参与学历进修，发表学术论文等。

【多元化办学】 2017 年，学校继续拓宽办学思路，为适应新形势发展，更好地服务五华社会经济发展，重点与奥鹏教育、华师网络学院联合办学，针对地方人才资源发展趋势，有针对性开设本、专科专业，开设有行政管理类、财经类、教育类、法律类、医学类、建筑类等 30 多个文理专业，在校学生 3336 人，91 个教学班，为历史之最。在省开放大学对全省基层开放大学的考核中，五华开放大学获得“良好”等次。

【招生工作】 2017 年，五华开放大学充分发挥多年来累积的办学优势，充分调动学校师生及外聘教师积极性，下乡做好招生的宣传发动工作，超额完成招生任务。全年招生 1041 人，居全市第一。

【教学设施改善】 2017 年，为满足五华开放大学转型发展需求，提升办学水平，学校在原有基础上不断完善教学设施，动工兴建一幢建筑面积 2282.75 平方米的教学楼，新教学楼建设工作顺利，至年底，完成合法报建手续，楼基础基本完工。同时对老教学楼的内墙进行全面翻新，为全校师生提供良好学习环境。

【教学管理】 一是坚持上课教师、班主任、学生到位签名制度。二是继续强化教学过程的管理，重点抓好辅导环节、作业环节、实践环节的管理，特别是加强对形成性作业的检查力度，要求学员按时交作业。三是抓好学生网上听课、作业、学习活动。四是规范网络听课学习管理，完善相关规定。坚持面授辅导与微课（2017 年学校建立微信公众号）相结合的教学方式，主要是落实授课的质量、加强综合实践环节管理，教务部门进行检查落实，全年作业收缴、批改率 80%，特别是文秘管理与应写作的形考作业收缴率 98%，网上形成性测评作业完成率 99%。五是打造一个全民学习室，不仅为师生提供阅读通道，而且还对市民开放，丰富广大市民的业余文化生活。六提升学校的品位。4 月 12 日学校承办广东开放大学中文教学团队学科建设研讨会，研讨会的专家学者对五华开大近年来的办学成绩给予充分肯定，也肯定学校汉语言文学专业近年来在教育教学方面取得的成绩。六是抓考风考纪。遏制考生作弊现象，学校在校门口用电子显示屏反复显示关于严禁考试作弊的事项，每个教室挂两块广告牌，宣传考试纪律，在考试期间使用移动网络屏蔽功能，邀请警察到考场把守。同时，加强对监考老师的考前培训，特别是加大力度预防全国英语、计算机考试作弊，启用国家网考委高清摄像监控等加强对考试的管理，学校考务工作得到上级充分肯定。严肃考风考纪，基本制止违纪作弊现象，学生考试成绩的通过率98%。七是抓好毕业班学生毕业实践及论文指导工作，学生论文通过率100%。

【精准扶贫和整顿软弱涣散工作】 2017年，五华开放大学投入6.13万元做好精准扶贫村兴中村的扶贫工作，确保2017年度18户精准扶贫对象顺利实现脱贫，脱贫率70%。根据华城镇东区社区党组织软弱涣散的情况，出资12.7万元用于改善东区居委办公条件，促使华城镇东区居委党组织在群众中树立威信，增强凝聚力与战斗力。

【创卫创文】 2017年，五华开放大学高度重视“创卫创文”工作，结合要求，成立“创文·创卫”工作领导小组，制订“创文·创卫”方案，全方位推进“创文·创卫”创建活动：开展文明进校园活动、进班级活动；利用学校黑板报、电子屏幕、宣传橱窗大力开展“文明城市·从我做起”“安全与文明同行，守法与求知共进”“五华是我家，美丽靠大家”等系列宣传活动。加大“创文·创卫”资金投入。在校园周边做病媒生物防治，在校园外醒目处悬挂或树立县创文办统制的“创文·创卫”标语16幅，关于“创文”理念，“讲文明树新风”等公益广告牌12块，向附近居民发放“创文”宣传单800多份，为五华县顺利通过省创文验收作出贡献。

【党建工作】 2017年，五华开放大学制定五华开放大学党支部工作计划，顺利实现党支部换届，设2个党小组，坚持三会一课制度加强党的政治理论学习。在“七一”前后，学校积极开展党日活动，慰问老党员和困难党员。12月14日，组织全体党员同志到古大存故居，接受革命传统教育，到中共五华县委诞生地（梅林镇琴口村）重温入党誓词。通过抓党建活动，五华开放大学被五华县委、县政府评为机关作风建设先进单位。

（魏广山 傅佐洲）

五华开放大学2017年度负责人名录

校　长：黄炎权

副校长：周松盛　巫文清

社 会 科 学

党史研究

【《中共五华历史（二卷）》编纂】 《中共五华历史（二卷）》（以下简称《2卷》）的编纂工作始于2012年，经过5年多来的扎实推进，于2017年年初完成初稿的撰写。本年，县委党史室根据省、市党史部门的工作部署和要求，坚持高标准、严要求，全力以赴按照计划推进编纂各项工作，编写组成员在完成初稿撰写工作基础上，组织纂写人员对形成的样稿进行第四、第五次的互改、补充、完善，对书稿内容进行了一次系统地回头看，把好政治关、史实关、文字关，保证二卷史料更准确、内容更翔实，力争使《二卷》成为一部历史事实清楚、逻辑结构严谨、可信、可读、可用的中共五华党组织史，为五华的改革开放和经济社会的发展提供智力支持。《二卷》是反映 1949 年 5 月五华解放后至 1978 年 12 月中共十一届三中全会召开这一历史时期，五华党组织带领全县人民进行社会主义革命和建设的一系列实践活动。

【举办纪念古大存同志 120 周年诞辰系列活动】 2017 年是无产阶级革命家古大存同志 120 周年诞辰。4 月 21 日，中共梅州市委党史研究室，中共五华县委员会、五华县人民政府联合在五华举行纪念古大存同志 120 周年诞辰座谈会、瞻仰古大存故居、红十一军纪念大桥和大存观光大道动工奠基和文艺晚会等系列活动。根据时间紧、任务重的工作实际，县委党史研究室一步理清思路，充分发挥牵头部门作用，主动加强与县各相关部门单位的衔接沟通，及时组建工作机构，制定工作方案，细化工作任务及工作要求，层层夯实工作责任，保障筹备各项工作的有序开展。还具体做好参会人员的联系联络接待欢送，古大存相关文献史料的收集和整理，古大存故居生平事迹布展，活动资料（包括嘉宾发言材料、领导讲话、主持词、活动手册、宣传小册子等）编印等各项工作。整个活动做到组织精密、统筹有序，彰显五华党史人团结协作、敢于担当的良好精神形象，工作成效受到了省、市、县领导和与会嘉宾、古大存同志亲属及社会各界的充分肯定和认可。五华县委、县政府还结合农村人居环境综合整治，把优河村规划为美丽乡村建设示范村。根据规划，该村将按照“一带三节点三片区”(“一带”是指溜砂河滨水景观带；“三节点”包括游客服务中心、古大存故居、德公祠；“三片区”包括花卉观赏区、户外拓展体验区、休闲农业体验区)的结构进行打造，同时将对古大存故居和优行乡农民协会旧址（德公祠）进行修复，着力把古大存故居打造成为广东省爱国主义教育基地、梅州市中共党史教育基地之一和五华红色特色旅游区的龙头，推动五华旅游产业“红色、绿色、特色”融合发展。

【党史丛书征研编写】 2017 年，县委党史研究室围绕中心，服务大局，主动作为，积极挖掘五华丰富的红色文化资源，完成征研编写出版《睦贤村革命斗争史》《樟潭村革命斗争史》《弘扬苏区精神，振兴五华发展——纪念古大存同志 120 周年诞辰系列活动纪念文集》等党史丛书 3 册，并组织筹划征研编写《曾国华传》1 册，总字数达 20 多万字，充分展示五华苏区人民艰难困苦的革命斗争历程，充分发挥了党史丛书资政育人、服务现实的作用。

【党史宣传教育】 2017 年，县委党史研究室全力强党史宣传教育，充分发挥党史宣传教育工作在党的思想理论建设中的积极作用。一是加大媒体宣传力度。组织人员撰写近 10 篇高质量的五华党史宣传文稿在国家和省、市、县相关媒体进行了公开发表。其中《五华铁匠工人为苏区造枪弹》在《南方日报》发表，《东江红旗不倒 苏区精神长存》在广东党史网和广东老区网发表，《五华的

"海丝"印记》在《当代广东》和《梅州日报》发表,《五华铁匠——中央苏区兵工厂奠基者》在中国红色思源网和《梅州日报》发表,《满门忠烈写传奇——记五华长征老红军赖绍宏家族》在中国红色思源网、广东老区网和《梅州日报》发表,《马文——人民军工事业的开拓者》《用生命播撒革命火种的共产党人》在中国红色思源网和《梅州日报》发表,《五华挑盐人血泪浸染的沧桑古道》在《源流》杂志上发表,《办中央苏区文物史料展 展出各时期实物 1400 多件/套》在《梅州日报》发表,《五华铁匠业艺精 革命征途足印深》在中国红色思源网和《共和国摇篮》刊物上发表。以上这些文稿,均在五华县人民政府公众网、《五华政报》、《长乐文艺》和深圳琴江文化研究会和东莞商会会刊上刊发。在举办纪念古大存同志 120 周年诞辰系列活动期间,积极与有关媒体协调,在《南方日报》和《梅州日报》等相关主流媒体刊发纪念古大存的文稿,全面反映五华苏区发生的新发展、新变化;同时在广东老区网设立专栏,全方位多角度宣传古大存同志的丰功伟绩和崇高精神。这些媒体上发表的文稿,有力地挖掘五华党史资源、传播五华革命故事、传承苏区红色基因。二是编印《中央苏区 红色五华》宣传活页。组织人员归纳提炼五华在新民主主义革命时期具重大影响力的党史大事要事,以县委、县政府的名义编印成《中央苏区 红色五华》图文并茂的宣传活页小册,发至各镇各单位,中、小学校,旅游景点,宾馆酒店,厂矿企业等相关场所,给全县人民提供了一份鲜活的苏区人民革命斗争史料。

【革命旧址保护利用开发】 2017 年,县委党史研究室积极围绕县委、县政府"一核两区三组团"发展规划,结合文化生态旅游项目和美丽镇村创建部署,以红色资源为载体,进一步加强对革命旧址和纪念设施的有效保护和充分利用,打造一批具有影响力和知名度的革命传统教育基地和爱国主义教育基地,推动红色旅游发展。一是做好古大存故居和优行乡农民协会旧址(德公祠)的修缮。本年,五华县委、县政府筹集资金 930 万元用于修缮古大存故居和优行乡农民协会旧址(德公祠),其中争取市财政下拨 170 万元,五华县财政自筹近 700 多万元。至年末,两个工程建设进入扫尾阶段。二是做好中共五华县委诞生旧址(庵子塘)和黄国梁故居修缮项目的申报。向梅州市委党史研究室申报"中共五华县委诞生旧址(庵子塘)和黄国梁故居"两个红色革命旧址作为市级革命史迹修缮财政支持项目,共争取到市级财政支持项目资金共 130 万元,其中中共五华县委诞生旧址(庵子塘)修缮项目资金 100 万元,黄国梁故居修缮项目资金 30 万元。三是做好省、市红色村庄的资料申报工作。配合县委组织部全力做省、市红色村庄申报史料挖掘整理和革命旧址现场展陈等工作,先后向省委组织部申报双华镇竹山村、华城镇城镇村、郭田镇布美村为省级红色村庄,向市委组织部申报郭田镇横塘村、华阳镇坡坑村为市级红色村庄。四是协助做好相关革命文物的展览展示。分别协助梅林南洋山红色旅游项目进行中央苏区(五华)革命文物展和蒲丽顶客天下(五华)文化旅游项目的革命史迹陈列室的史料提供,并做好中共五华县委常委班子集体瞻仰县委诞生旧址和重温入党誓词等临时重新布展工作。

(邹菲菲)

中共五华县委党史研究室 2017 年度负责人名录

主　任：古江南

副主任：谢伟贤（任至 2 月）

黄焕坤

江连辉（2 月任）

编史修志

【年鉴编纂和地方志资料年报收集】 2017 年 3 月，县委办、县府办发出《关于做好 2016 年度地方志资料年报收集和〈五华年鉴（2017）〉组稿工作的通知》，对年鉴和地方志年报资料组稿工作进行研究和部署。4 月下旬始，县方志办组织人员采取用电话、电子邮件、微信等多种方式向全县 110 多个承编单位征集文字和图片资料。至 7 月，全县所有单位和部门均完成本年度的年鉴和年报稿件报送工作。一方面，组织人员对稿件进行认真审改，同时，组织人员对地方志资料年报进行整理、归类，安排专柜专室进行妥善保管。至 8 月，《五华年鉴（2017）》全面完成资料审改，送印刷厂进行排版成样稿后还组织人员进行两次校对。10 月，将样稿寄给送方志出版社进行终审校核，并完成年鉴彩页的初步设计工作。至年末，《五华年鉴（2017）》由方志出版社正式出版，公开发行。全书有 72.7 万字，彩页有 55 个页面，系统全面地反映 2016 年度全县经济、社会、文化等各方面发展的新情况、新变化。根据省、市《广东年鉴（2017）》《梅州年鉴（2017）》组稿工作通知，按照省、市要求和编写大纲，及时研究、制定和布置编纂工作计划，落实撰稿人员，明确任务分工；按时按质完成上级组稿任务。

【旧志校点】 2017 年，县方志办积极筹集经费，主动配合老同志做好康熙二年《长乐县志》校点整理的各项工作，这是继 2016 年道光《长乐县志》校点并重印出版发行之后的第三部旧志。该志分“舆地志、建置志、秩官志、选举志、籍产志、系年志、艺文志”等 8 卷，字数约 12.4 万字。于 12 月出版发行。

【自然村落历史人文普查】 2017 年 5 月 27 日，全县召开五华县自然村落历史人文普查工作推进会议，传达省市有关会议精神，回顾前段普查工作开展情况及部署下一阶段的工作任务，县政府与各镇签订目标责任书。县方志办主动作为，积极争取上级主管部门和县委县政府重视，广泛发动各镇及相关县直部门参与，并主动加强全县普查人的具体业务培训，普查工作扎实推进。各镇、村均能按照要求，成立机构、加强领导、保障经费、落实责任。县成立督导组，深入到各镇对普查工作的进度和质量进行督导。全县共有普查员 1198 人，镇级初审员 91 人，电脑录入员 57 人。先后聘请 9 位对地情较熟悉、专业知识较全、工作责任心较强的业务指导组，指导业务培训、材料审核、文字修改、文本编纂等工作。全县集中举办镇级培训班 2 期 115 人次，派人到各镇培训村级普查员 2 期共 2396 人次，编写范本 21 件，到各镇直接约会普查员反馈审查修改意见 2 轮。五华县于 2016 年 6 月启动自然村落历史人文普查工作，于 2017 年 12 月全面完成全县 16 个镇 412 个行政村 1419 个自然村的普查表填写和自然村简介的撰写，并将 1419 个自然村的资料报送梅州市人民政府地方志办公室进行终审。

【地方志资源开发与利用】 2017年，县方志办牢固树立“修志为用”的服务观念，充分发挥掌握拥有县情资料丰富的优势，广泛组织开展读志用志活动，努力拓宽地方志资源开发成果。扎实组织推进2014年经省政府地方志办公室地方志资源开发利用立项的《擦亮五华足球文化品牌，助力特色文化旅游发展》项目，完成视频音像资料的拍摄与制作，并撰写专题调研报告；积极主动为各级各部门提供有关五华社会经济发展、地理环境、自然资源等方面地情资料及咨询服务；完成上坝历史名人文化主题公园规划展示方案的设计和入录人物的筛选论证和文字内容审改把关等。上坝历史名人文化主题公园于11月完成建设，并通过验收。

【地情网站维护和更新】 2017年，县方志办与县政府信息中心合作，聘请网络信息专业人员担任五华县地情网站的信息员，专门负责网站建设和日常维护管理，并重新设计五华县地情网站的页面，使网页更清晰明了，布局更合理规范。至年末，入库地情文献书籍29部（册），其中综合志书2部，旧志2部，年鉴18期，地情书籍8册，视频21部（时长176分钟），地情、时政信息1700余条，入库字数达1600多万字，网站访问量近230万人次，在全市同类网站中点击率排名第二，为社会各界提供便捷的地情信息服务。

【党建工作】 一是强化理论学习，组织本办干部职工学习党章、习近平总书记系列讲话精神，深入学习贯彻省第十二次党代会精神和中共十九大精神。二是开展“两学一做”专题学习活动。结合形势变化和新的要求，把落实整改与党中央全面从严治党的要求结合起来，与开展“两学一做”专题教育活动结合起来，与转变机关作风、优化政务环境和加强党员干部“8小时以外”监督管理活动工作结合起来，通过班子成员轮流为全办干部职工上专题党课，增强党员干部的宗旨意识和廉政意识。三是强化党风廉政建设责任制落实；四是围绕中心，扎实做好县委县政府布置或交办的其他各项工作，如精准扶贫、创文创卫、回乡联村等各项工作。

（县方志办）

县方志办2017年度负责人名录

主　任： 曾繁泼（1月任）
副主任： 黄培邦
钟定云（3月任）
江连辉（任至2月）

档案管理

【档案馆藏】 2017年，县档案局进馆档案1108卷，进馆资料26册。全馆有馆藏全宗108个，馆藏档案47207卷、78342件，另有资料7180册，非纸质档案1888张（合）；全引目录单份总数530本。

【档案开发利用】 2017年，县档案局开展现行文件利用和档案资料开发工作。全年接收现行文件45份。电脑著录文件级条目数3383854条，案卷级条目数18916条。全年提供利用档案190卷、268件，267人次，现行文件利用316份、223人次。

【档案管理】 2017年，全县机关、企事业单位普遍建立综合档案室，各单位达标升级次数达153个(次)。其中省特级23个(次)，省一级5个（次），省二级125个（次）。县档案局组织业务骨干指导县民政局建立婚姻档案、县畜能办建立移民档案等。使其能按照标准化、规范化进行整理、立卷、归档。

（巫秀梅）

县档案局（馆）2017年度负责人名录

局（馆）长：钟祝莲

副局（馆）长：吉瑞旖（3月任）

杨伟沧

文　化

【简况】 2017年，全县有图书馆、文化馆、博物馆、五华县采茶戏演艺有限公司、采茶戏传承保护中心、提线木偶传习所、华文电影公司、五华县狮雄山秦汉遗址管理处各1个，镇文化站16个，各类社会文化娱乐场所90家（含网吧、歌舞娱乐场所、电子游艺室），新闻出版企业72家（含音像制品书报刊门店、印刷业等）。

【群众文化活动】 2017年，积极做好“送百场戏剧、电影到农村”工作，在县城长乐公园书卷舞台开展各类大型文艺演出12场，“创建国家卫生县城 广东省级文明县城”文艺演出44场，县提线木偶传习所、县采茶戏演艺有限公司分别送戏进校园、进企业、进社区、进农村，演出共211场，华文电影公司送影下乡6865场。积极开展非遗木偶戏、客家山歌、采茶戏曲进校园传承教学等活动，群众文化生活日益丰富。

【文化遗产保护】 2017年，县文广新局为传承保护好五华非物质文化遗产，县非保中心全方位积极开展各项传承保护工作。一是做好国家级保护项目木偶戏保护情况汇报。二是积极参加梅州市文化馆举办的由省非遗专家主讲的非物质文化遗产保护培训班。三是成功申报宋杏文为梅州市第六批市级非物质文化遗产项目“梅石宫醮会”代表性传承人。成功申报县级非物质文化遗产保护项目花灯版画（传统美术）、廖昌记酒饼制作工艺（传统手工艺）、邹公宫庙会（民俗）。四是组织排练市级“非遗”保护项目“七盏灯”参加梅州市2017客家文化（非遗）艺术周开幕式。五是组织申报采茶戏、长乐烧酒制作工艺2018年广东省非物质文化遗产保护资金。六是完成“非遗”展室布展工作。

【文化活动】 2017年，县文广新局组织县采茶戏演艺有限公司、木偶传习所等单位，完成春节文艺联欢晚会文艺演出、纪念古大存120周年诞辰文艺晚会、客商大会文艺演出、第五届客家文博会“五华之夜”文艺演出4场文艺晚会。组织图书馆、文化馆、博物馆和各镇文化站，大力宣传“中国梦”和“培育和践行社会主义核心价值观”。开展

"德耀五华、善行长乐"先进模范事迹图片展、"传承传统文化，创建文明城市"书法

2017 年 11 月 11 日，五华县"传承传统文化，创建文明城市"书法作品展开幕式现场

作品展览、社会主义核心价值观图片展等活动 10 余次，受众约 6 万人。组织举办"五华县民间戏剧、小品演艺大赛"，组织转水镇文艺队排练采茶广场舞蹈《茶香中国》参加广东省第七届群众音乐舞蹈花会决赛，荣获铜奖。

【群文辅导】 2017 年，文化馆积极做好群文培训工作。举办 2 期竹马舞培训班，邀请竹马舞省级传承人罗爱青分别对华城新五村竹马表演队、永青竹马表演队共 60 人培训。辅导五华县烟草公司文艺队舞蹈参加《烟草 2017 文艺会演不忘初心，追梦前行》文艺会演。辅导五华县公安局文艺队排练小品《特别的旅行箱》参加梅州市首届"客都最美警嫂"命名暨民警荣誉章颁发典礼演出活动。免费开放太极培训人数 230 多人，拉丁舞培训人数 680 多人，器乐培训人数 330 多人，书法培训人数 240 多人，美术培训人数 120 多人。

【基层文化设施建设】 2017 年，县文广新局按照要求进一步完善镇村公共文化基础设施，加快构建覆盖城乡、面向广大群众的公共文化服务体系。全年县镇村投入 2000 多万元新建"一村一文化广场"178 个，建成郭田镇、长布镇 2 个文体广场示范点，建成河东镇黎塘村、下一村等 11 个综合性文化服务中心示范点，建成 256 个村级综合性文化服务中心，建成 10 个文化驿站，13 个农村文化俱乐部，充分保障群众基本文化权益，推动基层文化繁荣发展。

【图书事业】 2017 年，县财政投入 113 万启动县图书馆评估定级申报国家二级图书馆工作，并顺利通过省专家验收。县图书馆在 5 个乡镇文教体服务中心建立分馆，新购纸质图书 1.5 万多册，电子图书 5 万册，接待读者 16 万人次，借阅 32 万册次，办证 1.5 万多张，举办各类读者活动、培训活动、展览活动等 101 场，参加人数逾 2 万。

【文博事业】 2017 年，全县有省级文保单位 8 处，市级文保单位 11 处，县级文保单位 67 处。县文广新局完成一批文物保护单位的保护标志牌和简介牌的挂牌工作；组织开展两次全县文物安全大检查；组织县博物馆参加世界博物馆日开幕式展览；积极争取上级经费，投入资金 1000 多万元，组织实施"长乐学宫""李惠堂旧居""狮雄山塔""古大存故居""五华县农民协会旧址"等省、市、县级文物保护单位维修保护工程。县博物馆在做好馆藏文物展示宣传保护的同时，举办"古大存同志光辉事迹展""赵佗·岭南开发第一人图片展览"等展览 5 场，参观人数 8 万多人次。

【**社会文化市场**】　2017年，文化市场综合执法队以深化扫黄打非、净化社会文化环境为重点，先后开展“秋风”“清源”“净网”“固边”“护苗”五个专项行动，出动执法检查人员840人次，检查书店、印刷企业等经营场所700余家次，收缴盗版音像制品900余张，各类图书刊物1500余册（本）。开展全县网吧专项整治行动、歌舞娱乐场所的日常管理工作，确保全县文化市场健康有序发展。全年出动执法人员3559人次，车辆122辆次，检查网吧、歌舞娱乐场所1020次，处罚5家违规接纳未成年人网吧，警告13家网吧，停业整顿4家。同时，为有效加强对各网吧的监督管理，建设五华县网吧视频远程集中监控系统，监控平台建设工作已投入使用。

【**提线木偶传习所**】　2017年，县提线木偶传习所复排传统木偶剧《追鱼》，投排武状元李威光耍大刀、李惠堂蹬球等新节目；邀请福建国家级木偶传承基地剧团到五华县木偶传习所进行专业授课培训；赴新西兰参加由国务院侨办主办的“中华文化大乐园”活动展演；参加国际木偶联合会主办的第五届中国泉州国际木偶节展演。

【**采茶戏演艺有限公司**】　2017年，五华采茶戏传承保护取得显著成绩。由国家一级编剧尹洪波老师编剧，中国音乐家协会会员、作曲家彭强老师作曲，广东省艺术研究所所长、国家一级导演梅晓老师执导的采茶大戏《月照城乡》于4月7日完成首演，并到福建武平、上杭、江西会昌等地巡演；参加2017客家非遗周展演，荣获优秀剧目奖；参加第十三届广东省艺术节，荣获戏曲类剧目三等奖。是五华采茶戏时隔26年后再一次登上省艺术节舞台。应中央文化部邀请，传统采茶戏《对花》代表广东参加2017中国戏曲文化周展演，充分展示传统采茶戏特色。同时，为更好地传承发展五华采茶戏这一民族瑰宝,保护好广东省稀有剧种，县编委批准同意设立五华县采茶戏传承保护中心，为正股级公益一类事业单位，隶属县文广新局领导和管理。

2017年11月23日，采茶大戏《月照城乡》参加第十三届广东省艺术节荣获戏曲类剧目三等奖

（陈碧敏）

五华县文化广电新闻出版局2017年度负责人名录

局　长：曾勇辉（3月任）

副局长：魏俊林

汤汉高（2月任）

曾晓东（2月任）

郑越兴（任至2月）

彭　强（任至2月）

广播电视

【**简况**】　2017年，五华县广播电视台设电台、电视台各1座，内设7个机构，包括办公室、总编室、新闻中心、信息技术中心、

传输播控中心、广播电台、影视专题中心，是五华县主流宣传媒体。华乐传媒广告有限公司是台下属独资国有企业，广告经营收入全额上缴财政。全台有干部职工 65 人。2017 年度，认真履行广播电视职责，坚持抓好三大重点工作。一是把握正确的舆论导向，抓好广播电视宣传工作。二是抓好广告经营管理，为广播电视发展提供保障。三是抓好安全播出和队伍建设，全力完成年初确立各项任务。全年，广播电台播出新闻稿件 1860 条，对比上年同期增长 64.6 %,其中被上级台采用 160 条；电视台播出新闻稿件 2040 条，对比上年同期增长 50%；其中被上级台采用 301 条。

【宣传报道】 2017 年，县广播电视台认真贯彻落实中共十九大精神和习近平总书记系列重要讲话精神，围绕构建“一核两区三组团”县域发展新格局和建设“工业新城、宜居五华”决策部署，加大广播实体宣传工作力度，深入推进广播电视事业建设，服务五华经济发展。一是新闻宣传水平有新提升。按照广播电视“三贴近”原则，抓住新闻热点、找好新闻切入点，努力改进新闻宣传形式，着力提升新闻数量和质量，推进电视节目创新发展。通过时政新闻《五华新闻》、专题栏目《今日五华》，制作宣传片等形式，重点抓好招商引资和园区建设、城市提质扩容、交通公路建设、精准扶贫、创建“省文明县城”、创建“国家卫生县城”等县委、县政府中心工作，加大宣传力度，特别是加强中共十九大召开、客商大会召开的策划和宣传报道，营造浓厚的建设“工业新城、宜居五华”干事创业氛围。二是舆论监督有新举措。围绕县 87 项重点工作，创文、创卫、“三清三拆三整治”等工作，强化媒体监督，助推工作的推进。在纪律教育学习月活动中，每周制作播出 1 期“作风环境大家谈”节目，弘扬党员干部的正面典型，曝光一批不作为、慢作为、乱作为人和事，推动全县干部工作作风转变。充分发挥基层电视台优势，增强服务意识，持续关注民生，及时反映群众热点难点问题，促成问题的解决，架设党委政府、县职能单位与群众沟通的桥梁。三是新闻舆论传播力、引导力、影响力明显增强。对兴华高速、足球小镇、中农批、红木产业园、县技工学校等重点项目进行深度报道，为五华振兴发展营造团结奋进、干事创业的浓厚氛围，营造五华干群撸起袖子加油干的良好工作氛围。推出《今日五华》和《行走五华》节目，以县委县政府着力打好城区扩容提质、产业发展、交通基础设施、基层治理、精准扶贫、政风行风建设等中心工作为主题，推出各类专题共 56 期，播放《今日五华》固定类专题 335 集，公益类广告 1200 条，持续扩大五华外在影响力。在社会上聘请 15 名特约摄影师和 2 名五华新闻特聘专职律师，收到摄影师作品 30 多篇，丰富五华新闻网和五华新闻公众号的图文信息。重新开设《五华山歌》栏目，得到广大中老年人好评。提升《五华新闻》微信公众号的影响力，全年推送新闻 2000 多条，关注量达 3 万多人。

【广播电视安全播出】 2017 年，县广播电视台高度重视广播电视安全播出工作，把该项工作纳入重要议事日程，党总支定期研究部署，确保广播电视安全优质播出。一是加强领导，落实责任。成立广播电视安全播出工作领导小组和安全播出指挥中心，明确相关室和人员的职责，牢固树立责任意识，强化责任追究，把安全播出作为广电工作的生命线、高压线、常态线，贯穿全年工作的始终，重点抓好重要时期、敏感时期的安全播出工作，确保安全播出万无一失。二是加强管理，完善制度。认真贯彻《广播电视播安全播出管理规定》，严格执行播出节目“三审制”，确保播出节目内容健康，导向正确。积极推动应急广播电视体系建设，进一步完善安全播出组织机构和监管体系，严格落实各项防范措施，重点抓好安全防范工作。三是加强演练，提升水平。组织认真学习广播电视安全播出法规、操作流程，按照《五华县广播电视台安全播出应急预案》，组织开展应急预案演练和岗位练兵，使各个安播岗位人员更加熟悉岗位职责和操作流程，提高岗位人员的应急能力和处置突发事件能力，确保安全播出，顺利完成中共十九大期间的安全播出工作。

【提升广告创收能力】　2017年，县广播电视台加强对华乐传媒广告有限公司的管理，明确目标任务，着力挖掘客户需求，注重广告方案的策划。坚持以市场为导向，以营销为手段，定期对新老客户进行回访，听取他们对广告宣传的建议与意见，对不同时段、不同节目的收视群体，策划制定合适的广告投放方案。通过行业资源整合，突出房地产、汽车销售、医疗卫生等行业的广告宣传。全年电视台广告创收167万元。

【党建工作】　2017年，县广播电视台党总支坚持以马克思列宁主义、毛泽东思想、邓小平理论、“三个代表”重要思想、科学发展观和习近平新时代中国特色社会主义思想为指导，深入贯彻习近平总书记系列重要讲话精神和治国理政新理念新思想新战略，大力加强党的思想、组织、作风、制度建设，党总支部的凝聚力、战斗力不断增强，广播电视各项工作取得新的成效。一是抓支部建设。以“两学一做”学习教育为抓手，深入学习贯彻习近平总书记系列讲话精神和治国理政新理念新思想新战略，严格落实“三会一课”等制度，深化对意识形态工作重要性的认识，从战略和全局的高度发挥主流意识形态的政治统领和政治主导作用。9月，完成广播电视台党总支部的换届选举工作，并按要求增设行政播控、新闻采编、技术广播、华乐传媒4个党支部。二是抓工作作风。组织对广播电视台的相关制度进行完善，并编订成册，印发各室（中心）。注重抓班子、带队伍、强素质、重团结、树形象，结合纪律教育学习月活动，通过查作风、促整改，强化纪律执行，队伍的整体形象明显提高。2017年度，县广播电视台被评为县作风建设“先进单位”。三是抓队伍建设。坚持公开、平等、竞争、择优的原则，面向社会公开招聘2名播音员（本科）、7名记者（大专）充实到一线岗位。通过“走出去、请进来”，不断提升干部职工的业务能力水平。通过选派5个中层干部到浙江杭州参加首届中国城市台广电实战“总监特训营”为期7天的培训，派出2名主持人到北京参加培训，邀请广电实战专家团到电视台进行面对面的业务培训等，进一步提升全台干部职工综合能力。

【其他各项工作】　一是抓好安全生产。围绕县委、县政府2017年安全生产工作目标，切实履行安全工作成员单位的职责，加大安全生产工作宣传。按照“预防为主、加强监管、落实责任”指导方针，与各部门签订《安全生产责任书》，落实工作责任。认真开展安全生产隐患大排查，主动落实整改措施，确保安全。二是抓好综治维稳和平安建设工作。定期播放全县治安警情和案件信息，以及黄赌毒等危害警示教育宣传片，着力宣传群治联防的好人好事，引导和教育全县广大群众共同维护社会和谐稳定、平安建设。2017年度，县广播电视台被评为县社会治安综合治理暨平安建设“先进单位”。三是抓好精准扶贫工作。落实精准扶贫工作责任，为24户贫困户制定“量体裁衣式”帮扶方案，确保贫困户如期脱贫。台扶贫工作组定期组织干部职工到精准扶贫工作挂点村三坑村开展走访慰问活动，台团支部组织团员到三坑小学开展关爱留守儿童活动，赠文具、送温暖，并受到当地学生和村民的好评。据统计，2017年投入郭田镇三坑村帮扶资金3.38万元。四是抓好“双创”工作。在重要时段播出加快推进五华县精神文明建设为主题的公益广告，开设“双创”专栏，加强宣传报道，助力县城环境和市民文明素质的全面提升。

【荣誉】 2017年，县广播电视台干部张让权被评为“五华县先进模范”，张秀文被评为“五华县文明家庭”；周丽容被市妇联推荐评为省“三八红旗手”。

（周彩梅）

五华县广播电视台2017年度负责人名录

台　长：廖伟军
副台长：巫文清（任至3月）
　　　　周裕标（任至3月）
　　　　张让权
　　　　曾　良（3月任）
总经理：魏志锋（8月任）

五华县文学艺术界联合会

【文艺活动】 2月14日，梅州市文联主席肖伟承、副主席陈桂昌率领市文联、市美协、林风眠画院的部分画家一行10多人，在五华县委宣传部谢意、县文联罗俊峰等人陪同下，到韩江源头“紫金县南岭镇七星崇武顿山”采风调研，为“梅江颂·海丝情”梅州海丝文化大型画卷创作活动拉开帷幕。3月18日，五华县作家协会在县城迎宾楼主持召开《杨新乔自选集》首发式，县委宣传部、县作协、五华诗社、深圳市琴江文化研究会等单位相关负责同志和文艺界代表70多人出席会议。3月27—30日，省文联七届五次全委会暨习近平文艺思想专题研讨班在广州召开，罗俊峰代表五华县文联出席会议。3月，为纪念古大存120周年诞辰，弘扬苏区精神，加快五华振兴发展，县委宣传部、县文联组织县文艺家到古大存故居开展采风活动并创作大量诗词、楹联、山歌等纪念性文艺作品，编印出版2017年《长乐文艺》（春季号）专刊杂志。4月19日，广东广播电视台《为人父母》栏目拍摄组一行在县委宣传部谢意、县文联陈瑞成、诗社古从新等人的陪同下，到五华县拍摄《赏诗词 寻文化》经典传承教育专题节目，并举办专家讲座，230多名学生、家长代表聆听讲座。5月4日，在县委宣传部谢意、县文联陈瑞成、罗俊峰等人陪同下，梅州嘉应诗社社长范耀文、常务副社长丁思深、秘书长陈建新一行3人到五华检查指导创建中华诗词之乡工作。检查组对创建工作取得的初步成效予以充分肯定，并提出许多针对性和操作性强的意见建议。5 月 6 日，县作协召开香港李南《世路曾经》一书读者座谈会。县文艺界各协会代表、作家协会部分成员共 70 多人参加座谈会。6 月 3 日，由嘉应诗社主办的“丁酉端阳雅集暨王伟怀诗词赏读活动”在梅城举行，县文联罗俊峰、五华诗社张让兰等人参加会议。6 月 20 日，县委常委、宣传部长王忠泽首次到县文联调研,县委宣传部常务副部长谢意陪同调研。王忠泽听取县文联工作汇报后，对县文联工作予以肯定。7 月 15 日，五华诗社、县楹联学会、县硬笔书协与五华名气电器有限公司联合举办“五华县首届楹联知识讲座”，80 多人到会聆听知识讲座。7 月 27—29 日，五华举行“绽放的山茶花——全国采茶戏艺术展演暨学术研讨会”。研讨会期间，县委宣传部、县文联编辑印发《粤东明珠，长乐秀区》宣传画册，全面宣传五华发展新貌、人文历史等基本情况。8 月 4—6 日，中华诗词学会秘书长刘庆霖到五华开展诗词讲学，为五华 200 多名诗词爱好者上一堂题为《诗与诗性思维》的诗词专题知识课。刘庆霖还深入到企业、学校等地，参观了解五华开展诗词“六进”情况，并给以充分肯定。副县长温燕玲参加相关活动。8 月 11 日，南海区文联主席吴彪华、书协主席罗国平带领书法家及书法爱好者们一行 19 人，到五华进行书法艺术交流和采风活动，县文联主席张汉章、县委宣传部彭强、县书协黄法权、县美协胡华兴、县硬协张中建等参加书艺交流活动。8 月 12 日，由五华县文联、五华诗社联合主办的《一叶斋诗词选》（3）首发式暨作品研讨会在县城举行，来自五华籍的 150 多名诗词爱好者齐聚一堂，以诗会友，以诗言情。8 月 24 日，县委宣传部、县文明办、县文联等单位在县党政大楼三楼县委办会议室举行五华县“双创从我做起”主题征文比赛颁奖仪式。县文联主席张汉章主持会议。会上，县人大常委会副主任温志清就五华开展“双创”工作的重要意义发表重要讲话，并为一等奖作者罗俊峰颁发奖金和证书。8 月 25 日，市文联党组书记、主席陈锐锋率队到五华调研指导文学艺术工作。县委常委、宣传部部长王忠泽，县文联主席张汉章等陪同调研，市文联党组成员、副主席陈桂昌，市文联党组成员、秘书长谢映，市文联机关及市客家文学院、梅州画院（林风眠画院）负责人等参加调研活动。10 月 14 日，梅州市（兴宁）第十七次百人诗会颂熙和暨宁江诗社成立三十周年活动在兴宁市永和镇熙和湾举行，县文联罗俊峰、五华诗社张让兰等人参加活动。10 月 21 日，由深圳市琴江文化研究会、五华县文联联合主办的 2017 年陈国凯文学奖颁奖暨五华籍文艺界部分人士座谈会在县城召开。深圳市琴江文化研究会荣誉会长李劲和旅深五华籍文艺界部分人士出席座谈会。11 月 7 日，梅州市硬笔书法家协会主办、五华县硬笔书法协会承办的“华威化工杯”梅州市女子书法作品展在五华文化馆举行。领导嘉宾及书法爱好者等 200 多人参加活动。11 月 7 日，县文联主席张汉章主持召开五华县创建“广东省硬笔书法名城”评估汇报会。广东硬协主席刘胄人、李庆绿，广东硬协主席团委员杨忠德、金熙俊，五华县委宣传部谢意、县文广新局曾勇辉、县硬协等人参加汇报会。启动广东省硬笔书法名城创建工作的同时，五华县成立由县委常委、宣传部部长王忠泽任组长的创建工作领导小组，制订印发《实施方案》，各项工作有序开展。11 月 8 日，广东省硬协主席刘胄人一行领导、专家到五华县书法特色学校南山小学参观考察。刘胄人对南山小学重视师生写字教育的做法给予充高度好评，并为学校题赠墨宝。金熙俊应邀为 100 多名师生作一场书法讲座。11 月 11 日，五华县“传承传统文化，创建文明城市”书法比赛颁奖仪式暨作品展览开幕式在县文化馆举行。约 300 人参加开幕式。随后，与会者集中参观书法作品展。12月5日，紫金县文学创作协会到五华交流，县作协缪德良、古从新、张贺运、张让兰等参加座谈。12 月 16 日，县书协邀请广东省书协副主席、蕉岭籍著名书法家丘仕坤到龙村中学作专题书法讲座，来自周边和全县各地书法爱好者近 200 人聆听讲座。12 月 26 日，博罗县园洲书法家协会一行 9 人到五华县开展书法交流活动。

【助推国家卫生县城和广东省县级文明城市创建】 2017 年，县文联组织作协、书协、硬协、摄协联合开展“文明创建在行动”系列活动。一是开展以“传承传统文化，创建文明城市”为主题的书法大赛，收到参赛作品 316 件，评选出一等奖 6 名、二等奖 10 名、三等奖 21 名、优秀作品奖 70 名，获奖作品在县文化馆展出。二是开展以“同创文明城市 共建美丽五华”为主题的摄影比赛，应征作品 200 多件组近 400 幅，评选出一等奖 1 名、二等奖 3 名、三等奖 5 名、入选作品奖 80 名，获奖作品在县文化馆展出。三是开展以“创文创卫涯五华 · 网上山歌大联唱”为主题的客家山歌作品创作大赛，收集客家山歌作品 5000 多首。

【做好第五届世界客商大会五华系列活动相关工作】 一是加强与第五届世界客商大会“三个一批”项目企业的沟通联系，收集整理相关资料，在《长乐文艺》杂志上增设专栏进行宣传。二是协助搜集整理撰写五华历史文化底蕴资料，并到华城、横陂、双华、转水等镇拍摄（航拍）古民居、古村落照片，制作五华标志性古民居、古村落 PPT 图文资料，在世界客都古村保护与复兴论坛上进行推介。县文联陈瑞成、罗俊峰等人先后陪同老作家杨新乔分别到高级中学、水寨中学、小都中学、横陂中学等学校举办“文学进校园讲座”暨赠书活动，为学校师生赠送《杨新乔自选集》《文学写作浅谈》等书籍 1000 多本。作家缪德良先后到县一小、二小及平远三小等学校举办儿童文学讲座，到安流镇里江村开展童谣进校园活动，并赠送个人儿童文学书籍一批。县作协还分别举行曾志文小说《禾梨树下》首发式，李南新著《世路曾经》读者座谈会；组织部分会员分别到梅林镇古大存故居、县档案局开展采风创作、到长布镇开展文学流动沙龙活动；中共十九大召开后，作协牵头搭建“山歌联唱微信网”平台，组织山歌爱好者创作宣传十九大精神的山歌、五句板等近 500 首。县摄协组织举办协会成立 25 载嘉年华活动暨“寻梦杯”五华一日拍，“我要上全运健身骑行美丽五华”、“醉美郭田”一日拍等摄影比赛和广东省“百家千场艺术讲座下基层”（摄影场）五华站等活动；组织会员开展迎春节、传民俗、拍“非遗”等采风创作；协助潭下镇举办“走进桃花源”、河东镇举办“柚花节”等采风创作活动；联合县水务局举办第二十五届“世界水日”、第三十届“中国水周”大型图片展览；分别与县旅游局、碧桂园 · 凤凰城联合举办“千年古邑，客家文化”——2017 五华旅游摄影大赛和五华县首届碧桂园杯摄影大赛；组织会员全力配合、圆满完成县“两会”和“第五届世界客商大会五华县系列活动”等摄影报道任务；还组织部分会员到福建霞蒲开展摄影采风创作活动。县书协组织书法家进机关、进企业、进唐街、进军营开展义务挥春送福活动；主办五华县首届“徽府轩”杯书法临作大赛，举办“传承传统文化，创建文明城市”书法作品展，协办梅州市叶剑英元帅 120 周年诞辰书法作品展；积极组织会员参加省市书法展赛活动，彭强、黄竹君入选广东省新人新作展，彭强、徐方海入选广东省书画影作品联展，宋桂强等 10 人入选梅州市书法临作展；组织省级书法家书写门店招牌字，沿江书法广告一条街成为县城一道靓丽的风景线。县硬协举办书法进校园讲座、展览 50 场次，参与主办、承办、协办梅州市女子书法作品展等市、县级书法展览、比赛 8 场次；组织会员、学生参加市级以上书法大赛，近 100 人次获奖；开展师资培训 36 周，培训教师 300 人，为县文广系统 80 多名干部职工上培训课 20 场次。还组织部分会员到广州、中山、珠海、佛山、东莞、深圳等地开展讲课、交流 8 场次。五华诗社深入推进诗词“六进”活动，在长乐广场古大存纪念长廊设立诗廊，在“匠魂”“家”“励志”“耕乐”等石雕处树立诗牌，实现一景一诗；在县第三小学、县信用联社、长乐学宫、益塘水库、玉茶彩旗岭等地新设立诗墙；在华阳中学举办以“好书伴我行”为主题的古诗词朗读比赛活动，收到良好社会效果；组织发动社员围绕创建“国家卫生县城”、“广东省级文明城市”和“诗词六进”等主题，创作山歌、民歌、诗词等作品 2000 多首，在《岭南诗歌》《长乐文艺》《旗山风采》等全国各级报刊和五华诗社微信群、山歌微信群等各类媒体发表，为创建“中华诗词之乡”营造浓厚氛围。县美协组织会员到琴江源头及琴江沿岸采风写生，创作画卷 15 幅，其中胡华兴、温治邦、张森华、钟育辉、张国胜创作的 5 幅作品入选市委宣传部、市文联主办的“梅江颂 海丝情”美术作品展。版画家温治邦以家乡秀美的特色景点和人文为主题，制作版画作品，参加五届客商大会“梅州美术、书法国协会员作品”邀请展。

2017 年 8 月 6 日，中华诗词学会秘书长刘庆霖（前排右五）到五华县开展访问讲学（翁国剑 摄）

2017 年 8 月 24 日，在五华县“双创从我做起”主题征文比赛颁奖仪式上，县人大常委会副主任温志清（右）为一等奖作者罗俊峰颁奖（钟秋良 摄）

2017 年 8 月 25 日，市文联党组书记、主席陈锐锋（右三）率队到五华县调研指导文学艺术工作（罗俊峰 摄）

【出版刊物】 2017 年，县文联出版《长乐文艺》4 期，共 40 多万字，全年赠书 8000 多册。县作协出版《客家儿童》杂志 1 期，组织制作《家乡的七目嶂》光碟，发行碟片 3000 张；下属长布镇文学创作协会出版《石榴花》3 期。五华诗社编辑出版《琴江诗苑》（第二十期）、创建“中华诗词之乡”简报 3 期，编印《五华县创建“中华诗词之乡”资料汇编手册》1 部。县楹联学会出版《长乐联苑》2 期。县摄协与县委宣传部合编《粤东明珠 长乐秀区——广东梅州五华县风貌掠影》和《第五届世界客商大会五华县系列活动剪影活动》画册各 1 部。县硬笔书协编辑出版《五华县十百千万青少年书法人才培养工程（二）》1 期。

【作品发表、展演及获奖】 2017 年，县作协缪德良著的《童谣 100 首——小浪花》获得市文联七届四次全委会暨第二届陈公颜文艺奖励金颁奖大会表彰奖励，歌词作品《翰墨飘香》，在中国大众音乐协会主办的“唱响中国——2017 第二届大型音乐活动”中被评为“中国歌曲创作金牌作词”作品，其本人被中国大众音乐协会授予“中国大众文艺振兴先进个人”称号。缪德良《翰墨飘香》、陈双媚《糊涂案》、杨希乔《壶边拾韵》、何伟峰《心灵的家园》分别荣获 2017 年陈国凯文学奖一、二、三等奖。在五华县“国际档案日征文”比赛中，罗俊峰《档案赋》、杨丽平《海棠无香，一样是美》两篇文章同获一等奖；徐水宏、张利香、张贺运等人获得二等奖；陈赞发、陈宏安、翁远方、叶维业等人获得三等奖；同时，张贺运《档案助力——还原老区历史》一文，参加全国档案日征文比赛获得优秀奖。陈双媚创作的戏剧作品在梅州市群众文化评选中获多项奖，其中《糊涂案》一等奖、梅州市非遗艺术展演编剧二等奖，《天啊，我病得不轻》获二等奖，《阿爸》《阿妈》《别拍我》《最佳人气奖》获三等奖。张炼煌撰写的论文《楹联作为校本课的开发和应用》获梅州市 11 次哲学社会科学优秀成果一等奖。五华硬协分别被中硬协、省硬协评为 2017 年“先进集体”，被市硬协评为“最佳团队奖”。张中建被省硬协评为“广东硬坛新锐人物”。硬协组织 30 多名中小学生参加全国第六届少儿书法现场大赛，1 人荣获金奖，8 人荣获银奖，16 人荣获铜奖，张中建荣获优秀指导教师奖。摄协积极组织会员开展采风创作活动，上送优秀作品参加由省文化厅、省美术家协会、省书法家协会、省摄影家协会主办，省文化馆承办的“广东省第十四届美术书法摄影作品联展”，温剑锋获得银奖，陈克彪、张淑玲等 7 幅作品获得优秀奖。吴耀东被评为广东省摄协 2016 年度优秀摄影家。在五华县“传承传统文化，创建文明城市”书法大赛中，李文高、张婷、黄竹君等三人获毛笔书法作品一等奖，李林娣、谢燕明、徐文境等三人获硬笔书法作品一等奖。五华县“同创文明城市 共建美丽五华”摄影比赛中，评出 89 件优秀作品，曾小文的作品《休闲娱乐健身的好地方——长乐公园》获得一等奖。2017 年，罗俊峰在《梅州日报》《琴江诗苑》和《五华发布》官方微信等多种媒体刊物共发表诗词 40 多首、楹联 20 多幅。张让兰在县以上纸质媒体发表作品 20 多篇、网络平台发表诗歌 300 多首。曾素香在县以上纸质媒体发表山歌 30 多首、网络平台发表山歌 100 多首。

【出版专著情况】 （1）杨新乔《杨新乔自选集》，75 万字，由国际华文出版社出版。（2）张让兰《闲居拾韵》，10 万字，由花城出版社出版。（3）叶乃新《一叶斋诗词选（第三集）》，10 万字，由花城出版社出版。（4）李旭元《沁园吟草》，16 万字，由华中师范大学出版社出版。（5）曾志文《禾梨树下》，14 万字，由中国艺术出版社出版。（6）魏安能《匠事留痕》，38 万字，由华南理工大学出版社出版。（7）甘容文《有容斋诗词选》，10 万字，由中国文化发展出版社出版。（8）温梅良《诗墨情》，10 万字，由中国文艺出版社出版。

【加入上级协会】 2017 年，宋添贵、叶维业加入梅州市作家协会。钟秋良加入广东省摄影家协会；彭强、曾长文加入广东省书法家协会；王恒想、朱建芳加入梅州市摄影家协会。古新辉、詹青、吴伟柱、李勤花（女）、郑敏（女）、古嘉兴、古颂今加入广东岭南诗社。钟秋良、彭强、黄敬德、周丽娟、宋家祥、谢燕明、黄祝君、陈志文、李林娣、戴金辉、卓福英加入中国硬笔书法协会。温好招、何鲸浪、李荣琼、陈德宜、徐文境、张婷、李静、李秋梅加入广东省硬笔书法协会。温丽丹、黄小娴、卓忠军、叶翠蓉、陈丽平、陈满娥、张紫银、杨伍英、王振雄、曾良、周雅香、黄雯、刘奕君、钟兴宗、廖育芳、杨秀玉、陈德宜加入梅州市硬笔书法协会。

（罗俊峰）

县文联 2017 年度负责人名录

主　　席：谢　意（任至 1 月）
张汉章（7 月任）
专职副主席：陈瑞成（4 月任）

（注：2017 年 1—3 月，副主任科员罗俊峰临时主持县文联办公室、《长乐文艺》编辑部日常工作）

体　育

【群众体育】 2017 年，县体育部门认真执行党的体育工作方针，全面贯彻落实国务院颁布的《全民健身条例》，多渠道筹集体育资金，广泛组织全县群从开展体育活动和全民健身运动，举办各种形式的群众体育活动，全力推动全民健身运动的开展。主要活动有：2月，举办2017年春节第十六届客属酒业“球王杯”足球赛和2017年“客属酒业杯”元宵节篮球赛；3月4日，协助县妇联举办五华县2017年妇女节趣味运动会；5月14日，举办五华县2017年“体彩大乐透杯”“我要上全运”环城健身骑行暨环五华超越百公里骑行活动；5月23—27日，组织参加广东省第二届百县（区）足球赛梅州预选赛；6月17日，举办五华县2017年“我要上全运”·千人瑜伽暨第三届国际瑜伽展示会，近千人瑜伽爱好者参与活动；8月8日，举办五华县第十八届“体育节”启动

2017年6月17日，五华县举办“我要上全运”·千人瑜伽暨第三届国际瑜伽展示会，近千人瑜伽爱好者参与活动（图片由县体育局提供）

仪式暨“全民健身日”“我要上全运”百城千村健身气功展示会；9月23—24日，举办五华县2017年“我要上全运”“税宣杯”羽毛球；9月23—24日，举办五华县2017年“我要上全运”“税宣杯”乒乓球赛，参赛运动员120人；10月2日，协助举办五华县2017年庆国庆中国象棋友谊赛；10月25日，协助举办五华县2017年庆重阳老年人体育健身展示会，参加人员450人；11月4—14日，组织参加梅州市首届欧派客家杯足球邀请赛；11月11—13日，组织举办美景里程·广东五华2017骑跑挑战赛暨首届半程马拉松赛，参赛运动员1000多人；11月18—23日，组织参加梅州市举行的第三届“机械启航杯”篮球邀请赛。

【**竞技体育**】 2017年，县体育部门坚持以备战2017年梅州市第八届运动会为抓手，提高竞技体育水平。在梅州市第八届运动会上，五华县代表团金牌数和团体总分均居第三名，取得市运会历史上非东道主最好成绩。其中3人次破市纪录，在8个足球项目中获得5个冠军2个亚军。4月18日，举行心系天下公益基金五华县体校五人制天翼足球场落成仪式暨梦想足球课堂开班仪式；5月28日，举行2016—2017学年度校园足球三级联赛闭幕式。7月，五华体校队获2017年全国田家炳中学高中男子足球邀请赛冠军和市八运会竞技组男子足球甲组冠军；8月，五华体校队获市八运会竞技组男子足球

2017年8月，五华体校队获市八运会竞技组男子足球丙组冠军（图片由县体育局提供）

丙组冠军、市八运会学校组女子足球冠军和市八运会学校组男子足球冠军；9月17日，在霍芬海姆足球俱乐部，体育局局长廖焕雄代表梅州客家足球俱乐部与霍芬海姆足球俱乐部董事长彼得·格里希签订合作意向书，双方将在五华足球小镇合作建设中德足

球学校；10 月，五华体校队获 2017 年梅州市“市长杯”足球赛（07 年龄段男子组）冠军；10 月，五华体校队获 2017 年梅州市“市长杯”足球赛（05 年龄段男子组）冠军；10 月 14 日，举办五华县 2017—2018 学年度校园足球三级联赛开球仪式；10 月 24 日，五华体校队获得 2017 年梅州市“市长杯”足球赛 07 年龄段男子组；11 月，五华队获“客家杯”足球赛冠军；11 月，获 2017 年梅州市“市长杯”足球赛（07 年龄段女子组）冠军；12 月，县一小获得 2017 年梅州市足球传统项目学校（小学组）足球赛冠军；12 月 17 日，五华体校队获得国际青少年第三届“福田杯”国际青少年足球赛冠军。12 月 30 日，五华获得 2017 年“赛翡蓝宝石球王杯”冠军。

【体育产业】 2017 年，体彩业稳步增长，全年新增 7 个网点，完成市体彩中心下达的增机布点任务。全县体彩销售网点 50 个，全年销售彩票 2200 万元，超额完成销售任务。可容纳 2.7 万观众的足球文化公园正在建设，足球场和体育馆主体已完工。建设国家级运动休闲特色小镇——五华县足球小镇，该项目列入国家体育总局全国第一批 96 个运动休闲特色小镇试点项目名单之一，成为此次全国唯一以足球为特色的入选项目。五华县球王文化产业园于 11 月 13 日举行动工仪式。五华元坑·中国内地现代足球发源地于 12 月 14 日动工。

【精准扶贫】 2017 年，县体育局选派两个干部分别到周江良头村、长布栋新村进行驻点帮扶，并组织班子成员深入到精准帮扶挂钩村——周江镇良头村，走访慰问贫困户，实地调研帮扶项目和召开专题工作会议，推动新时期精准帮扶工作，确保完成圆满完成年度贫困户脱贫目标。同时，积极谋划明后两年帮扶工作，确保顺利完成三年精准帮扶工作。

（李权　李高文）

县体育局 2017 年度负责人名录

局　　长：廖焕雄
副 局 长：曾经纬
郑越兴（3 月任）
李国华
党组成员：李汉平

社会生活

双龙山

民 政 工 作

【社会救助】 2017年，县民政部门进一步健全完善低保、“五保”、医疗救助制度，努力打造阳光低保、“五保”。城镇低保月人均补差从419元提高到457元，农村低保月人均补差从191元提高到206元;集中供养“五保”对象标准从700元/月提高到900元/月，分散供养“五保”对象标准从550元/月提高到700元/月；城乡医疗救助人均补助标准从2178元提高到2828元。编印《社会救助政策文件选编》4万本分发到镇村干部和村民手中，让救助政策深入人心、家喻户晓；出台《五华县城乡困难群众救助工作责任追究办法》；规范低保、“五保”、医疗救助表格的设置、申请审核审批程序、核查抽查督查方式、公示等，基本实现动态管理下“应保尽保、应退尽退”；开展主动发现、精准救助专项行动，加大低保、“五保”核查、抽查力度，全年抽查16个镇106个村4276户低保户，取消不符合条件低保673户。全年退出低保2270户8405人，新增低保1434户6671人，现有低保13730户41960人，其中：农村低保13432户41510人，城镇低保298户450人；取消“五保”354人，新增“五保”524人，现有“五保”4367人，其中：在院集中供养283人，分散供养4084人；发放医疗救助资金4231.31万元，救助95648人次（其中参保89790人1616.22万元）。加强敬老院建设管理，打造“五保”老人“老有所养”的温馨家园。县政府分别于3月、6月和12月成立督查组，对全县敬老院进行专项督查，投入资金189.6万元用于各镇敬老院五保老人添置物品和厨房标准化建设，坚决杜绝安全事故发生；8月8日，在周江镇召开全县敬老院建设管理工作现场会，通过看现场、听介绍、问细节和“八看八比”等方式，全面学习周江镇敬老院在规范化管理、精细化服务等方面先进经验，推动全县敬老院建设管理工作再上新台阶，努力打造“五保”老人“老有所养、老有所乐、老有所为”的温馨家园。

2017年8月8日，县民政局局长江锦城在全县敬老院建设管理工作现场会座谈会上讲话（张志豪摄）

【救灾济困】 2017年，五华遭受冬春荒和灾荒影响，全县受灾人口36933人，紧急转移安置769人，农作物受灾面积76公顷，直接经济损失1580万元。下拨冬春救助款288.33万元，救助12844户19222人次。全年农房统保赔付63户19.55万元，帮助农房受损户修复房屋。积极开展创建“减灾示范社区”活动，水寨镇大坝社区于2017年12月被国家减灾委、民政部评为“全国减灾示范社区”。做好“5·12防灾减灾日”宣传活动，提高公众安全意识，为全社会共同关心和参与防灾减灾工作营造良好氛围。开展“大爱救心”和慈善活动，为5例患者办理申报资助手续。广东扶贫济困日活动筹集资金558.63万元，对比上年增加113.024万元。

【双拥、优抚、安置工作】 2017年，县民政部门按政策提高各类优抚对象抚恤、生活补助标准，帮助重点优抚对象解决“三难”（医疗难、住房难、生活难）问题，为4201名优抚对象购买城乡居民医保，实行优抚对象医疗“一站式”服务，支付医疗补助45.2万元；为44名困难优抚对象支付大病救助6.07万元。提高光荣院居住的伤残、孤老复员军人服务保障水平，举行“9·30烈士纪念日”活动；做好中共十九大、世界客商大会及省、市重要会议期间涉军群体信访维稳工作；加强复退军人服务体系建设，设立县级复员退伍军人服务中心、镇级复员退伍军人服务工作站、村级复员退伍军人联络站，确保县镇村三级复退军人服务组织达到“五有”（有专职人员、有专项工作经费、有专用办公场所、有专门工作制度、有规范牌子）标准，并于6月底在全市率先实现开门运作；在6月16日召开的全市加快复退军人服务体系建设工作推进会上，五华县复退军人服务体系建设工作走在全市前列得到市的肯定和表扬。全年接收退役士兵321名，符合政策安排退役士官14名；发放自主就业城乡退役士兵一次性补助金、转业士官待安排工作期间最低生活补助经费、三等功补助金825.25万元；符合政策安排的14名退役士官全部安排在事业单位上班；完成全县城镇退役士兵安置历史遗留问题的排查清查工作；在县委、县政府的高度重视下，采取货币安置或公益性岗位安置方式，协助县科工商务局解决退役士兵安置遗留问题，有效保障退役士兵基本权益。

【基层政权和社区建设】 2017年是村级换届选举年，全县有16个镇，412个村、34个社区。4月7日，村、社区“两委”换届选举工作启动，6月9日，村、社区“两委”换届选举工作全面完成，达到跨时短、上访少目的。10月25日，召开全县村民理事会工作推进会议，加快推进全县村民理事会建设。92个省定贫困村和4个社会主义新农村建设示范村于11月底实现村民理事会全覆盖，其他具备条件的自然村（村民小组）于12月底实现村民理事会全覆盖。

2017年10月25日，县政府副县长温燕玲在全县村民理事会工作推进会上讲话（张志豪 摄）

【社会行政事务管理】 2017年，县民政部门以“殡改宣传活动月”为契机，广泛宣传殡改政策，特别是免除七项殡葬基本服务费惠民政策，使广大人民群众了解殡改政策，更好地支持殡改工作，推进殡改事业全面协调发展，全年完成遗体火化 4168 具。切实做好孤儿的生活保障工作，全县有孤儿 564 人（分散供养 534 人、集中供养 30 人）；从 1 月起，集中供养孤儿标准由 1340 元/月提高到 1450 元/月；分散供养孤儿标准由 820 元/月提高到 880 元/月。严把残疾人“两项补贴”入口和发放关，坚持由镇把关，县残联审核，民政局审定原则，做到不漏人，不重发，全年落实残疾人“两项补贴”对象 22519 人；全县有农村留守儿童 11361 人、事实无人抚养儿童 417 人、农村幸福院 70 个。依法依规做好收养、救助、婚姻登记、养老托老工作，全年办理收养登记 7 人，接收安置弃童 6 人，救助流浪乞讨人员 989 人次，办理结婚登记 13426 对，离婚登记 2517 对。

【区划地名】 2017 年，全面完成五华县第二次全国地名普查工作，8 月份通过省检查组检查验收。开展梅揭汕“三交点”行政区域界线联合检查工作。

【社会组织】 2017 年，全县登记注册的社会组织 180 个，其中社会团体 110 个、民办非企业单位 70 个。

【福彩中心】 2017 年，全县有福利彩票投注站 31 个、中福在线视频销售厅 1 间；全年销售福利彩票 1707 万元。

【老龄工作】 2017 年，全面落实“银龄安康行动”，从 2017 年起，全县户籍 60 周岁以上老年人全部纳入政府统保范围，为其购买老年人意外伤害综合保险。提高高龄老人政府补（津）贴，全县有 80~99 周岁老人 26179 人，高龄津贴从原来每人每年 100 元提高到每人每年 200 元。全县有百岁老人 94 人，按时足额为百岁老人每人每月发放 200 元长寿保健金。

【精准扶贫、精准脱贫】 2017 年，县民政部门投入帮扶资金 60 多万元用于转水镇青塘村发展帮扶项目，突出抓好老人活动中心建设。

【“双创”工作】 2017 年，县民政部门认真履行周末卫生制度，每周五下午组织干部职工到卫生责任区进行清扫保洁；定期到卫生网格化责任地段进行巡查、加强整治。围绕作职责，扎实推进，迎接检查验收，为五华成功创建“国家卫生县城”和“广东省县级文明城市”做出积极贡献。

【基础设施建设】 2017 年，县民政部门把民生工程建设作为提升民政公共服务水平的一项重要工作列入议事日程。完成县革命烈士陵园建设任务；全力抓好殡仪馆升级改造，于 11 月 9 日动工建设；水寨大岭、河东禾尚田、华城观源等一批公益性生态公墓园建设有序推进。

（张志豪）

县民政局 2017 年度负责人名录

局　　长：江锦城

副 局 长：邓志荣
黄文柱（11 月任）
周鉴贤
李奕南（任至 11 月）

党组成员：李清兰　李石翠（任至 4 月）
宋敬通（任至 9 月）

2017年五华县百岁（含百岁）老人名表

经县民政局核实，至2017年12月止，全县有百岁以上（含百岁）老人有94人，其中男15人，女79人。基本情况表列如下：

表5

序号	镇　村	姓　名	出生年月	性别	年龄
1	水寨平湖	邓兆新	1915-01	女	103
2	水寨坝心	刘传娣	1912-07	女	106
3	水寨上坝	李运容	1916-07	女	102
4	水寨罗湖	戴亚群	1917-02	女	101
5	水寨府前	胡妙恩	1917-06	男	101
6	水寨员瑾	蓝亚春	1917-06	女	101
7	水寨大布	周春英	1917-10	女	101
8	水寨七都	李进娣	1917-08	女	101
9	水寨坝心	廖庆招	1917-09	女	101
10	河东平南	陈亚君	1914-02	女	104
11	河东布头	古五娣	1907-05	女	111
12	河东三田	廖华香	1911-12	女	107
13	河东河口	李亚拾	1913-02	女	105
14	河东高车	谢丁来	1915-08	女	103
15	河东高车	张五妹	1916-07	女	102
16	河东罗塘	范玉娣	1917-02	女	101
17	河东下一	刁茂珍	1916-10	女	102
18	河东化裕	谢其方	1917-09	男	101
19	转水黄龙	朱凤珍	1916-01	女	102
20	转水畲何	钟本娣	1916-09	女	102
21	华城维西	叶思英	1914-08	女	104
22	华城新一	高思添	1914-11	女	104
23	华城黄埔	叶亚六	1915-07	女	103
24	华城维西	黄凤英	1915-11	女	103
25	华城黄金	冯亚满	1916-07	女	102

续表 5

序号	镇　村	姓　名	出生年月	性别	年龄
26	华城新五	钟玉娣	1916–11	女	102
27	华城城东	官奎泉	1917–05	男	101
28	华城塔岗	刘福娣	1917–03	女	101
29	岐岭凤凰	林云卿	1916–06	女	102
30	岐岭荣福	钟泗娣	1916–07	女	102
31	岐岭华源	张亚添	1916–08	女	102
32	岐岭龙寨	何安中	1916–10	男	102
33	岐岭清溪	庞茂娣	1916–09	女	102
34	岐岭清溪	何会娣	1917–02	女	101
35	岐岭龙岭	刘凤娣	1915–03	女	103
36	岐岭孔目	魏墩育	1917–02	男	101
37	岐岭荷梅	曾亚群	1916–01	女	102
38	岐岭荷梅	蓝亚桂	1917–01	女	101
39	长布粘坑	张亚珍	1913–08	女	105
40	长布栋岭	张丁运	1917–01	女	101
41	长布蓝塘	邓二妹	1917–08	女	101
42	潭下金石	曾亚源	1912–01	女	106
43	潭下百安	李东英	1914–05	女	104
44	潭下百安	黄运华	1916–01	男	102
45	潭下大玉	李贤英	1915–12	女	103
46	潭下锡坪	周六	1916–10	女	102
47	潭下布坪	陈亚运	1917–02	女	101
48	潭下龙田	黄来姐	1917–04	女	101
49	周江早成	张添娣	1913–10	女	105
50	周江中兴	蔡九妹	1917–10	女	101
51	横陂夏阜	魏亚运	1912–02	女	106
52	横陂华阁	黄东娇	1911–05	女	107
53	横陂锡坑	李汉祥	1915–01	男	103
54	横陂联长	李就英	1916–08	女	102

续表 5

序号	镇 村	姓 名	出生年月	性别	年龄
55	横陂叶湖	范亚二	1916–10	女	102
56	横陂杨恩	陈运姐	1917–06	女	101
57	横陂石下	李亚七	1917–08	女	101
58	郭田蕉州	张添英	1914–01	女	104
59	郭田碚南	巫亚四	1916–09	女	102
60	双华黄径	张亚二	1905–01	女	113
61	双华冰塘	廖新玉	1917–04	女	101
62	双华竹山	陈玉华	1917–07	男	101
63	安流福江	陈二妹	1911–03	女	107
64	安流葵樟	古复妹	1913–12	女	105
65	安流学少	黄七妹	1903–01	女	115
66	安流上布	冯松龙	1910–05	男	108
67	安流福华	吕麻	1915–03	女	103
68	安流东礼	陈二妹	1915–09	女	103
69	安流吉水	胡二妹	1915–11	女	103
70	安流低坑	陈三云	1916–03	女	102
71	安流双径	胡子云	1916–09	女	102
72	安流半径	汤复妹	1916–06	女	102
73	安流文葵	古妙招	1917–01	男	101
74	安流里江	张福友	1909–03	女	109
75	棉洋唐纯	张六妹	1913–06	女	105
76	棉洋黎洞	张定基	1914–09	男	104
77	棉洋葵岭	胡亚育	1914–10	男	104
78	棉洋双璜	宋四妹	1916–11	女	102
79	棉洋唐纯	张二妹	1917–02	女	101
80	棉洋唐纯	张七妹	1917–04	女	101

续表 5

序号	镇 村	姓 名	出生年月	性别	年龄
81	梅林梅林	李七妹	1914–07	女	104
82	梅林梅东	古丙妹	1915–01	女	103
83	梅林梅南	刘粟妹	1917–06	女	101
84	华阳华新	古长增	1915–07	男	103
85	华阳太坪	余三妹	1915–12	女	103
86	龙村柏溪	彭招妹	1914–11	女	104
87	龙村塘湖	林茂生	1915–01	女	103
88	龙村樟华	何宗强	1915–05	男	103
89	龙村云溪	叶损妹	1916–05	女	102
90	龙村湖中	温青妹	1915–09	女	103
91	龙村龙村	刘亚宣	1916–09	男	102
92	龙村南中	刘二妹	1917–09	女	101
93	龙村硝芳	叶桃妹	1915–11	女	103
94	龙村梧溪	温玉妹	1917–10	女	101

人力资源和社会保障

劳动就业工作

【就业服务管理】 2017 年，全县城镇新增就业人员 5963 人，完成任务数 138%；下岗失业人员实现再就业 3882 人（其中困难人员就业 490 人），完成任务数 102%；城镇登记失业率 2.44%。积极搭建劳动力供需对接平台,举办各类招聘会 62 场，发布招聘信息 566 条，485 家招工企业提供就业岗位 31815 个。办理就业失业登记证 4966 份，免费代理下岗职工申报退休 201 人。创业担保贷款业务，为众多创业人员实现创业梦想，联合邮政储蓄对经营场所实地调查 179 户，累计发放创业担保贷款 2095 万元，落实财政贴息 134.4 万元；新增发放高校生一次性创业资助 2 万元，退伍军人一次性创业资助 0.5 万元，新增发放租金补贴 1.6 万元，新增发放创业带动就业资金 7.2 万元。

【劳动力培训转移就业】 2017 年，全县培训各类劳动力 13216 人次，完成任务数

112%，其中劳动力技能晋升培训 3184 人；转移就业 13251 人次，完成任务数 106%。新成长劳动力均实现 100%培训，100%转移就业。

【县技工学校招生办学】 2017 年，五华县技工学校按计划圆满完成一期建设任务，建筑面积近 6 万平方米，于 8 月 20 日顺利开学，开设幼儿教育等 6 个专业，全日制在校生 1015 人。

人事人才工作

【人事人才管理】 2017 年，县人社部门为 2780 名（本科 692 人、专科 2088 人）高校毕业生办理报到手续；接收管理大学生人事人才档案 3820 份。接收各类流动人员人事档案 351 卷,转出各类流动人员人事档案 513 卷。全年录（聘）用各类人员 603 人，其中公务员 190 人，事业单位 476 人。对“关、停、并、转”困难企业退休军转干部按市直标准发放生活困难补助，养老金加上生活困难补助每人每月平均达到 4275.5 元。为贯彻落实住房货币分配制度，改善全县干部职工住房条件，从 2017 年 10 月起发放住房维修和物业管理补贴。全年为全县机关事业单位工作人员办理正常工资晋升工作，其中在职人员 30520 人；按政策为公务员和事业单位干部 329 人办理退休手续。全面实行公务员职务与职级并行制度，有 75 人实现职务职级晋升，其中科员晋升副科待遇 27 人；副科晋升正科待遇 38 人；正科晋升副处待遇 10 人。

【专业技术人员管理】 2017 年，县人社部门根据《广东省事业岗位设置管理实施意见》要求，不断规范事业单位岗位设置和人员聘用工作。对全县事业单位岗位有空缺的前提下，按岗位聘用的原则，完成 964 个专业技术人员的岗位聘用工作。

【干部培训】 2017 年，县人社部门分 23 期对全县 2800 名公务员进行全员培训，全面推进公务员队伍思想道德建设、履职能力建设和作风建设；组织全县专业技术人员通过面授和网络参加继续教育公需科目《以供给侧改革推进跨区域共建》专题培训，全面提升专业技术人员的业务水平和整体素质。

劳动保障工作

【劳动保障监察、劳动人事争议仲裁】 2017 年，县人社部门积极开展劳动保障监察和劳动人事争议仲裁工作，抓好安全生产和综合治理工作，监督检查用人单位 70 户，涉及职工 2810 人；受理各类信访件 158 件，其中网上信访 78 件，来访 63 件，梅州民生“12345”热线电话 8 件，省来信访件 9 件；为 334 名劳动者追回工资、经济补偿金 761.69 万元，全年结案率 100%；受理劳动人事争议案件 33 件，其中调解 13 件，裁决 20 件，涉及劳动者 38 人，涉案金额 126.18 万元；劳动保障监察和劳动人事争议案件均在法定审限内结案，审结案 33 件，结案率 100%。

【职业技能鉴定和劳动关系】 2017 年，县人社部门全年经鉴定考核通过并取得职业资格证书 415 人，合格率 72%。办理签订劳动合同手续 769 人，鉴证劳动合同 1538 份，办理终止、解除劳动合同关系备案255件，劳动合同签订率95%，已建工会的企业集体合同签订率84%，均完成年度目标任务；评定3家单位为“五华县劳动关系和谐企业”，参加创建示范工程企业占82%，符合示范区标准的示范点占71%，符合要求的达标企业占74%。

社会保障工作

【社保经办服务标准化大厅建成使用】 2017年，在县委、县政府的重视下，在上级业务部门的指导下，五华县社保经办标准化大厅于1月建成投入使用，为全县150多万名居民提供“高效、便捷、优质”社保经办服务，按“一站式办公、一条龙服务”标准化窗口设计，有“咨询服务区、柜台受理服务区、接待洽谈区、综合服务区、自助服务区、等候休息区”6大功能区。

【社会保险】 2017年，全县参加职工养老保险68538人，失业保险34530人，职工医保53903人，工伤保险47066人，生育保险36498人。社保五险收入实现4.88亿元，完成市下达任务97.6%，完成情况在全市各县排名第二；社保五险支出7.68亿元，比上年同期增支1.06亿元，增幅16.1%。全县城乡居民养老保险参保人数为45.5万人，60周岁以上享受城乡居民养老保险有15.8万人；享受职工养老保险人数有3.17万人；享受职工医保人数有26373人次；享受失业保险人数有1618人；核发1084人的工伤待遇；享受生育保险人数有4506人次；城乡居民医保参保人数为1171933人，享受人数有43.6万人次。

【推进机关事业单位工作人员养老保险改革工作】 2017年，按照县政府统一部署，五华县纳入第一批机关事业单位养老保险改革的单位参保启动时间为2017年8月起，发放待遇时间为2017年12月起。至12月底，顺利征缴机关养老保险的单位234个17621人，按时足额发放机关养老保险188个单位7164人，发放率100%。

【养老与失业保险】 2017年，县人社部门按政策要求规定，审批机关事业单位、特殊工种提前退休、因病提前退休共退休人员261人；解决落实早期离开国有和县以上集体企业人员、机关事业单位人员，一次性补缴养老保险费9人；按照县委县政府的要求，协助做好国土征地报批以及被征地农民养老保障工作，报批8批次，涉及保障人数3650人，涉及建设用地551.1603公顷；同时，落实被征地农民养老保障人数5583人。

【工伤认定和劳动能力鉴定】 2017年，县人社部门受理工伤认定申请49件，认定47件，不予认定2件。受理非因工或因病伤残鉴定人数14人，其中鉴定为完全丧失劳动能力13人；受理工伤伤残鉴定申请20人，鉴定20人。

（李文慧　黄志文）

县人力资源和社会保障局2017年度负责人名单

局　　长：黄永响

副 局 长：胡小立（任至2月）

卓力平（任至2月）

廖旭标（2月任）

周运芳　古光华

薛志东（2月任）

党组成员： 李千山

温木新（任至5月）

曾发明

社会保险基金管理

【社会保险扩面征缴】 2017年，县社保局围绕社保扩面征缴目标任务，制定工作实施方案：一是定期召开联席会议，下达各镇各单位扩面任务，落实各部门工作职责，及时解决扩面工作中存在的问题。二是部门通力协作，形成合力。县地税局、人社局、财政局等部门按照各自工作职责做好社保扩面征缴工作。三是县人社局党组成员及社保局领导班子落实挂钩责任制，对挂钩镇、单位的扩面征缴进展情况进行每周跟踪指导，落实社保扩面征缴工作任务。全年参加职工养老保险灵活就业人员新增4293人。全年社保五险收入实现4.88亿元，完成市下达任务97.6%，完成情况在全市各县排名第二。其中，企业职工养老保险收入3.28亿元，职工医疗保险收入1.4亿元，失业保险收入642万元，工伤保险收入760万元，生育保险收入670万元。

【业务审批和基金支付管理】 2017年，社保职工五险支出7.68亿元，比上年同期增支1.06亿元，增幅16.1%。其中：企业职工养老保险支出5.78亿元，比上年同期增支0.67亿元，增幅12.6%；失业保险支出216万元，比上年同期增支8万元，增幅3.8%；职工医疗保险支出1.46亿元，比上年同期增支2348万元，增幅19.1%；工伤保险支出451万元，比上年同期增支156万元，增幅52.9%；生育保险支出1645万元（生育津贴支出800多万元），比上年同期增支1406万元，增幅588.3%。一是准确核发职工养老待遇，至2017年12月底，五华县享受职工养老保险3.17万人，支出5.78亿元，同时做好离退休人员领取资格认证工作，认证30299人，认证率99%。二是做好职工医保经办和管理工作，至年底，职工医保享受人数26373人次，特定病种门诊申请1273人次。三是做好失业待遇发放工作，全年1618人享受失业保险。四是严格做好工伤待遇核发工作，严格对遗属补助实行生存认证和审核，对已死亡和超过18周岁予以取消待遇。全年办理1084人的工伤待遇。五是切实做好生育保险待遇发放工作，全年全县享受人数4506人次。

【城乡居民养老保险工作】 2017年，全县城乡养老保险参保人数45.5万人，享受待遇人数15.8万人，城乡居民养老保险基础养老金由上年的110元/月提高至120元/月。开展城乡居民养老保险金领域专项核查工作，多举并措查证待遇领取人员的生存状态，核实14501人死亡并停发待遇。

【城乡居民医疗保险工作】 2017年，全县城乡居民医保参保人数为116.8万人，享受人数43.6万多人次，特定病种门诊申请7066人次。县社保局加强医疗保险自查自纠工作和医保巡查工作。一是选派业务骨干组成工作组专门复核城乡居民医保报销单据，严格审核医院住院报销费用，对违规用药住院的医疗机构暂停结算，特别是对按人次均结算的病种，进行认真核对，发现有不符合规定报销的医药费，坚决不予支付。二是发文《关于完善外伤住院报销医疗费用管理工作的通知》《关于加强参保人住院身份确认管理工作的通知》，要求各定点医院做好相关工作。三是全面启用医保智能审核系统，对各医院的数据进行统计分析，及时发现问题，及时要求整改落实。四是进一步加强日常稽核巡查工作，抽调工作人员对一鸣医院、郭田卫生院等医院的住院病历进行检查，查处潭下镇卫生院、安流镇中心卫生院职工骗保、造假行为。全年追回医保基金 2.4 万元，拒付定点医院城乡医保费用 2858 人 198 万元。

【机关事业单位养老保险改革工作】 2017 年，县社保局抽调 10 名工作人员充实到机关参保股和待遇核发股中，仔细核实退休人员资料，确保退休人员信息正确。及时召开全县机关事业单位养老保险改革工作培训大会，同时加强与编办、财政、人社、税务等职能部门的沟通协作，不定期召开协调会及时解决工作中出现的困难和问题。按照县政府统一部署，五华县纳入第一批机关事业单位养老保险改革的单位参保启动时间为 2017 年 8 月起，发放待遇时间为 2017 年 12 月起。至 12 月底，顺利征缴机关养老保险的单位 234 个 17621 人，按时足额发放机关养老保险 188 个单位 7164 人，发放率 100%。

【社保政策宣传工作】 2017 年，县社保局充分利用五华县人民政府公众网、县人社局网站、县电视台、微信公众平台、LED 显示屏、流动宣传车、制作大幅广告牌、宣传墙、印制发放宣传资料等形式，将《中华人民共和国社会保险法》及社会保险优惠政策、办理流程、待遇兑现等内容，多形式、多视觉、广覆盖的进行宣传，确保政策宣传延伸到社会各层面，使社会保险政策家喻户晓、深入人心。全年接待咨询群众 2.5 万多人次，制作大型广告牌 40 个，制作广告墙 25 面，印发宣传单 28 万余份。6 月起开展社保政策进农村百日行宣传活动，组织 6 个工作组深入全县各村开展《社会保险法》和社保政策宣传。9 月起利用流动宣传车到各镇开展 2018 年城乡居民医保政策。利用移动短信平台发送社保政策宣传短信达 50 万多条。

（廖亚带）

县社会保险基金管理局 2017 年度负责人名录

局　长：李千山

副局长：郭裕华　刘少波

廖雪梅

五华县残疾人联合会

【残疾人康复】 2017 年，五华县残疾人联合会（以下简称县残联）完成残疾人康复任务 2016 例；新建 8 个和规范运行 12 个社区残疾人康园中心，达到全县每个镇都有康园，全面完成此项县十件民生实事任务；加强精神障碍患者救治救助工作，在各镇建立精神障碍社区康复站，县财政给予每站建设费 30 万元，16 个康复站根据实际情况给予年运行经费 8 万元~12 万元的保障；扎实开展残疾人精准康复服务行动，县政府残工委专门成立工作领导小组，由县府办、残联、卫计等 8 个部门领导为成员，加强对该项工作的组织领导。同时，专门重点 2017—2020 年工作方案，明确对全县 446 个村（社区）有康复需求的 1.3 万名残疾人进行入户调查、评估和转介服务，至 2020 年，对现有及新增的有康复需求的残疾人，实现普遍享有基本康复服务的目标。全年对全县卫生站医生、村民政干部、村医、镇村残疾人专职委员 1400 多人进行培训，入户调查、评估及转介工作有序开展，完成 5000 多人康复服务任务。

【助残活动】 2017 年 5 月 21 日，县残联举办第二十七次“全国助残日”活动，主题是“推进残疾预防，健康成就小康”。副县长温燕玲、县残联、水寨、河东、转水镇残联和残疾人代表，志愿者以及创维集团梅州办事处、梅州仁钰贸易有限公司、双玟电器、梅州顺华安全技术发展有限公司等 4 家爱心企业负责人参加活动，向县残疾儿童康复中心和残疾人发放捐赠电器和慰问品。为弘扬人道主义精神，倡导扶残助残良好社会风尚，县残联通过慰问、发放辅助器具、捐赠、优惠购电器等方式，用实际行动给残疾人送上关怀和祝福。慰问农村贫困残疾人、残疾儿童少年 200 多人，发放残疾人用品用具、慰问品、慰问金总计 15 万多元。把党和政府的温暖送到残疾人心坎上，切实帮助残疾人解决实际困难。

【残疾人就业】 2017 年，县残联把残疾人就业保障金征缴工作作为重中之重，努力争取党委、政府的重视和支持。为确保我县残疾人就业保障金征缴工作达到标准要求，残联根据财政、人社、统计等部门提供数据认真核实，测算出 2017 年全县行政机关及事业单位总共应缴纳保障金总额 1144.6 万元。经县政府同意，将 2017 年残疾人就业保障金 1144.67 万元拨付给各单位，由各单位缴入财政残疾人就业保障金专户。从 2018 年开始，将行政机关、事业单位应缴的就业保障金列入财政预算，每年由县财政将各行政事业单位应缴的就业保障金拨付给各单位，由各单位按照要求全额缴入财政残疾人就业保障金专户，纳入地方一般公共预算统筹安排，主要用于支持残疾人就业和保障残疾人生活。同时，重点抓好 30 人以上企业的保障金年审工作，使五华县残疾人就业保障金征收工作上一个新台阶。

【残疾人扶助】 2017 年，县残联做好扶助贫困残疾人工作。一是对全县特需残疾人对象认真筛查核实，保证各项专项补贴资金准确、足额发放到残疾人个人实名制账户。落实燃油补贴资金 1.48 万元，补贴对象 57 人，每户 260 元；落实资金 75 万元，帮助 150 户残疾人进行居家无障碍改造；为 1 万多名重度残疾人缴纳城乡居民医保；按每人每月 10 元标准为城乡重度残疾人、精神和智力残疾人缴纳养老保险费，全年投保 1.14 万多人；扶持 87 名残疾人自主创业就业，扶持资金 22 万元；县委、县政府高度重视 2017 年度残疾人“津补贴”发放工作，足额落实县级配套资金。将残疾人生活津贴从 1200 元/年提高至 1800 元/年，重残护理补贴从

1800元/年提高至2400元/年。县民政、残联对2017年6月底前办理“第二代残疾人证”的残疾人审核发放残疾人“津补贴”。二是投入资金2万元，资助20名学前残疾儿童就学，同时做好学龄儿童入学工作，义务教育残疾学生入学率90%；落实助学资金8.5万元，做好残疾人普通高考工作，帮助指导残疾本科考生3人，每人补助教育助学金1.5万元，大专考生4人，每人补助教育助学金1万元。

【重点项目建设和管理】 一是努力做好残疾人康复中心建设工作，工程占地总面积3851平方米，建筑占地约1000平方米、高8层，另设地下车库一层。残疾人康复中心大楼于10月投入使用，被评为省、市双优工程。二是五华残疾人托养中心列入县委、县政府78项重点项目，建址位于水寨大道澄湖段县残疾人康复中心旁边，整体围绕“集托养、保护、教育、安置等功能于一体”进行规划设计。设计总规划用地面积2381.74平方米，建筑占地825平方米，地上建筑面积6618平方米，总建筑面积8588平方米，地下一层车库、地上八层，建筑密度35%，容积率2.78，托养住宿用房96间，住宿192人。已完成立项、勘察、设计、监理、招投标工作。三是建立五华县残疾人职业培训基地。残联提供场地设施，位于人民公园对面，占地面积450平方米，建筑面积1250平方米，招标遴选广东康宁保健有限公司开展残疾人职业培训服务工作。该机构已经全面完成场地整体装修、进驻，挂牌成立“五华县残疾人职业培训基地”，打造专业的残疾人职业培训和管理平台，开展残疾人就业技能培训、岗位技能提升培训、创业培训，努力提高残疾人职业技能水平和就业创业能力。

【贯彻落实县中心工作】 2017年，县残联扎实贯彻落实县委、县政府中心工作。一是切实加强党建工作，县残联党组深学细研中共十九大、中央治国理政新理念新思想新观念和习近平总书记对广东工作的重要批示等系列重要讲话精神，深刻把握和领会习近平总书记系列重要讲话的丰富内涵和“四个坚持、三个支撑、两个走在前列”精神实质。认真组织学习《中国共产党章程》，深入抓好开展“两学一做”，积极开展“廉政体检”、纪律教育学习月活动。二是贯彻落实贫困残疾人精准扶贫、精准扶贫工作。县政府残工委专门成立工作领导小组，制订五华县残疾人联合会关于助力残疾人精准扶贫精准脱贫三年攻坚实施方案，召开各镇分管残疾人工作的领导、民政办负责人和县残联、扶贫、卫计等部门相关领导干部出席“全县残疾人精准扶贫精准脱贫工作会议”，贯彻县委、县政府的工作部署，攻坚克难、主动作为，不折不扣把残疾人精准扶贫精准脱贫这项惠民工作抓好落实。为精准扶贫精准脱贫对象中未持证的1350名残疾人办理残疾证，让他们尽快享受到相关优惠政策。全面准确掌握全县8049名建档立卡贫困残疾人家庭人员结构、收入来源、贫困原因、脱贫措施等相关信息，并核实建档立卡贫困精神残疾人对象750人，为脱贫攻坚工作提供信息支持。筹集资金50多万元帮助军营村建设；派出工作人员和工程队逐户核实、因地制宜对7户残疾人家庭的厨房、卫生间方面进行无障碍改造；投入资金5万元，启动帮扶残疾人就业扶贫基地“五华县农匠巨种养合作社”建设，带动12位以上残疾人就业。三是积极开展创文工作，着力抓好理想信念建设、文明风尚建设、经济民生建设各项工作，得到县精神文明建设委员会给予的先进单位及个人表彰。四是扎实做好创卫工作。建立创卫长效机制，形成常态化管理，并切实加强爱卫运动工作的宣传，使爱国卫生运动在创卫区域内进一步深入人心、家喻户晓。

（古德华）

县残联 2017 年度负责人名录

理 事 长：邱小梅

副理事长：鲍忠友 陈裕杰

卫生和计划生育

【简况】 2017 年，五华县卫生和计划生育局认真贯彻落实中共十八届六中全会和中共十九大精神及上级决策部署，以创建卫生强县和改革完善计划生育服务管理机制为目标，深化医药卫生体制改革，大力推进医疗卫生设施、人才队伍和服务能力建设，全县卫生计生工作呈现良好发展态势。全年全县医疗机构门急诊病人和住院病人分别为 412.68 万人次、15.75 万人次，对比上年分别增长 2.48%、1.28%，医疗服务能力逐步增强；全县常住人口出生 16986 人，出生率 15.96‰，自然增长率 7.59‰，人口计划各项指标均实现年度目标。

【医疗卫生基础设施】 一是推进县级医院扩容改造建设。统筹 9.58 亿元，对县人民医院、中医医院、妇保计生服务中心、慢性病防治站、疾控中心等医疗卫生单位实施扩容提质建设，优化提升县级医疗卫生硬件设施水平。二是启动中心卫生院升级建设。分别投入 2.16 亿元和 2.1 亿元，对安流、华城镇中心卫生院按二甲医院标准进行升级建设，两个项目均于年内动工，并分别加挂了五华县第二人民医院、第三人民医院牌子，逐步优化提升五华县南部和北部地区医疗服务水平。三是推进乡镇卫生院标准化建设。继续推进 22 间业务用房面积未达标卫生院的标准化建设项目，其中完成建设 10 间，其余卫生院正在建设中。四是推进村卫生站建设。按照“原则上每个行政村建设一间公建民营卫生站”要求，各镇因地制宜，扎实推进卫生站规范化建设任务落实。至 12 月底，全县完成村卫生站建设 329 间，在建 38 间。

【医药卫生体制改革】 一是加强人才队伍建设。县委、县政府把卫生人才列入全县人才培养“六大工程”之一，通过采取 20 万年薪制、提供住房以及到邻近省份医学院校举办现场招聘会等形式，吸引卫生人才到五华工作。全年引进 33 名医学专业本科毕业生，并面向社会公开招聘 298 名卫生人才充实到基层卫生院，强化人才梯队建设。二是医改工作纵深推进。在巩固 3 间县级公立医院药品零差价销售工作成效基础上，继续扩大取消范围，县慢性病防治站于7月始取消药品加成，实现全县公立医疗机构药品全部零差价销售。出台《关于控制医药费用不合理增长实施方案》，建立县级医院医疗费用22项主要监测指标的目标，定期公示主要监测指标，严格控制医院门诊人均医疗费用、住院人均医药费用，有效控制医疗费用增长幅度。三是家庭医生签约服务逐步覆盖。全县组建386个家庭医生服务团队，完成常住人口家庭医生服务签约33.19万人，签约服务覆盖率30.70%，其中重点人群26.53万人，签约服务覆盖率60.30%。四是医联体建设全面启动。推进分级诊疗制度落实，出台医联体建设实施方案，采取县级医院与镇级卫生院结对形式，由5间县级医院与10间卫生院分别结对组建10个县镇医联体，推动优质医技资源有效下沉。

【医疗卫生服务能力】 一是“卫生两基示范镇”创建工作深入开展。华城、龙村、棉洋、岐岭、双华、郭田、潭下7个镇分别通过市级检查验收，其中华城、龙村、棉洋3个镇通过示范镇验收。二是中医药“创先”工作取得阶段性成效。30间卫生院均建设中医诊疗区或中医馆，220间村级卫生站配备中医基本诊疗设备；全县创建“全国基层中医药工作先进单位”工作通过国家专家组现场评审。三是疾病防控能力不断加强。投入225万元，新建艾滋病初筛实验室3个、检测点27个，提升艾滋病检测能力和防治水平；每半年开展一次基本公共卫生项目绩效评估，及时通报评估结果，限期抓好问题整改；全年投入补助资金4843.36万元用于基本公共卫生服务项目落实。四是妇幼健康服务水平持续增强。县妇幼保健计划生育服务中心建立县级危重孕产妇救治中心和危重新生儿救治中心，制订应急预案，成立救治专家组，强化危重孕产妇和新生儿救治,有效保障母婴安全，高龄产妇死亡率、新生儿死亡率均控制在国家标准范围内。五是卫生应急管理机制不断完善。建立由16个镇、28个相关单位组成的防治重大疾病工作联席会议制度；各医疗机构分别成立应急管理领导机构，完善传染病及突发公共卫生事件监测报告网络。县卫计局组织县疾控中心、人民医院开展人感染H7N9禽流感疫情应急演练，联合县食品药品监督管理局开展跨区域的大型食品安全事故应急演练，强化卫生应急规范管理；圆满完成第五届客商大会期间的突发公共卫生事件保障工作。六是医政医管工作有效加强。对全县医务人员进行《医疗质量管理办法》知识全员培训；选派人员参加市级全科医生规范化培训、助理全科医生培训，委托县人民医院开展全科医生岗位培训和转岗培训；潭下、岐岭、河东、长布4间卫生院被国家卫计委评定为“群众满意的乡镇卫生院”；深入推进无偿献血工作，全年参加无偿献血3258人，采集血量65.16万毫升，占全县全年总任务111.9%，连续四年超额完成年度献血任务；强化卫生监督检查,全年立案调查61宗、结案61宗、取缔61间机构，罚款10.75万元，没收药品器械价值约3.5万元，有效维护医疗市场秩序；录入“两法”衔接信息平台30宗，对非法行医的不法分子起到遏制和震慑作用。七是医药卫生信息化建设初见成效。完成30间卫生院“基卫”系统建设并上线运行，实现人口健康信息互联互通、数据共享、业务协同等工作。

【计划生育】 一是抓动态考核。结合新时期计生工作要求，每季度组织一次现场考核，每月进行一次后台数据评估，对每次考核结果进行综合排名，推动经常性计划生育工作的落实。二是完善和落实计生目标管理责任制。严格执行计划生育“一票否决”制度，县政府分别与各镇各单位签订工作责任书，实行层级动态管理，严格兑现奖惩。2017年度计生工作成效显著的3个镇、22个县镇计生综治单位受到表彰奖励，责任不落实、工作不到位的1个单位及4名责任人被“一票否决”。三是落实流动人口服务管理。5月份开展全县流动人口集中服务管理专项活动；8月份组织部分流出人口大镇相关工作人员到中山等地开展区域协作交流，促进流动人口卫生计生服务管理工作的落实。四是落实奖扶政策。全县享受农村部分计生家庭奖励对象1172人、“节育奖”对象605人、城镇独生子女父母奖励对象300人、特别扶助对象51人。2017年，全县城镇独生子女父母计划生育奖励金从每人每月80元提高至120元，实现城乡同等。

【爱国卫生运动】 2017年，新增市级卫生村114个、省级卫生村106个，全县累计创建省级卫生镇2个、省级卫生村193个、市级卫生村144个，其中水寨镇实现省级卫生村全覆盖。实施农村改厕工作，新建或改建无害化卫生厕所的农户19970户，全县农村无害化卫生厕所普及率98.29%。

（朱华鹏　余秋萍）

县卫生和计划生育局2017年度负责人名录

局　　长： 刘旭伦

副 局 长： 曾运华（任至1月）
江运梅（任至3月）
曾梅花　温汉深　李金文
曾豪达　曾国强

党组成员： 彭千军　薛奕良
赖伟钧　张锡文

安全生产监督管理

【简况】 2017年，县安监局以习近平新时代中国特色社会主义思想为指导，坚守发展决不能以牺牲安全为代价这条不可逾越的红线，夯实安全生产基层基础，创新工作机制，强化责任落实，确保全县安全生产形势总体稳定。全县发生各类生产安全事故7起，死亡7人。其中生产经营性道路交通事故4起、死亡4人，工商贸生产安全事故1起、死亡1人，建筑施工生产安全事故2起、死亡2人，其他行业领域实现零事故、零死亡。

【完善安全生产责任体系】 2017年，县安监局完善并落实安全生产责任书、责任制考核、“一票否决”、约谈和预警等制度，建立安全生产督查检查长效机制，全县有22家参与平安创建企业顺利通过验收，开展综合和专项督查5次，发现整改隐患106处，发出督查通报5份。

【隐患排查治理】 2017年，县安监局继续坚持各镇、各有关单位每月一排查、县安委办每月一汇报、县政府常务会议每月一研究、县安监每月督办治理，建立完善“每月一主题、每月一行业（镇）汇报、每季一跟踪反馈”工作机制。全县共上报隐患502宗，整改496宗；其中，列为县挂牌督办120宗，整改116宗，跟踪督办责任单位治理隐患292人（次）。

【城市风险点危险源排查管控】 2017年，县安监局在前期开展城市风险点、危险源排查整治专项行动的基础上，进一步全面排查全县城市风险点、危险源，建立分级监管清单，并按照省、市要求录入“省城市风险点危险源排查管控系统”，正在着力建设全县城市安全生产风险点危险源排查管控信息系统。全县共排查录入城市风险点、危险源111个，其中橙色风险4个、黄色风险31个、蓝色风险76个。

【安全生产大检查和综合督查】 2017年，县安监局开展岁末年初、“五一”、安全生产特别防护期（2月至10月）和为期4个月（7月至10月）的安全生产大检查活动，采取“企业全面自查、部门专项检查、各镇属地检查、政府综合督查、县领导带队抽查”相结合的方式进行，成效明显。全县共出动检查组1536组次，检查企业3300家次，排查一般隐患5380项，整改5380项，排查重大隐患28项，整改28项；依法取缔无证经营14户，停产整顿企业15家，联合惩戒企业3家，处罚企业一批。

【安全专项整治】 2017年，县安监局组织梅林镇、华阳镇等2个镇和县交通运输、公安消防等牵头部门制定具体实施方案，扎实推进交通运输、消防治理攻坚工作。组织县安监、城综、公安、食药监分别牵头烟花爆竹经营安全、燃气安全、交通安全、食品安全专项整治，召开四大专项整治现场会，全力推进专项整治工作。深化主管行业领域专项整治。执法监管监察方面：全县立案查处安全生产违法案件63宗，同比增长18.9%。非煤矿山监管方面：发现整改隐患135处，停产（停工）整顿7家；依法新发安全生产许可证2家，换证2家；完成周江洋塘尾矿库销库治理工程。烟花爆竹监管方面：开展全覆盖专项检查和复查，发现整改隐患226处，取缔无证经营零售点32户。危险化学品监管方面：扎实推进危险化学品安全综合治理，发现整改隐患223处；新发危险化学品经营许可证3家。职业卫生监管方面：排查存在职业危害企业80家，发现整改隐患186处；新增职业病危害项目申报企业6家。工贸行业安全监管方面：对园区30家企业和建材企业5家、有限空间作业企业10家、酒类生产企业3家、黏土类砖厂51家开展专项执法检查，发现整改隐患206处。

【应急救援能力建设】 2017年，县安监局开展安全生产事故应急救援综合演练4场次；完成评审、备案工作企业18家，组织开展全县范围内重点高危行业的安全生产应急管理专项执法检查，发现整改隐患96处，行政处罚2宗。

【安全宣传教育培训】 2017年，县安监局围绕“全面落实企业安全生产主体责任”主题，精心组织形式多样的“安全生产月”宣传活动。深入开展“6·16”宣传咨询日主题活动，出动咨询人员380多人，设置咨询台18个，悬挂横幅36条，发放宣传资料1.3万余份，现场接受企业、群众咨询1300多人次，发出短信2.6万余条。成功举办镇村（居）干部安全生产全员安全监管知识培训，实现全县16个镇全覆盖，受训人数5000余人。全县累计举办各类安全生产宣传教育培训班35期，培训人员8360人次。

【队伍建设】 2017年，县安监局设立正股级五华县安全生产宣传教育中心，核定事业编制5名，全年招录公务员3名。组织全县安监人员举办各类执法监察业务专题培训4场次。充分发挥镇级（工业园区）专职安全员作用，做好“传帮带”，确保专职安全员专职专用。

（黄同文）

县安全生产监督管理局2017年度负责人名录

局　　长： 古文（任至1月）
何红球（1月任）

副 局 长： 谢如锋　曾放群
徐安优

党组成员： 温怀康（任至9月）
何元清

信　访

【简况】 2017年，县信访部门认真落实中央、省、市、县信访工作的决策部署，紧紧围绕建设“工业新城 宜居五华”工作目标，牢固树立“稳定压倒一切”思想，认真履职，广泛拓展信访渠道，扎实做好矛盾纠纷排查、初信初访办理、信访积案化解、重点人员稳控以及县领导定点接访、领导包案等工作，创建和完善一系列信访工作长效机制，实现信访秩序好转工作目标，确保全国“两会”、省党代会、香港回归20周年纪念活动、金砖国家峰会、中共十九大、第五届客商大会等特殊敏感时期全县没有发生群众大规模到市到省聚集上访和进京上访事件，确保全县全年社会秩序和谐稳定。全年群众到县上访398批806人次，与上年387批809人次相比，批数上升2.8%，人数下降0.4%；群众到市上访95批511人次，与上年60批280人次相比，批数上升58.3%，人数上升82.5%。但通过“控增减存”工作措施，群众到省上访批次人次呈大幅下降态势，到省上访36批97人次，与上年81批170人次相比，批数下降55.5%、人次下降42.9%。群众进京上访1批1人次，与上年持平。化解204宗信访案件，特别是成功化解廖某绿、沈某成、刘某永等人和金岸华府拖欠农民工工资疑难复杂信访案件，妥善处置化解13

宗意外伤亡信访案件。

【强化县领导接访下访制度】 2017年，五华县实行县领导接访下访制度，县领导轮流在县综治信访维稳中心接访群众，受理来访群众反映的诉求，并每月不少于2次到挂点镇下访约访群众，协调及时就地解决群众合理诉求，帮助群众解决生产生活实际困难，并督促检查挂点镇信访维稳工作落实情况，组织协调处理疑难复杂信访问题，确保县信访维稳工作有效落实。

【坚持排查化解社会矛盾纠纷机制】 2017年，县信访部门坚持镇每周、县每月排查社会矛盾纠纷工作机制，加强信访信息收集和研判，密切关注重点人员、重点群体串联聚集动向，及时掌握重要预警信息，全面掌控社情民意。同时对排查出来的矛盾纠纷，逐一制定化解稳控措施，落实包案领导、责任单位、责任人，确保矛盾纠纷化解在基层，消灭在萌芽状态。

【定期分析研判社会不稳定因素】 2017年，县信访部门坚持实行各镇各单位每周、县委政法委每月、县委每季度召开一次以上社会稳定分析研判会工作机制。通过分析研判，切实找出工作中的存在问题和问题存在原因，并提出指导性和可操作性对策建议，化解社会矛盾纠纷和各类不稳定因素。

【建立健全信访工作长效机制】 2017年，县信访部门进一步改进信访工作方式，建立信访矛盾排查化解和分析研判、联动化解处置信访案件、初信初访首办责任制、信访工作责任制四个工作机制，制定并下发《五华县信访矛盾排查化解和分析研判工作机制》《五华县创建化解处置信访案件联动工作机制》《五华县初信初访首办责任制实施意见》《五华县信访工作责任制实施意见》四个制度文件，推动依法及时就地解决群众反映的合理诉求，提升全县信访工作整体水平。

【开展信访积案化解和信访突出问题治理专项行动】 2017年，县信访部门扎实开展涉农、涉土地、涉劳资纠纷、涉环保、涉金融、涉房地产六大领域，以及涉军、涉原民办代课教师、涉离任村干部、涉原村级畜牧防治员四类利益群体信访突出问题的专项整治，着力化解重复集体到省进京上访问题，全面防范化解信访领域各类矛盾风险，最大限度解决信访突出问题，实现信访积案控增减存、全年到省进京上访批次人数不反弹目标。县委书记主持研判信访案件办结率90.4%，县联席办交办给各镇、县直相关单位信访案件办结率91.4%，高质量完成年度化解信访积案的工作目标。

【强化督查督办工作】 一是县五套班子领导采取不定期督查的方式，督促检查各镇各单位信访维稳工作落实情况，特别是重点人员稳控、重要信访案件的化解情况，对存在问题责令相关镇、单位限期整改；二是县委督查室、县府督办室、县委政法委和信访局开展联合督查督办，在重点节假日和特别防护期间分赴各镇各单位督查各镇各镇矛盾纠纷排查化解、重点人员稳控化解、分析研判机制等信访维稳工作落实情况。在做好督查督办工作的同时，还及时做好通报工作，全年印发11期督查通报，2期批评通报。通过督查督办，有效推动信访维稳工作的落实。

【着力推进诉访分离工作】 2017 年，五华县着力抓好诉访分离推进工作，成立县诉访分离善后衔接机制工作领导小组，制订诉访分离善后衔接机制工作方案，并于 12 月在全市率先挂牌成立访前法律工作室，着力把涉法涉诉信访事项从普通信访领域分离出来，引导涉法涉诉信访事项到政法机关和其他有权处理机关依法处理，破解诉讼与信访交织，法内处理与法外解决共存的现状，改变群众“信访不信法”、“弃法转访”、“以访压法”的错位思想和行为，推动信访工作在法治化轨道上运行开展。

（田其标）

县信访局 2017 年度负责人名录

局　长：钟彩扬

副局长：温平康　周焕光

各镇概况

潭下镇采摘鹰嘴桃

水寨镇

【简况】 水寨镇地处县城，是五华政治、经济、文化中心。总面积 99 平方公里，辖 23 个村委会、4 个居委会、450 个村民小组。2017 年年末，全镇总人口 48501 户、166088 人，耕地面积 1363.33 公顷，其中水（旱）田 1003.13 公顷，旱地 359.87 公顷，水浇地 0.33 公顷。全年全镇农村经济总收入 20.98 亿元，农村人均可支配收入 11379 元，分别比增 7 %、6.7%；镇级一般公共预算总收入 7.93 亿元，国地两税收入 1.75 亿元。

【镇域经济发展】 2017 年，水寨镇坚持实业兴镇、产业强镇，深入开展暖企服务行动，加强与辉骏科技、富胜五金等企业的沟通联系，协助企业解决融资、用工、用地等实际问题，带动小五金特色产业发展。大力发展农村特色种养殖经济，加快中洞红肉柚基地、高车蔬菜基地和莲洞、榕树等村优质稻生产基地发展，辐射带动全镇 8 个村逐步形成“一村一品”特色农业产业带。全年新增县级农业龙头企业 2 家，成立农民专业合作社 5 家，新增 6.67 公顷以上蔬菜基地 1 个。认真抓好招商引资工作，成功引进维也纳酒店和无锡智佳瑞科技有限公司，引资额达 1.8 亿元。

【重点项目建设】 2017 年，水寨镇大力加快中心城区升级改造和琴江新城建设，全年全镇完成征地 160 公顷，拆迁房屋 198 座 7.9 万平方米，迁移地坟、阴亭和金神 2800 多个，清理地面附着物一大批，为兴华高速、苍兴路、水安横街的顺利通车，客天下红色旅游产业、中国供销粤东农批、足球文化公园、滨江公园等项目的加快建设提供用地保障。

【人居环境整治】 2017 年，水寨镇扎实开展创卫、创文工作，全力抓好辖区内环境卫生整治和公益广告宣传，其中投入 60 多万元，悬挂宣传横幅 142 条、小标语 1600 条、更新或增设宣传栏 240 块，制作微信宣传 16 期、开设道德讲堂 4 次、开展各类健康宣传活动 6 次。同时，有序推进新农村建设，以创建平湖、中洞、坝心、七都 4 个新农村示范村和罗湖、大湖 2 个县级人居环境综合整治示范村为抓手，扎实开展人居环境综合整治，建立完善生活垃圾收集处理机制，基本实现生活垃圾日产日清；全面开展“三清三拆三整治”工作，全年清理卫生死角 1080 处，清理“六乱”306 宗、池塘 78 宗、污水沟 1600 多米，拆除危旧房、残垣断壁、废旧猪牛栏和老粪坑 430 宗 9430 平方米，其中，四个省定贫困村“三清三拆三整治”工作通过县考核验收。

【国土资源管理】 2017 年，水寨镇坚持规划先行，积极配合做好村庄整治规划；发放奖补资金 14 万元，完成削坡建房户改造 57

户；严格落实村建、国土干部包片巡查责任，保持对红线范围内抢建、违规占用水田建房行为严打高压态势，全年制止、拆除违章建筑63宗6870平方米，收缴建房工具一批，“三抢”现象得到有效遏制。

【生态文明建设】 2017年，水寨镇全面推行河长制，严格落实分段巡查管理制度，依法打击河道非法采沙、倾倒杂物等行为；切实加强辖区内水源保护，完成对辖区内五华河、琴江河等重点河段约25公里垃圾及漂浮物的清理整治。扎实推进星湖岭公园、蒲丽顶森林公园造林绿化工程，抚育平湖、高车、中洞、善坑和岗阳等村800公顷林地；强化森林防火巡查、野外违规用火执法及护林员管理，新建瞭望台2个、消防蓄水池5个。

【平安村居建设】 2017年，水寨镇充分发挥综治信访维稳中心和各村治保组织作用，全年受理案件55宗，办结52宗，办结率95%；化解土地纠纷等历史遗留问题8宗，对铁道兵和“未确参”退役人员的优抚问题进行过渡性安置；突出抓好中共十九大、省十二次党代会等敏感时期社会维稳工作，妥善处置“善心汇”“华夏传承”“e租宝”等非法集资机构重点人员和重要事件；狠抓“中心+网格化+信息化”建设，为黄井、大布、七都、莲洞、平湖、中洞、高车、坝心、大湖、河尾等10个村加装平安视频监控设备，配备治安防控装备。

【民生实事】 2017年，水寨镇广泛筹资1168万元，新建文化公园、文化广场14个，老人活动中心13个，实施道路硬底化、维修村道21.7公里，砌筑、疏浚三面光水圳20.3公里，村级硬件设施得到完善。扎实开展原中央苏区农村超高速无线局域网应用试点工作，向村民发放无线终端设备7440台，基本完成23个村的设备安装调试工作。

【精准扶贫】 2017年，水寨镇坚持执行扶贫工作月例会制度，严格落实“五包”责任，全年实现有劳动能力贫困户转移就业121人、为764名建档立卡贫困学子落实教育补助、完成52户危房改造任务。大力开展产业帮扶，投入990多万元，启动平湖辣木种养示范基地、中洞肉牛集中养殖基地、数码配件加工基地、坝心光伏发电站等6个帮扶项目；镇统筹2312万元购买门店24间、建设光伏发电项目和投资中洞生态农业旅游发展有限公司，促进贫困户增收脱贫。在保障2016年已脱贫的682户1634名贫困户持续提高收入的基础上，2017年实现525户1912人人均可支配收入达6883元以上，完成41%脱贫任务。

【文教卫生事业】 2017年，水寨镇加快推进教育现代化先进镇创建，罗湖、大布、员瑾、大岭、莲洞、上坝等6个村被县评为高考前二十名村居；大力开展良好村风民风孕育，举办“百名先进模范”“百个文明好家庭”、“百名好媳妇”等系列文明创建活动，大湖村登进楼创建为农村文化俱乐部。大力创建卫生强镇，水寨、大坝卫生院合并新建卫生院的建设项目有序推进，河尾、上坝、大湖、平湖、大沙、榕树、中洞、莲洞、岗阳、坝心等10个村全面完成公建民营卫生站建设，良美、黄井、坝美、七都、岗阳、坝心等6个村成功创建为省卫生村。免费孕前优生健康检查工作有序开展，组织 1218 名贫困妇女进行“两癌”免费筛查。

【安全生产】 2017 年，水寨镇全面落实安全生产“一岗双责”责任制，加强重点行业、重点领域的安全生产管理，深入开展危险化学品、燃气安全、烟花爆竹、建筑施工专项整治活动，全年排查隐患 146 宗，落实整改 122 宗，责令限期整改 24 宗。

【社会各项事业】 2017 年，水寨镇超额完成城乡居民医保缴交任务，全镇 1111 户低保五保户实现应保尽保，发放困难救助 35.3 万元。“一门式一网式”政务服务模式科学运行，年度民兵训练和征兵任务圆满完成，妇代会改建妇联、“黄标车”整治、农村土地确权登记颁证、中甲足球联赛安保等工作有效推进。奥园广场成功创建为省级食品经营食品安全示范街，农村集体聚餐食品安全管理进一步加强。

【党风廉政建设】 2017 年，水寨镇严格贯彻落实“三重一大”事项决策制度和“三会一课”制度，深入推动“两学一做”学习教育活动制度化常态化，大力开展党的十九大精神的学习宣传活动，组织各类学习累计 10500 人次、参加网络考学 3500 人次。精心组织村（居）“两委”换届选举，选举出村“两委”干部 150 人，其中村（居）支部书记、主任 28 人，一肩挑比例 85%；扎实做好机关企事业单位和“两新”党组织换届选举工作。强化党员管理，严把入党关，培训入党积极分子 54 人，发展预备党员 30 人，转正党员 34 人。创新“直联制+”工作模式，将“直联制”与日常工作有效融合，全年各驻点团队共接访群众 2 万余人次，走访 1.6 万户。深入开展改进机关作风专项整治活动，落实干部上班“亮证”工程，完善干部考勤制度，突出解决部分干部职工纪律松散、效率不高、服务态度较差等问题。强化涉农惠民资金核查，建立 23 个村微信公众平台，定期推送每月财务报表、“三资”管理等信息。组织纪委、扶贫、民政、农业等部门对各村工程招投标、精准扶贫、危房改造、低保五保、耕地地力保护补贴、生态公益林补贴等惠民政策落实情况进行核查，对不符合条件的做到应退尽退、应改尽改。加大纪律审查力度，规范建设谈话点和接访场所，落实信访工作制度，着力解决腐败易发多发领域突出问题。

（温铁皇　黄帼欢）

水寨镇 2017 年度领导名录

党委书记： 温　锋
党委副书记： 彭龙华
黄文尖
曾汉强（2 月任）
林国标（2 月任）
党委委员： 魏耿华　陈建辉
曾永红　戴　勇
朱清辉　何昭辉
林锐鑫
温铁皇（7 月任）
丘飞龙（11 月任）
人大主席： 张仲坤
人大副主席： 钟水清
镇　　长： 彭龙华（2 月任）
副 镇 长： 魏耿华　张定环
周展红　刘远新
纪委书记： 何昭辉

河 东 镇

【简况】 河东镇位于五华县中部，地处县城，总面积236平方公里。辖43个村委会、3个居委会。2017年年末，耕地总面积4870.4公顷，其中水田3361公顷，旱地1493.33公顷。全镇有25276户、150567人，其中农业人口138025人，非农业人口12542人。全年国税收入1080万元，地税收入955万元，合计2035万元。农村经济总收入14.93亿元，农村人均纯收入10483元，分别比增10%和9%。

【农业】 2017年，河东镇大力发展农村特色种养殖经济，持续巩固茶亭岗金柚基地、恒星畜牧基地、英特泰农业基地和宝瑞、黄湖等村优质稻生产基地，提高耕山致富能力；利用上级资金977.46万元，在高车塘、枫林等7个村实施国家农业综合开发高标准农田建设项目，建立2个合计53.33公顷的优质超级杂交稻高产栽培技术连片示范核心区。全年新增县级农业龙头企业1家，成立农民专业合作社3家，新增6.67公顷以上金柚种植2个、茶叶种植1个。

【基础设施建设】 2017年，河东镇扎实推进产业园区建设，河东工业区完成征地136.67公顷，完成配套园区主干道路和供水、供电、排污等基础设施。成功引进富胜数字电视、如翼实业高端五金、富鑫通精密、嘉富包装机械等12个先进装备制造项目落户。五华绿色能源科技中心和河东工业区通用厂房项目如期动工。综合服务中心（工业生态小镇）和粤台（梅州）自行车产业园建设工作有序推进。

【科教文卫事业】 2017年，河东镇有序推进十项民生实事、“六个一百”和“良好村风民风孕育”工程，通过省对镇教育创强复评验收工作，琴江中学荣获县委、县政府“高考优胜奖”，河东中学被评为“广东省校园足球推广学校”、“初中生源前五名学校”，平南中学有98名学生考入县重点线，澄塘村被县委、县政府评为高考前20名村（居）。“一村一文化广场”建设持续推进，赛洞、三田、下陶等11个村级文化广场通过县验收，苑河、化裕、林石等6个村级文化广场正在建设中。成功创建黎塘、东溪村2个综合性文化服务中心和黎塘村维芳公祠、沙渴村南山楼、万华村光耀楼等3个农村文化俱乐部，建设油田村7人制足球场。河东镇荣获五华县民间戏剧、小品演艺大赛优秀组织奖，参赛剧目《迷途》荣获优秀剧目奖，演员曾群芳荣获演员表演一等奖。大力推进全国基层中医药工作先进单位、“卫生强县”创建，县人民医院油田院区完成综合住院大楼和职工宿舍楼主体建设，27个村级卫生站完成建设，10个村级卫生站完成主体建设、正在装修，2个村级卫生站正在进行主体建设。成功创建“省卫生村”10个、“市卫生村”16个。坚持免费孕前优生健康检查，大力宣传“全面两孩”政策，办理符合“全面两孩”政策育龄夫妇登记手续2386对、完成育龄夫妇免费孕前优生健康检查436对。

【精准扶贫】 2017年，经河东镇、村和有关部门反复比对、核查，全镇有建档立卡贫困户2099户6663人。严格落实帮扶干部“五包”责任，“一户多法”开展帮扶，全面落实教育、医疗、住房、养老等保障政策，转移有劳动能力贫困户就业139人。大力开展产业帮扶，8个省定贫困村通过“合作社+农户+基地”模式，累计投入1200万元，推进高榕村莲藕种植和大棚蔬菜基地、林石村青贮饲料基地、黄坑村乡村旅游项目和高车塘村入股分红等特色帮扶项目，吸收有劳动力的贫困户到合作社进行务工。同时以“以奖代补”形式发展种养殖，结合贫困户意愿，由镇统筹帮扶资金3000多万元入股广东启辰云数据存储有限公司，每年领取分红增加收入。全年发动全镇1301户贫困户开展“以奖代补”种养项目，助力贫困户增收脱贫。预计2017年在保障2016年已脱贫的980户2461名贫困户持续提高收入的基础上，新增708户2680人人均可支配收入达到6883元以上，脱贫率40.14%。

【社会保障】 2017年，河东镇以保障困难群众基本生活需要，落实社会救助制度体系，通过开展专项行动，全镇在册低保户1247户3745人，“五保”户469人，残疾人两项补贴对象1822人，发放补贴资金44.7143万元，发放医疗救助金304.475万元。发动12.3万名群众参加城乡居民医疗保险，完成上级下达任务数103%，受理养老缴费约5200人，申领城乡居民养老保险待遇人数约1300人。大力推进农村泥砖房和危房改造工作。全年人居泥砖房改造户351户，动工兴建317户、竣工235户；2016年农村危房改造户252户，验收合格172户，取消精准扶贫户或验收不合格80户，2017年农村危房改造户152户，竣工152户，全部由县验收（其中验收合格131户，不合14户，暂缓审定5户，2户非精准扶贫户取消）。镇公共服务中心和46个村（居）公共服务站为群众代办业务22850宗。

【基层治理】 2017年，河东镇从严监管涉农领域资金和农村“三资”，提高集体“三资”运营效能。通过“三资”交易平台招投标工程项目49宗，交易金额1754万元。加大惠农资金信息公开透明力度，镇班子成员每月到村召开至少一次大会，传达上级惠农资金管理相关政策文件，集体研究决议惠农资金发放的农户名单并公示。扎实构建“中心+网格化+信息化”工作体系。投入资金213万元，将原镇政府值班室、原派出所办案区和原镇城监中队办公室整合，改建成80平方米的标准化综治信访维稳中心，安装广东省社会治安综合治理信息系统，对接三田、澄塘、下村、高榕、联岭等18个村（居）的视频监控系统。根据镇村实际，将全镇46个村（居）划分为216个网格，落实由村委干部和计育专干组成的323个网格员，以“防控违法犯罪、化解矛盾纠纷、排除公共安全隐患”为工作重点，把信息预警前移到第一线，对网格员上报的不稳定因素，及时进行研判处置。至12月底，网格员用综治e通手机进行录入上传解决网格事件370宗。投入资金约130万元，高标准推进高榕、高车塘、桂田等28个村（居）“平安村居”建设，安装视频监控摄像头236个。落实定期排查、定期研判、限期办结、领导包案、责任追究等制度，每月定期召开专题研判会，加大初信初访案件化解力度，全力维护社会稳定。全年全镇没有发生民转刑案件、无群体性事件、无非正常到省市进京越级上访案件；加大对治安案件查处力度，立治安案件58宗，办结45宗，正在调处13宗；镇信访维稳中心接待来信来访101批次，受理案件76宗，办结案件72宗，办结率94.7%以上。大力开展“打黑除恶”和“双禁双打”活动。全年派出所侦破各类刑事案件64宗，抓获犯罪嫌疑人42人，刑事拘留40人，提请逮捕35人，行政拘留56人。严格落实安全生产责任制，切实加强对建筑工地、烟花爆竹、食品安全等重点区域、重点行业的隐患排查和专项整治力度，全年未发生重大安全生产事故。

【党的建设】 一是借助多形式广泛宣传中共十九大精神，累计在圩镇主干道、文体广场、休闲公园、村委会周边悬挂十九大宣传横幅72条、向党员发放十九大宣讲提纲1000余份、制作镇机关和村（居）委专题宣传栏49块，并通过滚动播放电子标语在公共场所和重要区域大力宣传十九大内容；充分利用镇村（居）微信公众号、门户网站等新闻媒体渠道，围绕十九大核心内容制作内容精炼、通俗易懂的文章6期，以群众喜闻乐见的方式潜移默化中传递相关知识和精神力量，在全镇形成浓厚的学习氛围。二是村级换届选举圆满完成。坚持“一村一策”，严格把好选举时间关、选民资格认定关、干部素质关，在6月2日全面完成村（社区）“两委”干部选举，全镇46个村（居）均没有发生因村选问题出现的群体性事件，选民参选率99.4%；78名年满60周岁的村“两委”干部全部离任，村书记、主任实现“一肩挑”82.6%。三是严格贯彻落实“三重一大”事项决策制度和“三会一课”等制度，继续做好驻点直接联系群众工作，至12月底，各驻点团队接访群众1741人次，走访22488户。抓好三田、增塘2个软弱涣散村整顿转化，不断加强镇驻村干部管理，全面提升基层党支部的凝聚力、执行力和战斗力。四是严格落实党委主体责任和纪委监督责任，深入开展“两违”线索排查和涉农领域腐败问题专项整治活动，全年排查出问题线索55条，其中扶贫领域问题线索4条，立案8宗8人、结案8宗、党纪处分8人。

（张勇鹏　张百文）

河东镇2017年领导名录

党委书记： 魏　婷
党委副书记： 叶定思　徐伟权
邓日新（2月任）
廖建平（3月挂职）
党委委员： 张裕琴　江志彤
张赛新　宋更杰
张锦贵　谢福金
邹定芳　魏智华
刘　斌
人大主席： 张志英
人大副主席： 黄坤荣
镇　　长： 叶定思
副 镇 长： 江志彤　戴文平
胡高文　曾世田
纪委书记： 张裕琴

转 水 镇

【简况】 转水镇位于五华北部，距离县城13公里，东北与兴宁市刁坊镇、福兴镇相连，全镇总面积158.5平方公里，辖21个村委会和1个社区。2017年年末，耕地总面积2557.33公顷，其中水田1985.27公顷，旱地572.07公顷。全镇有17867户73574人，其中农业人口69931人，非农业人口3643人。全镇经济稳步增长，财政一般预算收入1.3亿多元，财政总收入3195万元，比上年增长13%。

【农业】 2017年，转水镇全力推进农村土地确权登记颁证工作，完成测量面积2466.67公顷，占比99%。进一步巩固发展奎维流塘排柚类基地、新丰寨农业基地、益塘水产养殖基地，提高耕山致富能力。持续做好每年度耕地地力保护补贴面积核实工作，对全镇1300多户补贴资金进行入户核查，未发现违规现象。大力推广早、晚两造优质杂交稻及水产养殖技术，发动群众积极参保政策性水稻保险；切实做好农作物田间管理及检疫性病虫害防控工作，累计发放红火蚁饵剂300多箱，在矮车河绿道沿线两边和三塘共40公顷地方进行统防统控，有效控制红火蚁的种群数量。

【招商引资】 2017年，转水镇深入实施“乡贤回乡投资兴业工程”，落实镇主要领导对接联系企业制度，成功引进广东汉光超

2017年12月28日，广东汉光超顺农旅园（五华黄龙基地）盛大开园

顺农业股份有限公司，在黄龙村集约土地45.33公顷，计划投资1.2亿元，已投资近3000万元，开发现代农业绿色有机果蔬基地，发展品牌果蔬种植与农业观光旅游相结合的高端现代农业示范基地。

【文化旅游】 2017年，转水镇结合精准扶贫精准脱贫“政银企农”“公司+基地+农户”模式，大力支持新丰寨旅游文化产业园发展壮大，不断优化园区硬件设施和配套升级；配合推进热矿泥景区基础设施建设升级改造，打造“山、水、泥”特色旅游品牌；同时结合新农村建设完善农村基础设施，提升卫生面貌，拆旧补绿建绿，集约土地打造特色景观带，全域发展休闲农业观光旅游带，创建人人向往的特色旅游镇。

【重点项目】 2017年，转水镇按照县委县政府的工作部署，采取有力措施，坚持“四个统一”工作原则，全程监管征地拆迁补偿

款发放，顺利推进红木二期产业园、热矿泥山庄升级改造、客天下文化旅游产业园、人武部和国防教育培训基地、公安战训基地、县垃圾减量厂、枫林塘变电站、弃土场、客天下花海租地等 9 项重点项目的征地拆迁进程。

【交通路网】 2017 年，转水镇积极争取交通部门的项目支持，多方筹集资金，积极推进辖区内省道、县道、旅游公路、桥梁和村道硬底化等建设，完成 19 公里道路扩宽改造和水泥硬底化铺设工程，黄龙桥于 5 月建成通车，进一步改善镇域交通路网，凸显区位优势。

【水利建设】 2017 年，转水镇投入 100 多万元，对青塘、新华、青西 3 个村长 9.5 公里灌溉渠道、小流域开展“三清”工程。投入 80 多万元，对五华河电排电灌站 9 宗设施设备进行加固修复，保障汛期水利基础设施的安全运行。总设计投资 1000 多万元建设镇级污水处理厂，完成厂内综合大楼装修、电器安装以及设备、电气电缆安装工作。计划投入 1280.7 万元推进村村通自来水工程，已投入建设资金 730 万元，完成管沟开挖，管道铺设和其他附属工程也在紧张有序地施工中。投入 98 万多元完成维龙村一期内涝整治工程，有效解决影响村民生产生活的内涝问题。

【新农村建设】 2017 年，转水镇大力发挥村民理事会作用，培育 3 个村民理事会，采取“以奖代补”激励方式，以保障和谐稳定为前提，做通群众思想工作，先易后难，突出重点，以推进“5+2+3”省级新农村连片示范创建工作为抓手，建设节点景观，再通过“三清三拆三整治”将节点串珠成线、线面结合，新农村成效渐显。全年清理乱搭乱建、乱堆乱放、沟渠池塘 3846 处，拆除废旧猪牛栏、露天厕所、旧危房、残垣断壁 3232 多处；共有建设项目 50 项，完工 19 项，正在建设 31 项。持续推进人居环境综合整治，按常住人口人均 7 元标准向村级发放县、镇农村生活垃圾处理费 37.6 万元；投入 17 万元购置并放置 600 个垃圾桶；推行村规民约，落实农村生活垃圾收集转运长效机制，发动群众积极缴交每月 10 元的垃圾收集费，聘请专职保洁员 68 名，在建垃圾中转站 5 个，各村基本实现日产日清。

2017 年末，省委农办主任陈祖煌（左二）调研五华县转水镇新农村连片示范建设

【绿色生态建设】 2017 年，转水镇完成森林抚育 666.67 多公顷。持续开展森林防火宣传月活动和“严防严管严打”行动，全面落实森林防火“网格化”机制；发挥综合应急队伍、护林员、镇村半专业扑火队伍作用，着重加强野外火源管理，分组巡查执罚；处罚野外违规用火案件 8 宗，罚款 3700 元，有效遏制森林火灾发生。抓实林地管理职责，制止挖山建房、破坏林地建坟行为 12 宗，处罚 7 宗，罚款 16080 元；处罚盗伐滥伐 2 宗，罚款 1100 元。协助上级完成辖区 1

万多公顷森林资源清查和“5+2+3”省级新农村示范片村道两边第一重山共533.33多公顷景观林带升级改造工程的设计和实施，全面提升绿色生态环境。

【社会治安综合治理】 2017年，转水镇结合县“十大专项整治”，依法有序开展土地“三乱”整治，严厉打击违法用地、违章建筑、非法采砂等行为，规范管理镇域资源。超额完成322户削坡建房边坡整治全年任务数，大大降低地质灾害发生的风险。打好“控违”“拆违”攻坚战，依法拆除违法占耕建房2座，复耕推填土3宗；拆除圩镇沿线铁皮瓦和帐篷3000多平方米，强制拆除违章建筑15宗约1610平方米，有效打击非法占耕和公路控制区建房行为，进一步规范农村建房秩序。建立“河长制”长效机制，规范管理河道采砂工作，发放限期通知书近300份，出动执法20多场250多人次；强制拆除非法采砂点4个，扣押非法采砂车辆5台，抓获非法采砂人员3名并移交县水政部门处理。强制调离河道内船舶17条，系固套牢有证船舶3条，确保河道安全。全面落实“一岗双责”制度，持续开展每月重大隐患上报和整改工作，联合村建办、国土所对农村建筑施工现场安全隐患进行排查整治，共排查出隐患84处，均发放整改通知书。有效回收2017年烟花爆竹零售经营点证件，下架所有产品，做好2018年烟花爆竹零售经营点定点审批工作。对全镇23家中小型企业进行不定期检查，整改安全隐患32处。对全镇建房数据进行采集和录入，已完成11752户。落实社会治安综合治理“中心+网格化+信息化”工作模式，投入28万元对综治中心进行升级改造，投入200多万元安装视频监控点156个，实现“平安村（居）”全覆盖。以落实网格化责任为着力点，接待上访群众76批次101人，受理、调处各类矛盾纠纷112宗，成功调处81宗；接收社区矫正服刑人员121人，解除社区矫正服刑人员86人，至年底，有在册服刑人员35人，落实镇域范围内精神病患监护责任人258人。协助派出所深入开展各项专项行动，查处治安案件33宗，调解民事纠纷152起，破获刑事案件32宗，有效打击“黄赌毒”等各类违法犯罪活动，社会形势总体上保持平安稳定。

【社会保障】 2017年，转水镇共有建档立卡相对贫困户1288户4023人，其中分散贫困人口861户2554人。为实现有效脱贫，镇、村大力实施“政银企农”“公司+基地+农户”等精准帮扶模式，引导100户有劳动力贫困户入股新丰寨，统筹全镇520户有劳动力分散贫困户产业帮扶资金、引导302户贫困户扶贫小额贷款资金一同入股五华县顺超农业发展有限公司进行收益分红，同时发动全镇331户贫困户开展“以奖代补”种养项目，产业帮扶正有序开展。以保障困难群众基本生活需要，不折不扣落实社会救助制度体系，通过开展专项行动，全镇共有在册低保户737户2127人，“五保”户237人，优抚定补对象317人，残疾人两项补贴对象1022人，发放补贴资金148.25万元，发放医疗救助金89.9万多元。发动群众参加城乡居民医疗保险46570人，占全年总任务78%；受理养老缴费约3000人，申领城乡居民养老保险待遇人数700多人。镇公共服务中心和22个村（居）公共服务站为群众代办业务1.12万多宗，得到群众一致好评。

【文教卫生】 2017年，转水镇有序推进十项民生实事、“六个一百”和“孕育村风民风”工程，顺利通过省对镇教育创强复评验收工作，华民中学在2016—2017年度全县初中综合排名中位列第4名。“一村一文化广场”建设持续推进，益塘、矮车、新丰3个村级文化广场通过县验收，青西、里塘、流洞、峯柯、黄梅、维龙等6个村级文化广场正在建设中。20个村的“公建民营”村卫生站和镇卫生院新综合住院大楼均已动工，镇卫生院中医馆建成，提前完成县下达的献血任务，超额完成免费孕前检查任务245例，居全县第一，为群众办理“计划生育服务证”等证件多达1095宗。完成县下达93个征兵送检任务。完成21个行政村57个自然村历史人文普查任务，镇文艺队在广东省第七届群众音乐舞蹈花会决赛中荣获铜奖，转水酒饼被列入非物质文化遗产名录，文化事业繁荣发展。

2017年11月7日，转水镇文艺队表演的《茶香中国》，获得广东省第七届群众音乐舞蹈花会铜奖

【行政效能】 2017年，转水镇按照“量入为出、收支平衡”管理原则，严格执行收支两条线和财务“一支笔”审批制度，从严贯彻落实中央八项规定和“三重一大”集体决议制度，有效控制“三公经费”，缩减行政成本。从严监管涉农领域资金和农村“三资”，提高集体“三资”运营效能，至11月份通过“三资”交易平台招投标的工程项目64宗，交易金额达2461万多元。扎实推进政务、村务和信息公开，做好村账镇代理工作，规范项目建设、资金管理和权力运行，规范办事行为，提高办事效率，维护群众利益。

（曾润标　潘炜玲　何权）

转水镇2017年度领导名录

党委书记：李文伟
党委副书记：严季岳（任至7月）
张　勇（7月任）
张思雄　黎碧尧
温扬涛（挂职）
曾利联（挂职）
党委委员：邓文斌　林冠雄
田润民
张林海（任至2月）
程东雄（2月任）
钟育钦　戴俊浩
魏明星
徐凤娇（任至9月）
朱连辉
孔章城（12月任）
人大主席：李月容
人大副主席：张晨辉
镇　　长：严季岳（任至7月）
张　勇（11月任）
常务副镇长：林冠雄
副 镇 长：陈文锋　曾远洋
徐坤华
纪委书记：邓文斌

华城镇

【简况】 华城镇地处五华县北部，是老县城，全国重点镇之一，距县城水寨27公里。全镇辖34个村3个居委会，2017年有人口13万人。总面积247.5平方公里，耕地面积2866.67公顷，山地1.6万公顷。2017年全镇实现生产总值15.77亿元，比增9%；镇级财政收入1344.7万元，比增8.5%；农村人均年收入9134元，比增4.5%。华城国地两税收入5450万元。

【镇域经济发展】 2017年，华城镇坚持以经济建设为中心，扎实推进项目建设，化解项目困难，做好项目顺利落地工作。积极做好企业服务工作，神牛摄影器材有限公司和杭萧钢构股份有限公司均实现投产。进一步优化招商环境，促进项目落地，成功引进了天庄生态农业、中草药基地、天草农业、鹰嘴桃果蔬基地和贵澳农旅，总投资约9亿元，成为精准扶贫“三变”改革的典型示范。

【重点项目建设】 2017年，华城镇扎实推进华城镇工业园规划编制、林地调整和国土报批工作，完成征地400多亩，拆迁房屋11座。通过谋划环城大道和生态经济发展线路，带动沿线路网、桥梁建设。全年完成环城大道沿江路1.8公里及状元大道近1公里道路的升级改造，完成黄埔村3.3公里状元路旅游公路建设；完成镇政府路口至205国道段长约0.7公里的圩镇道路升级改造；华西桥头至西林桥头长约1.3公里和湖田连接黄埔长约2.4公里的生态经济发展线路正在施工建设，金湖大桥拆除重建工程完成立项。依托华城镇中心镇“六个一”工程项目建设，完成前和市场、金山市场的升级改造；华城镇益塘引水工程外管铺设完成50%，水厂主体工程建设进入收尾阶段；华城镇区域性敬老院全面进场施工；华城镇中心卫生院迁建项目完成原西湖大酒店内部的全面清拆和门诊大楼加固工作，正在进行住院大楼的基建工程；新桥片区服务中心建成并投入使用。

【新农村建设】 2017年，华城镇根据新农村示范建设要求，迅速行动，通过“三大抓手”（即抓宣传造势、抓工作推动、抓示范带动）和“三清三拆三整治”去库存，以“一天一片”和“一村一点”为落脚点，整合扶贫先导资金和微小型工程资金，按照“废旧利用、不搞大拆大建”原则，强化新农村建设的规划指导，全面推进社会主义新农村建设。全镇拆除旧危房、猪舍、厕所3625间，清理巷道杂草、池塘污泥约130万平方米；其中新一、城镇、新四、南方、铁炉、观源、维西等28个村完成“一村一点”建设，6个村在建。为进一步优化城乡人居环境，根据全镇实际情况，计划建设镇级生活垃圾压缩站6个，已建成生活垃圾压缩站2个，剩余4个已完成选址、征地任务。

2017 年 5 月 31 日，县长吴晖（前排右二）到华城镇新一村调研

2017 年 8 月 31 日，梅州市副市长曾尚忠（前排左三）调研华城新农村建设

【国土资源管理】 2017 年，华城镇的国土管理工作始终保持高压态势，严格按照网格化管理原则，抓实国土巡查零报告制度，强化巡查监管，将占耕建房、未批先建等违法现象消灭在萌芽状态。全年发现违章建筑 169 宗，有效制止 150 宗，引导办理报建报批手续 19 宗。同时，扎实开展地质灾害防治工作，加强动态巡查、灾情速报和防灾减灾工作，发放地质灾害防灾责任卡和防灾避险明白卡 1800 余份，顺利完成全年削坡建房整治和农村危房改造任务。

【精准扶贫】 一是围绕省、市、县有关文件精神和工作要求，抽调专人担任 34 个贫困村的扶贫系统管理人，及时做好补录、更新精准扶贫建档立卡、“扶贫云系统”的信息录入工作，保证扶贫数据准确性、及时性，对全镇 1666 户 4997 个贫困人口的扶贫大数据实现动态管理。二是大力发展产业帮扶。河子口村淮山，高竹村莲子，塔岗村柚树、高坑茶，高华村油茶，葵富村鹰嘴桃果蔬基地，城镇村石柱塘农家乐项目，湖田村中草药育苗种植基地，华安村、新建村光伏发电项目等帮扶产业初具规模。三是落实包户责任制，全力推进“以奖代补”政策。深入农户，积极引导贫困户进行种养殖“以奖代补”项目申报，并经过公示、核查，验收通过后进行奖补。截至年底，华城镇对种养殖贫困户进行“以奖代补”补助资金约 230 万元。四是全力推进金融扶贫和小额贷款政策。发动 10 个面上村与五华县华越开发建设投资有限公司签订《投资协议书》，各村按人均 5000 元共 391.5 万元入股五华县华越开发建设投资有限公司；同时，与五华福康医院、客家村镇银行达成小额金融扶贫合作意向，发动 60 户有劳动能力的贫困户与客家村镇银行签订贷款协议（每户 5 万元），由梅县客家村镇银行向五华福康医院授信贷款 300 万元。

【文教卫生事业】 2017 年，华城镇扎实推进“一村一文化广场”建设，全镇 14 个村文化广场顺利完成建设，文体设施得到进一步提升。同时，加大教育投入，启动五华中学运动场安置区和项目建设地块征地拆迁工作，华城职校、禾岭小学征地拆迁工作顺利推进；2017 年五华中学高考再创佳绩，重点本科入围 11 人，本科入围 163 人，专科入围 1442 人；参加升中考试考上东山中学和宪梓中学重点高中的考生有 166 人，远高于县升入重点高中水平。“全面两孩”政策得到全面落实，顺利推进流动人口区域协作工作，超额完成孕前优生检查任务，计生服务管理工作得到全面提升；同时，顺利完成村级卫生站建设任务，扎实推进中医药改革工作，卫生“两基”示范镇顺利通过市级验收，成功创建市卫生村8个、省卫生村9个，创卫工作得到全面落实。

2017年10月9日，梅州市副市长陈丽霞（前排左二）调研华城中心卫生院建设

【安全生产】 2017年，华城镇严格按照“一岗双责”职责要求，在全镇各辖区实行网格化管理制度。投入近80万元的安全生产整治专项资金，对铁炉水库、观源堰塞积水等隐患点进行整治；投入安全生产专项资金8万余元用于加强安全演练、人员培训和安全知识宣传，提高全镇安全应急应对能力。全年各专项行动共出动人数96人次、车辆28架次，检查企业、商铺121家，发现问题22家，现场整改8家，发整改通知书限期整改12家，强制停业整顿2家。经复查，12家按要求完成整改。

【信访维稳】 2017年，华城镇按照“中心+网格+信息员”工作架构，加强源头治理，强化重点人员稳控、历史积案和初信初访调处，全镇信访工作平稳有序。全年镇综治信访维稳中心接待群众来信来访58批共138人次，受理各类矛盾纠纷案件64宗，结案63宗，剩余1宗案件正在调处之中；同时，顺利解决张崇盛、沈柏成等历史遗留问题，在中共十九大特别防护期，确保全镇没有发生到省进京上访事件。

【党风廉政建设】 2017年，华城镇健全“一把手负总责，分管领导各负其责，班子成员齐抓共管，纪委监督”的领导体制和工作机制，形成集体领导与个人分工负责相结合、一级抓一级、层层抓落实的良好局面，推进全镇党风廉政建设深入发展。一是加强廉政教育。组织广大党员干部认真学习贯彻中央、省、市、县有关文件精神，播放党风廉政建设电教片，用典型案例对党员干部进行廉政教育，增强党员干部遵纪守法的自觉性。二是扎实开展“涉农惠农资金自查自纠”专项整治行动，对2013年至2017年的生态公益林、低保、五保、危房改造、农村困难学生生活费补助等项目进行逐一核查，凡是出现违规情况，及时介入，及时整改。三是改进机关工作作风。由纪委、人大牵头，加大机关作风监督检查力度，严格落实干部管理制度，各办公室针对自身存在的突出问题，提出切实可行的整改方案，各服务窗口部门建立办事承诺、作风监督和作风评议制度，自觉接受群众的举报监督，营造一个良好的政府形象。

（张惠宁）

华城镇2017年度领导名录

党委书记：张晓山

党委副书记：曾　宏（2月任）

王培金　吕中华

张　勇（挂职，2月任）

党委委员： 黄伟权　池宇华
曾庆青　温捷兴
黎碧青　李小娟
李俊标　康　炜
李东升
人大主席： 叶晨曲
人大副主席： 钟志通
镇　　长： 曾　宏（2月任）
副 镇 长： 李　勇　李茂青
曾振培
纪委书记： 黄伟权

岐岭镇

【简况】 岐岭镇地处梅州市西部，五华县西北部，距县城49公里，总面积154.5平方公里，辖25个村民委员会和2个社区委员会。2017年年末，全镇有19617户、79313人，其中非农业户口16726人、农业户口62587人；山地面积1.1万公顷；耕地面积1783公顷，其中水田1515.93公顷、旱地267.07公顷。全年镇级财政收入7561.3万元；国地两税收入1883.3万元。

【农业发展】 2017年，岐岭镇6个烟区村全年种植烤烟1700多亩，烟叶产量达24.5万公斤。福悦农业发展有限公司芭蕉芋深加工种植项目深入推进，已种植芭蕉芋400多亩，该公司是年获得省SC食品认证，各类芭蕉芋深加工产品均上架销售。黄塔村又一村百香果基地有序发展，已种植百香果250多亩，极力打造成观光旅游、休闲、采摘于一体的百香果种植示范基地，发展乡村旅游。农村土地承包经营权确权登记颁证工作基本完成。

【乡镇企业】 2017年，岐岭镇镇内龙头酒企长乐烧酒业有限公司于3月在广东酒业大会上荣获国家地理标志认定和"中华老字号""广东老字号"企业称号，在社会上营造了良好的诚信氛围，提升岐岭镇镇酒类企业品牌形象。同时，其他酒类企业也不断推出新品种，研究制定营销策略，扩大销量来增加盈利，产业规模不断壮大。眉山水泥有限公司有序生产，销售市场不断扩大；新建成的年生产30万立方米搅拌站进一步扩宽销售途径，提升产品知名度。

【基础设施】 2017年，岐岭镇各村共铺筑修建道路6公里，有效解决群众出行难问题。新建文体广场3个、正在建设中的文体广场7个，进一步丰富群众业余文化生活。圩镇涝区整治、联安烟区配套工程基本完成。镇级污水处理厂、镇级垃圾中转站建设有序推进。结合中小河流域整治，切实推进岐岭圩镇南岸河堤路工程，现基本完成清障工作，为接下来的进场施工奠定基础。

2017 年 12 月 3 日，县长吴晖（正中）率队到岐岭镇调研 （张想 摄）

【新农村建设】 2017 年，岐岭镇全域推进农村人居环境综合整治，完成 35%自然村整治任务，定期开展城乡环境整治行动，建立“户集村收，村运镇处理”的卫生处理模式，引导群众转变不良习惯，提升环境卫生清洁意识，营造全民参与人居环境创建的良好氛围。同时，大力开展“三清三拆三整治”行动。广泛动员群众，多措并举全面提升工作水平，巩固开展成效。全年清理乱搭乱建 88 处 1856 平方米，拆除村道沿线残垣断壁、废旧房屋 522 余处、8.26 万多平方米，清理河道 2500 多米，卫生死角 2000 余处，清理村巷道乱堆乱放杂物 240 余处。新农村示范点建设卓有成效，5 个省定贫困村项目建设有序推进；荷梅村河堤路、华源村烟区新农村等美丽乡村示范建设成效凸显。

【文教卫生】 2017 年，岐岭镇扎实推进“普九”“普高”工作，顺利通过省对镇教育创强复评验收工作，不断优化教育资源，不断提升教学质量，严抓校园安全，特别是加强学校火灾隐患排查等工作。高考方面，本科线入围人数 8 人，省三 A 线入围 166 人，完成县下达任务数 353.2%；中考方面，考上东中、宪中线以上有 22 人，水中线以上有 59 人，其中最高分 936.5 分。结合创建“广东省卫生强县”契机，主动作为，全力以赴做好创建卫生强镇的各项工作，全年完成改建卫生站 5 个，新建卫生站完成主体建设 14 个。启动岐岭卫生院升级改造项目，总投入 130 多万元新建一栋医技综合大楼，完善现代化医疗硬件配备，完成前期准备工作。

【生态环境】 2017 年，岐岭镇进一步强化森林防火的预防、管护及责任落实，不断加大森林防火工作的经费投入，投入 50 多万对全镇沿高速山林清割防火带和购置一批防火设备。切实做好生态公益林管理工作，完成碳汇造林 666.67 公顷；组织镇村干部及群众义务植树 2 万株。同时严查野外用火行为，提升山火防控能力，较好地保护全镇森林资源。

【精准扶贫】 2017 年，岐岭镇加快扶贫项目实施，强化扶贫资金监管，进一步夯实工作责任落实。全镇 998 户精准扶贫户逐一落实帮扶责任人，使精准脱贫取得实效。全面落实扶贫工作例会，着重抓好产业帮扶、农村“三变”、就业帮扶和“三保障”兜底帮扶，黄塔村百香果种植基地；黄福村南薯种植基地；皇华、荣贵光伏发电项目等一批帮扶项目有效实施。结合“一村一品”因地制宜、因贫施策，大力发展特色优势产业项目。投入资金 580 多万元发动 563 户贫困户种植近 1.3 万株沙田柚苗，发动 687 户贫困户实施养殖猪、鸡、牛、羊等项目。全面完成 2017 年年底贫困人口 70%以上实现脱贫任务。

【民生保障】 2017 年，岐岭镇大力实施“双提双带”工程，培训各类劳动力 1043 人（次）以上，转移就业 1471 人（次）以上。积极开展低保五保清理核查工作，全年清退不符合条件低保户 54 户、177 人；低保合格率排全县前列，全面实现“应保尽保，应退尽退”动态管理，全镇共有在册低保户 754 户 2484 人，“五保”户 321 人，优抚定补对象 431 户，残疾人两项补贴对象 856 人，发放补贴资金 230 多万元，发放医疗救助金 65.7 万多元。完成 55 户农村危房改造。发动群众参加城乡居民医疗保险 59419 人；受理养老缴费约 1861 人，申领城乡居民养老保险待遇人数 528 人。

【平安创建】 2017 年，岐岭镇全面开展“一村（社区）一法律顾问”工作，为符合条件的困难群众提供法律援助。积极开展平安村居创建工作，完成龙岭、礤下等 9 个村的创建平安村居工作。切实落实综治信访“一岗双责”和领导包案制度。全年受理各种纠纷案件 65 件，调处 52 件；网上信访受理 42 件，办结 42 件，按时办结率 100%。严格落实安全生产“一岗双责”制，针对安全生产工作季节性特点，每月定期组织开展对企业、烟花爆竹、消防、交通、食品等安全检查，对存在安全隐患的企业发放整改通知书，要求其按时、按质整改完毕。同时结合上级部署要求，严厉打击安全生产领域非法违法行为，保护群众生命财产安全，全年未发生重大安全生产事故。

【社会治理】 2017 年，岐岭镇以县基层治理“十项重点工作”和县“十大专项整治”工作为抓手，规范城乡建管秩序，提升治理水平。基层治理成效显著，良好村风民风孕育工程和平安社会工程创建工作取得实效；涉农领域腐败问题专项治理工程和惠农资金信息公开深入开展；镇村两级公共服务中心平台运转正常，得到群众一致好评。切实推进农村人居环境、全面消灭人居泥砖房等“十大专项整治”工作，全年完成削坡建房整治 299 户；完成人居泥砖房改造 50 户；涉农涉建专项整治行动深入推进，纠正追缴涉农涉建资金 14 多万元。

【驻点联系】 2017 年，岐岭镇创新工作方法，强化驻点干部管理，采取“定期检查、随机抽查”方式，按照“五定五联五保障”工作要求，实行网格化包户管理，助推驻点联系工作取得成效，解决好联系服务群众“最后一公里”问题。全年组织干部职工走访群众 12980 户，走访率 108.7%，召开各类座谈会 90 次，有效解决群众诉求 167 多条。

（张　想　钟婷裕）

岐岭镇 2017 年度领导名录

党委书记： 张汉章（任至 7 月）
严季岳（7 月任）
党委副书记： 张景山　翁颖明　刘志标
党委委员： 邓　讯
钟耀荣（任至 3 月）
张雄光　孔荣
张子建（12 月任）
魏青山　钟奇云
曾益锋
刘宝雄（任至 12 月）
张宏娟（任至 12 月）
张小娟（12 月任）
人大主席： 梁桂华

人大副主席：邓玉先
镇　　长：张景山
副 镇 长：钟耀荣（任至3月）
张　燎
张子建（任至12月）
刘宝雄（12月任）
钟录梅
孔　荣（12月任）
纪委书记：邓　讯（任至12月）
张子建（12月任）

潭下镇

【简况】 潭下镇地处五华县西北部，距县城35公里，总面积260.8平方公里。辖20个村委会、1个居委会。2017年年末，全镇总人口63515人，有耕地面积1496.60公顷，其中水田1367.33公顷，年总产2万吨以上，素有“五华粮仓”之美誉；山地面积2.07万公顷，占全县山地面积的十分之一，森林资源丰富，森林覆盖率75%。2017年全镇实现生产总值8.74亿元，比上年增长10%；财政预算收入2436万元，其中：国、地两税本级地方预算税收收入共200万元，比上年增长5%；农村居民人均收入9974.8元，比上年增长10%。

【基层治理工作】 2017年，潭下镇全面落实岗位责任，全面推进依法治镇，全力推进基层综合治理进程，齐心协力共同构建和谐稳定的社会环境，为加快振兴发展营造良好的氛围。一是强化基层治理工作。强化镇级服务中心和21个村（居）公共服务站各项日常工作落实，充实人力，分类实施，举办各种业务培训，提高工作人员的服务水平。认真执行普遍直接联系群众制度，坚持每周二到驻点村约访、走访群众。镇两级便民服务网络累计为群众办理事项8300余件，惠及群众1.2万多人次；直联制共接访、走访、约访群众4623人（次），收集各类意见建议265条，帮助群众化解山林、土地和农村资产等矛盾纠纷213件，全镇共12742户已入户走访12742户，入户达100%。同时，解决民生问题23个，累计投入资金600多万元。严格落实锡坪村软弱涣散党支部整顿工作，按照上级整顿要求，圆满完成整顿任务。二是严抓安全生产工作。全面落实“党政同责、一岗双责、失职追责”安全生产责任制。加强重点行业、重点领域的日常监管和长效治理，特别是加强对石场、非煤矿山、公共场所安全的巡查监管，定期联合各部门开展各行各业的安全隐患和消防安全排查，共排查出安全隐患30宗，并限时整改，现全部整改完成，确保人民群众生命财产安全。有效回收2017年烟花爆竹零售经营点证件，下架所有产品，做好2018年烟花爆竹零售经营点定点审批工作。2017年潭下镇在五华县乡镇工作综合测评中安全生产工作获得全县第一名。三是全力维护社会稳定。完成

9 个村“平安村居”创建工作，安装视频监控 72 个，加强社会治安综合治理，各村成立联防队，并配备衣服、警棍、摩托车等相应设备。落实社会治安综合治理“中心+网格化+信息化”工作模式，对综治中心进行升级改造。2017 年在五华县乡镇工作综合测评中综治信访维稳工作获得全县优秀称号。

【农业发展】 2017 年，潭下镇因地制宜发展特色产业，不断壮大镇域经济。一是发展鹰嘴桃特色农业产业。全年新扩大种植面积 500 多亩，全镇种植面积 1000 多亩。逐步建成集观光旅游、休闲娱乐、“三月赏花、七月品桃”的特色农业产业链。二是大力发展红薯产业。2017 年在光华、锡坪、金石、布坪、大玉、文里等村种植红薯 500 多亩，产量达 100 万公斤。三是发展无花果种植。品畲村、柏洋村与优秀农业企业、电商企业签订合作协议，试种 30 多亩无花果，效益明显，并鼓励锡坪等村种植无花果，到 2018 年全镇无花果种植面积达 13.33 公顷以上。四是大力发展薯米产业。全年生产薯米 25 万公斤，通过电商企业线上销售，市场前景好。同时，大力推行“互联网+农业”特色发展模式，带领全镇人民脱贫致富，把潭下镇打造成为农业经济发展特色镇。

【新农村建设】 2017 年，潭下镇围绕“农业强、农民富、农村美”目标，重点抓好 5 个省定贫困村社会主义新农村示范村创建，坚持“五抓”来推进新农村建设。即是抓规划引领、抓宣传引导、抓整治推进、抓产业带动、抓制度保障推进新农村建设工作。一是加强国土资源管理。加强用地报批，严厉打击乱占耕地建房等违规用地行为，进一步规范农村建房管理。做好地质灾害防范工作，加强削坡建房专项整治，引导转变群众削坡建房劣习，全面规范农村建房秩序，逐步实现既有新房又有新村。全年完成削坡建房整治 889 户。二是抓好农村人居环境综合整治工作。以加强生态保护和环境卫生整治与健全生态保护和环境卫生长效机制为突破口，落实镇卫生村创建奖惩机制，加大环境卫生整治力度，实施以改路、改水、改厕、改造危房和美化为主的“四改一美化”行动。持续抓好各村生活垃圾处理，实现 21 个村（居）整治全覆盖，发动群众积极缴交每月 10 元的垃圾收集费，聘请专职保洁员 106 名，投入 30 万元购置并放置 1000 多个垃圾桶，各村生活垃圾实现日产日清。三是提升“五村联动桃花源”示范片区建设。依靠鹰嘴桃特色产业的发展和挖掘五村的民俗文化、生态环境、客家美食、民俗风情、民间艺术等资源，发展文化娱乐和乡村旅游为一体的特色美丽乡村。3 月 25 日，成功举办第二届五华县“向春天出发，走进桃花源”乡村旅游桃花节，吸引上万游客。四是强力推进“三清三拆三整治”工作。强力推进“三清三拆”工作。大力发挥村民理事会的作用，20 个村培育 127 多个村民理事会，采取“以奖代补”激励方式，以保障和谐稳定为前提，做通群众思想工作，先易后难，突出重点，全面完成新田、模石、布坪、大玉、品畲“三清三拆三整治”任务，全面启动省定贫困村社会主义新农村示范村创建。清理乱搭乱建、乱堆乱放、沟渠池塘 480 多处近 20845 平方米，拆除废旧猪牛栏、露天厕所、旧危房、残垣断壁 580 多处；共有建设项目 23 项，完工 18 项，正在建设 5 项。五是不断完善公共服务设施建设。推进“一村一文化广场”建设，全年完成9个村的文化广场建设；结合中小河流治理工作，建设一批高标准小公园、小广场，实现“一村一景、一村一韵”，确保21个村（居）“美丽乡村”创建工作达到全覆盖。六是培育乡风民风。在金石、柏洋等村开展“先进模范、文明家庭、好媳妇”评选活动，大力宣传社会主义核心价值观，孕育良好的乡风民风。七是林业生态建设深入推进。坚持绿色发展，牢固树立“绿水青山就是金山银山”理念，坚持保护、修复与建设并举，厚植绿色生态优势。全年组织镇村干部开展植树活动，完成森林抚育1200公顷。持续开展森林防火宣传月活动和“严防严管严打”行动，全面落实森林防火“网格化”机制；发挥护林员、镇村半专业扑火队伍、村级信息员作用，着重加强野外火源管理，分组巡查执罚，有效遏制森林火灾的发生。并抓实林地管理职责，制止挖山建房、破坏林地建坟行为4宗，处罚4宗，罚款3000元；处罚盗伐滥伐3宗，罚款2300元。同时，大力发展林下经济，引导种植经济林木，作好耕山致富文章，实现经济效益与生态效益的“双赢”。

【精准扶贫】 2017年，潭下镇有相对贫困户924户，贫困人口3021人。潭下镇创造性开展“四抓四促”的工作方法，即抓动员培训促工作落实、抓宣传发动促氛围浓厚、抓人力物力促措施得力、抓督查公开促精准识贫。精心统筹各级资源，切实推进全镇5个省定贫困村和15个分散贫困村的精准扶贫工作。创新“互联网+扶贫”模式助推农业产业发展。与梅州市电子商务协会签订电商扶贫战略合作协议，与多家优秀电商企业签订购销合作协议，以电子商务为着力点，大力发展扶贫产业鹰嘴桃、红薯、无花果、薏米等。同时，成立潭下镇电商创业孵化基地，整合优质资源，帮扶困难群众，精准创业就业；举办扶贫开发“每月一节课”免费培训讲堂，邀请专家教授免费为贫困户和广大群众讲授农业种植、电商培训等知识。同时，在大玉、品畲村试点发展光伏产业，增加贫困户的经济收入。坚持多方监管，确保扶贫资金合规使用。采取村委会、帮扶单位、镇驻点团队、镇人民政府多方监督管理扶贫资金的方式，从规划立项到资金申请、资金使用等方面，层层严格审批把关，确保扶贫资金落到实处、精准合规使用。2017年，全镇相对贫困户645户2117人实现稳定脱贫，完成70%贫困人口脱贫目标，在五华县乡镇工作综合测评中精准扶贫工作获得全县第一名。

【社会事业工作】 2017年，潭下镇坚持“共享发展”理念，以保障和改善民生为着力点，把改善民生福祉、提高群众幸福指数作为出发点和落脚点，建立完善民生保障体制，提高基本公共服务均等化水平，让广大群众共享发展成果。一是重点项目建设有序推进。污水处理厂主体建设工程完成；移民新村（一期）规模化试点工程完成建设任务并投入使用；完成文里、品畲村垃圾中转站主体工程建设；黄沙坑饮水工程完成征地工作、工程招投标。二是各项事业持续发展。交通基础设施建设不断完善，完成25公里的道路扩宽改造和水泥硬底化铺设工程，光华车上桥建成通车，模石桥、品畲桥于11月动工建设。水利电力信息建设不断提升，结合县统筹推进全县高标准农田改造建设工程，推进全镇高标准农田改造建设20个村全覆盖。完成潭下河、新布河等共 27 公里中小河流域治理水利项目工程建设，继续完善中小型水库除险加固、中小型灌区配套改造等建设工程。实施电网升级改造工程和信息基础设施建设三年行动计划。以创强复评验收为契机，努力改善办学条件，加强教师队伍建设，放大“教育创强”效应，发挥“镇教育发展基金”作用，激活社会力量支持参与教育事业，打造特色教育品牌。2017 年 8 月成功举办第二届潭下镇教育基金会奖教奖学发放仪式，奖励潭下镇 230 多名优秀师生。镇级教育基金突破 200 万元，各村相应成立村级教育基金会。同时，顺利通过省教育创强复评检查。新建潭下镇卫生院医技楼，并投入使用，完成 18 个村卫生站公建民营规范化建设，积极做好新时期计划生育工作和做好无偿献血工作。三是社会保障工作新突破。以保障困难群众基本生活需要，不折不扣落实社会救助制度体系，加强低保、五保、残疾人员的核查核定和基本生活保障工作，投入 30 多万元建设残疾人康园中心，并按照省、市、县的工作要求，依法依规抓好安居工程和殡葬改革工作。同时，大力做好退役军人服务工作。发动群众参加城乡居民医疗保险 4.9 万多人，100%完成全年任务；受理养老缴费约 562 人，申领城乡居民养老保险待遇人数 700 多人，积极做好城乡居民基本养老保险待遇领取资格采集工作。积极开展文化下乡、送戏下乡活动，多方筹集资金在锡坪村建设文化俱乐部，促进群众文化繁荣发展。同时，不断加强征兵、档案、妇女儿童、团委、应急、老年人等工作，统筹协调社会各项事业全面发展。

（李广优　李达方）

潭下镇 2017 年度领导名录

党委书记：李杜强
副 书 记：翁俊峰　刘汉灵　李美华
党委委员：陈国平　李常青　吴恺平　张文明　邓丽琼　翁近明　张育柱
人大主席：温智坚
人大副主席：钟宪华
镇　　长：翁俊峰
副 镇 长：李常青　罗胜东　刘新良
纪委书记：陈国平

长布镇

【简况】 长布镇地处五华县西北部，距离县城 65 公里，总面积 284.1 平方公里，辖 25 个村委会、276 个村民小组和 2 个居委会。2017 年年末，全镇有耕地面积 2267.13 公顷，其中水（旱）田 1793.13 公顷，旱地 473.53 公顷，有 13426 户、77942 人，其中农业人口 74308 人。全年镇级财政收入 4260 万元；农村人均纯收入 7613 元，比上年增长 5.8%。

【农业】 2017 年，该镇在太平村、横江村、源潭村、长生村种植烤烟 57.27 公顷、亩产 145 公斤，收购烟叶 120.26 吨，总产值达 324.7 万元。果合柿种植面积持续扩大，全镇果合柿种植面积 566.67 公顷。大田柿子产量比上年增加 30%。

【基础设施建设】 一是交通基础设施建设。投入 220 万元升级改造长布圩镇街道约 276.5 米道路，扩建 300 米人行街道，安装 20 盏高 10 米路灯，并修复完善约 553 米的 1 米×1 米排污水渠道；争取上级资金累计 200 万元升级改造大田圩镇街道约 1.5 公里，扩建人行街道 800 多米，安装 40 盏路灯；多方筹资近 510 万元，完成蓝塘、长生、太平、青岗、大径、大坑等 13 个村近 20 公里的村道硬底化工程，并升级改造部分破损镇域道路，同时，投入 170 多万元新建或加固石础、金华、红旗、北洋等 7 个村的桥梁建设，切实改善群众通行条件；投入 90 万元实施村道亮化工程，安装及维护长安、栋岭、横江、梅塘、嶂下、五彩等 10 个村 634 盏路灯。二是水利基础设施建设。投入资金 110 万元，维修改造蓝塘、红旗、长安、北洋、横江、大客、大坑、五彩、福兴等村的水圳、水陂，新增有效灌溉面积 80 公顷，改善灌溉面积近 2500 亩。大田片、蒲江片"村村通"自来水工程完成土建工程，铺设管道工程不断加快。落实绿色发展理念，全面推行"河长制"工作，完善水治理体系，落实镇级河长 18 名、村级河长 25 名，严禁电鱼毒鱼，严厉打击破坏、污染水环境行为，切实改善镇域河流水资源环境。有长布河、大田河、栋新河 3 段河流流经镇内，大田河治理工程基本完成；周江河（长布镇段）治理工程基本完成水下土建工程，绿化和生态工程稳步推进；栋新河治理工程完成招投标工作。

【社会治安综合治理】 2017 年，长布镇建立健全党政领导接访（研判）日制度和领导挂点包村、包案责任制和领导下访、约访等制度，认真做好矛盾纠纷化解，做好涉军上访人员稳控和群众上访工作，加强精神障碍患者排查管控。同时，严格按照县委、县政府工作要求，以综治信访维稳中心目标管理和综治网格化管理省市级试点工作为契机，完成 13 个"平安村居"创建，配合做好 9 月 22 日全县"中心+网格化+信息化"现场会召开工作；加强跨区域"联防联治"，加强与周边乡镇和紫金、龙川县沟通联系，协助派出所与之建立警情通报制度和联合打击机制，对利用"边境"作案违法犯罪活动进行有力打击，完成中共十九大、全国"两会"期间等重大安保维稳任务，社会总体形势平安稳定。全年受理信访案件 72 宗、办结 51 宗，调处成功率 70%，化解重大案件 1 宗。

【民生发展】 一是精准扶贫深入推进。完善扶贫工作例会制度和"以奖代补"机制，完善扶贫云信息系统录入和一户一档档案资料查缺补漏工作，全面规范扶贫资金监督管理使用，着重抓好产业帮扶、资产收益脱贫、农村"三变"、金融扶贫、就业帮扶和"三保障"兜底帮扶，大田柿花种植、梅塘辉华农业有限公司柚子种植、广东汉光超顺现代农旅园、梅州达济生态农业发展有限公司达济生态鸡、微小型公益性生产项目等一批帮扶项目有效实施，全镇累计统筹帮扶资金700多万元，切实提高贫困家庭收入并增加村集体经济收入，完成2017年度70%相对贫困人口脱贫任务。二是民生状况不断改善。城乡居民基本养老保险基础养老金、城乡居民基本医疗保险、低保人均补差、困难残疾人生活补贴等7项补助标准不断提高。培训各类劳动力800多人，转移就业720多人，新增城镇就业人员253人，城镇失业人员再就业230人。累计投入资金80万元完成长安、粘坑、青岗、福兴等4个村生活垃圾中转站和源潭村镇级生活污水处理厂的规划选址、“三通一平”工作。全力加快推进红旗、长生、长安“三村联动”和青岗、中心、福兴村“美丽乡村示范点”建设，以点带面推动美丽乡村建设工作。

（万嘉奇　张怡龙　张华宁　廖璇）

长布镇2017年度领导名录

党委书记： 曾繁展
党委副书记： 陈思德（11月任）
邱明峰（任至11月）
张善初　吴振乐
党委委员： 李桂宗　李坤源
黄小勤　赖伟国
万新文　张立云
张海军
陈展芳（任至8月）
罗善文
曾丽婵（11月任）
人大主席： 张春祥
人大副主席： 张旭华
镇　　长： 陈思德（11月任）
邱明峰（任至11月）
副 镇 长： 李坤源　徐捷礼
戴荣忠　曾国军
纪委书记： 李桂宗

周 江 镇

【简况】 周江镇位于五华县西南部，距离县城38公里，总面积199.4平方公里，其中山地面积1613.33公顷，耕地面积2033.33公顷。全镇下辖22个村委会（新良、甘茶、冰坎、早成、龙堵、狮潭、兰鱼、溪口、黄布、黄华、蓝坑、联太、良宁、崀头、桂子、红源、中兴、龙洞、三河、利河、增洞、利洋）和2个居委会（周江居委、中兴居委）。2017年年末，全镇有13097户、64144人，其中农业人口61511人，非农业人口2633人。全镇农村经济总收入4.21亿元；镇级财政收入2035万元；农村居民年人均收入6563.35元。

【经济发展】 2017年，周江镇全力促进农民增收，发展高效农业。全镇粮食产量1.85万吨，种植烤烟51公顷，收购烟叶11.15万公斤。大力发展精致高效农业，进一步擦亮

“周江百香果”“周江鹰嘴桃”品牌。加大茶叶种植面积，积极引进外出乡贤返乡创业办茶叶基地，实行“公司+基地+农户”模式，组织成立“茶叶种植合作社”，采取统一开发、集中管理、分散种植方式，在联太、红源等地带领农民种植茶叶30.53公顷。大力实施“乡贤回乡投资兴业工程”，全年完成招商引资1.5亿元。

【基础设施建设】 2017年，华周公路周江境内路基桥涵全面完成，积极谋划加油站、道班、苗圃场等配套设施建设，加快水泥路面铺设进度。稳步推进周江境内4宗中小河流治理工作，周江河下段、中兴河段基本完工，周江河圩镇段完成工程量约90%、周江河新良村段完成工程量约80%。加快推进“村村通”自来水土建、管道铺设、净化设备安装等工程，扎实推进镇级污水处理厂建设。狮潭（周江）110千伏变电站完成主体建设、装机和线路铺设等工程，顺利运行正常供电。

2017年12月6日，县长吴晖（右二）到华周公路周江段调研（周炎君 摄）

周江镇冰坎中小河流治理现场

【生态环境建设】 2017年，周江镇坚持践行《关于农村人居环境综合整治建设美丽乡村三年行动计划》及13个配套方案，充分发挥镇村干部带头示范作用，坚持每周五进行全镇宽领域无盲区卫生整治行动，巩固人居环境综合整治成效。不断完善各村（社区）生活垃圾整治硬件设施，投入500多万元完成兰鱼垃圾填埋场进场道路及拦污坝和污水处理池建设，完成4个垃圾中转站的规划选址和“三通一平”工作并进场施工；投入60多万元完成周江、中兴圩镇“六乱”整治工作，投入20多万元建设周江肉菜市场，有序引导马路摊贩分流，彻底改变圩镇“脏、乱、差”现象。投入25万元制作人居环境宣传环保杯，结合驻点联系工作入户做好环境卫生宣传，提升群众自觉保护环境的意识。认真落实“河长制”工作，加强中小河流及山洪沟治理、河道巡查，积极发动群众参与清理河道淤泥、漂浮物和障碍物，消减历史存量垃圾，改变垃圾入河陋习，源头治理河道综合环境。全面掀起“三清三拆三整治”热潮，为新农村建设打下坚实基础，累计拆除危旧房或破旧“三舍”1800

2017年12月6日，县长吴晖（前排左二）到周江镇黄布村调研“三清三拆三整治”工作（郭重佐 摄）

多座，总占地面积为 13 万平方米，为新农村建设腾出空间、积蓄后劲。

【精准扶贫】 2017 年，为全面贯彻落实省主要领导要求建立贫困人口大数据库的重要讲话精神，周江镇加强建设完善贫困人口数据库创建工作，对每个有分散贫困户的村配备一名年轻镇干部定期开展信息录入工作的培训；积极举办精准扶贫户职业技能培训会，全年培训 150 多人次；根据分散贫困户基本意愿和本地实际，对分散贫困户进行种、养项目帮扶。通过购买农药、化肥、鸡苗、鸭苗、猪苗、羊种、牛种等生产资料，助推分散贫困户现有产业持续发展，实现产业脱贫；在贫困户自愿的基础上，以彩云百香果专业合作社为依托，与贫困户签订入股协议，明确双方权利与义务，以分红形式直接帮扶贫困户 36 户 150 人；根据相关扶贫政策，大力推行小额信贷工作， 充分尊重群众意愿，由五华县农信社与贫困户签订相关协议，通过统筹安排部分资金作为扶贫小额信贷风险担保金和贴息资金，全镇建档立卡贫困户签约 26 户，贷款发放金额 18.9 万元；对全镇在五华境内就读的高中、职中及义务教育学生共 413 名落实教育帮扶政策，县财政局发放教育帮扶资金约 150 万元。

【森林管护】 2017 年，周江镇以“一消灭三改造”为重点，全面推进森林碳汇基础工程建设，全年完成示范点碳汇造林 73.33 公顷。加强护林防火宣传，印制 1 万多份宣传资料发至每家每户，在全镇中小学开展护林防火知识讲座；严格落实森林防火“网格化”管理要求，明确责任区范围，镇与村、村与户签订责任书（承诺书），全面落实森林防火责任。强化应急管理队伍建设，组建综合执法队提升应急机动能力，狠抓野外火源管理，处罚野外违规用火 49 起，起到处罚一起教育一片震慑作用。进一步完善硬件建设，投入 20 万元购置镇村扑火队员服装、宣传喇叭、扑火水枪、扑火把、胶桶等设施装备，森林管护能力不断增强。

【文教卫生】 2017 年，周江镇扎实开展卫生创强工作，进一步充实周江、中兴卫生院医疗设备器械，改善就医环境，提高急诊急救应急水平。多方筹资完成 21 个村级卫生站建设，农村医疗卫生服务水平获得质的飞跃。完善计划生育常态化管理机制，依法做好生育登记、强化服务关怀，扎实推进优生优育、优生健康等科普知识宣传咨询和孕前优生健康检查工作，认真做好城乡贫困妇女“两癌”免费筛查工作，为 149 名妇女进行“两癌”免费筛查。积极响应并发动献血，全年有 95 人参与献血，超额完成县下达任务。“一村一文化广场”建设工作扎实推进，自然村落历史人文普查工作按时完成。重视教育基金筹措工作，共筹集教育基金 105 万元，得到县委、县政府充分肯定，同时加大奖教奖学力度，举行汉满爱心基金教育奖学金颁奖会和缪培基教育基金颁奖会，学校教育教学质量稳步提升。

【民生保障】 一是率先完成村选工作。通过实施“123”工程，着力夯实村选基础；通过狠抓村选程序和责任落实，依法依规推进村级换届选举工作，率先在全县稳妥圆满完成 24 个村（居）选举工作。换届后村“两委”班子年龄结构更合理、文化水平更高，为全镇经济社会发展提供坚实的组织保障。

二是基层治理进一步加强。加快推进基层人才培养发展工作，全年高质量发展党员16人。加强人才服务保障，激发干部工作积极性和致富带头人创新创业活力。结合“直联制”工作，扎实开展基层治理十项工作任务，全年镇村干部走访群众33402人次、解决群众反映问题230项次。进一步加强社会治理服务平台建设，完善“一村（社区）一法律顾问”机制，不断加强群众的法治意识。三是综治维稳进一步巩固。积极排查和化解社会矛盾纠纷，以内紧外松态势做好十九大前后信访维稳工作。深入推进综治维稳网格化管理，注重运用法治思维和方式，加强对土地、山林、资源开采等方面矛盾纠纷的专项治理，有效解决影响稳定的突出问题，成功化解3宗信访积案和56宗初信初访案件。进一步健全完善社会治理服务工作机制，完成12个“平安村居”和“群防群治”服务队创建，全年组织平安法治创建宣传活动6场，有力维护全镇和谐稳定。四是应急处置能力进一步提高。加强民兵应急专业队伍应急演练，不断提高队伍应急救急能力。顺利完成夏秋季征兵任务。建立健全森林防火、三防抢险、突发事件等相关应急处理方案，层层传递、压实责任，全面增强应急指挥、管理、预警监测能力。五是狠抓安全生产不放松。坚持“安全第一、预防为主、综合治理”方针，全面推进安全生产网格化管理，认真落实非煤矿山、建筑工地、校园、交通、消防和危险化学品、企业特种设备、食品药品等重点行业领域的监督管理，坚持采取“回头看”措施，定期与不定期结合深入排查整治安全生产隐患，投入20万元对重点安全隐患进行大力整治，全年未发生重特大安全事故。深入抓好地质灾害专项整治工作，完成联太村石角塘、利河村棉塘尾、桂子村消角塘等山塘的除险工程，全面完成洋塘尾矿库消库治理工程并顺利通过验收。

【党的建设】 一是“两学一做”学习教育实现常态化制度化。按照县委部署要求，坚持开展征文、考学、专题讨论、讲党课、党员组织关系排查等系列活动，认真做好党费收缴专项清查工作，做到学习教育与推进中心工作、加强基层治理、改进机关作风、规范党员管理相结合，实现学习教育常态化制度化开展。二是正风肃纪工作不断加强。深入开展“两违”线索排查，加强涉农惠农资金监管，推进审计工作全覆盖，大力整治不作为、慢作为、乱作为、“中梗阻”等问题以及损害群众利益的不正之风。全年排查涉及农村干部违纪违法、损害群众利益问题线索26条，镇纪委查处4人，收缴涉农资金20.6万元。三是干部队伍管理进一步规范。严格落实中央八项规定精神，落实“党内两项法规”，制订完善机关干部上下班制度，加强对党员干部“八小时以外”管理，加大镇村干部培训力度，积极抓好软弱涣散党组织排查整顿工作，干部作风明显好转，进一步营造风清气正干事创业氛围。

（李林茂）

周江镇2017年度领导名录

党委书记：吴浪标

党委副书记：刘翠玉（9月任）
古文柳（任至9月）
李力文　谢如旺

党委委员：古惠雄
廖航如（9月任）
翁强民　缪翠兰

黄国忠　汤燕雄
沈叶翠（9月任）
李国山　（任至7月）
程东雄　（任至2月）
人大主席：曾志雄
人大副主席：李国平
镇　　长：刘翠玉（9月任）
古文柳　（任至9月）
常务副镇长：廖航如（9月任）
李国山（任至7月）
副 镇 长：廖航如　薛　威
李伟生（9月任）
纪委书记：古惠雄

横 陂 镇

【简况】 横陂镇位于五华县城西南8公里，总面积236平方公里，辖35个村委会、3个居委会、569个村民小组。2017年年末，全镇有总人口27434户、116507人。有耕地面积3260.6公顷，其中水田2298.47公顷，旱地931.33公顷，水浇地30.8公顷。全镇农村经济总收入10.84亿元，同比增长9.0%；农村人均收入10046元，同比增长7.5%。

【农业生产】 2017年，横陂镇认真抓好农田标准化建设，不断加强农田水利设施建设和农业综合开发项目建设，大力推广“一村一品”，杨恩南药、叶湖蔬菜大棚、东山草莓园等规模不断扩大，积极践行乡村振兴战略。全年粮食种植4689.33公顷，总产28757吨，水稻种植4022.2公顷，总产25492吨；种植优质烤烟面积77.73公顷，烟叶产出218吨；种植旱粮118公顷，总产569吨；薯类391.07公顷，总产2294吨；豆类158.07公顷，总产402吨。抓好畜牧防疫，全年牛存栏2722头；生猪存栏3.65万头，出栏4.86万头；山羊存栏738头，出栏816头；家禽存栏16.097万羽，出栏25.46万羽；全年肉类产量4335吨。

【重点项目建设】 2017年，横陂镇根据县委、县政府统一部署，结合横陂实际，党政领导亲自抓，成立各项重点项目工作组，制定详细方案，细化目标、落实责任、分解任务、倒逼时间，全力抓好县开发区、琴江新城、丰华高速、李惠堂球王广场、足球特色小镇、西山弃土场、双龙山旅游景区、光伏发电场等重点项目的征地拆迁及兴华高速、琴江生态景观大道的扫尾工作。利用横陂镇良好的交通区位优势，加大招商引资力度，实施“乡贤回乡投资兴业”战略，积极发动在外乡贤回乡投资兴业。

【人居环境】 2017年，横陂镇扎实开展“三清三拆三整治”工作，8个省定贫困村基本完成清拆工作，其他一般贫困村“三清三拆三整治”工作正在有序推进中。深入开展环境综合整治工作，大力开展爱国卫生运动，全力整治农村垃圾、生活污水、畜禽污染和“六乱”现象。进一步规范农村建房管理，坚决打击“未批先建”。扎实开展森林防火工作，通过加强巡查，强化各村护林员巡查机制，强化镇林业部门、各驻村干部监督机制；加强宣传，强化群众森林防火意识，宣传车每天到重要山口、路段、村庄进行宣传，发放4万份公开信，学校开展主题班会和发放致家长的一封信，营造家喻户晓工作氛围；加强扑火队伍建设，确保第一时间响应火情，第一时间防控灭火。

【社会保障】 2017年，横陂镇继续扩大医保征缴面，10.04万人参加新型城乡居民合作医疗，圆满完成2018年城乡居民医疗保险征缴工作任务；积极抓好危房改造工作，验收合格124户；严格落实民政各项政策，努力实现低保户、五保户等贫困群体应保尽保，抓好残疾人数据日常更新和敬老院的管理工作。紧抓精准扶贫工作，聚焦精准识别，定期组织各帮扶工作队、镇包户干部入户核查，完善台账资料，对符合条件贫困户应纳尽纳；大力发展特色产业，在积极发动群众发展脱贫项目的基础上，统筹扶贫资金投资广东汉光超顺公司；大力开展就业扶贫，针对有就近就业意愿的贫困户，提供公益性岗位帮扶有劳动能力，使有就业意愿贫困户进行家门口就业；加强对扶贫工作的监督，利用多种途径对扶贫项目进度及建设质量进行监督，加快扶贫项目资金拨付进度，牢牢锁定“精准扶贫”这一方向。

【文教卫生事业】 横陂镇是著名的足球之乡，重视和加强球王李惠堂历史文化的保护、挖掘和利用，积极推进球王文化广场建设，充分发扬球王精神。2017年，球王广场项目奠基、李惠堂旧居修缮工作正有序开展。同时，致力打造特色小镇，充分挖掘横陂镇传统足球文化底蕴，全力推进联长国家级运动休闲足球特色小镇建设，努力把足球赛事与健身休闲、旅游文化、健康养生、教育培训等项目有机融合起来，打造产业链、服务圈，带动全镇经济发展。积极发展旅游产业，不断完善双龙山旅游景区设施建设，打造集休闲、娱乐、观光、餐饮和住宿为一体的特色旅游景区，充分利用双龙山旅游景区、夏阜西门古寨、江南温泉、新联休闲狩猎场、叶湖葡萄采摘园、叶湖光伏发电场等特色旅游景观光点打造特色旅游路线。卫生计生工作有序开展，按时按质完成孕前健康检查、免费献血等工作，认真开展适龄妇女两癌筛查工作，基本完成村级卫生站建设，小都、锡坑卫生院升级改造顺利进行。

【基层组织建设】 2017年，横陂镇党委下设党支部63个（“两新”组织5个），3068名党员，其中农村党员2364名，社区党员105名，机关企事业单位党员599名。一是积极开展学习教育，定期开展“两学一做”专题教育学习活动，严格执行“三会一课”制度，深入践行“三严三实”，不断强化镇、村干部的纪律意识和规矩意识。二是镇党委政府提前谋划，规范程序，依法依规完成38个村（居）换届选举工作，不断发挥村级组织推动发展、服务群众、凝聚人心、促进和谐的作用。三是强化学习培训，坚持制度管人，努力提升镇村干部科学执政、依法行政能力，抓好“直联制”工作，为群众解决急、需、难的问题。四是镇村两级公共服务平台实现全覆盖，村级服务群众代办业务基本实现，片区服务中心功能日益完善，锡坑、小都片区公共服务中心正式启用，为群众提供“一站式”综合审批业务，镇村公共服务水平不断提升；政务公开、政府信息公开全面深化，开通政务微信，政民互动常态化运行。五是深入推进反腐倡廉建设，严格落实中央八项规定，全面开展涉农惠农资金自查自纠工作。

【平安创建】 2017年，横陂镇扎实开展“十大专项整治”，严格落实安全生产主体责任，落实“一岗双责”、“管行业必须管安全”制度，强化食品药品、烟花爆竹、道路交通、建筑施工、危险化学品、民爆器材、人员密集场所等重点行业、重点领域的隐患排查，不断健全完善突发事件的预警预防和应急处置机制，提高应对突发事件和风险的能力。扎实推进“平安村居”建设，加强“打、防、控”一体化体系建设，完善城乡视频监控系统，全年新增安装127个摄像头。抓好平安横陂建设，全力做好“双禁双打”，实施信访积案化解活动，及时化解矛盾纠纷。

（魏国斌）

横陂镇2017年度领导名录

党委书记：李国昌

党委副书记：卓伟强（3月任）
饶　科
张恕根（12月任）
黄灿章（挂职，2月任）

党委委员：张恕根　陈少波
钟伟东　李明新
李乃林
陈展芳（7月任）
魏道波（7月任）
李展培
周伟城（11月任）
李秋燕（任至9月）
魏少辉（任至7月）

人大主席：刘梅英

人大副主席：周新辉

镇　　长：卓伟强（3月任）

副 镇 长：陈少波　李茂浩
邹千友　陈志纯

纪委书记：钟伟东

郭田镇

【简况】 郭田镇位于五华县东南部，距离县城25公里，与丰顺县、兴宁市相邻，是五华县三个革命老区镇之一，也是古大存入党介绍人、五华县第一个共产党员黄国梁的故乡。辖区总面积142平方公里，下辖12个村委会（湖华、再下、布美、硿南、龙潭、郭田、横塘、双光、坪上、三坑、蕉州、石团）和1个居委会（郭田居委会）、250个村民小组。全镇耕地面积1177.07公顷，其中水田887公顷、旱地290.07公顷，山地面积

1.09 万公顷。2017 年，有 6252 户、44891 人，其中农业人口 37690 人，非农人口 7201 人；全镇农村经济收入 3.36 亿元，比去年同期增长 6.7%；农村人均年收入 8622 元，比去年同期增长 6.2%。

【农业】 2017 年，新成立的梅州花树下生态农旅开发有限公司，将重点发展红薯种植等特色农业。该公司占地约 200 亩的第一期红薯基地已顺利进场，年收益为 9%。11 月，郭田镇率先完成农村土地确权登记颁证工作，全镇共确权土地 1.4 万多亩，颁证 6082 本。顺利完成全国第三次农业普查，全镇共普查统计农户 6065 户、规模户 2 户。

【基础设施建设】 2017 年，郭田镇全力推进丰华高速公路征地拆迁工作，顺利完成郭田段 15.8 公里、1560 多亩土地的交地任务，三个标段施工队均已进场施工；加强郭双公路施工对接，积极配合有关部门做好沿线管线迁移工作，有序推进施工建设；蕉州河治理工程全面竣工，完成 12 公里河道治理，大大提升蕉州河全线行洪能力；村村通自来水项目正式启动，水源地及水厂选址于三渡水水库，一期工程即将开工建设；在原镇钢铁厂基础上新建一座镇级足球场，预计将于春节前后正式投入使用。同时，位于坪上村的 7 人制足球场也投入使用。

【生态建设】 2017 年，郭田镇牢固树立“绿水青山就是金山银山”理念，始终把保护生态放在发展首要位置，坚持人与自然和谐共生。持续狠抓森林防火工作，认真贯彻执行县森林防火“三严”行动部署，严格落实森林防火责任，实行“网格化”管理，建立健全护林防火日常巡查督查制度；特别时期设置临时检查站，加大巡护密度和力度，重点打击野外违规用火行为，加强执罚力度，共查处违规野外用火 7 宗，罚款 1800 元；强化宣传教育，以宣传贯彻新颁布《梅州市森林火源管理条例》和《广东省森林防火条例》为契机，利用广播、微信及传单等媒介广泛深入开展森林防火政策法规、知识常识宣传教育，着力提升全民森林防火意识。同时，加强扑火演练和队伍建设，重点强化新聘任护林员的业务培训，如“哑终端”使用、巡山检查、扑火救火等，严防森林火灾的发生。从严保护生态资源，稳步推进重点造林工程建设。完成碳汇造林抚育面积达 2000 多公顷，发动社会各界义务植树 200 多亩。强化日常巡防，严厉打击破坏林地和野生动物违法行为，坚决发现一起查处一起，全年查办案件 5 宗。

【科教文卫】 2017 年，郭田镇加强对全面放开二孩政策的优生指导、政策咨询等服务，完成免费孕前优生健康检查 141 人次，超额完成指导目标。同时积极开展“两癌”筛查和无偿献血活动。“卫生强镇”“基层中医药先进单位”等创建工作有序推进，郭田卫生院筹资 20 多万元新建中医馆，基本完成公建民营村级医疗卫生站建设。积极开展禽流感等疫情防控和爱国卫生行动，切实保障群众身体健康。中小学教学水平不断提高，郭田学校继续保持良好中考成绩。“一村一文化广场”有序推进。积极开展“六个一百”评选活动，其中蕉州村乡贤连续两年筹资举办“奖教奖学”大会，村风民风不断提升。

【民生保障】 2017年，郭田镇按照“应保尽保、应退尽退”要求认真落实低保、五保、残疾人及孤儿等弱势群体的补助政策和困难群体大病医疗等救助措施，发放救助46万多元。超额完成2018年城乡医保征缴工作。大力开展削坡建房边坡整治、全面消灭人居泥砖房和危房改造工作，完成削坡建房边坡整治107户，危房改造88户，消灭泥砖房50户，切实保障群众生命财产安全。

【精准扶贫】 2017年，郭田镇着力发展分布式光伏项目，碜南、横塘两村分别建成20千瓦的村集体光伏项目，已并网发电，光伏入户全面铺开；累计发放中小学教育补助74.8万元，免费缴纳医保费27.3万元；成功与广州生长地公司签署战略合作框架协议，因地制宜发展“高山红薯”特色农业项目，并通过“以点带面”形式统筹全镇扶贫资金460.65万元，采取稳定年收益方式投资入股该项目，促进项目产业规模化发展。另外，由县检察院、鸿图嶂林场帮扶的坪上村特色苗木培植基地已全面育苗，由县宣传部帮扶的蕉州村、县电视台帮扶的三坑村正在发展绿色休闲旅游和生态农林培育“一村一品”项目；全年顺利实现130户482人的脱贫目标，完成年度40%脱贫任务。

【社会治安】 2017年，郭田镇完成10个村居“平安村居”创建工作，全镇加大投入完善基层软硬件设施设备，新增视频监控83个；着力开展“双禁双打”专项行动，加强对精神障碍患者救助管理，社会治安持续好转，全年发生刑事案件8宗，未出现重大刑事案件，查处治安案件48起；镇综治信访维稳中心共受理案件52宗,成功化解51宗，调处成功率98%；狠抓安全生产工作，坚持安全生产每月一排查，严格落实“一岗双责”和属地责任，开展道路交通、在建建筑消防安全专项整治行动，采集建筑消防安全信息5500多份，整改各类安全隐患61宗。打击违法占用耕地建房行为，大力开展削坡建房专项整治行动，不断规范农村建房行为。

（邓国浩　陈汉森　陈宝芬）

郭田镇2017年度领导名录

党委书记：刘伟炎（7月任）
党委副书记：刘伟炎（任至7月）
张小玲（7月任）
薛永坚（任至12月）
黄育辉
张美茹（12月任）
党委委员：张美茹　李冬强　朱志雄
魏道波（任至9月）
江锦文
黄文华　谢晓玲
黄运辉（11月任）
人大主席：黄梅坤
人大副主席：田志平
镇　　长：张小玲（7月任）
副 镇 长：李冬强　陈标坤　江　育
纪委书记：张美茹

双华镇

【简况】 双华镇地处五华县东南部，距县城28公里，总面积141平方公里，辖16个行政村（双华、大陂、禾沙、黄径、军营、冰塘、苏区、矮畲、富美、华东、华南、华拔、公平、虎石、福全、竹山）和1个居委会（双华居委会）。2017年年末，全镇共有5903户42970人。耕地面积1346.67公顷，林地面积1.25万公顷。全镇农村经济总收入3.74亿元，同比上年增长7.5%，完成固定资产投资5600万元，比增10.7%，农村人均收入9015元，同比上年增长9.5%。

【农业】 2017年，双华镇立足自身资源禀赋和农业产业特点，积极实施“一村一品”战略（竹山、福全、虎石、矮畲种植板栗；华东、华南、华拔种植三华李、桃驳李；在军营、冰塘、黄径、禾沙、苏区、公平种植茶叶；大陂、双华、富美种植烤烟），鼓励农民专业合作社抱团发展，不断壮大特色农业规模，辖区板栗、三华李、巴戟、茶叶等特色农产品种植面积大幅提升。全年组织板栗、茶叶、烤烟、畜禽养殖等技术培训2次，采取发放种苗的方式，鼓励主导农户种植板栗7500株。九霖生态农业发展有限公司、枫华农业发展有限公司、新恒德农业发展有限公司等充分发挥龙头作用，带动周边群众耕山致富，辖区绿茶、三华李等农产品种植面积持续扩大。引进生长地农业发展有限公司在富美村试点种植40亩优质红薯，取得良好成果。

【文教卫生】

文化事业 大力发展公共文化事业，强力推进村级文化广场建设，成功创建一个农村文化俱乐部。积极实施良好村风民风孕育工程，扎实推进镇村“道德讲堂”建设，大力开展“先进模范”、“文明好家庭”、“好媳妇”、“好少年”评选活动，送采茶戏、木偶戏、电影等各类群众喜闻乐见的文体活动，丰富群众精神文化生活。

教育工作 2017年，双华中学初三升中考试，市县重点中学入围人数164人，其中市重点入围人数20人，荣获2017年初中升学考试全县综合第四名，2017年升学考试乡镇综合排名第二名，2017学年度考核总分居全县初级中学第一名，获评“先进学校”、“五华县安全文明校园”、“梅州市安全文明校园”和“广东省依法治校示范校”。

卫计工作 按照“卫生强县”部署要求，全镇16个行政村成功创建为“省级卫生村”。同时深化优质服务，全年发动173对育龄夫妇落实免费孕前优生健康检查，完成121名妇女免费“两癌”筛查。全面完成镇卫生院升级改造，新增医疗服务室面积300平方米，全镇共建设村级卫生站13个，由卫生院统一调配责任心强、技术精湛的乡村医生，不断完善医疗服务体系，做到家庭有医生，村有卫生站，18名乡村医生与9000多户农户签订服务协议，为群众提供优质的卫生服务。扎实做好重大传染性疾病的预防控制，实现重大疫情零发生。

【乡镇企业】 2017年，双华镇充分发挥水电、红木加工、石板器材等传统产业优势，加大扶持力度，积极鼓励企业改进技术，树立品牌，做大做强。34间中小型水电站产能逐年增加，年上网收入超过1000万元，6间红木家具企业年销售收入超过3500万元，12间石板加工企业年销售收入达2000万元以上。

【基础设施建设】 2017年，双华镇坚持惠民生，促和谐的总体工作思路，充分调研讨论，把群众反映强烈，急需解决的问题，作为民生实事，投入资金1000多万元，努力办好一批民生实事。为解决群众休闲去向问题，投入资金60多万元，围绕双华河堤打造一江两岸第一期800米景观路，实现人车分流，高标准配备太阳能路灯，规划第二期继续完善2.7公里休闲绿道；为解决环境脏乱差的问题，全力推进污水处理厂、垃圾中转站建设。污水处理厂完成“三通一平”，并交付施工方施工，三个垃圾中转站均完成主体工程建设。为解决群众饮水难的问题，认真实施村村通自来水工程。水厂主体工程已竣工，管道铺设已经沿线村抵达圩镇，共计13公里，入户管道正在谋划中，将惠及6个行政村（社区），受益人口19098人。规划第二期管道铺设至华南、华拔、虎石、福全、竹山5个村，受益人口将扩大至4800多户3.5万多人。同时，认真配合推进中小河流治理工程，大都河（双华段）中小河流治理工程完成主体79%，实现无障碍施工。郭双公路、棉双公路建设全面完成征地、交付施工方。

【公共服务】 2017年，双华镇充分发挥镇、村公共服务平台作用，推行镇公共服务中心工作人员专职化和村级干部坐班制度，不断完善代办工作机制，提高服务效能。全年镇村两级服务平台分别受理群众办事3432件（项）和1588件（项），为群众到县代办业务共1325件（项），办结率100%，咨询4235人（次）和2669人（次）。同时，做好镇级政府子网建设，及时更新、发布镇级动态和权威信息，积极配合县级相关部门完成网上办事平台筹建工作。

【社会综合治理】 一是社会治理成效明显。双华镇牢固树立“强综治、创平安、促发展”理念，狠抓稳定工作不放松，全面落实社会治安综合治理各项措施，建立健全维护社会稳定的长效机制，巩固扩展“五无辖区”成果，立足创建平安村居目标，采取设立视频监控设备、布控摄像头、建立群防群治队伍等方式，有效防治基层农村社会治安问题。全年受理各类民事纠纷51宗，成功调处49宗，调处成功率96.1%。受理治安案件65宗，查处65宗，查处率100%，查处刑事案件12宗，破18宗（其中包含年前案6宗），破案率150%，抓捕犯罪嫌疑人9名、逃犯3名。认真组织开展安全生产隐患大排查大整治，全年排查各类安全生产隐患36宗，发出整改通知36份，整改36宗，整改率100%，通过联合执法依法取缔无证烟花爆竹经营行为1宗。二是“十大专项整治”有序推进。按照县委、县政府“十大专项整治”和基层治理工作部署，结合实际，层层落实工作责任，强化责任落实考核体制，促进辖区露天焚烧秸秆、村霸恶霸、削坡建房、安全生产等专项整治工作落实，组织开展专项整治50多场次，整治露天焚烧秸秆37宗，打击无牌无证经营烟花爆竹零售经营行为1宗，依法取缔非法采砂3宗，打击破坏生态行为1宗，打击村级黑恶势力1宗，批捕5人，完成245户削坡建房工程治理。

（陈少才　宋远娣）

双华镇2017年度领导名录

党委书记：张祝平

党委副书记：谢龙飞（7月任）
戴天平　陈菊英

党委委员：张平锋　汤宇雄
孔治南　邓玉芳
邓焕均

人大主席：陈标文

人大副主席：古耀青

镇　　长：谢龙飞（9月任）

副 镇 长：张平锋　李清华
魏伟雄

纪委书记：杨想青

安流镇

【简况】　安流镇地处五华县南部，距县城33公里，总面积238平方公里。辖42个村民委员会、4个社区居委会。2017年年末，有34851户、171645人，其中农业人口159180人，非农业人口12465人；全镇有耕地面积4353.13公顷。全镇农村经济总收入实现12亿元，对比上年增长9.1%。

【农村经济发展】　2017年，安流镇以科技兴农为抓手，农村农业稳步发展。全年粮食种植4333.33公顷，烤烟种植166.2公顷，大力推广绿色、有机、特色农业产品和生猪、肉牛、水产品集约规模化生产，交售烟叶349吨。同时鼓励专业合作社创建、扩展。

【基础设施建设】　2017年，安流中心镇“六个一”项目建设成效显著。一是工业园规划征地顺利推进。全力抓好工业园区征地工作，已征地53.33多公顷，加大招商引资力度，已有15家企业有意落户安流工业园，其中广东华普太阳能工业制造有限公司一期项目已落户原安流枫林中学，占地约50亩，投资约1亿元，正在安装和调试设备。二是扩容提质成效明显。围绕建设可容纳25万人口县域副中心城镇目标，重点抓好占地10公顷，集住宅楼、购物中心、物流商贸、宾馆酒家、文化娱乐、居民小区等多功能的青江新城建设，带动周边发展，扩大城区面积。城镇提质方面，重点抓好惠天地加油站至蓝田桥头段道路升级改造、惠天地加油站至半径大道段升级改造、琴江西岸沿江大道建设、万塘村长塘堤大道建设、司前街至新兴街升级改造、大都圩镇升级改造、安流老戏院综合市场改造、亲水公园建设等重点工程。重点抓好琴江河低坑村村通自来水工程、大都片区村村通自来水、安顺大桥、长江大桥、徐华清纪念大桥、华陆高速等重点项目建设。抓好安流中心卫生院（五华县第二人民医院）扩建、安流第一小学扩建工程。

【民生保障】 2017 年，安流镇重点做好 503 户五保户生活保障、1328 户低保户、832 户优抚对象补助发放，做好 12.3 万城乡居民医保、到龄老人养老待遇核审、高龄老人敬老补助发放，做好 1.5 万城乡居民养老保险生物特征采集工作。全力做好精准扶贫精准脱贫工作，突出工作重点，把握素质教育、技能培训、产业培育、扶贫开发，努力形成扶贫攻坚强大合力，实现“小康路上一个也不能掉队”要求。11 个省定贫困村村项目资金投入 798 多万元，户项目投入资金 2620 多万元，发动有劳动能力贫困户参与扶贫小额信贷贷款贴息 500 多户，帮助 951 户 3501 人贫困户顺利实现脱贫。抓好社会主义新农村示范村建设，突出“三清三拆三整治”工作，狠抓示范带动，落实以奖代补。11 个省定贫困村共清理道路路障 206 公里，清理沟渠 206 处，清理淤积垃圾 3701 多吨，拆除危旧房屋 1.6 万多平方米，拆除三舍旱厕 1030 处。抓好农村人居环境综合整治工作，全年镇投入资金 500 多万元完善卫生设施、工具用具，加强镇、村生活垃圾清运清扫。抓好 6 个垃圾中转站的选址、“三通一平”等工作，确保无障碍施工。抓好高速公路征地拆迁工作，完成征地 109.07 公顷，拆迁房屋 24 座，迁移地坟 1400 多座；协调解决兴华高速遗留问题 78 项，确保兴华高速顺利通车。加大森林防火投入，筹资 30 多万元购置扑火装备、用具；镇组建 75 人扑火队，村组建 15 人以上扑火队；加强森林防火宣传，派发防火宣传资料 5 万多份、树立宣传牌 150 个、悬挂横额 50 多条，张贴标语 1000 多条，利用村村通喇叭、村公共服务站 LED 滚动显示森林防火法律法规，加强野外火源、特殊人群管理。

【文教卫生】 2017 年，安流镇大力开展群众文化体育活动，做好 16 个村文化广场建设工作，并顺利通过验收，打造蓝田村、楼光村文化驿站，抓好自然村落历史人文普查工作，组织开展乒乓球赛、足球赛、篮球赛、广场舞赛。抓好 39 间公建民营村级卫生站规范化建设。抓好人口计生法规、优生优育知识宣传、计生优质服务、计生村村行活动，抓好人口计生工作责任落实，突出孕前优生健康检查。认真做好流行传染病防控工作，开展灭犬防病、H7N9 人感染禽流感防控工作，提高群众健康水平。

【平安创建】 一是抓好综治信访维稳。落实领导干部包案，抓好矛盾纠纷排查，做好信访、网访答复，全年调处民事纠纷 95 宗，调处 86 宗，治安纠纷 307 宗，破获刑事案件 58 宗。全年未发生重大刑事案件和非正常集体上访。加大平安建设宣传力度，创平安建设分为。在福岭村、河沿村建设平安村居示范点，11 个省定贫困村也在积极创建中。二是抓好削坡建房边坡整治工作，完成整治 202 户。三是抓好农村危房改造和人居泥砖房改造工作，验收危房改造户 328 户，人居泥砖房改造户动工建设 220 户。四是落实安全生产“一岗双责”责任制。实行安全生产网格化管理，加强对加油站、煤气库、煤气店、烟花爆竹批发零售商、饭店酒家、旅店、歌舞厅、网吧、交通运输、建筑工地等重点行业、重点部位的安全检查，全年对存在安全隐患的企业、门店发出整改通知10份，督促整改安全措施100多项。全年未发生重大安全责任事故。

（陈周祥）

安流镇2017年度领导名录

党委书记：刘现松

党委副书记：温全瑞　汤　华　李巧文　曾浪文（2月任，挂职）

党委委员：古爱常　冯文琴　林建辉　陈志坚　陈伟华　宋锦棠　黄志平　李彩凌　张伟鹏

人大主席：古志宗

人大副主席：古远方

镇　　长：温全瑞

副 镇 长：冯文琴　古坤彪　李自雄　张宏南

纪委书记：古爱常

棉洋镇

【简况】　棉洋镇位于县城南部45公里，总面积254平方公里。辖26个村委会、685个村民小组和2个居委会。2017年年末，全镇有耕地面积2276.33公顷，其中水（旱）田1726.60公顷，旱地377.33公顷；总人口有25595户113170人,其中农业人口100102人、非农人口13068人。全镇农村经济总产值实现9.01亿元，对比上年增长7.9%，其中工业总产值实现7200万元，对比上年增长6.6%，农业总产值实现6.1亿元，对比上年增长7.6%；镇级财政一般预算收入510万元，对比上年增长6.2%；农村居民年人均收入7834元，对比上年增长8.3%。

【农业】　2017年，棉洋镇抓好烤烟生产的科学技术指导工作，确保2017年烤烟的种植规模、产量和质量。全镇种植烤烟1300多亩，总收入520多万元。在耕山致富和“茶叶产业带”政策带动下，全镇茶叶走上规模化和品牌化道路。全年新种植茶叶213.33公顷，投入碧桂园扶贫济困专项资金和扶持村级经济发展资金600万元用于茶叶加工基础设施建设，使茶叶加工水平与加工需求相匹配，推动茶叶生产和管理科学发展。“七畲径茶”被评为国家地理标志产品。在广东省“粤茶杯”第十二届茶叶质量竞赛中，华顺富硒绿茶获得特等金奖，华顺富硒红茶、“正天柱山”绿茶获得银奖。引进汉光超顺农业基地项目落户棉洋，致力于将棉洋打造为现代农业基地，推动加快完善农村基础设施建设，助力精准扶贫精准脱贫工作。积极鼓励农民创建专业合作社，不断提高农民生产专业化程度，增强带动示范能力。全镇新增农民专业合作社 14 个，增加就业 168 人。

【文教卫生】　一是全面发展文教事业。公共文化服务体系逐步建立，规划筹建一村一文化广场，2017 年县验收通过棉洋镇 12 个村的文化活动广场，丰富群众精神文明生活。二是重教兴学。学校办学条件明显改善，教师队伍整体素质得到较大提高，教育教学质量稳步提升，有力地巩固教育创强成果，并于 7 月顺利通过广东省教育强镇复评督导验收。棉洋中学 2017 年高考成绩达重本线 2 人，本科线 22 人，大专线以上 149 人，取得历史性突破。三是扎实推进卫计工作。加快村级卫生站建设，完善村级卫生站软硬件设施。以提升计生服务质量为目标，不断提高计生工作水平，完成孕前优生健康检查 352 对，发动妇女参加“两癌”筛查 520 人，宣传发动献血 85 人，均超额完成上级下达任务。投资 160 多万元兴建的卫计服务大楼于 11 月完工并投入使用；桥江卫生院门急诊大楼基本完成建设，建成后业务用房面积 1500 平方米，医用病床 85 张，有效缓解桥江片医疗压力。全面做好重大传染性疾病的预防控制，确保无重大疫情发生。

【基础设施建设】　一是圩镇管理不断规范。完善圩镇配套设施，投入 20 万元对原有市场进行升级改造，从根源上治理市场“六乱行为”。坚持以管理为抓手，建立整治圩镇“六乱”行为和保洁工作长效机制，强化圩镇道路等基础设施日常管护，实现圩镇常态化、全方位动态巡察管理，有效缓解圩镇交通拥堵状况，不断提升圩镇整体文明形象。二是基础设施不断完善。投入 16.5 万元建成残疾人康复中心并投入使用。筹资 160 多万元完成服务所建设工程。投入 440 万元新建桥江卫生院门急诊综合楼，现完成主体工程。对全镇 30 公里的村级道路进行硬底化，不断完善村道网路建设，方便群众出行。全力抓好华陆高速征拆工作，成立工作组，严格按有关政策法规和程序进行操作；抓好棉双线升级改造 19 公里道路建设，确保棉双线升级改造工程有序推进。村村通自来水工程稳步推进，完成厂址“三通一平”和水厂主体建设，开始管道铺设。做好中小河流治理前期清障工作，完成溜沙河、平安河清障疏浚工作。抓好农田水利建设，对群星村、水湖村进行水毁修复工程，保障基本农田灌溉。三是美丽乡村建设扎实推进。完成县级美丽乡村示范村规划编制，罗城、福城村美丽乡村建设成效凸显。全域推进农村人居环境综合整治，投入 500 多万元用于各村建立垃圾清运机制，完善设施设备。加大宣传力度，通过全方面多角度发动镇村干部、党员、村民小组长、学校及企事业单位共同参与推进人居环境整治，在全镇形成美丽乡村建设浓厚氛围。深入推进美丽乡村建设，大力开展“三清三拆三整治”，营造圩镇到农村、省道到村道、地面到水面干净整洁有序环境，提升村居建设品位。四是林业生态不断改观。按照县部署要求，充分发挥棉洋镇生态优势，抓好造林绿化和生态管护等基础性工作。投入 50 万元完善森林防火应急物资，建成两个瞭望台和五个消防水池，进一步完善森林防火基础设施建设。对“无山火”村实行绩效奖惩，不断提高镇村干部做好森林防火工作积极性，2017 年实现全辖区无山火。深入抓好重点环境问题整治，大力开展污染防治和黄标车淘汰工作，按要求完成节能减排任务。

【公共服务】 2017 年，棉洋镇按照上级统一标准对全镇 28 个村（居）村级公共服务站进行升级改造，并充分发挥公共服务站代办功能，实现群众办事不出村。桥江片区服务中心建成并投入使用，极大地方便桥江片 8 个村（居）4 万多名群众。充分发挥村级公共服务站代办功能，实现群众办事不出村。完善政府信息公开平台建设和微信公众号平台建设，及时更新、发布镇级动态和权威信息，积极配合上级部门完成网上办事平台筹建工作。

【社会综合治理】 一是社会治理成效明显。依托综治工作平台中心，认真落实定期排查、领导包案、责任追究等制度，坚持常规排查、专项排查和重点时段排查结合，全年化解重点历史积案 4 宗，全镇排查受理调处各类矛盾纠纷 137 起，调处成功 65 起，办结 72 起，调处率 100%。认真开展涉盗抢、涉黑恶、涉黄赌毒等严打行动，严厉打击震慑各类违法犯罪，切实增强人民群众的安全感。完成 13 个“平安村居”创建。精心开展精神障碍患者排查管控工作，认真做好矛盾纠纷和社会稳定风险评估，信访维稳形势持续好转。深入开展“十大专项”行动，坚持“安全第一，预防为主，综合治理”的方针，立足事故防范，通过“安全生产月”活动，特别防护期和安全生产大检查等活动，组织相关职能部门不定时对辖区重点场所进行安全检查，排查隐患，加大投入落实整改，确保全镇无重大安全生产事故发生，有效维护人民群众的生命财产安全。二是“十大专项整治”有序推进。加强圩镇规划区和农村建房用地管理，严格按照土地利用总体规划审批用地，全力打击耕地建房和非法堆填土等破坏耕地行为，全面落实属地责任，全力开展非法堆放经营河砂、违法占用耕地建房和非法买卖（转让）土地、削坡建房、镇村生活垃圾、露天焚烧秸秆等整治工作。全镇组织开展各类专项整治，其中拆除违法占用耕地建房 11 宗，打击破坏林地资源行为 9 宗，整治露天焚烧秸秆 150 多宗，依法取缔非法经营堆放河砂 2 宗，打击非法采砂 2 宗。

（胡海标）

棉洋镇 2017 年度领导名录

党委书记： 万均辉
副 书 记： 古菊开　吴国华
　　廖赛增（11 月任）
党委委员： 谢宁华（12 月任）
　　廖远枢　陈捷灵
　　古晋怀
　　丘翠娇（11 月任）
　　李保中（12 月任）
人大主席： 陈展略
人大副主席： 杨帆豪
镇　　长： 古菊开
常务副镇长： 李汉文
副 镇 长： 张广秋　谢乃溪
　　周益恒
纪委书记： 吴国华

梅 林 镇

【简况】 2017 年，梅林镇位于五华县城西南部 51 公里，总面积 128.4 平方公里。辖 18 个村委会和 1 个社区居民委员会。2017 年年末，全镇有 14554 户、 61295 人，其中乡村人口 42142 人，城镇人口 19153 人。全镇国内生产总值 4.1 亿元，比上年增长 8.0%；农村人均年收入 8915 元，比上年增长 13%；镇机动财力 368 万元，比上年增长 13.2%。

【农业】 2017 年，梅林镇巩固发展壮大具有梅林特色的 18 个 100 亩以上规模的耕山致富点，开发建成新成、福塘、尖山 3 个葛根种植基地，建成金坑金柚种植基地、尖山粉蕉种植基地、上礤茶叶种植加工综合基地，加强管理和经营，形成一批辐射带动能力强的示范基地。积极鼓励农户开展大棚蔬菜种植，继续做大做强梅林“大地”牌菜脯，使全镇农业农村经济稳步发展。

【基层治理】 2017 年，梅林镇对 2013 年以来种粮直补、生态公益林补偿、危房改造等涉农惠农资金发放情况进行全面自查自纠，排查出线索 15 条，全部进行逐一核实整改，已上缴国库 32.69 万元。规范村级招投标工程，全年办理村级招投标 31 宗，涉及金额 1242.47 万元；严格执行村账镇管制度，做到账账相符、账实相符，符合农村财经纪律要求；加快推进削坡建房整治工作，全镇完成 119 户削坡建房户整治工作，超额完成县下达任务；加大打击违法占耕建房和填土力度，全年制止耕地违法建房 12 宗；开展矛盾纠纷大排查，及时化解矛盾纠纷，全年调处民事纠纷 94 宗，调处成功率 97.7%；全力抓好生态公益林补偿款、危改资金、低保“五保”资金、种粮补贴、城乡居民基础养老金等 16 项涉农资金的自查自纠整改工作，清退上缴资金 32 万多元。全年排查出安全隐患 53 宗，现场整改 32 宗，发出责令整改通知书 21 份，全面落实整改，全镇安全生产形势总体平稳。镇村两级公共服务平台服务效能进一步提升，村（社区）公共服务站正常运行并按新标准升级完善，全年为群众代办业务达 1042 件。

【基础设施建设】 一是兴华高速开通并在梅林设立出口，大大方便群众出行，梅林至县城车程由原来的一个多小时缩短至 30 分钟；二是解决兴华高速遗留问题 23 宗；三是县道 003 线基本完善升级改造；四是省道 120 线升级改造已全面完成征地面积 15.33 公顷，迁移地坟 49 穴，拆除房屋 22 座，施工单位全面进场施工；五是全面启动优河村至黄砂村旅游公路建设，完成征地 20.67 公顷，占总征地任务 40%。

【文教卫生】 2017 年，梅林镇完成孕前优生健康检查 195 人次，占任务 110%；创建卫生村工作快速推进，全镇有 17 个村的卫生站动工建设，其中琴口、新成、黄砂、梅林、梅北、福塘等6个村的卫生站竣工，极大方便群众就近享受优质医疗服；组织专业人士按时按质完成60多个自然村落历史人文普查工作。各村村级文化广场建设稳步推进，其中琴口、新成、黄砂、梅林、梅北、福塘等村通过验收。

【精准扶贫】 2017年，全镇贫困户总数1032户3182人，其中低保贫困户542户1689人，“五保”贫困户165户169人，有劳动能力的655户2580人。全镇通过找准致贫原因，精心编制贫困村、贫困户脱贫规划到村到户到人，整合资源，精准资金投入，健全包户责任帮扶长效机制。全年投入307.45万元实施短期脱贫项目845个；投入293.49万元建成尖山、福塘、福新、梅南、琴口、招田、金坑等7个光伏发电基地；累计开展贫困户培训26场次，培训贫困劳动力1112人次，引导贫困人口就业52人。2017年在2016年脱贫511户，1173人的基础上，实现再脱贫353户1389人，占贫困户总人口数81.59%。

【人居环境】 一是城乡环境进一步得到改善。投入170多万元购置压缩车、环卫三轮车等基础设施设备，聘请专职保洁员42名，全年征收卫生清运费67.3万元，清理积存垃圾3200多吨、村巷道2.8万多平方，拆除危旧房、废旧猪舍等466座4.42万平方米，其中5个省定贫困村“三清三拆三整治”通过县验收；生活垃圾中转站建设扎实推进。二是森林资源进一步得到保护。落实“网格化”责任，进一步加大野外火源管控执罚及违法占林毁林行为打击力度，建立2个瞭望台、3个消防蓄水池，全年实现零山火。

【红色旅游】 2017年，梅林镇成功举办古大存120周年诞辰纪念活动，启动古大存故居、农民协会旧址修缮和红十一军纪念大桥、旅游观光大道建设工作。成功举办第五届世界客商大会（五华）系列活动梅林镇南沣山动工仪式，落地建设中央苏区（五华）博物馆。成功签约梅南村洋塘幸福里客家生态旅游区，规划设计琴口村中共五华县委诞生旧址。

【水务管理】 一是全面推进河长制工作，建立镇、村两级河长体系，全年各级河长巡河28次，发现问题17个，落实整改措施17个。二是稳步推进中小河流治理工作，完成中小河流治理21.89公里，新建护岸3.6公里。三是加大河砂治理力度，全年扣押非法采砂挖掘机18部，非法采砂铲车5部，非法采砂运输车辆7部。四是扎实推进污水处理厂建设工作，完成征地0.45公顷，施工稳步正持续进行中。

【村“两委”换届选举】 一是在选举中充分保障选举人各项权利，保证每一名选举人都能不受限制的行使自身意志；二是加强指导建议，引导选民的注意力集中到对农业农村农民有热情、肯干事的被选举人身上，争取选出村民拥护、作风优良、素质过硬的村“两委”干部；三是筑牢纪律底线，镇纪检、组织、民政等部门加强巡查检查，对于在选举过程中发现的违纪违法问题，坚决依法依规处置，保证选举风清气正。村“两委”换届选举选出村（社区）“两委”干部99人，平均年龄47岁，比上届年轻6岁，高中以上学历占 85%，换届后，通过连续举办 3 期综合素质培训班，使村“两委”服务群众的能力得到进一步提升。

【党建】 2017 年，梅林镇全面加强党员干部队伍思想政治、履职能力和纪律作风建设，严肃党内政治生活，把全面从严治党深度融入精准扶贫、人居环境整治、新农村建设等各项重点工作中。全年召开 6 次党建专题工作会议、督促检查 4 次，全镇设立党小组 78 个，召开 3 次专题会议对出现支委会记录不规范、党小组活动内容过于简单等的问题和现象提出整改要求和时限，投入资金 35 万元建成 7 个党建示范点，开展中共十九大精神报告会 46 场次，印发十九大精神宣传资料 3000 份，约谈开展党组织活动不力的基层党支部书记 8 人次。

（谢文彬）

梅林镇 2017 年度领导名录

书　　记：张国标
副 书 记：宋国强　廖旭辉
张小玲（任至 7 月）
陈活祥（9 月任）
党委委员：陈活祥（任至 9 月）
李华中　古汉红
刘发胜　温肖华
张秀华　宋振团
廖许新（11 月任）
人大主席：张坤祥
人大副主席：廖仲权
镇　　长：宋国强
副 镇 长：古汉红　吴志平
黄学道
纪委书记：李华中

华阳镇

【简况】 华阳镇位于五华县城西南部，距离县城 62 公里，东连梅林镇，西与河源市紫金县接壤，北邻长布镇、周江镇，总面积 153.5 平方公里，辖 13 个村、1 个居委。2017 年年末，有 11337 户、64656 人。基层党支部 27 个，其中“两新”组织 3 个，党员 1155 名。有镇干部、职工 82 人，村“两委”干部 88 人。全镇工、农业生产总值 6.3 亿元，同比增长 6.8%，农村居民年人均可支配收入 7839 元，同比增长 5.9%。

【农业经济】 2017 年，华阳镇坚持以结构调整为主线，大力发展特色精致高效现代农业，加大强农惠农富农支持力度，促进农民持续增收，使全镇农业经济呈现稳步增长。全年优质稻种植面积 2234.21 公顷，粮食总产量 1.49 万吨。种植李果 289.07 公顷，李果总产量 1493 吨，总产值 741 多万元；三华李 2900 多亩；种植烤烟 360 多亩，种植油茶 1600 多亩，经济林 10.8 万多亩；耕山致富示范点效益凸显，高塘 20 多公顷无公害蔬菜基地巩固发展。生猪饲养量 2.2 万头，家禽饲养量24.3万只。规模化农业产业经营持续发展，农业林业发展基地、无公害蔬菜基地、魔鬼辣椒示范基地、无土栽培技术和草龟养殖项目发展向好。农业供销合作社、水果油茶专业合作社等县级农业龙头企业不断发展壮大，农业社会化服务体系不断提升。

【基础设施】 2017年，Y304线、X960全面建成通车；华周公路（华阳新田至周江冰坎）华阳境内约6公里征地拆迁和路基工程基本完成；省道120线升级改造工程征拆工作扎实推进，已实现4.8公里水泥路面；中小河流治理任务涉及北琴江华阳沿线4.42公里（其中大拔村2.67公里，陂坑村1.75公里）基本完工。红洞、小拔和叶新村农田灌溉水渠总长约3.5公里正在施工。同时，重点堤围、病险水库除险加固和供水管道改造、饮水安全等水利工程有序推进。积极完善全镇的气象防灾减灾、抢险救灾以及森林防火等工作的处置预案，组织成立镇、村两级应急队，健全应急机制，全面提高应对各种灾害的综合管理水平和应急处置能力。面对台风和强降雨袭击，全镇共组织应急队伍防灾救灾3300多人次，多方筹集、发放抢险救灾物资，妥善解决受灾群众生产生活困难。坪南、华南、华阳、莲高、陂坑和太坪等村能积极主动组织人力物力清理桥梁淤积杂物；复耕灾毁农田360多亩，实施河堤抢修、加固35处，维修圳道4200多米。其中，大拔村河口老桥在6月3日晚因强降雨被大水冲毁后，大拔村积极争取上级和乡贤能人支持，筹集资金约100万元重建河口大桥和水毁河堤修复，大桥已建成通车。

【社会各项事业】 一是完成村级换届。华阳镇严格依法组织实施选举工作，至2017年5月18日，全镇14个村（社区）“两委”换届选举工作圆满完成。二是加强农村人居环境综合整治。华阳镇深入贯彻落实市、县关于人居环境综合整治工作要求，以环境综合整治为突破口，加快农村基础设施建设，不断健全村级环境卫生综合整治长效机制，建立镇级垃圾收集、转运和清理机制。坚持每周五开展环境卫生整治大行动，努力实现清洁、卫生的农村人居环境，全镇各村（居）卫生状况均有所改观。同时，大力推进“三清三拆三整治”工作，坪南、华新等2个省定贫困村率先启动，其余各村清拆工作同步开展。加快垃圾中转站建设，其中，坪南村垃圾中转站主体工程已完成，正在进行装修；华新村中转站主体工程已完成，正在进行装修；大拔村中转站开始启动征地等前期准备工作。三是努力打好精准扶贫攻坚战。按县规划要求，坪南、华新2个村为省定贫困村，其余11个村为分散贫困村，共有贫困户692户、2444人。按照“三年攻坚、两年巩固，到2020年如期完成脱贫攻坚任务”总体部署，全面推进精准扶贫精准脱贫攻坚工作。精准识别贫困对象，继续推进“互联网+扶贫”模式，抓好扶贫服务事项进驻网上大厅工作，扶贫管理与服务系统建设试点工作有序推进。严格落实扶贫包户责任制、扶贫工作例会制度、扶贫APP动态管理和签到制度。加强与相关部门沟通协调，妥善解决贫困户无户籍人口22人。全年投入资金1313.46万元，大力推进产业发展、教育扶贫、兜底扶贫、医疗保障、危房改造、村道硬底化建设。三是文教卫生健康发展。强化工作措施，大力抓好“教育创强”复评工作，教育教学素质和质量得到全面提高。7月，

"教育创强"复评高分通过省级验收。2017年度华阳中学考入梅州市东山中学、曾宪梓中学入围线以上18人、水寨中学入围线以上38人，县重点入围线以上123人，比去年略有上升。在2017年度学校考核中华阳中学被评为县级先进学校、市安全文明校园，太坪学校被评为市文明学校。四是卫生计生事业健康发展。积极落实卫生便民惠民举措，扩大服务人群，特别是注重提高农村儿童保健、孕产妇保健等基本公共卫生服务的质量。积极推进"卫生强镇"创建活动，投入资金400多万元完成镇卫生院6层综合大楼主体工程。11个村级卫生站建设（含新建和改建）扎实推进，其中，叶新、高塘、太坪、大拔、社径、红洞等6个村卫生站主体工程基本完工。积极开展"优生优育"活动，联合计生、医疗卫生等部门为1826人次提供计生、医疗健康服务。五是基层治理初现成效。镇级一站式公共服务中心全面进驻社保、医保、民政、国土、计育等部门业务，群众实现"进一扇门、办一系列事"；14个村级服务群众代办业务运行良好，自助服务平台及办事柜台有序开展业务，大大减少群众办理业务时间成本。全年接受咨询2532人次，为群众代办业务2156件，办结率100%，群众满意度99.9%。全镇14个村（居）委成功开通村级微信公众号，实行每月村务、重大决策、惠农资金等公开制度，接受群众监督。六是专项整治扎实有效。严格按照"专项整治"任务安排，突出重点，强化责任落实，采取有力措施，较好完成各项整治任务目标。大力开展河砂整治工作，明确职责分工，采取铁的手腕，狠抓非法采砂整治。全年组织人力630多人次，汇同县水务部门联合执法28次，依法暂扣铲车6台，挖掘机12台，运输车辆22辆，震慑非法采砂行为。严格管理国土秩序，打击违法违规建筑行为，拆除和叫停违法占用耕地建房行为12宗，涉及建筑面积3500多平方米；严厉打击"黄赌毒"等违法犯罪行为，排查各类违法犯罪线索30多条，依法依规处置案件40多宗，依法依规处置50多人。

【平安创建】 2017年，华阳镇坚持"村每半月集中排查一次矛盾纠纷，镇每月集中排查一次矛盾纠纷，节庆日等重点时间段进行专项排查"的传统方式，做到经常性排查与集中性排查相结合，重点排查与专项排查相结合。充分发挥"微信工作群"和基层一线民情信息员队伍的作用，及时了解群众关注的难点、热点问题，发现和掌握重大集体性矛盾和不稳定因素。对排查出的矛盾纠纷及时落实到具体包案责任人，使不稳定因素化解在萌芽、控制在基层。全年排查矛盾纠纷问题65宗，81人次，化解成功59宗，办结59宗，全镇没有出现一起因调处不当而发生民转刑事件，也没有发生群众集体越级上访现象。安全生产有效规范。全面落实"党政同责、一岗双责"，每月召开安全生产例会，建立完善消防管理制度、重点行业（领域）的应急预案等，集中开展安全生产领域"危险化学品""非煤矿山""风险点、危险源"等打非治违专项行动，着力加强重点行业、餐饮服务业食品安全巡查监控，抓好消防安全主题宣传教育活动、"平安校园"活动的开展，努力构建安全宣传教育工作的长效机制，全面加强节假日期间重点行业和领域的巡查监管，排查安全隐患27处，整改27宗，整改率100%。2017年火灾隐患整治顺利通过市级验收工作。森林防火严格管控。2017

年全年造林抚育5800多亩，景观林带32公顷多，组织义务植树6000多株。组建护林防火队按时按点进山巡查，全年出动队员进山巡查739人次，并做好宣传工作，悬挂横幅40多条，发放宣传单1万多份，标语5000多条，并通过喇叭“村村通”、微信、有线电视等方式，大力宣传森林防火工作和制止露天焚烧秸秆行为。

【行政效能】 2017年，华阳镇深入开展党的群众路线教育实践活动，注重党风廉政建设，推进政府职能转变。领导干部驻点普遍联系群众制度形成常态化，14个驻点团队累计接访群众415次，走访群众人均约237户，记录驻点日记人均113篇，解决群众反映的困难和问题421件（次），行政效能不断提升。

（张剑锋）

华阳镇2017年度领导名录

党委书记： 古文柳（9月任）
副 书 记： 张建城（1月任）
邹焕模 李来泉
党委委员： 甘远玲 刘伟枢
张丽娟 严汉云
古玉轩 李汉高
人大主席： 张学政
人大副主席： 甘惠明
镇 长： 张建城（1月任）
副 镇 长： 甘远玲 曾志辉
纪委书记： 赖志宏

龙村镇

【简况】 龙村镇地处五华县最南端，镇府驻地距离县城65公里，距离汕湛高速华阳出口8公里，毗邻揭阳市揭西县上砂镇，河源市紫金县龙窝镇、水墩镇、南岭镇，汕尾市陆河县罗溪镇，区域面积349.1平方公里，是梅州市第一大乡镇，下辖37个村委会、3个居委会、709个村民小组。梅州市“一号工程”——梅州（五华）抽水蓄能电站项目及龙狮殿风电场项目落户该镇黄狮村。2017年年末，全镇有山地面积2.8万公顷，耕地面积2672公顷，其中水（旱）田2192公顷、旱地480公顷。公安人口有20043户、110997人，其中非农业人口13705人，农业人口97292人。全镇工农业总产值7.26亿元，对比上年增长12.7%；镇级财政总收入5719.3万元，对比上年增长7.87%。农村居民年人均纯收入7462元，对比上年增长6.65%。

2017年2月8日，县长吴晖到龙村镇调研梅蓄项目（钟友清 摄）

【重点项目建设】 一是梅州（五华）抽水蓄能电站项目建设。龙村镇严格落实征拆主体责任，落实移民政策，宣传好政策法规，做细做实群众工作，加强沟通协调，及时解决好施工过程中引发的各种影响群众生产生活的问题，维护群众合法权益。按照市委市政府、县委县政府部署要求，积极做好梅蓄项目移民人口核实、政策宣传解释、生产生活受影响补助发放、征地拆迁、信访维稳、断掌凹移民安置区用地扩征等工作。2017年，梅蓄项目全年总征地面积70.99公顷，“三洞两路”前期工程和断掌凹移民安置区建设有序推进。严格执行“封库令”，严厉打击库区“三抢”行为，巩固好实物指标调查成果；保护好进库公路沿线及库区内外生态环境，为旅游开发奠定生态资源基础。同时，加强梅蓄项目档案和财务管理。二是推进龙狮殿风电场建设。加强与县政府、国电电力广东新能源开发有限公司的沟通协调，努力加快推进项目开工建设，推进铁塔建设工地征地工作，保障工程顺利施工，大力发展清洁能源。三是实施中心镇“六个一”建设项目。经过申报、审批等程序，龙村镇于2017年7月被定位为中心镇，围绕《梅州市中心镇“六个一”建设实施方案》目标要求，按照市、县提出的发展新格局的决策部署，结合龙村发展实际，制定中心镇“六个一”建设项目：包括总体规划和控制性详细规划，东、西外环过境公路，圩镇自来水饮水工程，升级改造建成一个11人制标准足球场，建设一个森林公园，规划建设硝芳文化广场，建设一个农贸市场，整理或征用圩下坝的土地作为产业发展的建设用地储备项目，建设琴江花园，打造一条中心商业街，在龙村、硝芳、登畲各建设一个便民服务中心等共6大类14小项，总投资12.03亿元。2017年投资3.07亿元，完成硝芳、登畲两个片区管理服务中心和临时农贸市场的建设，进一步提高片区管理服务水平，促进农村人口向镇域聚集，提升对周边乡镇辐射带动能力。

2017年8月21日，市政协副主席李忠良到龙村镇调研督导挂钩联系重点项目（钟友清 摄）

【基础设施建设】 2017年，龙村镇全面完成X960线樟华村至龙村大桥段征拆任务，推进建设X960线接宫前坳上经连塘、樟华至梧溪黄田岗衔接X003线的西外环过境公路及X003线龙村大桥至坳巷段扩宽改造工程。全面建成吉祥村吉祥桥正式通车，积极推进湖中村独岭桥、吉祥村上坑桥重建工作。继续推进农村道路建设，实现18公里200人以上自然村的道路硬底化建设。

【水利电网建设】 2017年，龙村镇实施13.6公里琴江河龙村段、15公里硝芳河小流域综合治理工程，启动龙村河一河两岸美化工程，推进柏溪公园、硝芳亲水休闲绿道建设，积极推进登畲河、留畲河、营田河、先水河等河道“三清”工作。同时，推进中小型水库除险加固工程，抓好龙村圩镇村村通自来水工程及生活垃圾污水处理厂建设，大力整治河道内采运砂船舶，打击非法采砂行为，加强河砂资源保护，规范河砂市场秩序。配合实施新一轮农村电网改造升级工程，完成圩镇范围及部分村的农村电网改造，完成高压110千伏安龙线7座铁塔基础位置的选址及硝芳技术用房用地的选址工作，扎实推进原中央苏区农村超高速无线局域网应用工作，加强有线电视小片网整合力度，推进有线电视网络全覆盖，极大提升群众信息化、数字化生活水平。

龙村镇龙狮殿茶叶种植基地（钟友清摄于2017年4月22日）

【现代农业】 2017年，龙村镇进一步扩大登云嶂茶园、翻新村雷公肚茶园、营田三市生态公园、龙村三红柚园、湖中兰花种植基地等现代农业规模，引进五华新光绿野生态农业发展有限公司在三湖村种植火龙果8公顷，百香果4公顷。通过加大招商引资力度，进一步做大做强茶叶、油茶、三红柚、火龙果、百香果具有地方特色的农业品牌。农村土地确权登记颁证工作积极稳妥推进，完成1.6万多户53000多亩测量面积，完成率100%。

【科教文卫】 2017年，龙村镇继续加大科教文卫事业投入力度，镇中心卫生院医技楼建设落成并投入使用，登畲卫生院综合大楼，建设面积3000平方米，主体工程全面完工。完工或动工建设村级卫生站29个，同时，积极推动中医药事业发展，加强乡村医生队伍建设，严格落实计生新政策，引导群众参加免费孕检，积极组织10个省定贫困村的妇女参加“两癌”筛查。完成三湖村、大坑村、潭溪村、南洞村、翻新村、水南村、吉祥村、洞口村、湖中村，石溪村、营田村、登畲村、硝芳居委会13个村的文化广场建设。8月以来，龙村镇中心卫生院特邀省级医疗专家近20人到龙村镇中心卫生院坐诊，方便该镇及周边乡镇群众就诊，省去来回省城与龙村的奔波之苦，极大减轻群众医疗费用负担。

【民生保障】 一是不断完善社会保障体系。严格落实“应保尽保、应退尽退”低保救助政策，2017年度全镇取消低保165户、592人、五保23户、23人、优抚定补对象7人，残疾人两项补贴35人，截至2017年年底，有低保户1004户、3421人、五保户301户、301人、优抚定补对象446人、残疾人两项补贴1055人。为敬老院升级改造供电设备并添置一套消防设施设备，完成158户危房改造。做好医疗救助和保险报销工作，发动群众参加2018年度城乡居民医疗保险缴费，顺利完成县下达征缴任务。发动全镇干部群众积极参与“广东扶贫济困日”活动，超额完成上级下达指标。二是深入开展精准扶贫工作。龙村镇有10个省定贫困村、27个分散贫困村。全镇贫困户2086户、7982人，其中一般贫困户986户、4494人，低保贫困户826户、3194人，五保户274户、294人。全镇有劳动能力户1680户、7418人，无劳动能力户406户、564人。省定贫困村共有贫困户 948 户、4024 人，分散贫困村共有贫困户 1138 户、3958 人。2016 年脱贫户 837 户、2580 人，占全镇 32%；2017 年脱贫户 796 户、3390 人，占年初全镇贫困人口数 41.99%，超额完成 2017 年 40%贫困人口的脱贫任务。为进一步推进该镇新时期精准扶贫精准脱贫工作，不断充实扶贫办公室工作人员，迅速开展扶贫云系统信息数据自查工作，完善扶贫信息数据录入，落实扶贫小额信贷业务工作，加快转移就业扶贫，深入开展产业帮扶项目。洞口村建设落成一间小型工厂，通过引进生产线，在村内就近解决 120 多位贫困户就业问题；湖中村转移就业扶贫和投资兰花基地的产业扶贫工作有序推进；大梧、宫前村光伏发电项目顺利推进，大梧村 81 千瓦和宫前村 28 千瓦、44.8 千瓦的太阳能光伏发电设备采购项目完成招投标，正在采购相关设备；留畲、三湖、先河、营田、南中、樟华村以农副产品种植、猪牛羊鸡养殖为主。同时，成立龙村镇扶贫档案检查组，加强扶贫脱贫档案的管理。三是不断巩固社会治安综合治理。加快推进 10 个省定贫困村的平安村（居）建设，落实社会治安综合治理“中心+网格化+信息化”工作责任，着力对镇综治信访维稳中心进行升级改造，在镇域主要交通要道安装监控摄像头，建立健全监管机制，逐步实现“平安村（居）”全覆盖。结合“直联制”工作，驻点团队坚持每月摸排矛盾纠纷，落实重点信访案件领导包案责任制，发挥镇村综治信访维稳平台作用，从源头上预防和化解社会矛盾，全力维护社会平安稳定。全年受理矛盾纠纷 56 宗，成功调处 47 宗；其中接受处理群众网上信访 43 件，处理答复 33 件；成功化解潭溪村古振如、登畲村温亦煌、宫前村邹任根、金龙村黄耀初等矛盾积案，移交下滩村温金如案件。同时，统筹兼顾做好社会各项事业，做好民兵、武装工作，完成征兵任务、全国第三次农业普查工作，推进农房抵押贷款。

【基层治理】　2017 年，龙村镇大力推进基层治理工作，一是完善平台建设。充分利用镇级农村集体招标采购交易中心，完成宫前村购置 28 千瓦光伏发电设备采购、金龙村卫生站、大梧村 81 千瓦太阳能光伏发电设备采购等 41 单招标项目，交易金额 1279.9 万元，进一步强化农村集体“三资”管理；升级改造村级公共服务平台，代办业务水平进一步提升。同时，充分利用村级微信公众平台及村务公开栏对低保救助补助、五保供养补助、优抚对象补贴、医疗救助、生态公益林补偿、种粮直补、泥砖危房改造补贴等涉农惠农补贴进行公示，接受群众监督，并充分发挥村（居）村务监督委员会职能，强化村务决策、村务公开、村集体“三资”管理、村工程建设项目等方面的管理，确保村务财务管理公正公开、阳光透明；二是扎实开展“直联制”工作。2017 年，全镇 40 个驻点团队在村定点接访群众 693 人，分片走访群众 16670 户、48735 人，召开座谈会 933 场次，解决群众反映的问题 529 件，其中化解矛盾纠纷 83 件。坚持在每周的干部职工例会上抽查驻点团队工作落实情况，对工作不落实的给予全镇通报批评，进一步强化干部职工监督管理。三是片区管理服务中心建设。结合实际，分别在硝芳片、登畲片建设一个“片区管理服务中心”，推动公共服务中心向基层延伸、覆盖，建立“一门式”办事大厅，提供“一网式”政务服务，实现“一条龙”综合管理服务，给群众办事带来极大便利。

【新农村建设】 一是抓好人居环境综合整治工作，投入40多万元升级改造龙村垃圾填埋场及进出道路，投入近10万元购买400个垃圾桶更换放置在主干道沿线的破烂垃圾桶，全面推进“日产日清”垃圾处理长效机制，推动垃圾管理长效机制运行，积极发动群众每户每月缴交5~10元的垃圾收集费，正在建设龙村片龙村村长塘岗狗骨窝、登畲片大梧村马枝夹、硝芳片柏溪村溪口、塘湖片三湖村罗塘坝四个生活垃圾中转站，其中硝芳片柏溪村溪口的生活垃圾中转站完成主体工程建设。二是充分发挥村民理事会作用，采取“以奖代补”激励方式，以推进10个省定贫困村新农村示范村建设为抓手，在村党支部带领下，积极做通群众思想工作，大力推进“三清三拆三整治”工作：清理村巷道乱堆乱放943处19060平方米，清理房前屋后垃圾、卫生死角581处15370.6平方米，清理沟渠池塘溪河淤泥、垃圾402处18854平方米；拆除危旧房、废弃猪牛栏、露天厕所茅房625处81540平方米，拆除乱搭乱建、违章建筑303处14376平方米，拆除非法违规商业广告、招牌146处3123平方米；整治垃圾493处33770平方米，整治污水90处10260平方米，整治水体污染43处4460平方米。

【专项整治】 一是国土资源规范化管理。龙村镇严厉打击违法占耕建房、毁林建坟、非法河道采砂等行为，加强国土资源管理。利用龙村镇政府微信公众平台推送地质灾害防治知识，发放宣传资料、防灾告知书、防灾避险明白卡等2万多份，积极推进全镇排查出1292户削坡建房户边坡整治工作，同时加强地质灾害点巡查、监管、整治工作。全面推行“河长制”，制定督查制度、会议制度、巡查制度，建立长效机制，加强砂场整治及河砂规范管理，依法打击非法采砂行为，大力开展河道内非法营运船舶专项整治，发出限期整改通知书100多份，出动执法10场150多人次，整治2个非法采砂点，吊离5条采砂船，系固套牢黄金正砂场有证船舶1条，确保河道安全，同时，有效遏制非法河道采砂行为。加强违法占耕建房行为，依法拆除违法占耕建房3座，复耕复绿2宗，拆除圩镇沿线铁皮瓦和帐篷、伸缩雨棚5000多平方米，强制拆除违章建筑35处2860平方米，有效打击非法占耕建房和公路沿线控制区建房行为。二是严禁露天焚烧秸秆。镇与村、村与农户层层签订责任书，落实责任，悬挂宣传横幅100多条、标语250多条，加强宣传教育，积极引导群众秸秆还田，在夏收和秋收季节坚持全天候巡查监管，有效遏制露天焚烧秸秆行为，美化净化人居环境。三是加强道路交通安全整治。暑假期间，中小学分别与全镇1万多名中小学生的家长签订安全责任书，落实其监护人责任，防止未成年人驾驶摩托车。驻点团队积极引导所驻村的群众，对酒驾、无证驾驶、超员超载、不戴安全头盔等违法行为进行劝阻纠正。全年查处酒驾3人，无牌无证驾驶12人，不戴安全头盔25人，超速超载超限运输48人，依法行政拘留无牌无证驾驶12人。四是开展扫黑除恶专项斗争。严格落实镇村干部包片、包户责任，滚动摸查涉枪、涉赌、涉毒人员，排查登记废弃厂房、水库管养房、荒废养殖场、县域交界处等制毒隐患点，严防发生涉枪、涉毒、涉赌等违法犯罪行为，凡是有“黑恶势力”阻挠、干扰中小流域综合治理、交通公路建设、水利电力建设等工程，立即联合公安部门介入调查，依法从重从快打击肇事者。全年排查出“黑恶势力”线索20条，立案查处2宗打架、故意伤害案件，依法行政拘留3人。五是深入开展安全生产检查。严格履行安全生产“党政同责、一岗双责”责任制，落实定期研判制度，党委、政府坚持分别每季度、每月召开安全生产专题工作会议研究部署，积极开展非煤矿山、危险化学品、烟花爆竹、特种设备、建筑工地等重点领域和行业的安全生产大检查，并建立台账，加强安全隐患排查、整改，实行挂、销号制度。全年检查大小企业、商户323多家（次），其中，非煤矿山企业43家（次），危化单位102家（次），食品经营户22多家（次），建筑工地46多家（次），个体工商户110多家（次）。发出整改通知90多份，提出整改意见达200多条，完成11宗重点安全隐患整改，全镇未发生重大安全生产事故。

【基层党建】 一是顺利完成村（社区）“两委”换届选举工作。龙村镇在2017年6月7日前顺利完成40个村（社区）“两委”换届选举工作，班子更加年轻化、更加有活力，履职能力、主动担当精神更强，班子凝聚力和战斗力明显提升。二是持续整顿转化软弱涣散党组织。通过落实“一村一策”，扎实推进新艳村、登畲村软弱涣散党组织整顿转化，村“两委”干部不团结问题得到解决，村党组织的战斗力得到提升，登畲村新建老人活动中心和卫生站，兴修农田水利，新艳村建成村委综合楼、卫生站等，并大力开展“三清三拆三整治”工作。三是狠抓党风廉政建设。深入开展学习教育宣传活动，全面贯彻中共十九大精神，以习近平新时代中国特色社会主义思想为指导，深入贯彻习近平总书记重要讲话精神，落实从严治党，严格规范党内政治生活。通过抽查、督查、通报等方式检验干部推进工作情况，扎实开展机关作风整顿工作，干部作风明显好转。进一步规范财务管理，严格执行“收支两条线”和财务“一支笔”审批制度，坚决执行财经纪律和“三重一大”集体决议制度，不断完善内部制度，严格执行来人接待制度，开源节流，积极争取上级支持，保障镇工作的正常运转，提高经费的使用效益。

（钟友清　戴伟良　李斯）

龙村镇2017年度领导名录

党委书记：郑遂方（任至11月）
曾映贤（11月任）
副 书 记：曾映贤（任至11月）
李世忠　龙夏辉
邹伟鹏（挂职，2月任）
刘申仪（挂职，9月任）
党委委员：郑遂方（任至11月）
曾映贤　李世忠
龙夏辉　刘晓宇
温跃胜　田细文
田永青　宋红扬
黄　堃（任至11月）
黄兴福　李嘉彬　刘锡贤
人大主席：黄文柱（任至9月）
人大副主席：黄赐奎
镇　　长：曾映贤（任至11月）
李世忠（11月任）
副 镇 长：温跃胜　黄伟雄
黄益宁　廖天华
纪委书记：刘晓宇

统计资料

五華年鑒

2018

狮雄山古塔

社会经济统计资料

2017年五华县国民经济和社会发展统计公报

2017年,在县委、县政府的正确领导下,全县上下认真贯彻落实中央和省、市各项决策部署,抢抓“两大振兴政策”机遇,全力加快振兴发展步伐,狠抓实体经济发展,扎实推进“一核两区三组团”建设,努力克服经济下行压力增大带来的不利影响,确保全县经济社会平稳健康发展,人民生活水平不断提高,社会事业取得新进步。

一、综合

经省、市核定,初步核算,2017年全县实现生产总值(GDP,下同)151.63亿元(当年价,下同),比上年增长6.4%,其中第一产业增加值32.41亿元,增长3.4%,拉动GDP增长0.7个百分点;第二产业增加值39.52亿元,增长6%,拉动GDP增长1.7个百分点;第三产业增加值79.7亿元,增长7.8%,拉动GDP增长4个百分点。第一、二、三产业增加值占生产总值比重由2016年的22.9∶26.3∶50.8调整为2017年的21.4∶26.1∶52.5。县内人均生产总值13927元,比上年增长5.9%。

2017年末全县总人口为1523719人,比上年增加7293人,其中城镇人口为480066人,占总人口的32%;乡村人口为1043653人,占总人口的68%;男性人口为793615人,女性为730104人,性别比为108.7%。常住人口为1090766人,常住人口城镇化率为35.22%,比上年末提高0.81个百分点。出生率为17.02‰,比上年提高0.66个千分点;死亡率为5.93‰,比上年提高0.17个千分点;自然增长率为11.09‰。

2017年年末人口数及构成表

指　　标	年末数(人)	比重(%)
全县总人口	1523719	100.0
其中:城镇	480066	32
乡村	1043653	68
其中:男性	793615	52
女性	730104	48
其中:0-17岁	451209	30
18-34岁	469514	31

续上表

指　　标	年末数（人）	比重（%）
35~59 岁	427901	28
60 周岁及以上	175095	11

据抽样调查，2017 年梅州居民消费价格指数为 101.5%，上涨 1.5%，其中食品烟酒类价格下跌 1.2%，衣着类价格上涨 0.6%，居住类价格上涨 4.5%，生活用品及服务类价格上涨 0.6%，交通和通信类价格上涨 1.6%，教育文化和娱乐类价格上涨 2.4%，医疗保健类价格上涨 7.1%，其他用品和服务类价格上涨 0.5%。

全年新增个体工商注册 6034 户，比上年增长 46.1%；注册资金 4.6 亿元，增长 62%；新增从业人员 29311 人，增长 3.5 倍。新增私营企业 1068 家，增长 66%；注册资金 64.5 亿元，增长 43.3%；新增从业人员 40171 人，增长 60.2%。全社会从业人员 48.31 万人，增长 1.3%。年末城镇登记失业人员 3911 人，增长 2.7%；城镇登记失业率 2.44%，增长 0.4%。

二、农业

2017 年全县农业总产值 56.45 亿元，比上年增长 3.8%。全年粮食总产量 33.28 万吨，比上年增长 0.5%。其中：稻谷 28.54 万吨，增长 0.6%；甘蔗 8606 吨，增长 9.8%；烟叶 2603 吨，下降 4.2%；花生 8041 吨，增长 0.3%；大豆 3206 吨，下降 19%；茶叶 1794 吨，增长 6.5%；水果 92229 吨，增长 5.6%。

主要农产品、畜产品产量和牲畜存栏头数一览表

指　　标	单位	2017 年实绩	比上年增减（±%）
谷物	吨	294317	1.3
其中：稻谷	吨	285366	0.6
花生	吨	8041	0.3
大豆	吨	3206	–19
甘蔗	吨	8606	9.8
烟叶	吨	2603	–4.2
木薯（鲜）	吨	26657	–1.4
茶叶	吨	1794	6.5
水果	吨	92229	5.6
肉类产量	吨	55732	–1.7
其中：猪肉	吨	41256	–1.0
生猪年末存栏头数	头	451489	1.5
牛年末存栏头数	头	45516	–35

全年肉类总产量55732吨，比上年下降1.7%，其中：猪肉产量41256吨，下降1%。生猪年末存栏451489头，增长1.5%，牛年末存栏45516头，下降35%。

三、工业和建筑业

2017年全县全部工业总产值62.84亿元；完成工业增加值6.38亿元，增长1.7%。其中：规模以上工业企业43家，实现总产值25.2亿元，负增长17.9%，实现增加值5.35亿元，负增长1.7%。

工业主要产品产量一览表

产品名称	单位	2017年实绩
发电量	万千瓦时	20547
塑料制品	吨	8820
饮料酒	千升	3688
中成药	吨	6527
涤纶纤维	吨	25286

全年规模以上工业企业实现销售收入24.3亿元，比上年下降17 %，实现利润总额0.8亿元，下降23%。全年工业用电量27968万度，增长37.3%。

全县资质等级以上建筑企业18个，实现建筑业总产值50.6亿元，增长34%，建筑质量进一步提高。

四、固定资产投资

2017年全县完成固定资产投资131.89亿元，比上年增长35.7%。其中，交通投资31.31亿元，负增长4.1%；工业投资52.77亿元，增长14.7%，其中技改投资23.48亿元，增长12%；房地产投资14.4亿元，增长1.9倍；其他投资33.42亿元，增长1.4倍。

2017年固定资产投资及其增长速度一览表

名称	本年实际（万元）	上年同期（万元）	比上年增减（±%）
固定资产投资总额	1318933	972102	35.7
交通业	313055	326309	-4.1
其中：高速公路	184794	211293	-12.5
工业投资	527705	460009	14.7
其中：技改投资	234754	209633	12.0
房地产业	144022	49173	192.9
其他投资	334151	136611	144.6

五、交通、邮电和旅游业

2017年全县交通运输、仓储和邮政业实现增加值4亿元，比上年增长1.8%。各种交通运输方式完成货物周转量18.47亿吨公里，增长9%，完成旅客周转量4.89亿人公里，增长6.9%。年末，全县公路通车里程3424.47公里，公路密度为每百平方公里105.8公里。

积极推进“美丽五华、人文五华、活力五华”等“旅游+”发展项目，全力加快构建“五华生态文化旅游产业带”致力打造全域旅游新业态。2017年共接待游客612万人次，比上年增长15%，全县旅游业总收入达43.7亿元，比上年增长16%。

六、商业、外贸、财政

2017年全县实现社会消费品零售总额98.05亿元，比上年增长8.5%。社会消费品零售总额中，按行业分：批发业为23.85亿元，增长8%；零售业为69.62亿元，增长8.5%；住宿业为0.87亿元，增长8.6%；餐饮业为3.72亿元，增长12.2%；按城乡分：城镇实现零售总额69.68亿元，增长8.3%，农村实现零售总额28.37亿元，增长8.9%。

全年外贸进出口总额12592万美元，比上年下降29.8%，外贸出口总额9691万美元，下降21.8%。其中“三资”企业出口额2166万美元，增长52.2%；一般贸易出口7525万美元，下降31.3%。实际利用外资实现902万美元，增长12.9%。

地方一般公共预算收入实现8.16亿元，比上年增长18.3%；地方一般公共预算支出为67.38亿元，增长15.7%。

七、金融

金融业快速发展，存贷款余额实现同步较快增长。2017年年末，全县国家银行各项本外币存款余额274.98亿元，比上年末增长11.9%。城乡居民储蓄存款余额195.64亿元，比上年末增长11.9%。各项本外币贷款余额104.22亿元，比上年末增长25.6%。

八、教育、科技、文化、卫生和体育

2017年全县教育财政拨款18.38亿元，比上年增长19.9%。全县有各类中等专业学校2所，在校学生130人，减少71.1%；普通中学53所，在校学生69941人，减少4.1%，其中：高中学生25723人，减少11.3%；职业中学3所，在校学生2151人，减少25.3%；小学160所，在校学生97203人，增长1.3%。适龄儿童入学率100%，与上年持平；小学毕业生升学率为100%，与上年持平；初中毕业生升学率为100%，与上年持平，高中毕业升学率97.6%，上升7.7个百分点。在2017年高考中，全县入省3A线以上人数达8020人，入围率为79.9%，入本科线以上人数2012人，入围率20%。

国家专利申请总量达到414件，比上年增长25.1%；专利授权量284件，增长27.9%。

年末全县共有调频广播电台1座，有线电视台1个，有线电视站9个，卫星电视地面接收站1个，有线电视用户9.83万户，广播、电视人口覆盖率为98.5%。送戏下乡演出215场次，送影下乡4944多场。图书馆现有藏书19.15万册，进馆读者13万人次，图书流通量15万册次。县城文化广场演出48场次。

医疗卫生事业有新的发展，卫生技术人员队伍不断壮大，医疗设备日益先进，医保网络逐步扩大，防范意识不断提高。年末全县拥有卫生机构43个，床位3338张。各类卫生技术人员3648人，其中：执业医师1011人，执业助理医师1021人，其他1616人。

年末全县各类注册登记体育协会23个，社会体育指导员3300人，全年组织或协助举办举办大型县级群众体育赛事13场次，镇级群众体育赛事10场次，校园足球三级联赛342场次。

九、环境保护

2017年年末全县有环境监测站1个，环境监测人员18人。共有生活污水处理厂5座，主要江河水质达到功能水质要求，水质达标率100%，工业废水排放量达标率96%，工业烟尘排放量达标率100%，全年城区空气质量优良以上344天。全面完成节能减排任务，空气质量优良率、饮用水源地水质达标率分别达98.6%、100%。

全年林业完成新造林面积7.6万亩，林木采伐量9.09万立方米。全县共有自然保护区11个，县级森林公园2个，面积4.74万公顷。

十、人民生活与社会保障

城乡居民收入进一步增加，生活水平稳步提高。据抽样调查，2017年五华县全体常住居民人均可支配收入14776元，比上年增长9.6%，扣除价格因素，实际增长8%。其中：城镇常住居民人均可支配收入20207元，增长7.6%，扣除价格因素，实际增长6%。农村常住居民人均可支配收入12076元，增长8.4%，扣除价格因素，实际增长6.8%。

年末，全县参加城乡居民医疗保险的人数116.86万人，比上年下降0.28%。参加农村养老保险的人数45.71万人，增长6.5%。年末，全县34530人参加失业保险，增长10.8%；参加基本养老保险的职工人数68538人，增长7.3%；参加工伤保险人数47066人，增长30.7%；有68538名离退休人员享受了社会养老保险，增长7.3%。

全县享受最低生活保障的困难群众41960人，其中城镇450人，农村41510人。现有五保4367人，其中：在院集中供养283人，分散供养4084人；发放医疗救助资金4231.3082万元，救助了95648人次（其中参保89790人1616.22万元）。

注：

1. 本公报各项统计数据为初步统计数。

2. 公报中县内生产总值、各产业增加值及各业总产值绝对数按现行价计算，增长速度按可比价格计算。

3. 公报中运用的有关价格指数来源于市统计局物价调查科的反馈数据，仅供参考。

4. 从2011年开始，纳入规模以上工业统计范围的工业企业起报点标准从年主营业务收入500万元提高到2000万元（新口径）；固定资产投资统计的起报点标准从计划总投资50万元提高到500万元（新口径）。2012年四季度，国家统计局实施了城乡一体化住户调查改革。2013年起按照新的调查口径对外发布城乡一体的居民人均可支配收入和分城镇、农村常住居民人均可支配收入数据。由于新老调查方案在调查范围、调查对象、城乡划分标准、样本抽选、计算和汇总方式、指标口径等方面变化较大，改革后新口径数据和旧口径数据存在不可比的差异。从2015年起“地方公共财政预算收入”更名为“地方一般公共预算收入”。

5. 本公报中各项指标对比基数，均为上年《五华县统计年鉴》公布的统计数。

6. 数据来源：本公报中城镇新增就业、登记失业率、社会保障数据来自县人力资源社会保障局；财政数据来自县财政局；公路、旅客和货物周转量等数据来自县交通局；外贸进出口、外商直接投资等数据来自县商务局；国际互联网用户、邮电业务总量等数据来自县邮政及通信部门（单位）；旅游数据来自县旅游局；金融数据来自县人民银行；教育数据来自县教育局；科技成果、专利数据来自县科技局；艺术表演团体、博物馆、公共图书馆、文化馆、广播、电视和电影数据以及报纸、期刊、图书数据来自县文广新局；体育数据来自县体育局；人口出生率、死亡率、自然增长率，卫生数据来自县卫计局；户籍人口及非农人口来自县公安局；低保、社会救助、社会组织数据来自县民政局；环境监测数据来自县环境保护局；林业数据来自县林业局；其他数据来自市、县统计局和国家统计局梅州调查队。

2017 年五华县国民经济和社会发展主要指标一览表

项　　目	单　位	2016 年度	2017 年度	2017 年比 2016 年 ± %
一、人　口				
当年出生人口	人	52497	7293	-86.1
出生率	‰	16.36	17.02	0.66 个千分点
年末总人口	人	1516426	1523719	0.48
男	人	789835	793615	0.48
女	人	726591	730104	0.48
二、国民经济核算(当年价)				
县内生产总值	亿元	140.20	151.63	6.4
第一产业增加值	亿元	31.45	32.41	3.4
第二产业增加值	亿元	38.75	39.52	6
第三产业增加值	亿元	70.00	79.7	7.8
人均县内生产总值	元	12937	13927	5.9
三、农　业				
农业总产值（当年价）	亿元	56.01	55.51	2.2
主要农产品产量				
粮　食	万吨	33.13	33.28	0.45
水　稻	万吨	28.37	28.54	0.57
水　果	万吨	8.74	9.22	5.5
茶　叶	吨	1685	1794	6.5
烟　叶	吨	2719	2603	-4.27
年末生猪存栏	万头	44.48	45.15	1.5
年末耕牛存栏	万头	7.00	4.55	-35
造林面积	万亩	15.90	7.6	-52.2
森林覆盖率	%	70.74	70.74	—
森林蓄积量	万立方米	822	822	—

续表

项　　目	单　位	2016 年度	2017 年度	2017 年比 2016 年±%
四、工　　业				
工业总产值（当年价）	亿元	104.87	62.84	–40.08
主要工业产品产量				
发电量	万千瓦时	24872	20547	–17.39
饮料酒	千升	4418	3688	–16.52
中成药	吨	6759	6527	–3.43
五、交通、运输、邮电				
公路通车里程	公里	3334.50	3424.7	2.7
客运量	万人	—	—	—
货运量	万吨	—	—	—
六、全社会固定资产投资	亿元	97.21	131.89	35.7
七、商　　业				
社会消费品零售总额	亿元	90.47	98.05	8.5
商品批发销售总额	亿元	26.19	27.35	4.43
八、对外经济贸易				
外贸出口总额	万美元	13951	9691	–30.54
“三资”企业出口	万美元	1444	2166	50
实际利用外资	万美元	801	902	12.61
九、财政、金融、保险				
财政收入（同口径）	亿元	6.90	8.16	18.26
财政支出	亿元	58.25	67.38	15.67
年末银行存款余额	亿元	245.74	274.98	11.9
年末银行贷款余额	亿元	82.97	104.22	25.61
各类保险保费收入	亿元	1.44	1.59	10.42

续表

项　　目	单　位	2016 年度	2017 年度	2017 年比 2016 年 ± %
十、教育、卫生				
在校学生总数	人	215930	188116	-12.88
中等专业学校学生	人	450	130	-71.1
普通中学学生	人	72960	69941	-4.1
小学学生	人	95973	97203	1.3
学前教育	人	43544	18691	-57.07
特殊教育	人	123	170	38.21
职业中学学生	人	2880	2151	-25.3
卫生技术人员	人	3544	3648	2.93
医　生	人	1543	1011	-34.48
病人床位数	张	3198	3338	4.38
十一、人民生活				
城镇居民年人均收入	元	18780	20207.3	7.6
农民年人均纯收入	元	11145.40	12076	8.35
城乡居民年末储蓄余额	亿元	173.58	195.64	12.71

说明：本表内数字参考《五华县统计年鉴（2017）》

2017 年五华县主要经济指标占梅州市比例一览表

主要指标项目	单 位	五华县	梅州市	县占市(%)
地区生产总值(当年价)	亿元	151.63	1125.82	13.47
人均地区生产总值	元	13927	25777	—
工业产值	亿元	62.84	311.54	20.17
粮食总产量	万吨	33.28	124.86	26.65
全社会固定资产投资	亿元	131.89	806.77	16.35
社会消费品零售总额	亿元	98.05	677.63	14.47
实际利用外资	万美元	902	5715	15.78
地方财政收入	亿元	70.20	338.14	20.76
农民人均年纯收入	元	12076	14089	—
城乡居民储蓄存款余额	亿元	195.64	1249.65	15.66

名录

五華年鑒

2018

英烈庙

先 进 名 录

2017年度五华县获国家级先进单位一览表

单位名称	授予单位	荣誉称号	授予时间
五华县体育局	国家体育总局	全国群众体育先进单位	2017年8月
五华县公安局治安管理大队	公安部	全国优秀公安基层单位	2017年7月